GERSTENBERG VERLAG

50 Klassiker

# HEILIGE

Von der heiligen Anna bis zum heiligen Valentin

dargestellt von Peter KÖHLER

unter Mitarbeit von Birgit Fricke

6 Eigentlich sind alle Christen Heilige

10 **Anna**
Familienbande

14 **Antonius von Ägypten**
Der Einsiedler als Gemeinschaftswesen

18 **Antonius von Padua**
Der Volksprediger

22 **Benedikt Joseph Labre**
Der Vagabund Gottes

26 **Benedikt von Nursia**
Der Vater der abendländischen Klosterkultur

32 **Bernhard von Clairvaux**
Die Chimäre des Jahrhunderts

38 **Bonifatius**
Der große Organisator

44 **Cäcilia**
Sie konnte die Engel singen hören

48 **Christina**
Das Inbild einer christlichen Märtyrerin

54 **Christophorus**
Wie man ein Mensch wird

58 **Dominikus**
Der erste Inquisitor?

64 **Elisabeth von Thüringen**
Maßlos gut

70 **Florian**
»Zünd andre an!«

74 **Franz von Assisi**
Arm dem armen Christus folgen

80 **Georg von Kappadokien**
Der allerchristlichste Ritter

86 **Hedwig von Schlesien**
Polens deutsche Patronin

90 **Die Heiligen Drei Könige**
Mehr als ein Märchen

96 **Hieronymus**
Der Vater der lateinischen Bibel

102 **Hildegard von Bingen**
Die weibliche Stimme Gottes

108 **Ignatius von Loyola**
Sei willenlos wie ein Kadaver

112 **Jakobus der »Herrenbruder«**
Die jüdische Alternative

116 **Jeanne d'Arc**
Eine Frau steht ihren Mann

122 **Johannes der Evangelist**
Der Lieblingsjünger

126 **Johannes Nepomuk**
Volkes Liebling: ein Beamter

130 **Johannes der Täufer**
Der Vorläufer

134 **Joseph**
Und sagte kein einziges Wort

140 **Joseph von Arimathia**
Eine Tat mit unvorhergesehenen Folgen

144 **Katharina von Alexandria**
Die Frau, die nicht schweigt

150 **Katharina von Siena**
Die größte Frau des Christentums

156 **Laurentius**
Der zweite Erzmärtyrer

160 **Ludwig IX. von Frankreich**
Der gute König

166 **Maria**
Die Gottesgebärerin

174 **Maria Magdalena**
Hure und Heilige

180 **Martin von Tours**
Der Apostel Galliens

184 **Michael**
Gottes Schutzengel

190 **Nikolaus von Myra**
Der Kinder liebster Heilige

196 **Padre Pio**
Heilig auf allen Kanälen

200 **Patrick**
Der große Christianisator

206 **Paulus**
Der erste Christ?

212 **Petrus**
Der erste Papst?

218 **Petrus Claver**
Der 300 000-Seelen-Mann

222 **Sebastian**
Der ganz besondere Märtyrer

226 **Die Siebenschläfer**
Zeitreise vor über 1500 Jahren

230 **Simeon Stylites der Ältere**
Der Säulenheilige

234 **Teresa von Ávila**
Mit Gott umgehen wie mit einem Freund

240 **Thomas der Apostel**
Mit gesundem Menschenverstand

244 **Thomas von Aquin**
Glaube ist mehr als Wissen

250 **Thomas Morus**
Der Staatsmann als Märtyrer

256 **Ursula und die 11 000 Jungfrauen**
Der Rekord

262 **Valentin von Terni**
Keine Blumen für den Heiligen

266 Begriffsregister

268 Personenregister

# Eigentlich sind alle Christen Heilige

Helden, Stars, Idole: wenige Bereiche menschlicher Tätigkeit kommen ohne sie aus. Ob Filmstars oder Sportheroen, Kriegshelden oder Staatenlenker, geniale Künstler und Wissenschaftler oder selbstlose Frauen und Männer, die sich aufopferungsvoll gegen Not und Elend engagieren – die Menschen benötigen Vorbilder und Orientierung, wollen die Besten ihrer Art bewundern und sich an ihnen ein Beispiel nehmen. So auch in Glaubensdingen.

In jeder Religion haben die Gläubigen das Bedürfnis nach anderen Menschen, die eine inspirierende Frömmigkeit verbreiten; nach Menschen, die in einer engeren Beziehung zu Gott, zu den Göttern, zu spirituellen Kräften stehen.

■ Der heilige Florian. Farbig gefasstes Holz, Anfang 18. Jahrhundert, lebensgroß. Waldburg (Oberösterreich), Pfarrkirche St. Maria Magdalena

Der Islam kennt den »Wali Allah«, den »Gottesfreund«, der wegen seiner Nähe zu Allah Wunder bewirken kann. Im Buddhismus gelten die »Bodhisattwas« als heilig, die »Erleuchteten«, die als werdende Buddhas auf das Erlangen des Nirwanas verzichtet haben, um allen Wesen zur Erlösung aus dem Kreislauf der Wiedergeburt zu verhelfen. Heilig ist beispielsweise der Dalai Lama, der sich als Reinkarnation des Awalokiteschwara versteht, eines Bodhisattwa, der das personifizierte Mitgefühl ist. Heilig ist vor allem der Buddha, der von sich selber sagte: »Ich bin ein Heiliger in der Welt. Ich allein bin der vollkommen Erleuchtete; ich habe den Frieden erlangt und das Nirwana erreicht.«

Im Judentum gibt es zwar keine regulären Heiligen, wohl aber den mustergültig Frommen, den »Gerechten« – und ein heiliges Volk, das eigene: »Denn du bist ein heiliges Volk dem Herrn, deinem Gott«, heißt es im fünften Buch Mose. An diese Vorstellung knüpfte das Urchristentum an: Alle Christen waren Heilige. »So ziehet nun an als die Auserwählten Gottes, als die Heiligen und Geliebten«, schrieb Paulus im Kolosserbrief, und Petrus nannte in seinem ersten Brief die Christenheit »das heilige Volk«, »Gottes Volk«.

Diese allumfassende Bedeutung trat bald zurück. Wer in den Christenverfolgungen Roms den Glauben verleugnete, konnte sein Tun kaum für gottgefällig halten. Musterhaft verhielten sich jene, die für ihren Glauben in den Tod gingen und nach christlicher Auffassung das ewige Leben gewannen: Für diese Märtyrer reservierte die junge Kirche nun die Auszeichnung zum Heiligen, denn als »Blutzeugen« bewiesen sie die Wahrheit der christlichen Lehre. Dass Bekennermut nichts über die Richtigkeit einer Theorie aussagt, blieb den Christen verständlicherweise verborgen; worauf es ihnen, den weniger mutigen Überlebenden, ankam, war das große Beispiel und wohl auch der Umstand, durch solche Heldenverehrung die eigene Verfehlung zu kompensieren, das Schuldbewusstsein zu mildern.

■ Franz von Assisi übergibt die Ordensregel. Gemälde, um 1445, von Antonio Colantonio (um 1420–nach 1470). Neapel, Museo di Capodimonte

Als das Christentum von Konstantin dem Großen toleriert wurde und Ende des 4. Jahrhunderts zur Staatsreligion aufstieg, folgten den Märtyrern die Kirchenväter und die Bekenner: herausragende Gestalten, die die Lehren der neuen Weltreligion ausformulierten oder durch praktisches Beispiel christliche Tugenden vorlebten; und die zugleich die vermeintlichen Irrlehren bekämpften, von denen das Christentum, kaum hatte es die staatliche Unterdrückung überwunden und konnte sich frei bewegen, geradezu wimmelte.

Was mit den Märtyrern begonnen hatte und sich mit den großen Kirchenlehrern, den bedeutenden Bischöfen, Mönchen und Missionaren fortsetzte, die nach ihrem Tod kultische Verehrung durch die Kirche erfuhren, wurde im Mittelalter, mit der Herausbildung des förmlichen, am päpstlichen Hof stattfindenden Kanonisationsprozesses, festgeschrieben: Die Heiligkeit aller Christen verlor endgültig an Bedeutung. Wer heilig werden wollte, musste ein Leben von heroischer Tugend (so eine offizielle Formulierung) geführt haben, ein Leben, das von den göttlichen Tugenden Glaube, Liebe, Hoffnung erfüllt war und Tugendhaftigkeit auch unter erschwerten Verhältnissen unter Beweis stellte. Vor allem: Um heilig zu werden, musste man tot sein. Mehr noch: Man musste sogar nach seinem Tod Wunder gewirkt haben. Diese Bedingung gilt bis heute.

In der katholischen Kirche ist die Heiligsprechung streng geregelt. Aus protestantischer Sichtweise aber hat die Kirche keine Vollmacht, heilig zu sprechen: denn heilig ist allein Gott. Nur er kennt jene Ausnahmemenschen und wird ihre Namen am Jüngsten Tag offenbaren, wenn er das Buch des Lebens aufschlägt. So gesehen, handelt es sich bei der Ernennung zum Heiligen um eine Fiktion.

»Heilig« ist also ein menschengemachter Begriff und eine von Menschen vorgenommene Zuschreibung – und wahrscheinlich hat die außergewöhnliche Ausprägung des Heiligenkults im Christentum und gerade in dessen katholischer Variante eine menschliche, allzu menschliche Wurzel. Schon Jesus verbindet als Gott und Mensch die unbegreiflich hohe sakrale Sphäre mit den Mühen der irdischen Ebenen. Gott gegenüber kann der Normalsterbliche nur Ungenügen empfinden. Was andere Menschen erreicht haben, kann zwar ebenfalls die eigenen Kräfte überfordern, es bleibt aber im Rahmen: Das Vorbild dieser Menschen kann stärken und trösten, ihr Beispiel kann zum Ansporn werden. Mehr als 5000 Heilige kennt die katholische Kirche. Könige sind ebenso darunter wie Bettler, Genies genauso wie Narren, uneigennützige Philantropen geradeso wie asoziale Taugenichtse; wirkliche Menschen befinden sich unter ihnen, aber auch erfundene Gestalten und Fabelwesen. Persönlichkeiten, die die Menschheit voranbrachten, ihr Wohlergehen förderten und den Schatz des Wissens vermehrten, zählen zum Kreis der Heiligen ebenso wie Unglückliche, von einem scheinbar sinnlosen Schicksal Gebeutelte – und gemeingefährliche Fanatiker. Die Heiligen zeugen von den Höhen und Tiefen menschlichen Wirkens, den Sonnenseiten und Abgründen des menschlichen Charakters. Die Heiligen geben eine Ahnung davon, was Menschen sein und leisten können; und gerade auch der Randständige, der Außenseiter kommt im christlichen Heiligenkult zu Ehren. Ein Beispiel sind die Säulensteher des antiken Christentums, die nicht nur buchstäblich, sondern auch in sozialem Sinn eine herausgehobene Stellung innehatten, ein anderes ist der Bettler und Landstreicher Benedikt Joseph Labre im 18. Jahrhundert.

■ Der heilige Georg. Über Leben und Wirken des Drachentöters ist so wenig bekannt, dass die katholische Kirche ihn nach dem Zweiten Vatikanischen Konzil aus dem Römischen Generalkalender strich.

■ Jeanne d'Arc. Szenenphoto aus dem Film *Jeanne d'Arc* von Luc Besson aus dem Jahr 1999 mit Milla Jovovich in der Rolle der Johanna von Orléans

Ob am Rand der Gesellschaft oder mitten im Leben: Die Heiligen liefern Beispiele gelebten Christentums, veranschaulichen die Lehre am konkreten Fall. Aber sie sind, sosehr in ihnen ein göttlicher Funke sichtbar wird, nichtsdestoweniger Menschen mit Fehl und Tadel. Sie sind nicht vollkommen, demonstrieren aber, welcher Grad an Vollkommenheit im christlichen Sinn dem Individuum erreichbar ist.

Ihr himmlischer Lohn, so die christliche Auffassung, besteht nach dem Tod in der ewigen Anschauung Gottes. Diese Gottesnähe gestattet es ihnen, für die Lebenden ein gutes Wort beim Allmächtigen einzulegen: So werden die Heiligen um Fürbitte angerufen, gelten als Helfer gegen Bedrängnisse aller Art und amtieren als Beistand für das Gelingen einer Aufgabe. Dafür, dass es zwischen Anbetung, die allein Gott gebührt, und Anrufung schon mal durcheinander geht, ist der Marienkult das beste Beispiel; und dafür, dass die Heiligenverehrung ein lukratives Spektakel sein kann, das viel Mammon einbringt, gibt es weitere Belege.

Für die einen ist der Heiligenkult deshalb durchaus anstößig, für andere aber ein sinnvolles Zubehör fürs eigene Leben; und für Dritte ein bizarres Kuriosum. Doch auch für nichtreligiöse Menschen lohnt sich der Blick: nicht nur, weil Heilige eines der großen Themen der Kunstgeschichte sind und jeder Kulturinteressierte ihnen vielfach begegnet. Sondern wenn das Christentum die Wurzel unserer Kultur ist, so sind die Heiligen einige der markantesten Triebe; an ihnen lässt sich am konkreten Fall studieren, was christlich war und ist, wie Christen Gott und die Welt sehen und was ihr Menschenbild ist. Schließlich sind die Weltsicht und das Menschenbild, die im Leben und den Lebensbeschreibungen der Heiligen zum Ausdruck kommen, bis heute lebendig – schon weil infolge einer zweitausendjährigen Geschichte auch in jedem Nichtgläubigen mehr Christentum steckt, als er vielleicht zugibt.

# Anna
## *Familienbande*

Gott kann keinen Vater haben: In diesem Satz lässt sich die Kritik der Moslems am Christentum zusammenfassen. Zwar könnte man dagegenhalten, bei Gott, dem Allmächtigen, sei kein Ding unmöglich. Aber statt zu streiten, ob Jesus Christus Gottes Sohn ist, kann man sich auch auf das konzentrieren, was nach der Lehre der großen christlichen Gemeinschaften unzweifelhaft ist: auf die menschliche Seite von Jesus, den »Menschensohn«, wie er selbst sich bezeichnete. Damit kommt seine irdische Verwandtschaft ins Spiel: Jesus hat nicht nur eine Mutter, einen Stiefvater, Brüder und Schwestern, wie die Evangelien berichten, sondern auch eine Großmutter: die heilige Anna.

■ »Sankt Anna war mein Abgott!«, soll der eingefleischte Protestant Martin Luther ausgerufen haben, nachdem er die Heilige auf einer Wanderung »versehentlich« zum Schutz vor einem Gewitter angerufen hatte.

Allerdings – in der Bibel wird sie mit keinem Wort erwähnt. Aber weil das Jesuskind über Maria (s. S. 166) leibliche Großeltern gehabt haben muss, arbeiteten bereits die frühen Christen daran, die genealogische Lücke zu schließen. Dabei knüpften sie an das Lukasevangelium an, das berichtet, wie Joseph (s. S. 134) und Maria ihr Neugeborenes nach Jerusalem bringen, um es im Tempel dem Herrn zu zeigen, wie es das mosaische Gesetz vorschreibt. Dort begegnen sie der »Prophetin Hanna; die war hochbetagt und hatte gelebt sieben Jahre mit ihrem Manne nach ihrer Jungfrauschaft und war nun eine Witwe von vierundachtzig Jahren; die kam nimmer vom Tempel, diente Gott mit Fasten und Beten Tag und Nacht. Die trat auch hinzu zu derselben Stunde und pries Gott und redete von ihm zu allen, die auf die Erlösung Jerusalems warteten.« Aus dieser Prophetin, die hebräisch Channah heißt (was Gottes Gnade, Barmherzigkeit im Namen führt), wurde in der Überlieferung Anna, die Mutter Marias und Großmutter Jesu. Für die weitere Ausschmückung bedienten sich die Christen – die im Alten Testament nach Parallelen zum Neuen suchten, damit der Neue Bund mit Gott glaubwürdig als Fortsetzung des mosaischen Alten gelte – einer Erzählung zu Beginn des ersten Buches Samuel: Dort ist die Rede von der kinderlosen Hanna, der Frau des Tempeldieners Elka-

■ Joachim und Anna begegnen an der Goldenen Pforte dem heiligen Ludwig und der heiligen Ursula. Gemälde, 1515, von Vittore Carpaccio (1455/65–1526). Venedig, Galleria dell'Accademia

na, die gelobt, wenn sie endlich einen Sohn gebäre, wolle sie ihn Gott weihen. Prompt wird sie schwanger und gebiert Samuel, der dann wie versprochen im Tempel aufwachsen muss und zum letzten der großen Richter, also Anführer Israels wird, bevor mit Saul das Königtum Fuß fasst.

Nach diesem Vorbild wurde das Leben der christlichen Anna im apokryphen Jakobsevangelium gestaltet. Dieser im 2. Jahrhundert aufgezeichnete Text wurde zwar nicht ins Neue Testament aufgenommen. Er inspirierte nichtsdestoweniger zahlreiche Legendenschreiber, sodass Anna zum festen Bestandteil des christlichen Pantheons wurde.

Wie die alttestamentliche Hanna lebt Anna mit ihrem Mann, der hier Joachim heißt, in kinderloser Ehe. Eines Tages weist der Oberpriester in Jerusalem ein Opfer des frommen Joachim zurück, weil der in zwanzig Jahren mit Anna keine Nachkommen gezeugt habe. Gedemütigt zieht er in die Wüste und gelobt zu fasten, »bis Gott der Herr mich heimgesucht hat«, während Anna zuhause betet und klagt. Schließlich erscheint ein Engel und verheißt ihr ein Kind. Die Erleichterung ist groß, und Joachim, dem nach langer Enthaltsamkeit derselbe Himmelsbote vor dem geistigen Auge erscheint, ist außer sich vor Freude: »So bringet mir zehn Lämmer herbei ohne Fehl und Makel, und die zehn Lämmer sollen dem Herrn gehören! Und bringt mir zwölf zarte Kälber, und die zwölf Kälber sollen den Priestern und Ältesten gehören! Und bringt mir hundert Ziegenböcke, und die hundert Ziegenböcke sollen dem Volk gehören!« – die neun Monate später geborene Maria war offensichtlich nicht von armen Eltern. Von schlechten ohnehin nicht: Anna und Joachim stammten beide aus dem Hause David, waren also königlicher Abkunft. Dass folglich in Marias Adern blaues Blut floss, hatte für die Christen den Vorteil, dass Jesus nicht nur über seinen Stiefvater Joseph, sondern auch durch leibliche Verwandtschaft einer Königsfamilie angehörte.

### NOCH EINE HEILIGE JUNGFRAU?

Schon in der Spätantike kam die Meinung auf, Anna habe ohne Zutun eines Mannes empfangen, und bis ins 17. Jahrhundert hielt sich die Auffassung, sie sei lediglich durch einen Kuss Joachims geschwängert worden.

■ Anna Selbdritt. Gemälde, um 1506/10, von Leonardo da Vinci (1452–1519). Paris, Louvre

Ähnlich wie Samuels Mutter Hanna gibt Anna ihr Kind in die Obhut der Tempeldiener. Als Maria drei Jahre alt ist, führt Anna sie nach Jerusalem, damit sie dort im Tempel heranwächst. »Und der Priester empfing Maria, küsste sie und segnete sie mit den Worten: Groß gemacht hat der Herr deinen Namen unter allen Geschlechtern. Und du wirst es sein, an der der Herr am Ende der Tage die Erlösung der Kinder Israels offenbaren wird«, heißt es im Jakobsevangelium. »Dann setzte er das Kind auf die dritte Stufe des Altars. Und Gott der Herr legte Anmut auf Maria, und sie tanzte vor Freude mit ihren Füßchen, und das ganze Haus Israel gewann sie lieb.«

Dort im Tempel wird, als Maria zwölf Jahre zählt, Joseph sie erblicken und zur Frau erhalten, so das Jakobsevangelium. Anna und Joachim aber spielen darin fortan keine Rolle mehr. Spätere Legenden spannen den Erzählfaden weiter. Joachim, heißt es, starb bald danach, Anna aber heiratete noch zweimal und gebar weitere Söhne und Töchter, sodass mehrere Verwandte und Geistesverwandte Jesu legitimiert werden konnten: Anna, so berichtet die Legende, habe in jeder Folgeehe noch eine Maria geboren; die zweite wurde die Mutter von Jakobus (s. S. 112), Simon, Joseph und Judas, die im Neuen Testament als Jesu »Brüder« firmieren (wobei dieser Judas nicht Judas Ischariot, sondern der Verfasser des Judasbriefs ist); die dritte Maria gebar Jakobus den Älteren und Johannes den Evangelisten (s. S. 122). Und weil das noch nicht genügte, wird Anna auch eine Schwester Hismeria angedichtet, deren Tochter Elisabeth die Mutter Johannes des Täufers (s. S. 130) sein soll.

So nahm Jesu Geschichte, lange nachdem sie geschrieben war, Züge einer Familiengeschichte an – eine wunderliche Entwicklung, die weniger auf das Wirken Christi als auf die Einwirkung der frühen Christen und späteren Legendenschreiber zurückgeht.

### VON ANNA BIS ANNA-MARIA

Ob deutsch Anna, niederdeutsch Anke, holländisch Antje, russisch Anja, englisch Anne, französisch Annette oder spanisch Anita: Der Vorname Anna war und ist beliebt und begegnet auch in Doppelnamen wie Anneliese und Anna-Maria. Viele Kirchen, Kapellen und Wallfahrtsorte heißen nach der Großmutter Jesu. Zur Blüte kam diese genealogisch begründete Verehrung erst im hohen Mittelalter, wobei die Liebe des Adels zu Stammbäumen eine Rolle spielte. Seither ist Anna als Name von Fürstinnen beliebt, man denke an Anna Boleyn oder »Mutter Anna«, Augusts des Starken kinderreiche Gattin.

# ANNA
## MUTTER MARIAS

### DATEN UND FAKTEN

**Daten:** Lebensdaten unbekannt; Kult belegt ab dem 2. Jh. (Blütezeit ab dem 6. Jh.); Aufnahme in den Römischen Kalender 1481 durch Papst Sixtus IV.
**Festtage:** 26. Juli (Ostkirche: 25. Juli; orthodox: 9. September; 25. Juli = Tag der Entschlafung; 9. Dezember = Tag der Empfängnis der Allerheiligsten Gottesmutter)
**Namensbedeutung und -varianten:** »die Begnadete« (hebr.); Hanna, Anja
**Wirkungsstätten:** Israel, Palästina
**Orte der Verehrung:** Rouen (Grabstätte?); Chartres, Ourscamp, Köln, Düren (alle erheben Anspruch auf die Kopfreliquie); Wien (Reliquien)
**Quellen:** Protoevangelium des Jakobus (Apokryphen, um 150); Pseudo-Matthäus-Evangelium (6. Jh.)
**Attribute und Darstellung:** Lilie, aufgeschlagenes Buch (als Lehrerin Marias), grün-rotes Kleid; im Mittelalter gemeinsam mit ihrem Mann Joachim vor dem Goldenen Tor Jerusalems, auch mit dem Engel Gabriel; später meistens zusammen mit Maria und dem Jesuskind (Anna Selbdritt)
**Patronate:** Bergleute; Arbeiterinnen, Knechte; Schneider, Weber; Goldschmiede; Tischler; Hausfrauen; Mütter; Witwen; Arme; Florenz, Innsbruck, Neapel, Bretagne; gegen Fieber, Schmerzen; sorgt für eine glückliche Ehe, Kindersegen und eine gute Geburt
**Brauchtum und Verehrung:** Seit dem 6. Jh. wird Anna als die Mutter Marias verehrt. Im 10. Jh. feierte man das Anna-Fest in engem Zusammenhang mit der Marienverehrung als »Empfängnis der hl. Anna« oder als »Mariä Zeugung«; besonders wichtig war dieser Tag in Neapel, England und Irland. Bis heute gibt es zahlreiche Annen-Wallfahrten, u.a. nach Düren (seit 1500), nach Annaberg in Sachsen (seit dem 16. Jh.), nach Nantes, Anne d'Auray in der Bretagne und Annaberg in Niederösterreich.
**Kunst:** Giotto, *Verkündigung an die hl. Anna* (1304–06), Cappella degli Scrovegni, Padua; Pietro Lorenzetti, *Geburt Mariä* (1342), Museo dell'Opera del Duomo, Siena; Masaccio, *Die hl. Anna Selbdritt* (1420–25), Uffizien, Florenz; Meister von Moulins, *Begegnung an der Goldenen Pforte* (um 1488), National Gallery, London; Hans Baldung, *Die hl. Anna Selbdritt mit Johannes dem Täufer* (um 1511), National Gallery of Art, Washington D.C.; Albrecht Dürer, *Anna Selbdritt* (1519), Metropolitan Museum of Art, New York; Caravaggio, *Madonna dei Palafrenieri* (1605), Galleria Borghese, Rom; Jean Jouvenet, *Unterweisung Mariä* (um 1700), Uffizien, Florenz
**Literatur:** Rudolf Agricola, *Carmen in laudem S. Annae*, Preisgedicht aus dem 15. Jh.; Molière, *Don Juan ou le festin de Pierre*, Schauspiel von 1665 (Doña Ana); Georgiana Dorcas Ceder, *Ann of Bethany*, historischer Roman von 1951; Günter Krieger, *Das Haupt der Anna*, Krimi von 2001
**Musik:** Wolfgang Amadeus Mozart, *Don Giovanni*, Oper von 1787 (Donna Anna); Giselher Klebe, *Der jüngste Tag*, Oper von 1980 (Anna)
**Wissenswertes:** Im Zusammenhang mit der hl. Anna fällt die Zahl Drei auf: In der Ikonographie erscheint Anna in der Regel als »Anna Selbdritt«, d.h. gemeinsam mit Maria und dem Jesuskind als Dreiergruppe, und die Legende berichtet, sie sei drei Mal verheiratet gewesen (»Trinubium Annae«) und aus jeder Ehe seien Kinder hervorgegangen. Die Zahl Drei steht hierbei symbolisch für die Überwindung der Entzweiung, der Zwietracht; wo Gegensätze vereint werden, herrscht ein Zustand der Vollkommenheit. Das wird auch durch Annas grünrotes Kleid betont, der Verbindung zweier Komplementärfarben. Die Zahl Drei im Annenkult entspricht damit der Dreifaltigkeit – Vater, Sohn und Geist – und ist ein Zeichen göttlicher Perfektion. So trägt Anna Züge einer »Urmutter«.

### AUF DEN PUNKT GEBRACHT

Bei der Mutter Marias handelt es sich um eine nach einer Vorlage aus dem Alten Testament gestaltete Figur. Außer Maria, die sie unbefleckt empfangen haben soll, bekam sie angeblich weitere Kinder, deren Nachkommen als Anhänger Jesu eine Rolle spielen.

### EMPFEHLUNGEN

**Lesenswert:**
Angelika Dörfler-Dierken: *Die Verehrung der hl. Anna in Spätmittelalter und früher Neuzeit*, Göttingen 1992

# Antonius von Ägypten
## *Der Einsiedler als Gemeinschaftswesen*

■ Der heilige Antonius. Französische Holzskulptur aus einem Altar, 2. Hälfte 17. Jahrhundert. Le Lonzac, Kirche Saint-Martin-de-Tours.
Als »Wüstenväter« bezeichnet man Antonius und andere Vertreter jener spätantiken Einsiedlerbewegung, die in den letzten Jahrzehnten der Christenverfolgungen begann und sich später, als das Christentum zur Staatsreligion aufstieg, in den Formen des Mönchtums und des Klosterlebens über die Christenheit verbreitete.

Vierzig Tage brachte Jesus in der Wüste zu und widerstand den Einflüsterungen des Teufels, der ihm »alle Reiche der Welt und ihre Herrlichkeit« (Mt. 4,8) übergeben wollte. Im 3. Jahrhundert fand Christus Nachfolger in seinem Namen, die ihn noch übertrafen: Sie gingen in die Wüste und *blieben* dort, um fern vom weltlichen Treiben Gott zu dienen.

Einer der bedeutendsten unter diesen so genannten Wüstenvätern war Antonius von Ägypten. Er war zwar nicht der erste Einsiedler, der in die Wüste zog – als solcher gilt der eine Generation ältere Paulus von Theben –, aber er machte das Eremitendasein zum Inbegriff asketischer, mönchischer Lebensweise und fand zahlreiche Schüler, die es ihm gleichtaten. Dadurch wurde Antonius, paradox genug, zum Begründer der Einsiedlergemeinschaft, die wiederum eine Vorstufe des Klosterlebens darstellt – das dann nach ihm Pachomius von Ägypten einführte.

251 oder 252 im mittelägyptischen Kome (heute: Keman) geboren, stammte Antonius aus einem begüterten christlichen Elternhaus. Im Alter von zwanzig Jahren verlor er Vater und Mutter, und bald darauf traf ihn mit innerer Gewalt ein Jesuswort aus dem Matthäusevangelium: »Willst du vollkommen sein, so gehe hin, verkaufe, was du hast, und gib's den Armen, so wirst du einen Schatz im Himmel haben« (Mt. 19,21). Antonius ging hin, veräußerte das ererbte Landgut, gab seine kleine Schwester in fremde Obhut – und vermachte alles Übrige den Armen. Er selbst zog sich aus dem Dorf zurück, schlug sein Lager zunächst, nach dem Vorbild anderer Eremiten jener Zeit, in der Umgebung auf, strebte aber dann tiefer in die Thebais ein, wie die bei Theben östlich sich anschließende menschenleere Einöde heißt, und nahm ein Felsengrab zur Wohnung. (In solchen natürlichen Höhlen oder künstlich angelegten Kammern wurden seit pharaonischer Zeit die Toten beigesetzt.)

Legendär sind die Versuchungen, denen sich Antonius in seiner Abgeschiedenheit ausgesetzt sah: Der Teufel erscheint ihm in Gestalt einer schönen Frau. Dämonen schlagen ihn bewusstlos. Ungeheuer fallen mit Krallen, Hörnern und Zähnen über ihn her, bis eine wunderbare Helligkeit um ihn erstrahlt und den Spuk vertreibt. Antonius aber bleibt. Er betet, fastet und kasteit sich,

wenn ihm schmutzige Gedanken kommen, er das Verlangen nach Geld und Ehre, nach Gaumenfreuden und einem angenehmen Leben verspürt oder ihn die Sorge um seine Schwester befällt. Als er Gott endlich bittet, ihm den Dämon der sinnlichen Begierde leibhaftig vorzuführen, erscheint ihm ein schwarzer Knabe, der sich ihm zu Füßen wirft. Antonius schaudert es: »Du hast mir einen äußerst elenden Anblick geboten«, ruft er. »In Zukunft werde ich dich nicht mehr fürchten!«

Antonius' Ruf der Glaubensfestigkeit verbreitete sich, sodass mehr und mehr Christen ihn in der Einöde aufsuchten. Viele waren von seinem Lebensstil so beeindruckt, dass sie sich in der Nachbarschaft niederließen und ihr Dasein fortan wie Antonius auf sparsamster Grundlage als Bauern fristeten. (Man darf sich die Thebais also nicht als wasserlose Sand- oder Steinwüste vorstellen.) Schließlich bildete sich eine regelrechte Einsiedlerkolonie, deren Mitglieder, jedes für sich, in Höhlen und Zellen lebten, aber zum Gebet und Gottesdienst zusammenkamen.

■ Die Versuchungen des heiligen Antonius. Antonius-Triptychon, 1505/06, von Hieronymus Bosch. Lissabon, Museu Nacional de Arte Antiga

Antonius bildete das Haupt dieser Einsiedlergemeinde, in der sich eine Vorform des Klosterlebens entwickelte, dem nur noch der feste Rahmen fehlte: Weder schirmte sich der Mönchsbezirk durch eine Mauer von der Außenwelt ab, noch erließ Antonius eine Ordensregel, wie es nach ihm üblich wurde. Wohl aber wurden seine religiösen Äußerungen und praktischen Hinweise festgehalten und nach seinem Tod in die von Bischof Athanasius von Alexandria verfasste Lebensbeschreibung aufgenommen. Daraus konnte im 6. Jahrhundert Benedikt von Nursia (s. S. 26) schöpfen, als er seine für das Abendland grundlegende Mönchsregel verfasste. »Immer, wenn du allein bist, dann erfülle dreierlei mit großer Sorg-

EREMITEN UND ANACHORETEN

Eremiten (von griechisch »eremos«: »einsam«) waren im ägyptischen, syrischen und frühen irischen Christentum verbreitet und wollten das Ideal asketischer Heimatlosigkeit verwirklichen. Der »Anachoret« zeichnet sich durch den Rückzug in unwirtliche Gegenden (griechisch »anachorein«: »sich zurückziehen, entweichen«) aus; dort will er ein Leben in strenger Askese verbringen. Die Wüstenväter nennt man daher auch Anachoreten.

falt: die Arbeit deiner Hände, die Psalmenlesung und deine Gebete«, lautet einer von Antonius' Ratschlägen, der die klassische Losung der Benediktiner vorwegnimmt: Ora et labora, bete und arbeite.

Antonius genoss so hohes Ansehen, dass Bischof Athanasius, sein späterer Biograph, ihn im Jahr 330 nach Alexandria rief, damit er dort gegen die arianischen Glaubensabweichler predige; ja sogar Konstantin der Große und Constantius II. wechselten Briefe mit ihm. Nur Antonius selbst scheint mit sich nicht recht zufrieden gewesen zu sein, denn noch als alter Mann ließ er seine dicht bevölkerte Einsiedelei hinter sich und zog an einen einsamen Berg jenseits des Nils.

■ Einsiedler um die ägyptische Stadt Theben. Ausschnitt aus einem Gemälde, um 1410, von Gherardo Stamina (1354–1413). Florenz, Uffizien

Neunzig Jahre zählt Antonius, als ihn eines Nachts ein Traum schwer beunruhigt: Es soll einen Einsiedler geben, der ihn noch übertrifft! Dieser Mann ist Paulus von Theben, in der Kirchengeschichte auch als der Ureinsiedler bekannt. Antonius macht sich auf den Weg, um den noch einmal zwanzig Jahre älteren Eremiten in dessen Wüstenklause aufzusuchen. Viele fabelhafte Geschichten ranken sich um diese Begegnung. Ein Kentaur, ein Satyr, schließlich ein Wolf weisen Antonius den Weg. Dann endlich fallen sich Paulus und Antonius in die Arme und vertiefen sich ins Gespräch. Der Rabe, der Paulus seit sechzig Jahren täglich ein halbes Brot gebracht hat, bringt ihnen nun einen ganzen Laib. Auf der Heimreise gewahrt Antonius Engel, die Paulus' Seele in den Himmel tragen. Er kehrt um und findet den 113-Jährigen tot in betender Haltung. Zwei Löwen erscheinen und scharren eine Grube, in die Antonius den Leichnam bettet.

Antonius überlebt den Urahn aller christlichen Einsiedler noch um gut fünfzehn Jahre, doch Paulus' Alter erreicht er nicht ganz: Um das Jahr 356 stirbt er mit rund 105 Jahren in der ägyptischen Wüste. Sein Erbe aber lebt, zusammen mit dem der anderen ägyptischen Wüstenväter, bis heute im Christentum fort: in Gestalt des Mönchswesens und der Klosterkultur.

MÖNCHE

Die Bezeichnung »Mönch« geht auf das griechische »monos« (allein, einzeln) zurück. Allein lebten zwar nur die Vorgänger der Mönche, die Eremiten oder Anachoreten, doch der Begriff setzte sich auch für die im klösterlichen Kollektiv oder in Ordensgemeinschaften lebenden Menschen durch.

# ANTONIUS VON ÄGYPTEN

## EINSIEDLER, MÖNCHSVATER

### DATEN UND FAKTEN

**Daten:** geb. 251/252 in Kome (Keman), Ägypten; gest. um 356 in Tabennisi, Ägypten; Kult belegt ab dem 5. Jh.
**Festtag:** 17. Januar
**Namensbedeutung und -varianten:** »aus dem Geschlecht der Antonier« (lat.); Antoine, Anthony, Tony, Antal
**Wirkungsstätte:** Ägypten
**Orte der Verehrung:** Pfarrkirche St.-Julien in Arles (Reliquien); Saint Antoine in der Dauphiné (Stammkloster der Antoniter, Reliquien)
**Quellen:** Athanasius von Alexandria, *Vita des Antonius* aus dem 4. Jh. Als Autor: Briefe, z.B. der »Brief über die aufrichtige Reue«; *Apophthegmata Patrum* (»Vätersprüche«, Textsammlung aus dem 4. Jh.)
**Attribute und Darstellung:** Kreuzstab, Bettlerglocke, Schwein, Feuer; als greiser Eremit, oft von Dämonen umgeben und mit dem Teufel zu seinen Füßen (Herr über alle Versuchungen)
**Patronate:** Metzger, Schweinehirten; Korbmacher; Totengräber; Ritter; Haustiere, vor allem Schweine; gegen Feuer, Pest, Syphilis und Viehseuchen
**Brauchtum und Verehrung:** Die Blütezeit der Antonius-Verehrung beginnt, als 1095 ein französischer Adliger den Orden der Antoniter gründet, aus Dankbarkeit dafür, dass sein Sohn durch den Kontakt mit Reliquien des hl. Antonius von einer Seuche geheilt wurde. 1382 folgt der Antonius-Ritterorden, gegründet von Albert von Bayern. Die Antoniter widmeten sich der Krankenpflege, vor allem der Bekämpfung des sog. Antoniusfeuers (Mutterkornpilzvergiftung, später auch Wundrose); als Heilmittel verwendeten sie Wein, der mit Antonius-Reliquien in Berührung gebracht wurde, und Schweinefett. Daher hatten sie das Privileg, ihre Schweine frei weiden zu lassen. Am 17. Januar wurde häufig eines dieser »Antonius-Schweine« geschlachtet, das Fleisch gesegnet und an die Armen verteilt.
**Kunst:** Antonio Pisano, *Jungfrau mit dem Kind und den Hll. Georg und Antonius dem Einsiedler* (Mitte 15. Jh.), National Gallery, London; Hieronymus Bosch, *Die Versuchungen des hl. Antonius* (1505/06), Museu Nacional de Arte Antiga, Lissabon; Matthias Grünewald, *Die Versuchung des hl. Antonius* (aus: *Isenheimer Altar*, um 1515), Musée d'Unterlinden, Colmar; Diego Velázquez, *Die Begegnung zwischen Antonius und Paulus dem Einsiedler* (um 1633), Prado, Madrid; Paul Cézanne, *Versuchung des hl. Antonius* (1867–1870), Sammlung E. G. Bührle, Zürich; Max Ernst, *Versuchung des hl. Antonius* (1945), Museum Duisburg; Salvador Dalí, *Die Versuchung des hl. Antonius* (1946), Königliche Museen der Schönen Künste, Brüssel
**Literatur:** Karl Philipp Moritz, *Anton Reiser*, Roman von 1790; Gustave Flaubert, *Die Versuchung des heiligen Antonius*, Roman von 1874; E.T.A. Hoffmann, *Die Elixiere des Teufels*, Roman von 1815 (über eine Antonius-Reliquie)
**Musik:** Joseph Haydn, *St.-Antonius-Choral* (op. 56 a) von 1790; Werner Egk, *Die Versuchung des heiligen Antonius*, Lieder von 1947
**Wissenswertes:** Der Einsiedler war schon in vorchristlicher Zeit ein beliebtes literarisches Motiv – anhand eines Außenseiters lässt sich am besten zeigen, nach welchen Regeln eine Gemeinschaft lebt. In dieser Funktion tauchen Einsiedler bereits in dem indischen Epos *Ramayana* auf (4. Jh. v. Chr. – 2. Jh. n. Chr.), und auch Walther von der Vogelweide nutzt den Klausner in seinen politischen Gedichten als Gegentyp des von der Kirche korrumpierten Klerikers. Die Meinung der Kirche zur Einsiedelei war im Mittelalter geteilt: Einerseits galt es als höchst ehrenwert, dem Vorbild der Mönchsväter zu folgen; andererseits misstraute man dem »freien Willen« und bezweifelte, dass ein Mensch außerhalb einer festen Ordnung ein sittliches, gottgefälliges Leben führen könne.

### AUF DEN PUNKT GEBRACHT

Als junger Mann zieht er in die Wüste und wird zum Vorbild anderer Christen, die im 3. Jahrhundert ihre heidnische Umwelt verlassen und in der Einöde die Nachbarschaft Gleichgesinnter suchen. Damit wird Antonius zu einem Ahnherrn des Klosterwesens.

### EMPFEHLUNGEN

**Lesenswert:**
Hans C. Zander: *Als die Religion noch nicht langweilig war. Die Geschichte der Wüstenväter*, Köln 2002

Hartmut Leppin: *Die Kirchenväter und ihre Zeit*, München 2000

# Antonius von Padua
## *Der Volksprediger*

■ Der heilige Antonius von Padua. Gemälde, 1577/79, von El Greco (1541–1614). Madrid, Prado.
Um zu verhindern, dass der Welt die besondere Redegabe des heiligen Antonius verloren ging, trennte man ihm nach seinem Tod die Zunge heraus und konservierte sie als Reliquie.

Papst Johannes Paul II. war kaum beigesetzt, da erfolgte schon der Ruf nach seiner Heiligsprechung. Erst wenige Wochen war sein Nachfolger Benedikt XVI. im Amt, als er das förmliche Verfahren einleitete, das über die Seligsprechung zur Kanonisierung führen soll. Gleichwohl wird Johannes Paul II. den Rekord nicht brechen: Der liegt bei elfeinhalb Monaten und wird von Antonius von Padua gehalten. Papst Gregor IX. sprach den am 13. Juni 1231 Verstorbenen bereits am 30. Mai 1232 heilig.

Etwas länger dauerte es, bis er auch zum Kirchenlehrer erhoben wurde: Das veranlasste erst Pius XII. 1946. Das lange Zögern ist erklärlich, denn von dem Volksprediger Antonius von Padua sind kaum mehr als einige Redemanuskripte erhalten. Man weiß lediglich, dass seine Anschauungen von Kirchenvater Augustinus inspiriert waren und Franz von Assisi (s. S. 74) ihn zum Ersten Lektor seines Ordens, also Lehrmeister der Theologie, ernannte. Die »Schatztruhe der Heiligen Schrift«, als die ihn Gregor IX. pries, verlieh ihren geistlichen Gütern weniger auf Papier Ausdruck als in mündlicher Rede. Dabei trat Antonius vor allem als treuer Propagandist gegen die Katharer und Waldenser hervor, gegen die er 1222–24 in Oberitalien, 1124–27 in Südfrankreich und 1227–30 wieder in Oberitalien die Stimme erhob. »Hammer der Ketzer« lautete sein Beiname, und die Volksmassen strömten zu seinen Auftritten in der Kirche oder auf dem Marktplatz. Schon in der Nacht rückten sie an und warteten geduldig auf die Vorstellung am nächsten Tag. Manchmal soll dieser Billy Graham des Mittelalters vor 30 000 Leuten gepredigt haben.

Auch die Gegner mussten seine sagenhafte Redegewalt anerkennen. Als ihm einmal in Rimini, das an der Mündung der Marecchia in die Adria liegt, niemand zuhören mochte, ging er an den Fluss und predigte den Fischen, die herbeischwammen und die Köpfe aus dem Wasser reckten, um seiner Rede zu lauschen. Von diesem Wunder

beeindruckt, bekehrten sich tausende Katharer – eine Begebenheit, die an Jesu Versprechen, seine Jünger zu Menschenfischern zu machen, erinnert und auch insofern symbolisch aufgeladen ist, als der Fisch seit der Antike ein Sinnbild Christi ist: Griechisch »Ichthys« (Fisch) ist ein Akrostichon von »*I*esous *Ch*ristos *Th*eou *Hy*ios *S*oter« (Jesus Christus, Gottes Sohn, Erlöser). Ein weiteres Wunder bestätigte Antonius' Rechtgläubigkeit. Als ein Ketzer die Gegenwart Christi in der Hostie bezweifelte, beschämte der eigene Esel den Apostaten: Obwohl das Tier seit drei Tagen nichts gefressen hatte, ließ es das Futter, das ihm sein Herr reichte, links liegen und kniete vor Antonius nieder, der ihm die Hostie entgegenhielt.

■ Das Eselswunder des Antonius von Padua. Altarbild für das Oratorium S. Bernardino in Siena, 1537, von Domenico Beccafumi. Paris, Louvre

Ganze zehn Jahre genügten, um Antonius' Ruhm als Volksprediger zu begründen und ihn zu einem der bis heute beliebtesten Heiligen Italiens zu machen. Zwar war er kein Italiener, sondern Portugiese, doch soll er das Italienische vollendet beherrscht haben. Dass dieses Rhetorik-Genie sich sogar gänzlich ohne Sprachkenntnisse mitzuteilen wusste, davon legte sein Auftritt auf einer Kirchenversammlung in Rom Zeugnis ab, wo er sich Franzosen, Deutschen, Engländern, Griechen und Orientalen allein durch den Schwung seiner Rede, seine Mimik und Gestik verständlich machte – abermals ein Ereignis von Symbolcharakter, das an das Reden der Apostel in fremden Zungen erinnert, das Pfingstwunder.

Der Mann, der nachgerade eine der bekanntesten Persönlichkeiten des Mittelalters werden sollte, war ein Sohn aus adligem Haus, hieß eigentlich Fernandez Martin de Bulhom und hatte um 1195 in Lissabon das Licht der Welt erblickt. Ihm schien ein stilles Klosterleben beschieden. 1210 wurde er Chorherr bei den Augustinern in Lissabon, später ging er nach Coimbra, wo sein Orden ein Studienzentrum unterhielt und er zum Priester geweiht wurde. Ein einschneidendes Erlebnis bewog ihn im Jahr 1220, zu den Franziskanern überzutreten: Er erlebte die Überführung der Leichname von fünf Franziskanermärtyrern mit, die in Marokko hatten missionieren wollen. Aufgewühlt beschloss Antonius, selbst als Missionar nach Marokko zu gehen.

HEILIG UND SELIG

Streng genommen ist nur Gott heilig. Aber auch Personen, Orte (das Heilige Land) und Institutionen (der Heilige Stuhl), die dem göttlichen Bereich angehören, kann man heilig nennen. Menschen, die sich durch ein außergewöhnliches christliches Leben ausgezeichnet haben, sind der Seligkeit teilhaftig. Mindestens zwei Wunder sind Bedingung für die Seligsprechung, die ihrerseits Voraussetzung ist, um in einem zweiten Verfahren zum Heiligen erklärt werden zu können.

DIE HEILIGSPRECHUNG

Geschichtlich geht der Heiligenkult der Heiligsprechung voraus: Ob jemand heilig war, entschied sich durch die Verehrung, die einem Verstorbenen durch die Christenheit zuteil wurde. In der griechisch-orthodoxen Kirche ist das im Grundsatz bis heute so. Im Abendland aber zogen im frühen Mittelalter die Bischöfe das Recht, Heilige zu ernennen, an sich, später der Papst; Johannes XV., der 993 Bischof Ulrich von Augsburg (gest. 973) kanonisierte, war der Erste. Seit dem 12. Jahrhundert ist die Kanonisation päpstliches Privileg. Klemens XII. (1730–40) erließ die im Wesentlichen bis heute gültigen Regeln für das langwierige Verfahren.

Gleich nach seiner Ankunft erkrankte er jedoch schwer, war monatelang ans Bett gefesselt und gab schließlich seinen Plan auf. Auf der Heimreise verschlug ihn ein Sturm nach Sizilien. Daraufhin begab sich Antonius nach Portiuncula bei Assisi, wo die Franziskaner gerade eine Generalversammlung abhielten, und zog sich anschließend, noch immer kränklich, in ein einsames Bergkloster am Monte Paulo in Mittelitalien zurück. Doch als er einmal im nahen Örtchen Forli eine Predigt halten musste, sprach er so eindringlich und salbungsvoll, dass man Franz von Assisi davon berichtete. Der machte ihn zum Prediger des Ordens, und damit begann seine große Karriere.

Die anstrengenden Reisen und die rastlose Arbeit zerrütteten seine Gesundheit jedoch vollends. 1230 zog sich Antonius auf ein Landgut bei Padua zurück und ließ sich in einem Nussbaum eine Klause errichten, in der er die Werke des Augustinus las. Anfang 1231 trat er noch einmal so erfolgreich als Fastenprediger auf, dass, wie es heißt, Wucherer überhöhte Zinsen zurückzahlten, Diebe ihr gestohlenes Gut zurückgaben und Dirnen ehrbar wurden. Doch im Juni desselben Jahres fühlte er sein Ende nahen: Auf dem Weg nach Padua musste er sich völlig geschwächt vor den Toren der Stadt in die Obhut des Frauenklosters Arcella begeben und wurde im Zimmer des Beichtvaters einquartiert, wo er am 13. Juni 1231 entschlief.

Als 1220 seine Augustinerbrüder merkten, dass sie Antonius nicht davon abhalten konnten, zu den Franziskanern überzulaufen und nach Marokko zu gehen, hatten sie ihn mit den Worten verspottet: »Geh nur, vielleicht wirst du ein Heiliger!« Ihre Voraussage erfüllte sich unerwartet schnell, ein knappes Jahr nach Antonius' Tod.

■ Die kommerzielle Seite des Heiligenkultes: Der heilige Antonius ist nicht nur für das Seelenheil zuständig, er füllt auch die Kassen der Devotionalienhändler, wie hier in Padua, wo vor der Basilika des heiligen Antonius Heiligenfiguren aller Art verkauft werden.

# ANTONIUS VON PADUA

## MÖNCH, PREDIGER, KIRCHENLEHRER

### DATEN UND FAKTEN

**Daten:** geb. 1188 (oder 1195) in Lissabon; gest. 13. Juni 1231 in Arcella bei Padua; Heiligsprechung am 30. Mai 1232 durch Papst Gregor IX.; Ernennung zum Kirchenlehrer am 16. Januar 1946 durch Papst Pius XII.
**Festtag:** 13. Juni
**Namensbedeutung und -varianten:** »aus dem Geschlecht der Antonier« (lat.); Antoine, Anthony, Tony, Antal
**Wirkungsstätten:** Lissabon, Coimbra, Bologna, Montpellier, Toulouse; Kloster Monte Paulo in Italien
**Orte der Verehrung:** Basilika San Antonio (Il Santo) in Padua (Grab- und Pilgerstätte, Zungenreliquie); Kirchen St. Franziskus in München und St. Peter in Erfurt (Reliquien)
**Quelle:** Die *Sermones*, eine Sammlung von Predigtentwürfen des Antonius
**Attribute und Darstellung:** Lilie, flammendes Herz, blumengeschmücktes Kreuz; Esel, Fisch; im graubraunen Franziskanerhabit, Gürtelstrick mit drei Knoten; mit dem Jesuskind im Arm oder ein Buch haltend, auf dem das Jesuskind sitzt; manchmal auch, wie er den Fischen predigt
**Patronate:** Reisende; Arme; Frauen und Kinder; Liebende und Eheleute; Bäcker, Bergleute; Franziskanerorden; Padua, Lissabon, Hildesheim; gegen Fieber, Pest, Schiffbruch, Kriegsnöte, Unfruchtbarkeit; sorgt für eine gute Entbindung; hilft beim Wiederauffinden von verlorenen Gegenständen und bei der Suche nach einem Ehemann
**Brauchtum und Verehrung:** Bis heute ist die Grabkirche des hl. Antonius in Padua Ziel von Pilgerreisen; zahllose Gläubige stehen Schlange vor seinem Grab, um Votivtafeln dort anzubringen oder um die Stirn an den Reliquienaltar zu pressen. Damit befolgen sie den Rat Bonaventuras: »Suchst du Wundertaten, geh zu Antonius!«
**Kunst:** Vincenzo Foppa, *Der hl. Antonius von Padua* (vor 1500), National Gallery of Art, Washington D.C.; Tizian, *Szenen aus dem Leben des hl. Antonius von Padua* (1511), Scuola del Santo, Padua; Moretto, *Hl. Antonius von Padua* (1530), Museo d'Arte Antica, Mailand; Filippo Abbiati, *Das Wunder der Eselin* (um 1700), Diözesanmuseum, Mailand; Johann Wolfgang Baumgartner, *Die hll. Antonius von Padua und Johannes von Nepomuk* (um 1754), Kirche zu Gersthofen bei Augsburg
**Literatur:** Wilhelm Busch, *Der Heilige Antonius von Padua*, satirischer Gedichtband von 1870; Wilhelm Hünermann, *Der Gottesrufer von Padua*, Romanbiographie von 1953
**Musik:** Francis Poulenc, *Laudes des St. Antonius von Padua*, Chorwerk von 1959
**Wissenswertes:** Die von Antonius als Ketzer angeprangerten Waldenser sahen sich selbst keineswegs als Sektierer. Ende des 12. Jhs. hatte Petrus Waldus in Lyon begonnen, Armut und ein Leben in apostolischer Nachfolge Christi zu predigen; seine Anhänger nannten sich selbst »Arme Christi« und wollten eigentlich in der Kirche verbleiben (wie es später den Bettelorden der Franziskaner und Dominikaner gewährt wurde). Sie beanspruchten für sich lediglich das Recht, auch ohne Autorisierung der Kirche das Evangelium predigen zu dürfen. Für diesen Ungehorsam wurden sie 1184 von Papst Lucius III. mit der Exkommunizierung bestraft – obwohl sie keine »Irrlehre« vertraten. Sie überlebten trotzdem; mithilfe von Wanderpredigern hielten die über ganz Europa verstreuten Gemeinden Kontakt, und sie überstanden auch den Kreuzzug, den Papst Innozenz VIII. im Jahr 1487 gegen sie ausgerufen hatte. Noch heute gibt es weltweit etwa 30 000 Waldenser.

### AUF DEN PUNKT GEBRACHT

Dass er den Fischen predigte, hat seinen legendären Ruf als Redner begründet und diesem zugleich einen scherzhaften Unterton beigemengt. Sicher ist, dass der mittelalterliche Volksprediger Antonius von Padua ein Rhetorikgenie war und sich auch fremden Ohren verständlich machen konnte.

### EMPFEHLUNGEN

**Lesenswert:**
Walter Nigg, Helmuth N. Loose: *Antonius von Padua*, Freiburg i.B. 1986

Hans-Georg Deggau: *Kleine Geschichte der Katharer*, Freiburg i.B. 2005

Gabriel Audisio: *Die Waldenser. Die Geschichte einer religiösen Bewegung*, München 1996

**Hörenswert:**
Gustav Mahler: *Des Antonius von Padua Fischpredigt* aus *Des Knaben Wunderhorn*. Liedsammlung 1898. Audio-CD

# *Benedikt Joseph Labre*
## *Der Vagabund Gottes*

■ Der heilige Benedikt Joseph Labre. Gemälde, um 1780, von Antonio Cavalucci. Rom, Galleria Nazionale d'Arte Antica. Kardinal Joseph Ratzinger wählte seinen Papstnamen nach Benedikt Joseph Labre: Der 16. April, der Todestag des Heiligen, ist der Geburtstag Benedikts XVI.

Die Kirche ist reich. Allein in Deutschland dürften die evangelisch-lutherischen und die katholische ein Vermögen von zusammen einer halben Billion Euro besitzen. Zugleich liebt das Christentum die Armut: »Selig seid ihr Armen; denn das Reich Gottes ist euer«, lauten Jesu Worte im Lukasevangelium. Die Begüterten dagegen seien gewarnt: »Ein Reicher wird schwer ins Himmelreich kommen«, lehrt Jesus dem Matthäusevangelium zufolge. Immer wieder fühlten sich Christenmenschen daher berufen, dem Ideal der Besitzlosigkeit nachzueifern. Im 18. Jahrhundert trieb es einer zum Äußersten: Benedikt Joseph Labre.

In Lumpen gekleidet, mit zerrissenen Schuhen, die Haare zerzaust und mit wirrem Bart saß er vor den Kirchen. Nie legte er seine Fetzen ab, sondern trug sie Tag und Nacht und ließ sie, wenn sie vom Regen durchnässt waren, am Leibe trocknen. Haut und Haare wimmelten von Ungeziefer, weil er sich nie wusch; Nester voller Flöhe und Läuse trug er sichtbar mit sich herum, ohne sie zu entfernen. Seine gewöhnliche Mahlzeit bestand aus Abfällen, aus Apfelsinenschalen, Brokkolistrünken, unbrauchbaren Kohlblättern und verfaulten Früchten, wenn ihm nicht jemand aus Mitleid etwas gab. Reichte ihm aber jemand Geld, so verschenkte er es gleich an andere Bettler weiter. Die Verachtung, mit der man ihm begegnete, der Abscheu, den sein Anblick verursachte, der Ekel, den sein Gestank auslöste, störten ihn nicht. Und wer ihm gut zuredete, um ihn zu einem anderen Leben zu bewegen, den beschied er: »Gott will mich nicht auf diesem Wege haben.«

Dass das Schicksal etwas Ungewöhnliches mit ihm vorhatte, zeigte sich schon früh. Zwar darf bezweifelt werden, dass der Junge tatsächlich als erste Worte »Jesus«, »Maria« und »Joseph« stammelte. Fest steht aber, dass der am 26. März 1748 in dem nordfranzösischen Dorf Amettes, südlich von Calais, als ältestes von fünfzehn Kindern eines Kleinbauern und Krämers geborene Benedikt (französisch Benoît) Joseph Labre ein ungewöhnlich schweigsamer, gehorsamer und sanftmütiger Junge war, aus dem Eltern und Lehrer nicht schlau wurden. Da er so gern in die Kirche ging, gab man ihn mit zwölf Jahren zu seinem Taufonkel, der Pfarrer in der Nachbargemeinde war, damit dieser ihn auf eine geistliche Laufbahn vorbereite. Es zeigte sich aber, dass Benedikt nicht zum Lernen und Studieren taugte. Der Träumer und Schwärmer empfand geradezu Ekel vor der Logik und verlor schließlich jedes Interesse an Wissen und Bildung.

Weit mehr als der Priesterberuf faszinierte ihn ohnehin das Klosterleben. Doch auch hier waren ihm zahlreiche Misserfolge beschieden: Vergeblich versuchte er es im Alter von neunzehn Jahren zuerst bei den Kartäusern von Val-Sainte-Aldegonde, dann bei denen von Neuville. Beide wiesen ihn ab, und als Letztere ihn plötzlich doch aufnahmen, erkrankte Benedikt in der Abgeschlossenheit der Kartause an heftigen Angstzuständen und musste entlassen werden. Schon einen Monat später wanderte er zu den Mönchen von La Trappe, den für ihre strenge Askese und ihr unbedingtes Schweigegebot bekannten Trappisten. Doch auch hier wurde er wegen seiner Jugend und seiner schwächlichen Gesundheit abgelehnt. 1769 nahmen ihn endlich die Zisterzienser in Septfonds (im südöstlichen Frankreich) auf – nach sechs Monaten allerdings musste der Novize wiederum entlassen werden, weil er in seinem Übereifer weit über die Regel hinaus fastete und schwer erkrankt war.

Nach diesem Fehlschlag begab sich Benedikt Joseph Labre auf Wanderschaft außer Landes. Zu einer neuerlichen Bewerbung um Aufnahme in ein Kloster kam es nicht mehr. Im Spätsommer 1770 überkam ihn in Italien die Gewissheit, dass Gott ein anderes Dasein als das Klosterleben für ihn vorgesehen habe: das eines bettelarmen Pilgers, der sich nicht hinter dicken Klostermauern versteckt, sondern mitten in der Welt lebt und in weiser Selbsterkenntnis auf allen Besitz, alles Wissen und alle Gemeinschaft verzichtet. In den nächsten Jahren zog Benedikt Joseph Labre als völlig mittelloser »Vagabund Gottes«

■ Eingang der Kapelle der Association Saint Benoît Labre im südfranzösischen Digne-les-Bains, mit einer Statue des heiligen Benedikt Joseph Labre. Die Association Saint Benoît Labre unterhält in Frankreich Obdachlosenheime.

durch Italien, Frankreich, Spanien, die Schweiz und Deutschland; schlief im Armenhospiz oder auf der Erde, nährte sich von dem, was ihm die Menschen gaben, sprach wenig und betete viel – so viel, dass sich sogar Geschwüre an seinen Knien bildeten, die wie kleine Brotlaibe aussahen.

Nach und nach wurde Rom zu seinem Hauptaufenthaltsort. Anders als in seiner französischen Heimat, wo man den zerlumpten Landstreicher häufig verprügelte und aus den Gotteshäusern jagte, erfuhr er hier mit der Zeit eine gewisse Achtung. So lebte er ab 1774 größtenteils in der Ewigen Stadt, unterbrochen nur von der jährlichen Wallfahrt nach Loreto. »Der heilige Bettler« war bald sein Spitzname. Doch dieses Dasein forderte seinen Tribut. Sein körperlicher Verfall war zuletzt unübersehbar: Bleich, ausgemergelt, mit tief eingesunkenen Augen, zu Lebzeiten bereits ein Totengerippe, so saß der Mittdreißiger vor seiner römischen Lieblingskirche Madonna dei Monti. Mehrere Ohnmachten hatten bereits sein Ende angekündigt, als er auf den Stufen vor der Kirche zusammenbrach und in ein Hospital gebracht werden musste, wo er wenige Tage später, am 16. April 1783, verschied. Nach einer anderen Überlieferung starb er im Haus eines nahebei wohnenden Metzgers.

Unter großem Volksandrang wurde er neben dem Hochaltar von Madonna dei Monte beigesetzt. Am Grab dieses beispiellos armen Mannes soll es schon in den ersten Wochen weit über hundert wundersame Heilungen gegeben haben – und man darf annehmen, dass die Geheilten ebenso wie überhaupt die Heilungsbedürftigen sich nicht haben lumpen lassen und sich gegenüber der reichen Kirche gewiss erkenntlich gezeigt haben.

■ Der Tod des heiligen Alexius. Gemälde, 1661/63, von Luca Giordano. Neapel, Galleria Nazionale di Capodimonte

ALEXIUS VON EDESSA

Einen antiken Vorläufer in freiwilliger Armut und Selbstverleugnung hat Benedikt Joseph Labre im heiligen Alexius. Der christliche Sohn eines reichen römischen Senators verließ nach der Hochzeit aus Keuschheit seine Frau und ging nach Edessa (heute: Urfa, Türkei), wo er siebzehn Jahre als Bettler vor einer Kirche zubrachte. Als man seine Heiligkeit zu begreifen begann, kehrte er nach Rom zurück. Sein Vater, der ihn nicht erkannte, nahm ihn aus Mildtätigkeit auf. Siebzehn Jahre hauste Alexius unter der Treppe des Elternhauses, lebte von Essensresten und erduldete still den Spott der Dienerschaft. Erst nach seinem Ableben wurde seine Identität offenbar, als man in der Hand des Toten einen Zettel mit seinem Namen entdeckte. Die früheste Legende aus dem 5. Jahrhundert kennt Alexius freilich nur als asketischen Einsiedler von Edessa. Das römische Beiwerk entstand 500 Jahre später, als der Alexius-Kult den Westen erreichte.

# BENEDIKT JOSEPH LABRE

PILGER, MYSTIKER

## DATEN UND FAKTEN

**Daten:** geb. 26. März 1748 in Amettes, Frankreich; gest. 16. April 1783 in Rom; Heiligsprechung im Jahr 1881 durch Papst Leo XIII.
**Festtag:** 16. April
**Namensbedeutung und -varianten:** »der Gesegnete« (Benedikt, lat.) und »Gott möge hinzufügen« (Joseph, hebr.); Benoît, Bénézet, Benedetto, Benozzo, Benito, Benet, Ben; José, Giuseppe, Peppi, Pepe, Sepp, Joe
**Wirkungsstätten:** Frankreich, Rom; Wallfahrten in Italien, Spanien, Deutschland und der Schweiz (u.a. Neapel, Loretto, Assisi, Compostela und Burgos)
**Orte der Verehrung:** Kirche Madonna dei Monti in Rom (Grabstätte); Einsiedeln. Im Haus des Schlachters, nahe der Kirche Madonna dei Monti, in dem Benedikt Joseph Labre gestorben sein soll, befindet sich heute eine kleine Kapelle, die dem Heiligen geweiht ist; dort werden seine einzigen Besitztümer als Reliquien aufbewahrt: Zwei Rosenkränze und das Neue Testament.
**Quelle:** Biographie des Benedikt Joseph Labre von Giuseppe Loreto Marconi (1783)
**Attribute und Darstellung:** Pilgerstab, Rosenkranz; im Pilgergewand auf Wallfahrt
**Patronate:** Landstreicher, Bettler, Heimatlose, Pilger
**Brauchtum und Verehrung:** In seiner Wahlheimat Rom gehörte Benedikt lange Zeit zu den beliebtesten volkstümlichen Heiligen, und bei den Franziskanern genießt er bis heute hohes Ansehen. 1882 wurde in Frankreich von den Christlichen Schulbrüdern die »Vereinigung vom heiligen Benedikt Labre« gegründet, die sich das Laienapostolat und die Selbstheilung zur Aufgabe gemacht hat.
**Kunst:** Antonio Cavallucci, *Porträt des hl. Benedikt Joseph Labre* (18. Jh.), Galleria Nazionale d'Arte Antica, Rom; Achille Albacini, Marmorplastik auf dem Grab von Benedikt Joseph Labre (1892), Santa Maria dei Monti, Rom
**Wissenswertes:** 1997 fand sich in Italien die »Piccola Famiglia dell' Esodo« zusammen, eine Gruppe von Männern und Frauen, die Benedikt Labre zum Schutzpatron ihrer klösterlichen Lebensform erwählt haben: Wie der Heilige verzichten sie auf jegliche Besitztümer; Mittellosigkeit bedeutet für sie, sich von der materiellen Welt zu entfernen und der spirituellen Welt näherzukommen. Sie leben von Spenden, arbeiten aber auch – in aller Stille von ihren Zellen aus – für einige Fabriken in der Umgebung des Klosters. Während all ihrer Tätigkeiten kommen sie dem »Unaufhörlichen Gebet« nach: Sie sollen 24 Stunden am Tag beten, beim Essen, bei der Arbeit und sogar im Schlaf. Von 21:00 Uhr bis 2:00 Uhr wird die gemeinsame Nachtwache im Gebet gehalten. Etwas pragmatischere Züge hat die Heiligenverehrung in München angenommen; dort entstand aus einem Hilfsprojekt für Obdachlose der Verein »Schwestern und Brüder vom hl. Benedikt Labre e.V«: In drei Häusern leben Vereinsmitglieder zusammen mit ehemaligen Obdachlosen, um diese bei der Integration in die Gesellschaft zu unterstützen; außerdem besucht die Gemeinschaft jede Nacht die Menschen, die noch auf der Straße leben, bringt ihnen Tee und Brot und versucht auf diese Weise, Kontakt zu ihnen zu halten.

## AUF DEN PUNKT GEBRACHT

Er besaß weder geistige Gaben noch praktische Fertigkeiten und keinerlei gesellige Eigenschaften. Als schmutziger Landstreicher und Bettler, als ein Gammler des 18. Jahrhunderts fristete Benedikt Joseph Labre sein Dasein – und wurde dafür verehrt.

## EMPFEHLUNGEN

**Lesenswert:**

Agnès de LaGorce, Elisabeth Kawa: *Der Heilige der Heimatlosen, Benedikt Joseph Labre*, Colmar 1955

Walter Nigg: *Die Hoffnung der Heiligen*, Freiburg i.B. 1994

Paolo Coelho: *Auf dem Jakobsweg*, Zürich 2000

David Souden: *Pilgerwege*, München 2002

Norbert Ohler: *Pilgerstab und Jakobsmuschel: Wallfahren in Mittelalter und Neuzeit*, Düsseldorf 2003

Georg Schwaiger (Hg.): *Mönchtum, Orden, Klöster*, München 2003

# Benedikt von Nursia
## *Der Vater der abendländischen Klosterkultur*

■ Der heilige Benedikt von Nursia. Ausschnitt aus einem Fresko, um 1305/06, vermutlich von einem Maler aus dem Umkreis des Giotto di Bondone (1266–1337). Pomposa, Kapitelsaal der Abtei. Der persönliche Besitz eines Benediktiners beschränkt sich nach der Regel auf die Kleidung, die er am Leib trägt; erlaubt sind zudem eine Nadel, ein Griffel, eine Schreibtafel und ein Messer.

Ora et labora, bete und arbeite! Wenige kirchliche Leitsätze sind so bekannt wie dieser, der auf die Ordensregel des Klostergründers Benedikt von Nursia aus dem 6. Jahrhundert zurückgehen soll – in ihr aber gar nicht zu finden ist. Die Benediktusregel gibt zwar im 4. Kapitel unter dem Titel »Welches die Werkzeuge für die guten Werke sind« einzelne Verhaltensvorschriften, die anfangs die zehn Gebote sowie Jesu Worte aus der Bergpredigt aufgreifen, beispielsweise: »Zuerst: Gott, den Herrn, lieben aus ganzem Herzen, aus ganzer Seele, mit aller Kraft. Dann: den Nächsten wie sich selbst«. Es folgen weitere Anweisungen zur christlichen Lebensführung, etwa: »Das Fasten lieben«, »Vor der Hölle zittern«, moralische und soziale Appelle wie »Keine Arglist im Herzen tragen«, »Den Kranken besuchen« oder »Die Armen erquicken« – und überraschenderweise auch Selbstverständlichkeiten wie »Den Toten begraben«. Aber ausgerechnet die berühmteste aller Maximen fehlt.

Doch wenngleich »Ora et labora« nirgendwo wortwörtlich steht, fasst diese wohl in späteren Jahrhunderten entstandene einprägsame Reimformel den Geist des Regelwerks treffend zusammen. Denn es erlässt selbstverständlich ausführliche Vorschriften für den Gottesdienst, und außerdem – für die körperliche Arbeit: »Der Müßiggang ist ein Feind der Seele«, heißt es im 48. Kapitel, »und deshalb sollen sich die Brüder zu bestimmten Zeiten mit Handarbeit und wieder zu bestimmten Stunden mit göttlicher Lesung beschäftigen.« Eine solche Wertschätzung der Arbeit war damals ungewöhnlich: Im Altertum war sie Sache der Sklaven, Muße hingegen zeichnete den freien Bürger aus und galt als Kennzeichen des wahren Menschen. Im 6. Jahrhundert, am Morgen des Mittelalters, entwickelte sich eine neue Sichtweise: Arbeit wurde nun als Dienst an der Schöpfung

betrachtet, als Unterwerfung unter den Willen Gottes, der Adam bei der Vertreibung aus dem Garten Eden die Arbeit »im Schweiße deines Angesichts« befohlen hatte.

Wer also war der Mann, der an der Schwelle zwischen Antike und Mittelalter dieses epochemachende Regularium ersann und die Weichen nicht nur für das abendländische Klosterwesen stellte, sondern für die kulturelle Entwicklung des Westens überhaupt?

Um 480 kam Benedikt als Sohn einer vornehmen Familie in Nursia, dem heutigen Norcia in Umbrien, zur Welt. Die Eltern schickten ihren Sohn zum Studium nach Rom, doch das lockere Leben in der politisch und in Benedikts Augen auch moralisch heruntergekommenen Weltstadt – »toll trieben es die alten Römer« – stieß den züchtigen jungen Mann ab. Nicht nur seine Studienkollegen gaben sich dem Amüsement hin, selbst der Klerus führte ein ausschweifendes Lotterleben! Wenn Benedikt später in seiner Klosterregel die Brüder anweist, »nicht trunksüchtig« und »nicht essgierig« zu sein und keinen Ehebruch zu begehen, vielmehr ihren »Lebenswandel jederzeit zu überwachen«, so mögen Erfahrungen aus seiner Studienzeit im Hintergrund stehen. Lärm und Lustigkeit waren ihm zeitlebens zuwider: »Leere oder gar zum Lachen reizende Worte nicht reden«, »Vieles oder gar schal-

■ Die Römer der Verfallszeit. Gemälde, 1847, von Thomas Couture (1815–1879). Paris, Musée d'Orsay

DAS KLOSTER MONTECASSINO

Das Stammkloster der Benediktiner hat eine wechselvolle Geschichte. Nach 529 unter Benedikts Leitung erbaut, wurde es bereits Ende des 6. Jahrhunderts von den Langobarden geschleift. 717 wiedererrichtet, stand es lange Zeit in Blüte, bis es 1349 von einem Erdbeben zerstört wurde. Im 16. und 17. Jahrhundert in neuem Glanz erstanden, wurde das Kloster zwischen 1799 und 1860 mehrfach von französischen, napolitanischen und piemontesischen Truppen geplündert. 1866 erklärte das junge Königreich Italien die Abtei Montecassino zum Nationaldenkmal. 1944 wurde das Kloster durch ein alliertes Bombardement vollständig vernichtet, doch befanden sich die Bibliothek und die Kunstschätze im Vatikan in Sicherheit. Nach dem Zweiten Weltkrieg wurde die Anlage historisch getreu wiederaufgebaut.

lendes Lachen nicht lieben«, lauten zwei seiner Regeln, die er später als Abt verbindlich macht.

Benedikt suchte Einsamkeit und Stille, um die Stimme Gottes zu hören. Er setzte sich nach Affile (dem heutigen Enfide) im Sabinergebirge ab, 45 Kilometer östlich von Rom, und schloss sich dort einer Asketengemeinschaft an. Danach lebte er drei Jahre als Eremit wenige Kilometer nördlich in einer Höhle des Aniene-Tals bei Sublacus (heute: Subiaco). Seine einzige Verbindung mit der Außenwelt war ein gewisser Romanus aus einer benachbarten Mönchsgemeinschaft, der ihm täglich ein Brot herabließ, wozu eine Glocke am Seil das Zeichen gab. Legenden erzählen, dass Benedikt mehrfach vom Teufel heimgesucht wurde. Der habe einmal mit einem Stein nach der Glocke geworfen, aber der Stein sei zerbrochen. Ein andermal sei ihm der Teufel in Gestalt einer schönen Frau erschienen, doch Benedikt wurde der Versuchung Herr, indem er sich nackt im Dornengestrüpp vor der Höhle wälzte.

Benedikts Ruf als gottgefälliger Mann fand durch solche Geschichten Verbreitung, sodass ihn die Mönche eines Höhlenklosters bei Vicovaro zu ihrem Vorsteher wählten. Doch Benedikt, wohl infolge seiner Strenge in puncto Sitte und Ordnung, machte sich schnell Feinde. Die Mönche versuchten sogar, ihn aus dem Weg zu räumen und reichten ihm einen vergifteten Trank. Als Benedikt aber das Kreuz über ihm schlug, zerbrach der Kelch. Der nächste Versuch war erfolgrei-

■ Benedikt von Nursia wird in seiner Einsiedelei von dem Mönch Romanus mit Nahrung versorgt. Gemälde, um 1540, vom Meister von Messkirch (um 1500–1543). Stuttgart, Staatsgalerie

cher: Die Mönche holten Dirnen ins Kloster und ließen sie nackt tanzen – erschüttert zog sich der sittsame Gottesmann mit ein paar Getreuen zurück nach Subiaco. »Den Leib in Zucht halten«, »Sich nicht der sinnlichen Lust ergeben«, »Die Keuschheit lieben« – diese Weisungen wird er den Mönchen später in seiner Klosterregel schriftlich geben.

In Subiaco scharten sich im Lauf der Jahre mehr und mehr Schüler um Benedikt, sodass er in der weiteren Umgebung zwölf kleine Klöster mit je zwölf Mönchen gründete – zwei von ihnen haben bis heute überdauert: das Monastero di S. Benedetto und das Monastero di S. Scolastica. Indes gab es in Subiaco selbst wieder heftige Spannungen. Abermals unternahmen einige Mönche einen Giftanschlag auf ihr Oberhaupt, der wiederum missglückte, da ein Rabe das vergiftete Brot wegtrug. Doch dieser Zwischenfall stellte die Weichen: Benedikt packt seine Sachen und zieht mit einigen loyalen Mönchen, man schreibt das Jahr 529, zu dem gut sechzig Kilometer südöstlich gelegenen Monte Cassino. Und damit beginnt die entscheidende Phase im Leben dieses starken und eigenwilligen Mannes, der zwar nie eine Priesterausbildung durchlaufen hatte, aber durch sein Wirken die Kirche, das Christentum und die Kultur Europas beeinflussen sollte.

■ Benedikt von Nursia lässt durch das Kreuzeszeichen ein Glas mit vergiftetem Wein im Kloster von Vicovaro zerspringen. Gemälde, um 1415/19, aus einer Serie von Szenen zum Leben des heiligen Benedikt von Nursia von Niccolò di Pietro (1394–1430). Florenz, Uffizien

Benedikt lässt sich mit seinen Anhängern auf der Anhöhe über dem Städtchen Cassino nieder, reißt den alten, heimlich genutzten Apollotempel ab und errichtet aus den Steinen eine Kirche sowie eine Wohnstätte für die Mönche. Hier verfasst er, aufbauend auf dem Gedankengut der ägyptischen Wüstenväter und seinen eigenen Erfahrungen, die »Regula monachorum«, seine Mönchsregel, die das Klosterleben als Weg zu Gott versteht: »Wir wollen eine Schule für den Dienst des Herrn errichten«, schreibt er im Vorwort. »Umgürten wir also unsere Lenden mit dem Glauben und der Übung guter Werke und wandeln wir unter der Führung des Evangeliums seine Wege, damit wir den zu schauen verdienen, der uns in sein Reich gerufen hat.«

Dazu erlässt Benedikt nicht nur einzelne Verhaltensvorschriften, sondern formuliert Prinzipien des Mönchslebens: Sesshaftig-

■ Benedikt von Nursia übergibt die Ordensregel. Gemälde, 1400, von T. di Vanni. Florenz, Galleria dell'Accademia

keit in einem Kloster (also keine Ortswechsel; Benedikt selbst bleibt bis zu seinem Lebensende um 547, vielleicht auch 560 in der Abtei Montecassino), persönliche Besitzlosigkeit, Genügsamkeit, Schweigsamkeit (aber kein Redeverbot) und, in altrömischer Tradition, unbedingter Gehorsam gegenüber dem Abt, der als eine Art Pater familias mit Güte und Strenge regiert. Auf Disziplin als Voraussetzung eines intakten Gemeinschaftslebens legt Abt Benedikt ohnehin viel Wert. Entsprechend ausführlich behandelt er die Strafen für Verstöße gegen die Klosterordnung, denen er nicht nur ein eigenes Kapitel widmet, sondern auf die er auch an anderen Stellen seines Werks häufig zurückkommt.

Benedikts Mönchsregel, das älteste Grundgesetz abendländischen Klosterlebens, ist bis heute in Kraft. Bis zum 12. Jahrhundert war sie die einzige Klosterregel des Westens, und bis in die Gegenwart prägt sie das Klosterwesen. Mehr noch: Der Grundsatz »Ora et labora« machte die Benediktiner nicht nur zu bedeutenden Missionaren, die weite Teile Europas auch kulturell an die römisch-abendländische Welt anschlossen, sondern auch zu erfolgreichen Ökonomen – in den Klosterbrauereien etwa wurde erstmals Bier mit Hopfen gebraut. Obendrein wurden sie, weil zur Handarbeit das Kopieren alter Manuskripte zählte, zu Bewahrern der antiken Literatur und retteten so die geistigen Fundamente des heutigen Europa vor dem Vergessen.

SCHOLASTICA

Benedikt hatte eine Schwester namens Scholastica, der er zeitlebens verbunden blieb. Als junge Frau trat sie in das Kloster Roccabotte bei Subiaco ein und wechselte später in ein Kloster in der Nähe des Monte Cassino. Die Geschwister trafen sich jährlich einmal. Legendär ist ihre letzte Begegnung: Durch ein Gebet bewirkt Scholastica ein heftiges Unwetter, das den Bruder am Aufbruch hindert. Er bleibt gleich drei Tage, die sie in frommer Andacht verbringen; am dritten aber stirbt Scholastica. Benedikt ließ sie in seinem eigenen Grab in der Abtei Montecassino beisetzen, in dem schließlich auch er seine letzte Ruhe fand.

# BENEDIKT VON NURSIA

ORDENSGRÜNDER

## DATEN UND FAKTEN

**Daten:** geb. um 480 in Nursia (Norcia), Italien; gest. 21. März 547 (560?) im Kloster Montecassino, Italien; Kult belegt ab dem 7. Jh.; 1964 Ernennung zum Patron Europas durch Papst Paul VI.
**Festtage:** 11. Juli (Translation nach Fleury); 21. März (auf dem Monte Cassino)
**Namensbedeutung und -varianten:** »der Gesegnete« (lat.); Benoît, Bénézet, Benedetto, Benozzo, Benito, Ben
**Wirkungsstätten:** Italien (Affile, Subiaco, Montecassino)
**Orte der Verehrung:** Montecassino, Italien (Klostergründung, Grabstätte?); Kirche San Benedetto in Norcia, Italien (über dem Geburtshaus Benedikts erbaut); Monastero di San Benedetto, Monastero di Santa Scolastica bei Subiaco, Italien (Klostergründungen); Saint-Benoît-sur-Loire (Grabstätte?); Einsiedeln, Metten in Niederbayern (Reliquien), Kloster Benediktbeuern in Bayern (Unterarmreliquie, daher Wallfahrtsort)
**Quellen:** eigene Schriften, vor allem die *Regula Benedicti*, die Benediktinerregel (um 540); Papst Gregor der Große, *Das 2. Buch der Dialoge. Über Leben und Wunder des ehrwürdigen Abtes Benedictus*, Vita aus dem 6. Jh.
**Attribute und Darstellung:** Rabe mit (vergiftetem) Brot im Schnabel, Giftkelch (zerbrochen, von Schlangen umgeben), Weihwasserwedel, Krummstab, Buch (Ordensregeln), Rutenbündel (Mönchszucht); als Abt oder Mönch in schwarzem Habit, manchmal mit weißer Kapuze (Kukulle)
**Patronate:** Bergleute, Höhlenforscher; Kupferschmiede; Lehrer, Schulkinder; Sterbende; Europa (seit 1964); gegen Fieber, Entzündungen, Vergiftungen
**Brauchtum und Verehrung:** Der heilige Benedikt hilft gegen allerlei Unheil; so schützen »Benedikt-Pfennige«, als Amulett getragen, vor Unwettern und Krankheiten. »Benedikt-Schellen« wurden geläutet, um böse Geister von Sterbenden fernzuhalten.
**Kunst:** Anonymus, *Sankt Benedikt heilt einen hautkranken Mann* (10. Jh.), Unterkirche San Crisogono, Rom; Lorenzo Monaco, *Szenen aus dem Leben des hl. Benedikt* (um 1409), National Gallery, London; Meister des Orangenkreuzgangs, *Benedikt lässt eine im See versenkte Sense wieder auftauchen* (um 1439), Badia Fiorentina, Florenz; Fra Filippo Lippi, *Der hl. Benedikt befiehlt dem hl. Maurus, Placidus zu Hilfe zu eilen* (um 1445), National Gallery of Art, Washington D.C.; Hans Memling, *Hl. Benedikt* (1487), Uffizien, Florenz; Perugino, *Der hl. Benedikt* (1495–1498), Vatikanische Museen, Rom; Meister von Meßkirch, *Der hl. Benedikt als Einsiedler im Gebet* (um 1540), Staatsgalerie, Stuttgart
**Literatur:** Antonio Fogazzaro, *Il Santo*, Roman von 1906 (Figur des Benedetto); Umberto Eco, *Der Name der Rose*, Roman von 1980 (spielt in einer Benediktinerabtei)
**Musik:** Benedict Anton Aufschnaiter, *Missa renovata Sancti Benedicti*, Messe von 1711; Wolfgang Amadeus Mozart, *Offertorium in festo Sancti Benedicti*, geistliches Werk von 1767
**Wissenswertes:** Benedikt regelt ausnahmslos alles: Arbeitszeiten, Zeiten für Lesungen und Gebet. Er führt auch das sog. Stundengebet ein, das zur allgemeinen liturgischen Regel des Klosterlebens wurde: Ausgehend von Psalm 118, wo es heißt, »siebenmal des Tages lobe ich dich«, setzt er sieben Gebete ein, die den Tag gliedern: Laudes (Morgenlob), Prim (6 Uhr), Terz (9 Uhr), Sext (12 Uhr), None (15 Uhr), Vesper (Abendgebet) und Komplet (Nachtgebet). Tagesbeginn ist dabei die Vesper um ca. 18 Uhr, die den Opfertod Christi am Kreuz repräsentiert; der Tag »endet« mit dem Morgenlob, der Auferstehung Christi.

## AUF DEN PUNKT GEBRACHT

An der Zeitenwende zum Mittelalter schuf Benedikt die Grundlage des westlichen Mönchswesens und gab mit dem Klostergesetz »Ora et labora« einer neuartigen Wertschätzung der Arbeit als Dienst an der Schöpfung Raum. Die Klöster wurden zu Kulturzentren des entstehenden Europa.

## EMPFEHLUNGEN

**Lesenswert:**

Benedikt von Nursia: *Die Mönchsregel des hl. Benedikt*, Leipzig 2001

Walter Nigg, Helmuth Nils Loose: *Benedikt von Nursia. Der Vater des abendländischen Mönchtums*, Freiburg i.B. 1980

**Sehenswert:**

*Benedikt von Nursia. Ein Heiliger und seine Erben*, TV-Dokumentation von Gino Cadeggianini. BR 2005

# Bernhard von Clairvaux
## *Die Chimäre des Jahrhunderts*

Er kam aus dem Hochadel und war mit den Herzögen von Burgund verwandt, aber Ämter und Besitztümer kümmerten ihn wenig. Stattdessen wurde er ein Mann der Kirche und schloss sich einem Orden an, den Zisterziensern. Auch innerhalb der Kirche schielte er nicht nach hohen Posten und schlug etwa die Ernennung zum Bischof von Mailand aus. Es genügte ihm, Abt seines Klosters in Clairvaux zu sein. Anders als andere Kirchenmänner hatte er keinerlei Hang zu Prunk und Luxus, sondern erachtete »jegliche leibliche Ergötzung für Mist«, führte ein spartanisch einfaches Leben und verdammte sogar den Zierrat an Portalen, Kapitellen und in Kreuzgängen und überhaupt die schwindelerregenden gotischen Kirchenbauten, denn »indem dies alles die Augen der Betenden auf sich zieht, hindert es ihre Frömmigkeit«.

■ Der heilige Bernhard von Clairvaux. Nachträglich kolorierter Stahlstich von Lefèvre, um 1830, nach einer Zeichnung von Lancelot Theodore Turpin de Crisse (1782–1859)

Bernhard von Clairvaux hätte es auf dem Weg, der Leuten seines Standes vorgezeichnet war, zu etwas bringen können. Stattdessen erwarb er sich auf dem Umweg über die Kirche eine Position von solcher moralischer und politischer Autorität, wie er sie auf gewöhnliche Weise niemals erlangt hätte. Als seine Mutter mit ihm schwanger war, soll sie von einem weißen Hündchen mit rotem Rücken geträumt haben, das laut bellte. Ein frommer Mann deutete ihr den Traum so, dass sie einen Sohn gebären werde, der Gottes Haus bewachen und seine Stimme gegen die Feinde der Kirche erheben werde. Die Mutter bestimmte daher den kleinen Bernhard, den sie um das Jahr 1090 auf Schloss Fontaines-lès-Dijon zur Welt gebracht hatte, zu einer geistlichen Laufbahn. Bernhard besuchte die Stiftsschule in Châtillon-sur-Seine und trat 1112 mit dreißig Freunden, darunter vier seiner fünf leiblichen Brüder, in das Kloster von Cîteaux (deutsch: Cisterz) ein, das kurz zuvor (1098) gegründete erste Kloster des Zisterzienserordens.

Wahrscheinlich brachen bald Gegensätze zwischen dem Abt Stephanus Harding und Bernhard auf, die eine räumliche Trennung erforderlich machten: Bereits 1115 wurde Bernhard mit elf oder zwölf Mönchen nach Clairvaux entsandt, um in dem abgeschiedenen, dicht bewaldeten Tal zwischen Troyes und Chaumont ein neues Kloster aufzubauen. Diese Gründung erwies sich als Glücksfall: Die neue Abtei wurde die bedeutendste des jungen Ordens. Bernhard, der hier vom ersten Tag bis zu seinem Tod im Jahre 1153 als Abt waltete, gründete von Clairvaux aus achtundsechzig Tochterklöster, sorgte für die Verbreitung der Zisterzienser bis nach Schweden und übernahm bereits 1118 die Leitung des Ordens.

Als Kopf des damals führenden Ordens verstand es Bernhard, Einfluss auf Päpste und Könige zu nehmen. Ursprünglich waren die Zisterzienser zwar vom Geist der Weltferne geprägt. Doch Bernhard drängte es, an den Machtkämpfen und geistigen Auseinandersetzungen seiner Zeit teilzuhaben. Dabei war er nicht zimperlich, wie sein Streit mit dem Scholastiker Peter Abaelard, der nach den Vernunftgründen des Glaubens zu fragen begann, demonstriert.

Für den Mystiker Bernhard sollte die Glaubensgewissheit vom Zugriff der Ratio abgeschirmt sein. Innere Sammlung in Demut,

■ Die Gründung des Klosters Chiaravalle in der Lombardei: Manfredo Archinto übergibt Bernhard von Clairvaux das Grundstück. Ausschnitt aus einem Fresko, 1615, von Giovanni Battista della Rovere (1561–1627) und Giovanni Mauro della Rovere (1575–1640). Chiaravalle, Abteikirche

DIE ZISTERZIENSER

Die Zisterzienser gingen aus dem Benediktinerorden hervor. Anders als die Benediktiner betonten sie den Wert körperlicher Arbeit; das machte sie zu einer treibenden Kraft in der Landwirtschaft und zu Trägern der mittelalterlichen deutschen Ostsiedlung. Vor allem aber stießen sich die Zisterzienser daran, dass nur der einzelne Benediktinermönch besitzlos war, die Klöster aber reich sein konnten. Doch schon zu Lebzeiten Bernhards entwickelten sie sich in dieselbe Richtung: 1149 übernahmen sie das Benediktinerkloster Savigny mit großem Grundbesitz und vielen abhängigen Bauern, sodass die Mönche nicht mehr arbeiten mussten.

dann Versenkung und Hingabe, schließlich Ekstase waren sein Weg zu Gott, in dem das Ich sich verlieren sollte wie ein Wassertropfen im Wein. Damit brachte diese Mystik, die ohne Höllenvisionen und Engelserscheinungen auskommt, erstmals die Idee von der Gottwerdung des Menschen hervor.

Bernhards subjektive Mystik, in der eine neuartige persönliche Beziehung zu Gott, ein individuelles Verhältnis zu Christus zutage trat, passte zur allmählichen Entfaltung der Individualität im Hochmittelalter. Zu Abaelards ebenso zeitgemäßer Philosophie jedoch, die rational und dialektisch nach der Existenz und dem Wesen Gottes fragte, stand sie in krassem Widerspruch. Dass Abaelard obendrein in seiner Einstellung zur Leiblichkeit Vernunft walten ließ, verschärfte den Konflikt. Abaelard sah in der körperlichen Liebe keine Sünde. Anders Bernhard: Als ihn einmal eine Frau erregte, bestrafte er sich umgehend, indem er in einen nahen kalten Teich sprang. Was das weibliche Geschlecht betraf, so beschied er sich zeitlebens mit dem liebenden Andenken an seine frühzeitig verstorbene Mutter – und mit der Verehrung der Jesusmutter Maria, die er als Mittlerin zwischen Gott und Mensch betrachtete und als Ausschenkerin der Gnade hochhielt. Von seinen Mönchen forderte er, auch sie sollten »nährende Brüste« wie Maria ausbilden.

■ Die Vision des Bernhard von Clairvaux: Maria verleiht dem Heiligen seine Beredsamkeit, indem sie ihn von ihrer Milch trinken lässt. Gemälde, 1670, von Josefa de Ayala genannt Josefa de Obidos (1630–1684). Privatsammlung

Bernhard nahm die Sache mit Abaelard persönlich und klagte ihn bei Papst Innozenz II. der Ketzerei an, wobei er vor unlauteren Mitteln nicht zurückschreckte, Zitate entstellte und auf den Vorschlag, mit seinem Gegner zu disputieren, erwiderte: Statt Abaelard mit Argumenten zu widerlegen, wolle er ihm lieber die Zähne mit Knüppeln einschlagen. Gegen den scharfsinnigen Abaelard hätte Bernhard auch keine Chance gehabt; bei Innozenz II. hingegen schon: Der verurteilte Abaelard als »Urheber einer perversen Lehre« zum »ewigen Schweigen«, exkommunizierte seine Anhänger und ließ seine Schriften verbrennen.

Innozenz II. war Bernhard einen Gefallen schuldig: Bernhard hatte ihn, den Freund der Zisterzienser, nach dem Schisma von 1130 gegen den von der Mehrheit zum Papst gewählten Anaklet II. unterstützt und den deutschen König Lothar III. für seine Partei gewonnen – der dann von Innozenz zum Kaiser gekrönt wurde. Im Kampf gegen Anaklet, den er als »Bestie aus der Apokalypse« verunglimpfte, kannte Bernhard keine Skrupel, wie der Fall des Grafen Wilhelm II. von Poitou zeigt. Der war als Anaklet-Anhänger exkommuniziert worden. Um wieder aufgenommen zu werden, musste er sich vor der Kirche, in der Bernhard die Messe hielt, aufstellen. Mit dem Hostienteller in der Hand schritt Bernhard blitzenden Auges auf den Grafen zu: »Siehe, der Sohn der Jungfrau schreitet zu dir!«, donnerte Bernhard, sich mit Christus eins wähnend, »hier ist dein Richter, in dessen Hand deine Seele kommen wird! Wirst du auch ihn verachten?!« Wilhelm brach zuckend zusammen, wälzte sich auf dem Boden, stammelte, fiel in Ohnmacht und kam erst durch einen Fußtritt Bernhards wieder zu Bewusstsein. Zur Sühne stiftete der Graf ein Zisterzienserkloster.

■ Bernhard von Clairvaux predigt den Kreuzzug in Vézelay am 31. März 1146. Gemälde, 1850, von Eugène Signol (1804–1892). Versailles, Schloss

Nicht minder scharf agitierte Bernhard gegen die äußeren Feinde der Kirche. Er trommelte für den Wendenkreuzzug der sächsischen Fürsten gegen die slawischen Stämme östlich der Elbe und rief in einem Rundschreiben dazu auf, »jene Heidenvölker gänz-

PETER ABAELARD (1079–1142)

Der Pariser Scholastiker entwickelte in seinem Hauptwerk *Sic et Non (Ja und Nein)* die Grundzüge des logischen und dialektischen Argumentierens. Damit stärkte er die Autonomie der Vernunft gegenüber der kirchlichen Autorität. Heute ist er allerdings weniger für seine Philosophie bekannt als vielmehr für die Liebe zu seiner Schülerin Héloïse. Die beiden bekamen einen Sohn und heirateten heimlich. Héloïses Onkel, der Domherr Fulbert, ließ Abaelard daraufhin entmannen.

lich zu vernichten oder unwiderruflich zu bekehren«. Papst Eugen III., Nachfolger von Innozenz II. und Zisterzienser aus Clairvaux, stimmte dem Feldzug ebenso zu wie dem Kreuzzug ins Heilige Land von 1147/49, zu dem Bernhard in flammenden Predigten aufstachelte: »Ein Ritter Christi tötet mit gutem Gewissen; noch ruhiger stirbt er. Wenn er stirbt, nützt er sich selber; wenn er tötet, nützt er Christus.« Die männliche Bevölkerung ganzer Landstriche folgte begeistert dem roten Kreuz auf weißem Tuch, der christlichen Kriegsfahne.

■ Teufelsaustreibung durch Bernhard von Clairvaux. Gemälde, 1500, von Jörg Breu d. Ä. (1475/76–1537). Zwettl, Sammlungen des Stiftes

Der Kreuzzug endete indes in einer Katastrophe. Womöglich an die 200 000 Krieger fanden den Tod, und Bernhard wurde als falscher Prophet beschuldigt. Er trug es mit Gleichmut: »Besser, sie geben mir die Schuld als Gott.« Gleichwohl setzte ihm das Desaster zu. Schon immer hatte er, der sich seit seiner Jugend mit Fasten und Schlafentzug malträtierte, gekränkelt. Nun machte eine schwere Magenkrankheit dem Asketen zu schaffen. »Es ist an der Zeit, dass ein so alter und unfruchtbarer Baum abgehackt wird«, sagte er kurz vor seinem Tod, der ihn am 20. August 1153 in seinem Heimatkloster ereilte.

Demut und Frömmigkeit einerseits, Geltungsbedürfnis und Streitbarkeit andererseits sind, wie das Leben Bernhards von Clairvaux vor Augen führt, nicht unbedingt ein Widerspruch. Bernhard war der anerkannte »doctor mellifluus«, der honigfließende Lehrer, und ein Feind der Wissenschaft, ein Kirchenmann und ein Kriegstreiber. Sein Ehrgeiz war es, Machtpolitik zu betreiben und seiner Zeit politisch und geistig seinen Stempel aufzudrücken: Bernhard fühlte sich als heimlicher Führer und Richter der Welt. Er selbst nannte sich eine »Chimäre«, weil er nicht ganz Ritter und nicht ganz Mönch war – der Kirche ein Wohlgefallen, vielen Menschen aber ein Verderben.

# BERNHARD VON CLAIRVAUX

## KLOSTERGRÜNDER, MYSTIKER, KIRCHENLEHRER

### DATEN UND FAKTEN

**Daten:** geb. um 1090 in Fontaines-lès-Dijon; gest. 20. August 1153 in Clairvaux; Heiligsprechung am 18. Januar 1174 durch Papst Alexander III.; 1830 Ernennung zum Kirchenlehrer durch Papst Pius VIII.
**Festtag:** 20. August
**Namensbedeutung und -varianten:** »der Bärenstarke« (althochdt.); Barnard, Bernd
**Wirkungsstätten:** Frankreich; Tochterklöster in Italien, Deutschland, den Niederlanden und England
**Ort der Verehrung:** Kathedrale Saint-Pierre-et-Saint-Paul in Troyes (Kopfreliquie)
**Quellen:** Bernhards eigene Schriften, u.a. *Sermones super cantica canticorum* (Predigtsammlung), *De gradibus humilitatis et superbiae, De diligendo Deo, De consideratione, Apologia* sowie 545 Briefe
**Attribute und Darstellung:** Kreuz, Bienenkorb; auch weißes Hündchen; als Abt im Gebet vor dem Kreuz; manchmal umarmt er den gekreuzigten Jesus; gelegentlich in Begleitung Marias, die in einigen Darstellungen seine Lippen mit Milch aus ihrer Brust benetzt; ab dem 15. Jh. wird er auch mit dem Teufel gezeigt, den er an einer Kette führt
**Patronate:** Imker, Wachszieher; Grubenarbeiter; Alpinisten; Zisterzienserorden; Burgund, Genua, Gibraltar, Ligurien; gegen Unwetter, Kinderkrankheiten, Besessenheit
**Kunst:** Skulptur *Hl. Bernhard mit dem Teufel* (15. Jh.), Santa Maria Maggiore, Rom; Filippino Lippi, *Marienerscheinung des hl. Bernhard* (1486), Badia Fiorentina, Florenz; Wolgemut-Werkstatt, *Hochaltar der Augustinerkirche* (1487), Germanisches Nationalmuseum, Nürnberg; Pier Francesco Foschi, *Thronende Madonna mit Jesuskind und den hll. Benedikt und Bernhard* (um 1540), San Barnaba, Florenz
**Literatur:** Dante, *Die göttliche Komödie*, Epos von 1312–1321
**Musik:** Eigenkompositionen Bernhards, z.B. die Hymne *O Haupt voll Blut und Wunden* (dt. Bearbeitung von Paul Gerhard)
**Wissenswertes:** Die Legitimation für die Kreuzzüge lieferte der hl. Augustinus mit seiner Abhandlung über den »gerechten Krieg«. Danach muss ein »gerechter Grund« vorliegen, damit ein Christ in den Krieg ziehen darf, und der Krieg muss von »barmherziger Liebe« getragen sein. Nach mittelalterlichem Verständnis wird der Kreuzzug direkt von Gott befohlen und durch den Papst den Gläubigen offenbart. Einen ersten derartigen Befehl glaubte die Christenheit im Jahr 1089 durch Papst Urban II. empfangen zu haben, als die Türken das byzantinische Kleinasien erobert hatten; 1096 bewegte sich das erste Kreuzfahrerheer in Richtung Osten. 1099 erstürmten die Christen Jerusalem – um es zu plündern und zu verwüsten. Nachdem der von Bernhard unterstützte 2. Kreuzzug zu einem militärischen Fiasko geraten war, unternahm man 1189, nach der Rückeroberung Jerusalems durch Sultan Saladin, einen dritten Anlauf, das »Heilige Land« zu »befreien«: König Philipp II. von Frankreich und Richard Löwenherz von England gelang es zwar, die Stadt Akkon einzunehmen – wobei 3000 Zivilisten ermordet wurden –, sie scheiterten aber an Jerusalem. Das wurde erst im Jahr 1229, nach dem 5. Kreuzzug, infolge von Verhandlungen an die Christen zurückgegeben. Nur 15 Jahre später befand es sich jedoch wieder in muslimischer Hand, und weder Ludwig der Heilige noch die »Volkskreuzzüge« im Spätmittelalter vermochten daran etwas zu ändern. Nach dem Fall Konstantinopels im Jahr 1453 war man im Grunde wieder dort angelangt, wo man 350 Jahre zuvor begonnen hatte.

### AUF DEN PUNKT GEBRACHT

Der Zisterzienserabt Bernhard ist eine der umstrittensten Persönlichkeiten des 12. Jahrhunderts. Er erneuerte das Klosterwesen, agitierte für die Kreuzzüge gegen die Slawen und in Palästina und bekämpfte die aufkommende Rationalisierung der Theologie.

### EMPFEHLUNGEN

**Lesenswert:**

Bernhard von Clairvaux: *Rückkehr zu Gott*, Düsseldorf 2001

Peter Dinzelbacher: *Bernhard von Clairvaux. Leben und Werk des berühmten Zisterziensers*, Darmstadt 1998

Gudrun Gleba: *Klöster und Orden im Mittelalter*, Darmstadt 2006

Nicolas Jaspert: *Die Kreuzzüge*, Darmstadt 2003

# Bonifatius
## *Der große Organisator*

■ Der heilige Bonifatius

Vom Bücherwurm zum Tatmenschen, aus der Gelehrtenstube hinaus in die Welt: Diesen Weg ging Bonifatius, der Apostel der Deutschen. Er wurde eine Gestalt von überragender Bedeutung nicht allein für die Kirche, sondern auch für die Politik und die Kultur des Abendlandes und brachte es nicht nur zum bedeutendsten Missionar in Deutschland, sondern nebenbei auch zu einem der Schutzheiligen Englands, seiner Heimat.

675 kam er als Sohn eines angelsächsischen Adligen im Königreich Wessex zur Welt. Getauft auf den Namen Wynfreth, wurde er zur Erziehung in ein Kloster in Exeter gegeben und wechselte noch in jungen Jahren in das Benediktinerkloster Nhutscelle (heute: Nursling) bei Southampton. Dort legte Wynfreth das Mönchsgelübde ab, stieg zum Leiter der Klosterschule auf und schien sein weiteres Leben der Forschung, Lehre und Dichtkunst widmen zu wollen. Er hielt Vorträge, verfasste Bibelkommentare, schrieb eine Grammatik der englischen Sprache, brachte eine Verslehre zu Papier und versuchte sich selbst als Dichter.

Im Jahre 715 kam die Wende: Wynfreth verließ die Klosterzelle und beschloss, sich der Mission zu widmen. Statt willige Schüler zu lehren, wollte er fortan heidnischen Ohren predigen. Er zog mit mehreren Gefährten nach Friesland, um seinen seit 690 dort missionierenden Landsmann Willibrord zu unterstützen. Doch der Anfang war schwer: Die Friesen unter König Ratbod befanden sich im Krieg gegen die Franken unter Karl Martell und empfanden wohl die Missionierung als flankierende Maßnahme im Dienst des expandierenden Frankenreichs. Unverrichteter Dinge musste der angehende Missionar wieder abreisen.

Wynfreth ließ sich von diesem Misserfolg jedoch nicht entmutigen, im Gegenteil: Sein Ehrgeiz wurde dadurch erst richtig angestachelt. Zwar machten ihm die Mönche in Nursling ein verlockendes Angebot und wählten ihn zu ihrem neuen Abt. Doch Wynfreth lehnte ab und begab sich stattdessen nach Rom, wo Papst Gregor II. ihn 719 mit der Mission in Hessen und Thüringen beauftragte. Der Papst gab ihm auch den Namen Bonifatius, weil gerade der Namenstag des Märtyrers Bonifatius von Tarsus gefeiert wurde, der 14. Mai.

Mit Eifer geht Bonifatius nun ans Werk, und diesmal ist das Glück ihm hold. Er gründet Missionsklöster, von denen Amöneburg in Oberhessen, Fritzlar in Nordhessen und Ohrdruf in Thüringen die bekanntesten sind, und er vollbringt jene Tat, die bis heute mit seinem Namen verbunden ist: Um das Jahr 725 fällt er die Donareiche bei dem Dorf Geismar, einige Kilometer westlich von Fritzlar. Dass der germanische Donnergott, nach Wotan die wichtigste Gottheit der Germanen, den Frevler nicht mit einem Blitz niederstreckt, beweist den versammelten Germanen endgültig, dass der Christengott und sein Diener Bonifatius stärker sind. Bonifatius lässt daraufhin – ganz in der Tradition der Kirche, die die heidnischen Kultstätten gern für ihre Zwecke einspannt – aus dem Holz der Eiche eine Kapelle zimmern, die er dem heiligen Petrus (s. S. 212) weiht.

Nach diesem Sieg konnte Bonifatius, den der Papst inzwischen zum Bischof ohne feste Diözese ernannt hatte, den Schwerpunkt

### BONIFATIUS VON TARSUS

Einer der Eisheiligen heißt Bonifatius. Das ist jedoch nicht der Missionar der Deutschen, sondern dessen Namensgeber: Bonifatius von Tarsus. Er soll Heide gewesen sein und in Diensten einer reichen Christin in Rom gestanden haben, die ihn nach Kleinasien schickte, damit er ihr Reliquien christlicher Märtyrer bringe. In Kleinasien wurden damals gerade die Christen verfolgt. Beeindruckt von deren Standhaftigkeit ließ Bonifatius sich taufen, wurde selbst ergriffen und erlitt um 306 das Martyrium in siedendem Pech. So waren die einzigen Reliquien, die seine Auftraggeberin in Rom schließlich erhielt, die seinen.

■ Bonifatius verlässt England. Nach einem Fresko, 1830/37, von Heinrich M. von Hess (1798–1863) in der Allerheiligen-Hofkapelle in München

■ Bonifatius fällt die Donar-Eiche bei Geismar. Farblithographie, um 1900, nach einem Fresko, 1834/44, von Heinrich M. von Hess. Dortmund, Westfälisches Schulmuseum

seiner Arbeit von der Mission auf die Organisation verlagern, um das Errungene zu sichern. In den folgenden Jahrzehnten zog er ein Netz von Kirchen und Bistümern über das Land, die ja nicht nur geistliche Autorität, sondern auch weltliche Macht besaßen und den fränkischen Herren in die Hand arbeiteten: Von Rom und den Karolingern unterstützt, schuf Bonifatius eine kirchliche Verwaltung, auf der Karl der Große die staatliche aufbauen konnte, als er seinen Herrschaftsbereich im Osten ausdehnte und festigte.

Bonifatius' Erfolge sprachen sich bald herum: 732 beförderte ihn Papst Gregor III. zum Erzbischof und zum päpstlichen Vikar für das gesamte deutsche Missionsgebiet. 738 erweiterte der Papst seine Befugnisse noch und ernannte ihn zum apostolischen Legaten für das gesamte Frankenreich. Von zahlreichen Mitarbeitern vor allem aus seiner angel-

### DAS »HEIDNISCHE« GERMANIEN

Schon seit der Römerzeit gab es Kirchen und Bistümer längs von Rhein und Königin. Lange vor Bonifatius predigten Missionare in Alemannien und am Main und drangen im Schutz der fränkischen Macht bis an Elbe und Saale vor. Allerdings wurzelte das Christentum nicht tief; eher war der Christengott einer, der neben die anderen Gottheiten ins polytheistische Pantheon passte. Noch zu Bonifatius' Zeiten gab es Priester, die im Namen Christi tauften und zugleich dem Donar opferten.

sächsischen Heimat unterstützt, ordnete Bonifatius jetzt die fränkische Kirche neu, führte regelmäßige Bischofssynoden im Reich ein – die erste fand 743 unter seiner Leitung statt – und band die Geistlichkeit nach dem Tod Karl Martells, der keine straffe Abhängigkeit seiner Landeskirche von Rom gewünscht hatte, eng an den Papst. Den Primatanspruch des Papstes zu akzeptieren, bedeutete auch eine Absage an den Patriarchen von Konstantinopel. Zudem teilte Bonifatius das infolge der Awareneinfälle zerrüttete Südostdeutschland neu unter die Bistümer Regensburg, Freising, Passau und Salzburg auf und gab der Herrschaft damit eine solide Struktur. Weiter nördlich gründete er die Bistümer Würzburg, Büraburg (bei Fritzlar), Erfurt und Fulda sowie zahlreiche Klöster und erhielt um 747 von Papst Zacharias das Erzbistum Mainz.

Nun hätte sich Bonifatius gut aufs Altenteil zurückziehen können. Die Mönche und Nonnen, die er vornehmlich aus England angeworben und mit der Leitung der Bistümer und Klöster betraut hatte – Lioba in Tauberbischofsheim, Willibald in Eichstätt, Wunibald in Heidenheim, Lullus in Hersfeld, Sturmi in Fulda –, boten die Gewähr, dass seine Arbeit in seinem Geist fortgesetzt würde. Doch der fast Achtzigjährige wollte es noch einmal wissen und zog – die alte Wunde schmerzte offenbar noch immer – nach Friesland, dorthin, wo alles begonnen hatte. Diesmal ließ es sich scheinbar besser an. Pfingsten 854 taufte er zahlreiche Friesen, und wenige Tage später, am 5. Juni 854, wartete er bei Dockinga (heute: Dokkum) unweit der Nordseeküste auf die Neubekehrten, um sie zu firmen und damit als vollwertige Mitglieder in die christliche Gemeinde aufzunehmen. Doch statt der Firmlinge näherte sich ihm ein Haufen blutrünstiger Heiden: Bonifatius blieb gerade noch Zeit, seinen Mördern zu vergeben, dann starben er und seine Begleiter unter den Schwertstreichen und Axthieben.

Bonifatius' Leichnam wurde feierlich über Mainz nach Fulda überführt, wo er noch heute in der Domkrypta ruht. Das Bistum Fulda soll Bonifatius die liebste seiner zahlreichen Gründungen gewesen sein, und ihm zu Ehren tagt seit 1867 die alljährliche Deutsche Bischofskonferenz in dieser Stadt.

■ Als Schutzpatron von Mainz steht der heilige Bonifatius mit wehendem Bart und Mantel auf dem Domplatz der Bischofsstadt.

■ Der Märtyrertod des Bonifatius im Jahr 754. Ausschnitt aus einem Fresko, 1834/44, von Heinrich M. von Hess (1798–1863) in der Bonifaziusbasilika in München.
Der *Ragyndrudis-Codex* aus dem 7. oder 8. Jahrhundert, der in Norddeutschland gefunden wurde, weist Spuren von Schwerthieben auf und gilt als das Buch, mit dem Bonifatius vergeblich versuchte, die Angriffe der Friesen abzuwehren.

Bonifatius gründete so viele Bistümer, Kirchen und Klöster wie kein anderer in Deutschland. Er organisierte die Kirche im fränkischen Reich und in den Missionsgebieten und legte einen der Grundsteine für den Primat Roms in der Christenheit, der in der katholischen Welt bis heute fortbesteht. Ein Missionar, wie man ihn sich landläufig vorstellt, war er jedoch kaum: Bonifatius war kein Prediger, der die Heiden durch die Macht seines Wortes und die Kraft seines Vorbildes für Christus begeisterte, sondern er hatte dort Erfolg, wo das Christentum bereits Wurzeln geschlagen hatte und er fördernd, lenkend und ordnend eingreifen konnte. In Hessen, Thüringen und an den anderen Hauptschauplätzen seines Wirkens hatte sich das Christentum, als er begann, schon verbreitet, es ging aber nicht in die Tiefe. Ein Ereignis wie das Fällen der Donareiche zu Geismar markiert nicht den Beginn der Christianisierung, sondern verkündet den endgültigen Untergang des längst gestürzten Heidentums. Dabei benötigte Bonifatius stets Rückendeckung: Erfolgreich war er dort, wohin die Frankenherrscher bereits ihre Hand ausgestreckt hatten. Bei den als freiheitssinnig bekannten Friesen scheiterte er denn auch.

Bonifatius' Bestimmung war es, der römischen Kirche in Deutschland Gestalt zu geben und ihr Gewalt zu verleihen, die abendländische Kultur zu verbreiten und dem fränkischen Staat den Weg in die Mitte Europas zu bahnen, dorthin, wo später Deutschland entstand – und so wirkt Bonifatius' kirchliche, politische und kulturelle Arbeit bis heute nach.

# BONIFATIUS

## MÄRTYRER, MISSIONAR, ERZBISCHOF, APOSTEL DER DEUTSCHEN

### DATEN UND FAKTEN

**Daten:** geb. um 675 in Wessex, England; gest. am 5. Juni 754 in Dokkum, Niederlande; Kult beginnt unmittelbar nach seinem Tod
**Festtage:** 5. Juni (Ostkirche: 19. Juni)
**Namensbedeutung und -varianten:** »gutes Geschick« (lat.); Bonifaz
**Wirkungsstätten:** Nursling, Utrecht, Mainz, Geismar; Hessen, Thüringen, Württemberg, Westfalen, Bayern; Frankenreich, Italien. Klostergründungen: Fritzlar, Kitzingen, Ochsenfurt, Ohrdruf, Tauberbischofsheim; Bistumsgründungen: Büraburg, Eichstätt, Erfurt, Freising, Passau, Regensburg, Salzburg, Würzburg
**Orte der Verehrung:** Barockdom St. Salvator und Bonifatius in Fulda von 1712 (Grabstätte und Schädel, Kleidungsfragmente sowie Bischofsstab als Reliquien); Dokkum mit dem sog. »Mordwald« (Wallfahrtsstätte)
**Quellen:** Briefe des Bonifatius, gesammelt und redigiert von seinem Schüler Lullus; *Hirsauer Passional*
**Attribute und Darstellung:** Bischofsstab, Evangelienbuch (häufig von einem Schwert durchbohrt), Beil; im Bischofsgewand, zu seinen Füßen eine gefällte Eiche; unter dem Stab kann eine Quelle hervorsprudeln, manchmal wird er von Fuchs und Rabe begleitet
**Patronate:** Bierbrauer, Schneider; Fulda, Thüringen, England
**Brauchtum und Verehrung:** Noch heute gibt es Wallfahrten zum Bistumsfest nach Fulda sowie, u. a., eine Fußwallfahrt nach Amöneburg bei Marburg, der Erstgründung des Bonifatius. St. Bonifaz ist der einzige Tagesheilige, dem ein eigenes Gebet während der Messfeier gewidmet ist.
**Kunst:** Buchmalerei im Fuldaer Sakramentar (um 1020), Vatikanische Bibliotheken, Rom; Deckel des Codex aureus aus Echternach (983/991), Germanisches Nationalmuseum, Nürnberg; Steinrelief in der Kirche am Petersberg in Fulda (Anfang 12. Jh.); Bilderzyklus am Fenster des Erfurter Domchores (um 1410); J. Neudecker, Grabmal des Bonifatius im Fuldaer Dom (um 1710)
**Literatur:** Rätselgedichte, von Bonifatius selbst verfasst (8. Jh.); H. Grössler und Hansjürgen Müllerott (Hg.), *Die Sagen von Winfried-Bonifatius*, Textsammlung von 1899; Winfried Abel, *Bonifatius lebt! Festspiel zum 1250. Todestag des Apostels der Deutschen* (2004); Bjarne Reuter, *Der Lügner von Umbrien*, historischer Roman über die Katharer von 2005 (der Esel der Hauptfigur trägt den Namen Bonifatius)
**Musik:** Wallfahrtslied aus dem Fuldaer Gesangbuch von 1778; Thomas Gabriel und Barbara Nichtweiß, *Bonifatius-Oratorium* von 2004; Dennis Martin und Zeno Diegelmann, *Bonifatius – das Musical*, uraufgeführt 2004 in Fulda
**Wissenswertes:** Seinen missionarischen Worten verlieh Bonifatius auch durch Taten Nachdruck: Um das von Krankheiten geplagte Volk der Germanen zu heilen, holte er »gelehrte Medizinmeister« aus Irland zu Hilfe. Bei seinem Deutschlandbesuch am 18.11.1980 erinnerte Papst Johannes Paul II. auf dem Fuldaer Domplatz ausdrücklich an Bonifatius' Vermächtnis: »Mit Bonifatius begann gewissermaßen die Geschichte des Christentums in eurem Land. Viele sagen, diese Geschichte neige sich jetzt ihrem Ende zu. Ich sage euch: Diese Geschichte des Christentums in eurem Land soll jetzt neu beginnen, und zwar durch euch, durch euer im Geist des heiligen Bonifatius geformtes Zeugnis!«

### AUF DEN PUNKT GEBRACHT

Der angelsächsische Benediktinermönch vollendet im 8. Jahrhundert mit seinen Mitstreitern die Missionierung Germaniens und organisiert im Zusammenspiel mit den fränkischen Großen die katholische Kirche in Mitteleuropa.

### EMPFEHLUNGEN

**Lesenswert:**

Michael Imhof, Gregor K. Stasch (Hg.): *Bonifatius. Vom angelsächsischen Missionar zum Apostel der Deutschen*, Petersberg 2004

Franz J. Felten: *Bonifatius – Apostel der Deutschen*, Stuttgart 2004

Lutz E. von Padberg: *Bonifatius*, München 2003

Lutz E. von Padberg: *Die Christianisierung Europas im Mittelalter*, Ditzingen 1998

**Sehenswert:**

*Tod im Morgengrauen – Bonifatius und die Bekehrung der Germanen*. TV-Dokumentation von Renate Beyer, ZDF 2003

*Die Axt Gottes. Auf den Spuren des Bonifatius*. TV-Dokumentation von Benedikt Fischer, HR 2004

# *Cäcilia*
## *Sie konnte die Engel singen hören*

■ Die heilige Cäcilia, Schutzheilige der Musik. Gemälde, um 1900, von Kate Elizabeth Bunce (1858–1927). London, Sotheby's.
Die Lilie als Attribut der Heiligen erklärt sich aus einer falschen Namensableitung: Die *Legenda aurea* deutet »Cäcilia« als »coeli lilia«, also »Himmelslilie«. Da die Lilie als Symbol der Keuschheit zu Cäcilias Legende passte, hat sie sich als Attribut der Heiligen etabliert.

Liebe ist ein vieldeutiges Wort. So meint es im Christentum nicht die sinnliche Zuneigung, noch weniger die fleischliche Vereinigung, auch nicht die seelische Bindung an besonders Nahestehende. Liebe ist hier vielmehr eine Qualität Gottes (»Gott ist die Liebe«) und das Wesen seiner Beziehung zum Menschen (»Jesus liebt dich«), die erwidert werden muss durch die Gottesliebe des Menschen.

Gerade im frühen Christentum scheint dieses geistliche Liebesverhältnis zwischen Mensch und Gott der sinnlichen Liebe zwischen Mann und Frau mitunter unvereinbar gegenübergestanden zu haben. Die in der Spätantike einsetzende Verherrlichung von Enthaltsamkeit, Keuschheit und Jungfräulichkeit ebenso wie die Begeisterung für Jesus als himmlischen Bräutigam bezeugen diese Trennung. Auch die heilige Cäcilia, die Anfang des 3. Jahrhunderts gelebt haben soll, gab der Liebe zu Jesus den Vorzug vor der ehelichen Pflichterfüllung.

Wie ihr Name sagt, stammte Cäcilia aus dem römischen Adelsgeschlecht der Cäcilier. Obwohl sie Christin war, verheirateten ihre Eltern sie mit einem vornehmen heidnischen Jüngling namens Valerianus. In der Brautnacht eröffnet sie ihrem frisch Angetrauten, dass sie eine Gott geweihte Jungfrau sei und er sie nicht anfassen dürfe: »Der Engel des Herrn steht mir als Beschützer meiner Reinheit zur Seite. Hüte dich, mich zu berühren und den Zorn des Himmels auf dich herabzurufen!« Valerian glaubt ihr kein Wort, zumal er wahrlich keinen Engel neben ihr sehen kann; doch gelingt es Cäcilia, ihn so zu bereden, dass er Papst Urban aufsucht. Der gibt ihm den Bescheid, er müsse sich taufen lassen, dann werde auch er den Engel erblicken. Gesagt, getan: Valerian wird Christ, kehrt zu seiner Braut zurück und – gewahrt einen glänzenden Engel neben ihr. Der Engel reicht ihnen zwei Kränze aus Rosen und Lilien, die den Raum mit himmlischem Duft

■ Das Martyrium der Cäcilia. Majolikamalerei aus Urbino, 1528, von Niccolò da Urbino (tätig um 1515/1542). Florenz, Museo Nazionale del Bargello

erfüllen, und mahnt das junge Ehepaar, allezeit die Unschuld zu bewahren. Als Valerians Bruder Tiburtius eintritt, wird er vom Wohlgeruch der Rosen überwältigt und konvertiert ebenfalls zum Christentum.

Als Mitglieder der verfolgten christlichen Gemeinde in Rom kümmern sich Cäcilia und die beiden Brüder um Bedrängte, trösten Eingekerkerte und bestatten Hingerichtete. Schließlich fallen Valerian und Tiburtius den kaiserlichen Schergen in die Hände. Im Gefängnis gelingt es ihnen zwar, ihren Wärter, einen gewissen Maximus, zum Christentum zu bekehren; am Ende jedoch wird er ebenso wie die Brüder enthauptet.

Cäcilia begräbt die Toten. Die Aufmerksamkeit des Präfekten von Rom, Almachius, richtet sich auf sie, als er nach der Habe der Brüder forscht. Doch sämtliche Besitztümer hat Cäcilia bereits unter die Armen verteilt. Daraufhin setzt der Präfekt sie in ihrem Wohnhaus fest, sperrt sie ins Caldarium, das Warmbad, und lässt die Saunastube unmäßig heizen. Aber Cäcilia hält der glühenden Hitze und dem erstickenden Dampf stand. Um das Aufsehen zu vermeiden, das die öffentliche Hinrichtung einer Patrizierin erregen würde, ordnet der Präfekt nun an, dass sie in ihrem Haus enthauptet wird. Doch dem Henker zittert die Hand: Dreimal schlägt er zu, ohne den Kopf vom Rumpf zu trennen. Damit gilt die Urteilsvollstreckung nach römischem Recht als gescheitert. Der Henker enteilt und lässt Cäcilia in ihrem Blut liegen. Nach drei qualvollen Tagen stirbt sie. Ihr von Schmerzen gekrümmter Leib wird in der Calixtus-Katakombe beigesetzt.

Als Cäcilias Todestag gilt der 22. November 225, vielleicht auch 230. Rund sechshundert Jahre später, im Jahr 821, wurden ihre Gebeine sowie die der beiden Brüder und des Maximus in die Kirche Santa Cecilia in Trastevere, einem Stadtteil von Rom, überführt. Bei der Sargöffnung 1599 wurde die Märtyrerin tatsächlich in der beschriebenen Haltung vorgefunden.

### DER CÄCILIEN-VERBAND

Im 16. Jahrhundert gründete der italienische Komponist Giovanni da Palestrina einen »Verein der heiligen Cäcilia« zur Pflege der geistlichen Musik. Papst Pius IX. (1846–78) erhob den Verein zur Akademie und stiftete den Cäcilienorden für besondere Leistungen auf dem Gebiet der Kirchenmusik. In Deutschland, Österreich und der Schweiz kümmert sich der »Allgemeine Cäcilien-Verband für die Länder der deutschen Sprache« seit 1868 um die katholische Kirchenmusik.

■ Die Ekstase der heiligen Cäcilia. Gemälde von Raffael (1483–1520). Bologna, Pinacoteca Nazionale

Die Kirche war im 4. oder 5. Jahrhundert durch Umwandlung von Cäcilias Stadthaus entstanden. Über den Wahrheitsgehalt der Legende sagt dies freilich nichts. So passen zwar die überlieferten Todesjahre 225 oder 230 zu Papst Urbans Pontifikat von 222 bis 230; nur fand unter Kaiser Severus Alexander, der von 222 bis 235 regierte, keine Christenverfolgung statt. Da eine Märtyrerin Cäcilia ohnehin erst Ende des 5. Jahrhunderts bekannt wird, spricht einiges dafür, dass in ihrer Gestalt, wie es in der christlichen Hagiographie des Öfteren vorkommt, zwei Personen vereint sind: Die Stifterin der Cäcilien-Kirche in Trastevere, die vielleicht an einem 22. November eingeweiht wurde, und eine frühere Märtyrerin, die in der Calixtus-Katakombe begraben lag.

Bekannt ist die heilige Cäcilia bis heute als Patronin der Musiker, Instrumentenmacher und Orgelbauer. Sie selbst soll verschiedene Musikinstrumente beherrscht, eine liebliche Singstimme gehabt und Lieder gedichtet haben. Sogar die Engel seien vom Himmel herabgekommen, um ihrem Vortrag zu lauschen, und umgekehrt sei sie in der Lage gewesen, die Engel im Himmel singen zu hören, heißt es. Noch auf dem Sterbebett habe sie fleißig das Lob Gottes gesungen. Indes handelt es sich bei alldem nur um Ausschmückungen jener Stelle im mittelalterlichen Legendentext, wonach die Jungfrau Cäcilia, als die Musikanten zur Hochzeit aufspielten, in ihrem Innern zu Gott gesungen habe: »Herr, lass mein Herz und meinen Körper unbefleckt bleiben, auf dass ich nicht zuschanden werde.« Im lateinischen Original beginnt diese Passage mit »cantantibus organis«, zu Deutsch: »als die Musikinstrumente erklangen«. Das ließ Cäcilia zur Schutzheiligen der Kirchenmusik werden, obwohl es sich keineswegs um christliche Musik handelte, sowie zur Schutzherrin der Orgelbauer, weil man unter »organis« irrtümlich die »Orgel« verstand, die es im 3. Jahrhundert noch gar nicht gab. Doch solche Missverständnisse brauchen der Liebe zur Musik ja keinen Abbruch zu tun.

KANONHEILIGE

Besondes wichtig sind in der katholischen Kirche die Kanonheiligen, die so heißen, weil sie im Messkanon genannt und im eucharistischen Gebet vor und nach der Transsubstantiation, der Umwandlung von Hostie und Wein in Fleisch und Blut Christi, angerufen werden: Vor der Wandlung Maria, die zwölf Apostel sowie zwölf Märtyrer; nach der Wandlung je sieben weitere Männer und Frauen, darunter auch Cäcilia. Die Kanonheiligen repräsentieren die Menschheit in ihrer ethnischen, sozialen und geistigen Vielfalt und stehen für den universellen Anspruch der Kirche.

# CÄCILIA

MÄRTYRERIN, KANONHEILIGE

## DATEN UND FAKTEN

**Daten:** geb. um 200 in Rom; gest. um 230 in Rom; Kult belegt ab dem Jahr 545
**Festtag:** 22. November
**Namensbedeutung und -varianten:** »aus dem Geschlecht der Cäcilier« oder »die Blinde« (lat.); Cecilia, Cécile, Cilly, Sheila
**Wirkungsstätte:** Rom
**Orte der Verehrung:** Calixtus-Katakombe an der Via Appia (erste Grabstätte); Kirche Santa Cecilia in Trastevere, Rom (heutige Grabstätte); Cagliari, Albi, Hildesheim (Reliquien)
**Quellen:** *Legenda aurea; Martyrologium Hieronymianum; Zwiefaltener Martyriolog*
**Attribute und Darstellung:** anfangs Märtyrerpalme, Buch und Wunde am Hals; ab dem 15. Jh. ein Musikinstrument, meistens Orgel oder Geige; seltener Engel, Blumenkranz, Rosen und Lilien; manchmal trägt sie ein Brautkleid; in einigen Darstellungen wird sie während ihres Martyriums gezeigt, in kochendem Wasser oder siedendem Öl
**Patronate:** Musiker, Sänger, Dichter, Instrumentenbauer (vor allem Orgelbauer); Kirchenmusik
**Brauchtum und Verehrung:** Die große Popularität der Heiligen zeigt sich darin, dass über lange Zeit Cäcilia und die entsprechenden Varianten zu den gebräuchlichsten Mädchennamen gehörten. Früher gedachte man am Cäciliensonntag – dem heutigen Totensonntag – der Verstorbenen.
**Kunst:** Mosaik aus der Kirche San Apollinare Nuovo in Ravenna (um 570); Mosaik in der Apsis der Kirche Santa Cecilia in Trastevere, Rom (9. Jh.); Darstellung am Bogenfeld der Kirche St. Cäcilien in Köln (um 1200); Glasfenster in der Kirche St. Kunibert in Köln (um 1250); Meister des Bartholomäusaltars, *Bartholomäusaltar* (um 1500), Alte Pinakothek, München; Meister von St. Severin, Triptychon in der Andreaskirche zu Köln (um 1500); Deckenfresko in der Kathedrale zu Albi (um 1510); Raffael, *Verzückung der hl. Cäcilia* (1516), Pinacoteca Nazionale, Bologna; Stefano Maderna, *Grabmal der Cäcilia* in der Kirche San Cecilia in Rom (16. Jh.); Stefano Maderna, *Cäcilia mit Tiburtius und Valerianus*, Bronzefigur im Straßburger Münster (16. Jh.); Orazio Gentileschi, *Die Märtyrer Valerianus und Tiburtius mit der hl. Cäcilia* (um 1607), Pinacoteca die Brera, Mailand; Domenichino, *Die hl. Cäcilia* (1617/1618), Louvre, Paris; Peter Paul Rubens, *Hl. Cäcilia* (1638/40), Staatliche Museen, Berlin
**Literatur:** William Shakespeare, *Wie es euch gefällt*, Schauspiel von 1594 (Figur der Celia); Heinrich von Kleist, *Die hl. Cäcilie oder die Gewalt der Musik*, Erzählung von 1810; Françoise Sagan, *Bonjour tristesse*, Roman von 1954 (Figur der Cécile); Peter Turrini, *Die Flut der hl. Cäcilia*, Schauspiel von 1991
**Musik:** John Blow, *Ode for St. Cecilia's Day* (1691); Henry Purcell, *Hail! Bright Cecilia*, Ode von 1692; Alessandro Scarlatti, *Cäcilien-Vesper (Vespro di Santa Cecilia)* von 1721; Georg Friedrich Händel, *Ode an St. Cäcilie (Ode for St. Cecilia's Day/ Kleine Cäcilien-Ode)*, Vertonung eines Gedichts von John Dryden, HWV 76 (1739); Joseph Haydn, *Cäcilien-Messe* von 1774; Johann Strauß (Vater), *Cäcilien-Walzer mit dem beliebten Tremolo*, op. 120 (1839); Josef Venantius von Wöss, *Messe zu Ehren der hl. Cäcilia* in E-Dur, op. 32 Nr. 3 (19. Jh.)
**Wissenswertes:** Unter der Kirche Santa Cecilia in Trastevere sind noch heute Reste eines Dampfbades zu sehen, das zu Cäcilias Stadthaus gehört haben soll – angeblich der Ort ihres Martyriums. Da jedoch für das 4. und 5. Jh. kein Cäcilienkult nachzuweisen ist, muss man vermuten, dass das Martyrium niemals stattgefunden hat und lediglich aus kirchenpolitischen Gründen konstruiert wurde. Wahrscheinlich handelt es sich bei den Räumen mit Bleirohren unter der Kirche um die Reste eines öffentlichen Badehauses.

## AUF DEN PUNKT GEBRACHT

Als bei ihrer Hochzeit die Musikanten aufspielten, soll sie in ihrem Inneren Keuschheit in der Ehe gelobt haben. Das machte die Christin Cäcilia, die auch ihren heidnischen Bräutigam von den Vorzügen der geistigen Liebe zu Jesus überzeugte, zur Patronin der Kirchenmusik.

## EMPFEHLUNGEN

**Lesenswert:**
Hans Maier: *Cäcilia. Essays zur Musik*, Frankfurt/M. 2005

**Hörenswert:**
Charles Gounod: *Cäcilien-Messe* von 1855. Audio-CD

**Besuchenswert:**
Die Kirche Santa Cecilia in Rom

# Christina
## *Das Inbild einer christlichen Märtyrerin*

Ein Nest der Geborgenheit, eine Heimstatt der Liebe, eine Festung gegen die Gefahren der Welt: Das ist das Idealbild der Familie, und die Eltern sind selbstlose Beschützer und Förderer ihrer Kinder. Früher war das anders. Die Eltern waren nicht die Diener ihrer Kinder, sondern ihre Zuchtmeister. In der Antike hatte der Vater als Familienoberhaupt sogar Leben und Tod seiner Sprösslinge in der Hand. Wenn die nicht so wollten wie der Pater familias, konnte das böse enden, zumal, wenn es nicht um die üblichen Gegensätze zwischen den Generationen ging, sondern politische und weltanschauliche Differenzen ausgetragen wurden. Das zeigt der Fall der heiligen Christina, die um das Jahr 300 nach schier endlosen Martern starb. Ihr grausames Schicksal ist nur in Legenden überliefert, aber es lohnt sich, diese nachzuerzählen, weil sie ein Licht auf das frühe Christentum werfen.

■ Die heilige Christina. Gemälde, 1640, von Francesco del Cairo (1598–1647). Mailand, Museo d'Arte Antica

Christina lebte in Volsinii, einem Ort nordwestlich von Rom in der Landschaft Latium; heute heißt er Bolsena und gehört zur Provinz Viterbo. Ihr Vater war Stadtpräfekt und oberster Richter. Mit eiserner Härte betrieb er die Verfolgung und Aburteilung der Christen, die, weil sie den römischen Kaiser nicht als Gott verehrten, als Staatsfeinde galten. Ausgerechnet seine eigene Tochter aber interessierte sich schon als Kind für die neue Religion. Vielleicht weckten die Strafen, die der Vater über die Christen verhängte, ihr Mitleid. Sie besuchte, so heißt es in einer Legende, die Verfolgten, die im Kerker schmachteten, und brachte ihnen »Trost und Labung«. Vielleicht wurde sie auch von einer Dienerin im Elternhaus heimlich

■ Christina wird ins Meer geworfen und von den Engeln gerettet. Buchmalerei aus dem *Queen Mary Psalter* aus dem Jahr 1300. London, British Library.
In der Kirche Santa Cristina in Bolsena wird die Basaltplatte gezeigt, die Christina unter Wasser ziehen sollte, auf der sie dann aber über das Wasser wandelte. Auf der Steinplatte sind sogar noch ihre Fußabdrücke zu sehen …

in dem neuen, subversiven Glauben unterwiesen. Mit zwölf Jahren soll sie die Taufe und ihren demonstrativ christlichen Namen empfangen haben (ihr früherer Name ist unbekannt). Ihr Vater sperrte sie daraufhin in einen Turm auf einer Insel im Bolsenasee, damit sie auf den rechten Weg zurückfinde, doch das steigerte nur ihren Trotz: Statt den römischen Gottheiten zu opfern, die an ihrem Verbannungsort aufgestellt waren, zertrümmerte sie die silbernen und goldenen Statuen, warf sie in den See oder verschenkte sie an Arme.

Von »elterlicher Fürsorge« für das Kind spricht heute das Gesetz. Noch vor wenigen Jahren hieß es »elterliche Gewalt«, und so war es auch gemeint. Mindestens bis aufs Altertum geht diese rustikale Auffassung zurück und in Christinas Geschichte findet sie sich in besonders radikaler Ausprägung wieder. Der Vater des Mädchens griff nun zu härteren Maßnahmen, verabreichte seiner Tochter Ohrfeigen und ließ sie, als diese keine Wirkung zeigten, von zwölf starken Männern auspeitschen, bis die Peiniger selbst ermattet waren. Dann befahl er, die ungehorsame Tochter ins Gefängnis zu werfen. Vergeblich versuchte ihre Mutter, sie umzustimmen, doch in Standhaftigkeit und Sturheit war Christina ihrem Erzeuger offenbar ebenbürtig. Die Wut des Vaters, der sich durch die Zeitumstände wohl unter Druck gesetzt fühlt – unaufhaltsam vollzieht sich der Aufstieg des ihm verhassten Christentums mit seinen unsoldatischen Tugenden von Barmherzigkeit

DIE MÄRTYRER

Wer den Tod um des christlichen Glaubens willen freiwillig auf sich genommen hat, gilt in der Kirche als Märtyrer. Das Wort ist von griechisch »martys« abgeleitet, was »Zeuge« bedeutet: Der Märtyrer ist ein »Blutzeuge«, der mit seinem Tod für die Glaubwürdigkeit der christlichen Lehre eintritt; er darf sich sogar als Nachfolger des Gekreuzigten fühlen, der in der Apokalypse des Johannes als der »treue Zeuge« (1, 5) und »der treue und wahrhaftige Zeuge« (3, 14) angerufen wird.

und Mitleid, mit seiner unrömischen Liebe zu den Schwachen –, wächst weiter: Er lässt, so die Sage, seiner Tochter die Glieder brechen und ihren Leib mit Nägeln malträtieren, die das Fleisch in Stücke reißen. Christina aber soll es aufgehoben und ihrem Vater ins Gesicht geworfen haben mit den Worten: »Da, du Wüterich, friss das Fleisch, das du selbst gezeugt hast!« In rasendem Zorn befiehlt der Vater, die Tochter auf ein Rad zu binden, mit Öl zu übergießen und anzuzünden, aber die Stichflamme schießt in die Menge der Schaulustigen und kostet viele Menschen das Leben (von 1500 Todesopfern berichtet eine Legende). Statt mit Feuer versucht der Vater es nun mit Wasser, fesselt Christina an einen großen Stein und wirft sie ins Meer – doch wundersamerweise schwimmt der Stein und bringt sie lebend ans Ufer zurück. Daraufhin ordnet der Vater für den nächsten Tag ihre Enthauptung an, doch in der Nacht wendet sich das Schicksal: Der Vater stirbt.

Ob die Tochter das als frohe Botschaft empfunden hat, sagt die Überlieferung nicht. Selbst wenn die heilige Christina sich unchristliche Gefühle gestattete, von Erleichterung konnte keine Rede sein: Die Quälerei ging weiter. So jedenfalls will es die Legende. Dio nämlich, der Amtsnachfolger des Vaters, denkt sich neue Misshandlungen aus. Er lässt die Unbotmäßige in eine eiserne Wanne voll brennendem Öl, Pech und Harz legen und von vier Männern schaukeln, damit sie schneller brenne – sie aber lobt Gott, der sie wie ein Neugeborenes wiegen lasse. Danach schleift Dio die nackte und geschorene Christina zum Apollotempel, damit sie dem Heidengott opfere – vergeblich: Bei Christinas Eintritt stürzt das Götzenbild zu Boden und zerspringt. Vor Schreck stirbt Dio.

Und noch immer war es der Marter nicht genug. Nach Dio kommt Julianus. Der steckt Christina in einen glühenden Ofen; sie aber wandelt, gleich den drei Männern aus dem Buch Daniel, die

■ Zwei Szenen aus dem Leben Christinas. Gemälde, 1500, von Luca Signorelli (um 1441–1523). Mailand, Pinacoteca di Brera

DER ERZMÄRTYRER STEPHANUS

Durch sein todesmutiges Bekenntnis zum neuen Glauben stand er Modell für alle künftigen Märtyrer: der heilige Stephanus, der erste, der »Erzmärtyrer«. Er gehörte zur Jerusalemer Urchristengemeinde und predigte die neue Lehre so erfolgreich unter den Juden, dass diese ihn wegen Ketzerei vor dem Hohen Rat anklagten. Seine offensive Verteidigungsrede erboste seine Gegner derart, dass sie ihn augenblicklich vor die Tore der Stadt schleiften und, wie es das mosaische Gesetz für Gotteslästerer vorsieht, steinigten.

König Nebukadnezar ins Feuer hatte werfen lassen, fröhlich in den Flammen umher und singt mit den Engeln. Man sperrt sie in einen Käfig mit giftigen Schlangen, die sich jedoch zutraulich um sie ringeln, und als ein Zauberer die Vipern bisswütig machen soll, töten sie ihn, nicht Christina. Die macht als wahre Christin das Opfer sogar wieder lebendig.

Langsam wird es eintönig, aber Julianus lässt nicht locker: Man schneidet Christina die Brüste ab, aber statt Blut zu verströmen, geben sie Milch. Man trennt ihr die Zunge ab, aber sie behält die Sprache und wirft die Zunge sogar ihrem Peiniger ins Gesicht, sodass er auf einem Auge erblindet. In rasendem Zorn schießt Julianus mit Pfeilen auf sie. Zwei treffen ins Herz, und nun geschieht das Unerwartete: Christina stirbt.

Das Tröstliche an dieser makaberen Lebens- und Leidensgeschichte: Sie ist ganz und gar unwahrscheinlich. Die beunruhigende Frage ist allerdings, welcher wahre Kern sich in diesen Legenden verbirgt, denn die heilige Christina hat tatsächlich gelebt; Bruchstücke ihres Sarkophags fand man bei Ausgrabungen im Jahr 1880.

■ Auch die Feuersbrunst konnte Christina nichts anhaben.

Doch was immer der Anlass für die Autoren der Legenden war und ihre Phantasie derart erhitzt hat, im Christentum hatten solche Geschichten einen tieferen Sinn. Sie kündeten nicht nur von einer vorbildlichen Festigkeit im Glauben, sondern lehrten auch die Verachtung des Fleisches, das ohnehin für die Sünde stand und dessen Schmerz im Unterschied zum Geist, der in Christus ruht, vergänglich war wie alles Irdische. Was dem Fleisch widerfuhr, war vor Gott belanglos. Diese Sichtweise war für viele Menschen der Antike unerhört neu. Viele konnten sie nicht verstehen, und manche, wie Christinas Vater, wussten darauf vielleicht wirklich nur mit ratloser Wut zu antworten.

# CHRISTINA
MÄRTYRERIN

## DATEN UND FAKTEN

**Daten:** geb. im 3. Jh. in Bolsena, Italien; gest. um 300 in Bolsena oder Tyrus; Kult belegt ab dem 6. Jh.
**Festtag:** 24. Juli
**Namensbedeutung und -varianten:** »Christin« (lat.); Christiane, Kristine, Tina
**Wirkungsstätten:** Bolsena; Tyrus (?)
**Orte der Verehrung:** Kirche Santa Cristina in Bolsena (Grabstätte); Kirche San Salvatore in Palermo (Reliquien); Namenskirchen u.a. in Ravensburg und Lloret de Mar bei Barcelona
**Quellen:** *Martyrologium Hieronymianum, Martyrologium Romanum* sowie in den meisten anderen sehr frühen Martyrologien; *Hirsauer Passional*
**Attribute und Darstellung:** Märtyrerpalme; häufig Pfeil(e) oder Mühlstein, aber auch andere Marterinstrumente, z.B. Feuerofen, Flamme, Messer oder Schlange; als junges Mädchen, oft mit Krone
**Patronate:** Müller; Seeleute; Bogenschützen; Bolsena, Palermo, Torcello (Venedig), St. Christina in Südtirol
**Brauchtum und Verehrung:** In Nord- und Mittelitalien wurde Christina ab dem 6. Jh. verehrt; nördlich der Alpen breitete sich der Kult langsamer aus. Dort finden sich die frühesten Spuren in Minden, Köln und Herzebrock in Westfalen. Seit dem Jahr 900 ist der Name sehr populär, wird aber erst im Hochmittelalter direkt auf die hl. Christina bezogen. In Bolsena findet alljährlich das Santa-Christina-Fest statt, das mit einer Prozession durch die mit Blütenblättern geschmückten Straßen begangen wird.
**Kunst:** Mosaik der Christina als Jungfrau mit Krone (6. Jh.), Basilika San Apollinare Nuovo, Ravenna; Raffael, *Die Messe von Bolsena* (1512), Stanza d'Eliodoro, Vatikan, Rom; Giovanni della Robbia, Terrakotta-Statue der hl. Christina (16. Jh.), Santa Cristina, Bolsena; Lorenzo Lotto, *Hl. Christina* (1504/05), Pfarrkirche Santa Cristina di Quinto di Treviso; Paolo Veronese, *Die Legende der hl. Christina* (16. Jh.), Accademia, Venedig; Francesco del Cairo, *Hl. Christina* (1640), Civiche Raccolte d'Arte, Castello Sforzesco, Mailand
**Literatur:** H. G. Wells, *Christina Albertas Vater*, Roman von 1925; Michele Roberts, *Impossible Saints*, Roman von 1997
**Wissenswertes:** Christinas unerschütterlicher Glaube hatte offenbar noch über ihren Tod hinaus eine erstaunliche Wirkungskraft. Noch im 13. Jh. geschah in der ihr geweihten Kirche das sog. »Blutwunder von Bolsena«: Im Jahr 1263 feierte der böhmische Wandermönch Peter von Prag in Santa Cristina eine Messe, als er plötzlich während der Eucharistie von Zweifeln überfallen wurde, ob die Hostie *wirklich* der Leib Christi sein könne und nicht nur ein Symbol. Als er die Hostie zerbrach, bekam er die unmissverständliche Antwort: Blutstropfen sprudelten aus ihr hervor. Damit war für die Kirche der Beweis erbracht, dass die Transsubstantiation, die Wandlung von Brot und Wein in Leib und Blut Christi, *tatsächlich* stattfindet. Ein Jahr später setzte Papst Urban IV. das Fronleichnamsfest als offizielles Kirchenfest ein, zum Gedenken an diese wunderbare Wandlung. Bis heute ist die Transsubstantiation kompromisslose Lehrmeinung der katholischen Kirche.

## EMPFEHLUNGEN

**Lesenswert:**

Bernhard Kytzler: *Frauen in der Antike*, Düsseldorf 2002

Jörg Erb: *Frühchristliche Märtyrer*, Lahr 1966

Georges Duby u.a.: *Geschichte der Frauen. Bd. I: Antike*, Frankfurt/M. 1993

Hubertus Tellenbach: *Das Vaterbild im Abendland I. Rom, Frühes Christentum, Mittelalter, Neuzeit, Gegenwart*, Stuttgart 1978

Friedrich Winkelmann: *Geschichte des frühen Christentums*, München 2001

## AUF DEN PUNKT GEBRACHT

Die Qualen, die die Märtyrerin im späten 3. Jahrhundert erduldet haben soll, machen Christina zum Inbild christlicher Glaubensstärke und Leidensfähigkeit – und zu einem Denkmal der erhitzten Phantasie mittelalterlicher Legendenschreiber.

# Christophorus

## *Wie man ein Mensch wird*

Es kommt nicht darauf an, wie man aussieht, sondern was in einem steckt. Mit dieser Weisheit konnte sich der heilige Christophorus trösten, der nach einer mittelalterlichen Legende zum Volk der Kynokephalen, der Hundsköpfigen, gehörte. Zum Ausgleich für sein Äußeres besaß er einen seelischen Vorzug: den Drang zum wahren Glauben. Also empfing er, der ursprünglich Reprobus, der Verworfene, hieß, die Taufe und erhielt nicht nur den gottgefälligen Namen Christophorus, sondern wunderbarerweise auch ein menschliches Aussehen sowie die Fähigkeit zu sprechen. Somit durch den Taufakt in einen Menschen verwandelt, zog er, der eigentlich aus Palästina stammte (die Legende wählt sogar den heidnischen Namen Kanaan) nach Lykien, einer Landschaft im südwestlichen Kleinasien, und missionierte mit viel Erfolg.

■ Der heilige Christophorus. Ausschnitt aus dem Polyptichon von Santo Vincenzo Ferreri, 1464/68, von Giovanni Bellini (1430–1516). Venedig, Kirche SS. Giovanni e Paolo

Die wundersame Erzählung von der Verwandlung eines halben Tieres zum von Gott begnadeten Menschen hat einen realen Hintergrund: Sie erklärt, warum auf einer byzantinischen Ikone ein Heiliger mit Hundekopf abgebildet ist. In Wahrheit handelt es sich bei dem Bildwerk wohl um eine christliche Aneignung der hundsköpfigen ägyptischen Gottheit Anubis. Das Christentum hat stets viel Geschick darin bewiesen, heidnische Vorstellungen in die eigene Glaubenswelt einzupassen und dadurch die Bekehrung zu erleichtern. Den gleichen Dienst erfüllte auch eine andere Legende: Danach sah Christophorus so gut aus, dass er sich der Frauenwelt kaum erwehren konnte. Er habe daher um einen Hundekopf gebetet, um Gott ungestört dienen zu können.

■ Christophorus Kynokephalos. Ikone

Fast alle anderen Sagen allerdings verlieren kein Wort über Christophorus' angebliche Schönheit. Sie sprechen vielmehr davon, dass er ungemein groß und stark, wenn nicht gar ein Riese war und zwölf Ellen maß. Er soll ein Heide gewesen sein und eigentlich Offerus geheißen haben, was so viel wie »der sich Darbringende, sich Aufopfernde« bedeutet. Der Überlieferung nach zieht dieses gewaltige Mannsbild auf der Suche nach dem Mächtigsten durch die Welt, denn ihm allein will er sich darbringen. Zuerst gerät er an einen König, doch als der sich bei Erwähnung des Teufels bekreuzigt, erkennt er, dass der stärker sein muss. Also dient er fortan dem Teufel, bis der einmal furchtsam einem Kreuz ausweicht. Darum verlässt Offerus ihn und begibt sich auf die Suche nach Gott. Er begegnet einem Einsiedler, der ihm das Fasten und Beten beibringen will, aber beides taugt für den Riesen nicht; mit seinem simplen Geist kann er den Sinn dieser Tätigkeiten nicht begreifen. Also bestimmt ihn der Eremit dazu, seine Körperkraft zum Wohlgefallen Gottes einzusetzen. Christophorus' Aufgabe besteht von nun an darin, Pilger über einen reißenden Strom zu tragen. Eines Nachts bittet ihn ein Kind um diesen Dienst. Er nimmt es auf seine Schultern und stapft los, aber die Last wird immer schwerer und drückt ihn immer tiefer in die Fluten. »Mir ist, als läge die Welt auf mir!«, stöhnt der Riese endlich, worauf das Kind versetzt: »Mehr als die Welt! Denn du trägst den, welcher die Welt erschaffen hat.« Mit diesen Worten drückt das kleine Christuskind den Riesen unter Wasser und tauft ihn auf den Namen Christophorus, Christusträger.

Danach soll der Gigant mit seinem Wanderstab, der zu blühen begann, losgezogen sein und – womit der Anschluss an die andere Legende erfolgt – in Lykien missioniert haben. Offensichtlich infolge von Christi Segen nun mit größeren Geistesgaben ausgerüstet, habe er derart viele Heiden bekehrt – von 48 000 Seelen spricht die Überlieferung –, dass ihn der römische Kaiser festsetzen ließ; bei dem König Dagnus, den die Sagen nennen, handelt es sich vielleicht um Kaiser Decius, der von 249 bis 251 regierte. Vierhundert Folterknechte sollen nötig gewesen sein, um Christophorus zu martern, und als er nach vielen Tagen schließlich er-

KEIN HEILIGENSCHEIN

Der Riese Christophorus ist der bekannteste Heilige, der von Papst Paul VI. aus dem Allgemeinen Heiligenkalender gestrichen wurde, aber er ist nicht der einzige. Insgesamt waren es vierzig, darunter weitere drei Nothelfer: Barbara, Margareta und Eustachius.

■ Überführung der Leiche des enthaupteten Christophorus. Fresko, 1452, von Andrea Mantegna (1431–1506). Padua, Chiesa degli Eremitani

mattete und auch seine Wunderkräfte erlahmten – die Pfeile, die man auf ihn schoss, waren in der Luft stehen geblieben –, mussten noch immer mehrere Soldaten antreten, um ihn zu enthaupten.

In Kleinasien verehrte man Christophorus seit dem 5. Jahrhundert als Heiligen, in Frankreich seit dem 6., und als Schutzpatron der Autofahrer ist er noch heute im Dienst. Nur die katholische Kirche selbst glaubt nicht mehr an ihn, den Riesenmann oder Hundsköpfigen: Papst Paul VI. strich ihn 1969 aus dem Allgemeinen Heiligenkalender. Nach neueren Erkenntnissen hat er nie gelebt, und nach älterer Meinung auch nicht: Schon der Reformator Martin Luther spottete über »den Christoffel« und das um ihn gewebte Sagengespinst, »wilchs on zweyffel der grösten geticht (Erfindungen) und lugen eyne ist«.

Doch vielleicht geht es beim Christoffel ohnehin nicht um die äußere Wirklichkeit, sondern um eine tiefere, innere Wahrheit. Stark und groß, aber ungebildet; roh und einfältig, aber gutwillig und empfänglich für Christus; einmal auf den rechten Weg gebracht, nicht mehr aufzuhalten und eine zuverlässige Stütze der Kirche: So erscheint der heilige Christophorus in den Legenden, und so ähnlich dachte man jahrtausendelang über die einfachen Leute. Darin dürfte, jenseits der historischen Wahrheit, der eigentliche Sinn liegen: Der heilige Christophorus symbolisiert in den Augen der Kirche das Volk, das schlichte und ein bisschen dumme, aber zur Einsicht durchaus fähige und nur der richtigen Lenkung und Leitung bedürftige Volk – im Grunde genau wie heutzutage in der Politik, wo die Lenker und Leiter in ähnlicher Weise von den »Menschen draußen im Lande« sprechen.

### DIE VIERZEHN NOTHELFER

Der heilige Christophorus zählt zu den vierzehn Nothelfern. Zu ihnen gehören außerdem: die drei Bischöfe Dionysius von Paris (angerufen etwa gegen Kopfschmerzen), Erasmus (gegen Krämpfe und Koliken) und Blasius von Sebaste (gegen Halsleiden); die drei Jungfrauen Margareta (für eine leichte Geburt), Barbara (für ein leichtes Sterben) und Katharina von Alexandria (gegen Sprachschwierigkeiten); die drei Ritter Georg von Kappadokien (gegen Viehseuchen), Achatius (gegen Zweifel und Todesangst) und Eustachius (in schwierigen Lebenslagen); ferner der Arzt Pantaleon (gegen Auszehrung), der Mönch Ägidius (in seelischer Not), der Diakon Cyriakus (gegen Anfechtung in der Todesstunde) und der Knabe Vitus (gegen Veitstanz und Bettnässen).

# CHRISTOPHORUS

MÄRTYRER, NOTHELFER

## DATEN UND FAKTEN

**Daten:** der Legende nach Ende des 2. Jhs. in Palästina geb.; um 250 (?) in Lykien (Türkei) gest.; Kult belegt ab dem 5. Jh.; 1969 aus dem Römischen Generalkalender gestrichen
**Festtage:** 24. Juli (25. Juli, 15. März, 28. April, 7. Januar; Ostkirche: 9. Mai; 1. November, 9. November, 16. Dezember; Armenier: 14. Juli)
**Namensbedeutung und -varianten:** »Christusträger« (griech.); Cristobál, Christopher, Kristof
**Wirkungsstätte:** Lykien (Türkei)
**Orte der Verehrung:** Rom (Reliquien im Petersdom) und Paris (Reliquien in St. Denis)
**Quellen:** *Martyrologium Hieronymianum* (erwähnt das Fest des hl. Christophorus); *Legenda aurea*
**Attribute und Darstellung:** Baumstamm in den Händen; Riese, der das Jesuskind auf den Schultern durchs Wasser trägt, auf einen Baumstamm oder Wanderstab gestützt
**Patronate:** Reisende aller Art, z.B. Fährleute, Fuhrleute, Chauffeure, Seeleute, Kraftfahrer, Zimmerleute und Pilger; Verkehrswege, z.B. Bergpässe und Brücken; Buchbinder, Hutmacher, Gärtner, Obsthändler, Goldschmiede, Schatzgräber, Bergleute, Athleten und Kinder; gegen Zahnschmerzen, Krankheiten und Naturkatastrophen
**Brauchtum und Verehrung:** Wenn man am Morgen ein Christophorusbild betrachtet, bleibt einem die Lebenskraft bis zum Abend erhalten, sagt ein Sprichwort; daher findet man häufig Darstellungen des Heiligen an Kirchenportalen und öffentlichen Plätzen. Ihm zu Ehren finden noch heute Prozessionen statt. Auf einer Plakette am Armaturenbrett oder als Anhänger am Kfz-Schlüssel begleitet Christophorus viele Autofahrer auf ihren Reisen, und in Deutschland und Österreich sind Rettungshubschrauber nach ihm benannt. Im Barock wurde er in seiner Eigenschaft als Nothelfer gegen Krankheiten häufig auf Pestsäulen dargestellt, und noch heute steht sein Name über zahlreichen Apothekentüren. Zudem schützt er vor einem plötzlichen Tod: Während der Kreuzzüge sollte sein Bild auf der Rüstung die Sterbesakramente ersetzen, falls auf dem Schlachtfeld keine Zeit mehr blieb, sie zu erteilen.
**Kunst:** Masaccio, Fresko in der Kirche San Clemente in Rom (um 1420); Genter Altar von Jan van Eyck (1432); Conrad Witz, *Der heilige Christophorus* (um 1435), Öffentliche Kunstsammlung, Basel; Giovanni Bellini, *Der heilige Christophorus mit dem Jesuskind* (um 1464–1468), Chiesa SS. Giovanni e Paolo, Venedig; Fresko im Augsburger Dom (1491); Hieronymus Bosch, *Christophorus mit dem Jesuskind* (um 1496), Museum Boijmans Van Beuningen, Rotterdam; Joachim Patinier, *Hl. Christophorus* (1515), Patrimonio Nacional, El Escorial; Tizian, *Heiliger Christophorus* (1524), Dogenpalast, Venedig; Lorenzo Lotto, *Der heilige Christophorus* (1531), Gemäldegalerie, Berlin; Lionello Spada, *Enthauptung des Christophorus* (um 1576), Louvre, Paris; Anonymus, *Der hundsköpfige hl. Christophorus* (1685), Byzantinisches Museum, Athen
**Literatur:** Walther von Speyer, *Christophorusgedicht* (spätes 10. Jh.); Rainer Maria Rilke, *Sankt Christofferus*, Gedicht von 1913; Erika Mann, *Stoffel fliegt übers Meer*, Kinderbuch von 1932; Michel Tournier, *Der Erlkönig*, Roman von 1970; Gisela Schlemann, *Der Freund des Christophorus*, Roman von 2002
**Musik:** Franz Schreker, *Christophorus oder Die Vision einer Oper* (1929)
**Wissenswertes:** Das Fährmann-Motiv ist wahrscheinlich eine Entlehnung aus der Julianus-Hospitator-Legende aus dem 7. Jh. und greift Rechtsbräuche aus dem damaligen Asylrecht auf. Das Motiv war im Mittelalter äußerst beliebt und wird z.B. in einer der volkstümlichen Robin-Hood-Balladen – *Robin Hood and the Curtal Friar* aus dem 15. Jh. – parodiert.

## AUF DEN PUNKT GEBRACHT

Es ist egal, wie du bist. Du musst nicht wie alle anderen sein. Auch wenn du zum Beispiel abnorm groß bist oder ein Dummkopf, ja ein halbes Tier – jeder kann Christ werden. Christophorus machte es in der Spätantike vor.

## EMPFEHLUNGEN

**Lesenswert:**
Josef Kunstmann: *Hol über. Leben, Bild und Kult des hl. Christophorus*, Ettal 1961

**Besuchenswert:**
Chiesa degli Eremitani in Padua mit den Christophorus-Fresken von Andrea Mantegna

# Dominikus
## *Der erste Inquisitor?*

■ Dominikus lässt albigensische Schriften verbrennen. Gemälde, um 1480/90, von Pedro Berruguete (um 1450–1504). Madrid, Prado

»Wie der Herr den hl. Apostel Paulus als besonderes Rüstzeug zur Verbreitung seines Namens unter den Heiden auserwählt, so hat Er auch im Laufe der Jahrhunderte, besonders in Zeiten der Bedrängnisse Seiner Kirche, stets Männer gefunden, welche wie Felsen des Glaubens dastanden und durch ihre ganze Erscheinung den Gang der Ereignisse zum Wohle der Menschheit und zur Glorie Jesu Christi lenkten und beherrschten. Unter diesen gottberufenen Männern nimmt der hl. Dominicus eine vorzügliche Stellung ein.« Mit diesen Sätzen beginnt Johann Evangelist Stadler seinen biographischen Abriss im ersten Band seines Heiligenlexikons von 1858 und stellt damit Dominikus, den Gründer des Prediger- oder, wie man ihn meistens nennt, Dominikanerordens, nachgerade dem eigentlichen Begründer des Christentums gleich, dem Apostel Paulus (s. S. 206). Große Worte über einen Mann, der im Kampf gegen die Ketzer seine Lebensaufgabe fand und dessen Orden zum führenden Werkzeug der Inquisition wurde.

Dominikus war Spanier, und die Glaubensstrenge eines Landes, das sich in der Reconquista gegen die Mauren befand, prägte ihn sicher von klein auf. Einer Legende zufolge träumte seine werdende Mutter, sie gehe mit einem kleinen Hund schwanger, der mit einer Fackel im Maul die Welt durcheilen oder gar in Flammen setzen werde – ein Omen, das sowohl den Mann, der das Licht des rechten Glaubens verbreiten wird, erahnen lässt wie auch die Scheiterhaufen der Inquisition. Wenngleich diese Legende gewiss posthum entstand: Die katholische Wahrheit »Die Kirche hat immer recht« sog Dominikus schon mit der Muttermilch ein. Um 1170 kam er in Caleruega südöstlich von Burgos zur Welt. Domingo, wie er eigentlich

DER DOMINIKANERORDEN

Die Dominikaner sind ein Predigt- und Bettelorden, dessen Mitglieder nach apostolischem Vorbild in Armut leben sollen. Hauptaufgaben der Dominikaner sind die Predigt (zur Stärkung der Gläubigen wie zur Bekehrung der Ungläubigen) und das Studium (als Voraussetzung einer guten Predigt). Zwei der berühmtesten Gelehrten des Mittelalters, Albertus Magnus und Thomas von Aquin, waren Dominikaner. Der Orden breitete sich in den katholischen Ländern rasch aus und spielte ab 1232 eine führende Rolle in der Inquisition – daher das Wortspiel »Domini canes«, Spürhunde des Herrn.

hieß, entstammte der altkastilischen Familie Guzmán und wurde als Siebenjähriger zu seinem Onkel mütterlicherseits, einem Priester, gegeben. Mit vierzehn kam er auf die Domschule von Palencia südwestlich von Burgos, wo er Theologie, Philosophie und Rhetorik studierte. 1195 wurde er Kanoniker am Domstift zu El Burgo de Osma, das bereits seit westgotischer Zeit Bischofssitz war und in dessen Sprengel Dominikus' Geburtsort lag. Sechs Jahre später stieg Dominikus zum Subprior auf und war damit der zweite Mann im Bistum nach dem Bischof.

Als Bischof Didacus (Diégo) von Azevedo 1206 zu einer Reise nach Rom aufbrach, nahm er Dominikus mit. Doch schon in Südfrankreich endete die Reise: Bestürzt sahen die beiden glaubensfesten Spanier, wie hier Waldenser und Katharer weite Teile der Bevölkerung der katholischen Kirche abspenstig gemacht hatten. So beschlossen sie, zu bleiben und die Rückgewinnung des Volkes, quasi eine südfranzösische Reconquista, nach Kräften zu betreiben. Kein einfaches Unterfangen, denn der Erfolg der Ketzer verdankte sich wesentlich den Missständen in der katholischen Kirche, die durch Reichtum und Macht korrumpiert war und deren Kleriker volksfern, eigensüchtig und im Überfluss lebten.

Die Waldenser waren eine Laienbewegung, deren Mitglieder nach dem Vorbild Jesu und der Apostel in Armut lebten und als Wanderprediger umherzogen. Entstanden

■ Der heilige Dominikus

### DER ROSENKRANZ

Der unter Katholiken verbreitete Rosenkranz ist eine Perlenkette oder -schnur, die in einem Kreuz endet. Der Katholik lässt den Rosenkranz durch seine Hand gleiten und betet zu Beginn das apostolische Glaubensbekenntnis, dann folgen fünf »Gesätze« aus je einem Vaterunser und zehn Ave-Marias. Dominikus soll das Rosenkranzbeten, dessen ständige Wiederholungen dem Menschen die Glaubenssätze einprägen, erfunden haben. Das ist jedoch zweifelhaft, da weder sein Biograph und Weggefährte Jordanus von Sachsen noch andere Zeitgenossen davon berichten.

war diese Bewegung auf Initiative des Lyoner Kaufmanns Waldus, der um 1175 seinem Reichtum entsagt hatte. Die Waldenser wandten sich gegen die kirchliche Hierarchie, lehnten Kindertaufe, Ablass, Heiligenverehrung und die Lehre vom Fegefeuer ab, verwarfen in christlicher Nächstenliebe Kriegsdienst und Todesstrafe und übersetzten die Bibel in die provenzalische Volkssprache, damit jedermann Zugang zu Gottes Wort habe.

Weit zahlreicher noch als die Waldenser – die es als kleine Minderheit bis heute gibt – waren die Katharer, die, nach der südfranzösischen Stadt Albi, auch Albigenser heißen. Sie selbst nannten sich »reine Christen« (griechisch »katharos« bedeutet »rein«). Ihre Auffassungen glichen in vielen Einzelheiten denen der Waldenser, doch die Theorie dahinter war eine andere: Die Katharer lehrten einen schroffen Dualismus, wonach der Teufel, der böse Gott des Alten Testaments, ständig im Kampf mit dem guten Gott des Neuen Testaments und seinem reinen Engel Jesus Christus liege. Sein Heil finde der Mensch, wenn er sich radikal von der Welt abwende; nur den solcherart »Vollkommenen« sei das Paradies sicher.

Die Schwarzweißmalerei der Katharer war also bestrickend einfach – Diégo und Domingo sahen, dass die neuen Lehren beim Volk gewaltigen

■ Bildserie zum Kreuzzug gegen die Albigenser 1209–1244 aus der Herrschaftszeit Ludwigs VIII. Dargestellte Szenen von links nach rechts, von oben nach unten: Gräueltaten der Albigenser; Ermordung Pierre de Castelnaus; Einnahme von Carcassonne; Simon de Montfort weiht sein Schwert Gott und stirbt bei Toulouse. In den Medaillons: Ludwig VIII. und Blanja von Kastilien. Farbdruck aus *Histoire de France*, um 1920

Zuspruch fanden und die etablierte Kirche in ihrer Existenz bedrohten. Da kam Diégo die wegweisende Idee, die katholische Remissionierung den Methoden des Gegners anzupassen: In Armut lebende gutkatholische Wanderprediger sollten durch ihr praktisches Vorbild und ihr überzeugendes, in den Grenzen der anerkannten Lehre verbleibendes Wort die Leute zurückgewinnen. Arm wie die Apostel und wie sie an keinen Ort gebunden, gingen Diégo und Dominikus mit dem eigenen Beispiel voran und wanderten, einfach gekleidet, fastend, von Wasser und Brot sich nährend und mitunter auf dem Erdboden schlafend, im Jahr 1206 durch die Dörfer und Städte der Provence und des Languedoc. Besonders bezahlt machten sich dabei die Beredsamkeit und die Bildung, die Dominikus im Studium gewonnen hatte.

Die Zugkraft des persönlichen Vorbilds war die eine Seite, das Argument die andere. In mehreren Disputationen behauptete sich Dominikus gegen Waldenser und Katharer. Legendär ist, dass eine Albigensergemeinde seine Schrift über den wahren Glauben dreimal ins Feuer warf, ohne dass sie verbrannte, woraufhin sich die Gemeinde bekehrte.

■ Inquisitionsgericht unter dem Vorsitz des heiligen Dominikus. Gemälde, um 1490, von Pedro Berruguete (um 1450–1504). Madrid, Prado

Und noch etwas lernten Diégo und Dominikus von ihren Widersachern: Vor allem bei den Katharern spielten Frauen eine große Rolle, sie unterrichteten in Schulen und durften Priesterinnen werden. Als Diégo 1206 in Prouille bei Toulouse einen Missionsstützpunkt gründete, rief er deshalb auch ein Frauenheim ins Leben, in dem treue Katholikinnen und bekehrte Katharerinnen sich der Erziehung der Frauen und der Unterrichtung der Mädchen widmen sollten. Aus dieser Anstalt ging 1217 das erste Dominikanerinnenkloster hervor.

■ Papst Honorius III. bestätigt die Ordensregel der Dominikaner im Jahr 1216. Gemälde, 1600, von Leandro Bassano (1557–1622). Venedig, Kirche SS. Giovanni e Paolo, Sakristei

Als Diego 1207 starb, übernahm Dominikus die Leitung des Missionswerks. Doch obwohl er mit aller Kraft weiterarbeitete, kam die Rekatholisierung kaum voran. Als 1208 ein eifernder päpstlicher Legat ermordet wurde, ergriff Papst Innozenz III. daher sogleich die Gelegenheit, zu einem Kreuzzug gegen die Ketzer aufzurufen. Nicht das Wort, sondern das Schwert ist es also, das der Kirche schließlich den Sieg bringt: In den Albigenserkriegen zwischen 1209 und 1229 werden die Ketzer nahezu ausgerottet, das Land verwüstet und zahllose Gräueltaten verübt. Just das, was die Ketzer an der katholischen Kirche tadeln, verschafft ihr den Triumph: der Pakt mit weltlichen Herren, die unter dem Deckmantel des Glaubens ihre Herrschaft erweitern und ihre Habgier befriedigen.

Dominikus jedoch wäscht seine Hände in Unschuld, betet lediglich vor einer Schlacht für den Sieg der katholischen Sache und ruft 1215 in Toulouse eine Predigergemeinschaft ins Leben, deren Mitglieder sich in Armut der Mission und dem Glaubensstudium widmen. Bereits 1216 bestätigt der Papst die Vereinigung als Bettler- und Predigerorden: Die Dominikaner betreten die Bühne der Weltgeschichte. Ihnen, die sich ihre ersten Meriten bei der Bekämpfung der Waldenser und Katharer geholt haben, wird bereits fünfzehn Jahre später, bald nach dem Ende des Albigenserkreuzzugs, die Führung der päpstlichen Inquisition zufallen.

Dominikus legte als Hauptaufgabe des Ordens außer der Bekehrung der Abgefallenen die Heidenmission fest. In der Tat wurden Dominikaner später die Hauptträger der Mission in der spanischen Neuen Welt. Dominikus selbst wollte nach Ungarn gehen, um das aus Südrussland eingewanderte Nomadenvolk der Kumanen zu missionieren. Dazu kam er jedoch nicht mehr: In Bologna, wo er die zweite Generalversammlung seines jungen Ordens geleitet hatte, wurde er von einer tödlichen Diarrhöe befallen und starb am 6. August 1221.

# DOMINIKUS
ORDENSGRÜNDER

## DATEN UND FAKTEN

**Daten:** geb. um 1170 in Caleruega, Spanien; gest. 6. August 1221 in Bologna, Italien; Heiligsprechung am 13. Juli 1234 durch Papst Gregor IX.
**Festtag:** 8. August
**Namensbedeutung und -varianten:** »dem Herrn gehörend« (lat.); Domenico, Dominique, Domingo, Dominic
**Wirkungsstätten:** Spanien, Frankreich, Italien
**Ort der Verehrung:** Kirche San Domenico in Bologna (Grabstätte)
**Quellen:** Viten von Constantin, Bischof von Orvieto (vor 1247), Bartholomäus von Trient (1244–51) und Dietrich von Apolda (um 1296; darin auch Zeugenaussagen aus dem Kanonisationsprozess von 1233 bis 1234)
**Attribute und Darstellung:** Stern auf der Stirn (Weisheit), Lilie in der Hand (Reinheit); manchmal auch Rosenkranz oder ein Laib Brot; als Mönch mit Tonsur, in weißem Habit mit schwarzem Kapuzenmantel; in Begleitung eines schwarz-weißen Hundes mit Fackel (»Dominikaner« klingt wie »domini canes« = »Spürhunde des Herrn«)
**Patronate:** Astronomen (wegen des Sterns als Attribut); Schneider; Redner; Dominikanerorden; Bologna; gegen Fieber und Hagel
**Brauchtum und Verehrung:** Die Legenden über Dominikus' Wundertaten finden erst im 15. Jh. Verbreitung; ein echter Volksheiliger wird er jedoch nie, und Pilgerbesuche zu seiner Grabstätte in Bologna sind eher eine Ausnahme.
**Kunst:** Fra Angelico, *Jungfrau und Kind mit den Heiligen Dominikus und Thomas von Aquin* (1424–1430), Eremitage, Sankt Petersburg; Benozzo Gozzoli, *Begegnung der hll. Dominikus und Franziskus* (um 1450), Kirche San Francesco, Montefalco; Niccolò dell' Arca, *Hl. Dominikus* (1474/75), Kirche San Domenico, Bologna; Cosimo Tura, *Der hl. Dominikus* (1475), Uffizien, Florenz; Antonello da Messina: *Thronende Maria mit Kind und den hll. Nikolaus von Bari, Maria Magdalena, Ursula und Dominikus* (1475/76), Kunsthistorisches Museum, Wien; Filippino Lippi, *Madonna mit Kind und den Hll. Hieronymus und Dominikus* (um 1485), National Gallery, London; Pedro Berruguete, *Inquisitionsgericht unter dem Vorsitz des hl. Dominikus* (um 1490), Prado, Madrid; Guido Reni, *Marienerscheinung des hl. Dominikus mit Rosenkranzmysterien* (1596), Sanktuarium von San Luca, Bologna
**Literatur:** Dante, *Die göttliche Komödie*, Epos von 1312–1321 (der 12. Gesang im *Paradies* ist Dominikus gewidmet); Franz Theodor Wangenheim, *Der Mönch*, historischer Roman von 1836
**Musik:** Michael Haydn, *Missa in honorem Sancti Dominici*, Messe von 1786; Edmund Charles Rubbra: *Missa in honorem Sancti Dominici* (op. 66), Chorwerk 1948
**Wissenswertes:** Inquisition (lat. »inquisitio« = »gerichtliche Untersuchung«) bezeichnet die kirchliche Institution zur gezielten Verfolgung und Verurteilung jener, die sich der offiziellen Lehrmeinung der Kirche widersetzen. Die Rechtsgrundlage dafür wurde Anfang des 13. Jhs. durch Papst Innozenz III. geschaffen: Der sog. Inquisitionsprozess, ein streng geregeltes Verfahren, konnte von der kirchlichen Behörde selbst aktiv gegen Verdächtige eingeleitet werden und sollte ursprünglich nur dazu dienen, allzu eigenwillige Äbte und Bischöfe zu disziplinieren. Doch ab 1231 ließ Papst Gregor IX. auch Nichtkleriker, die vom »wahren Glauben« abgefallen waren, verfolgen. 1252 setzte Papst Innozenz IV. dann sog. Inquisitionstribunale ein, die autorisiert waren zu foltern. Die Prozessregeln wurden aufgeweicht, und schließlich hatte der Angeklagte von vornherein verloren: Anonyme Kläger, unbegrenzte Beugehaft und kein Recht auf einen Verteidiger führten früher oder später zu einem Schuldeingeständnis.

## AUF DEN PUNKT GEBRACHT

Hineingeboren in eine Welt der Glaubenskrise, nimmt der spanische Kleriker in Südfrankreich als Wanderprediger und Disputant den Kampf gegen Katharer und Waldenser auf und gründet jenen Orden, der nach seinem Tod zum Hauptträger der Inquisition wird.

## EMPFEHLUNGEN

**Lesenswert:**

Simon Tugwell: *Der heilige Dominikus*, Strasbourg 1997

William A. Hinnebusch: *Kleine Geschichte des Dominikanerordens (Dominikanische Quellen und Zeugnisse Bd. 4)*, Leipzig 2004

Jörg Oberste: *Der Kreuzzug gegen die Albigenser. Ketzerei und Machtpolitik im Mittelalter*, Darmstadt 2003

# Elisabeth von Thüringen
## *Maßlos gut*

■ Die heilige Elisabeth von Thüringen. Gemälde, 1516, von Hans Holbein d. Ä. München, Alte Pinakothek.
»Es ist unsere Aufgabe, die Menschen fröhlich zu machen« – diese Devise beherzigte Elisabeth ihr Leben lang.

Edel sei der Mensch, hilfreich und gut: Kaum eine andere Frau des Mittelalters kam diesem Ideal so nahe wie Elisabeth von Thüringen. Obwohl von hoher adeliger Abkunft und für ein Dasein auf der Sonnenseite bestimmt, widmete sie ihr Leben den Armen und Kranken, ohne sich um die Meinung ihrer hochwohlgeborenen Verwandtschaft am Thüringer Hof zu scheren, ohne Rücksicht aber auch auf sich selbst: Bereits mit vierundzwanzig Jahren starb sie, die sich im Dienst an den Bedürftigen buchstäblich aufgeopfert hatte, an völliger Erschöpfung.

1207 war Elisabeth als Tochter des ungarischen Königs Andreas II. und seiner Frau Gertrud von Andechs-Meran in Sárospatak in der Nähe von Kaschau (heute: Košice, Slowakei) zur Welt gekommen. Bereits als Vierjährige wurde sie mit Ludwig, dem sieben Jahre älteren Sohn des thüringischen Landgrafen Hermann I., verlobt und musste auf die Wartburg bei Eisenach umziehen. Bald schon machte sich ihre Neigung zur Wohltätigkeit bemerkbar: Immer wieder entlockte sie den Schwiegereltern Geld und durchforstete die Vorratskammern nach Speisen, um den Armen und Hungernden abzugeben.

Als Hermann I. 1216 starb und Ludwig IV. sein Erbe antrat, redete die landgräfliche Familie dem jungen Herrscher zu, seine Braut ins Kloster zu schicken. Doch er blieb ihr zugetan und heiratete sie 1221, als sie vierzehn Jahre alt und nach damaligem Brauch mannbar geworden war. Elisabeths Frömmigkeit und Mildtätigkeit steigerten sich noch: Jede Nacht soll sie das Bett verlassen und mehrere Stunden auf dem Boden gekniet haben, um zu beten. Überhaupt lebte sie, bestrickt vom Vorbild ihres Zeitgenossen Franz von Assisi, möglichst bedürfnislos: Sie verzichtete auf Schmuck, trug gern

ein schlichtes härenes Hemd, und während andere schlemmten, fastete sie. Ohnehin nahm sie nur Speisen zu sich, von denen sie wusste, dass sie aus den rechtmäßigen Einkünften und Gütern ihres Gatten stammten. Oft stand sie hungrig von der Tafel auf.

Dem Hofleben kehrte sie häufig den Rücken und stieg von der Wartburg zu den Behausungen der armen Leute hinunter. Sie besuchte die Kranken in ihren Hütten, schenkte den Hungernden Lebensmittel, unterstützte die Bedürftigen mit Kleidung und soll sogar die Leichname der verstorbenen Armen in ihre Betttücher gehüllt und das Begräbnis bezahlt haben. Sie gründete ein Waisenhaus und mehrere Krankenhäuser; im Hungerjahr 1226 spendete sie die ungeheure Summe von 64 000 Gulden aus der landgräflichen Kasse und verteilte sämtliche Getreidevorräte an das Volk. Als man ihr Verschwendung vorwarf, soll ihr ein Wunder beigesprungen sein: Der Boden des Saales bedeckte sich mit Korn, und Korn füllte alle Speicher.

■ Elisabeth beherbergt Heimatlose. Fresko, 1855, von Moritz von Schwind (1804–1871). Wartburg, Elisabethgalerie des Palas

Zwei weitere Wunder werden berichtet: Einmal hatte Elisabeth einen Aussätzigen gewaschen und verbunden und, weil ihr Gatte diese Nacht aushäusig war, ins Ehebett gelegt. Doch Ludwig kehrte überraschend heim und wurde von den Verwandten sofort über den ungeheuerlichen Vorfall ins Bild gesetzt. Als er daraufhin ins Schlafgemach stürmte und die Decke zurückschlug, erblickte er – ein Kruzifix anstelle eines Kranken.

Bei der anderen, freilich erst im 15. Jahrhundert aufgezeichneten Begebenheit handelt es sich um das »Rosenwunder«: Wieder

*Ich bereue es nicht, dass ich diesen meinen Allerliebsten dir zum Schutze des Heiligen Landes dargebracht habe. Wenn ich ihn wiederhaben könnte, würde ich ihn um den Preis der ganzen Welt nehmen; ich würde immer mit ihm betteln gehen. Aber gegen deinen Willen, du, Gott, bist mein Zeuge, will ich auch nicht ein Haar seines Lebens wiederhaben. Ich empfehle ihn und mich deiner Gnade. Uns geschehe dein Wille.*

Elisabeth in Bamberg angesichts des Schreins mit den Gebeinen Ludwigs IV., 1227/28

einmal wollte Elisabeth die Armen speisen und begab sich mit einem Korb voll Fleisch und Brot von der Wartburg hinab nach Eisenach, als Ludwig, aufgehetzt von seinen Verwandten, ihr entgegenkam. Zornig hob er den Deckel vom Korb und sah – Rosen, nichts als weiße und rote Rosen.

Elisabeths soziales Wirken, das den Rahmen des Üblichen sprengte, erzürnte nicht nur ihre Standesgenossen. Auch die kleinen Leute begegneten der Herrin, die sich freiwillig erniedrigte und die gottgewollte Ordnung missachtete, mit Verständnislosigkeit, ja nutzten die Gelegenheit, einer hohen Dame eins auszuwischen. In einem zeitgenössischen Bericht heißt es: »Eine kranke Witwe, welche häufig Almosen von ihr erhalten hatte und milde Gaben, begegnete der heiligen Elisabeth, als sie zur Kirche ging, an einer engen Stelle, wo Steine zum Übergang über einen tiefen Morast gelegt waren. Aber die Witwe wollte nicht ausweichen und stieß die heilige Elisabeth in den Kot, so stark, dass sie hinfiel und alle ihre Kleider ganz und gar beschmutzt waren.«

Unhaltbar wird Elisabeths Lage 1227: Ludwig stirbt im süditalienischen Otranto, wo er sich nach Palästina einschiffen wollte, um am fünften Kreuzzug teilzunehmen. Die Regentschaft für Elisabeths unmündigen Sohn Hermann übernimmt ihr Schwager Heinrich Raspe. Der enthält ihr sämtliche Erbgüter vor und verjagt sie mit ihren drei kleinen Kindern, dem Erbprinzen und den beiden Töchtern Sophie und Gertrud, von der Wartburg.

■ Elisabeth kümmert sich um Kranke. Ausschnitt aus der Predellamalerei eines spätgotischen Altars. München, Bayerisches Nationalmuseum

Elisabeth findet Unterschlupf bei einem Wirt, der sie im Viehstall einquartiert. Schließlich erhält sie standesgemäße Hilfe: zuerst bei ihrer Tante, der Äbtissin Mechthild von Kitzingen, dann bei ihrem Onkel, Bischof Egbert von Bamberg. Mit vereinten Kräften gelingt es ihnen, Heinrich Raspe zu einer Abfindung zu bewegen: Elisabeth erhält das oberhessische Marburg als Wittum, als Witwenbesitz.

Mit einem Mal könnte Elisabeth sogar ganz hoch hinaus, denn eine Brautwerbung Kaiser Friedrichs II. trifft ein, dessen Gattin wie Ludwig IV. in Otranto an einer Seuche gestorben ist. Doch Elisabeth lehnt ab. Statt an sich selbst zu denken, nimmt sie wieder ihre karitative Tätigkeit auf und gründet 1229 das nach ihrem Vorbild benannte Franziskusspital. Zeit zur Erholung bleibt nicht: Sie, die im Grunde seit ihrem vierten Lebensjahr unter fremder Aufsicht ist, steht jetzt unter der Knute Konrads von Marburg, den der Papst ihr als Schutzvogt und Beichtvater zugewiesen hat.

Konrad ist von steinerner Strenge und duldet keine Schwäche. Er erlegt Elisabeth härteste Bußübungen auf und veranlasst sie, ihre Kinder an den Thüringer Hof wegzugeben, damit sie Gott und den Armen besser dienen kann. Sobald er an ihr Anzeichen eines eigenen Willens und von Ungehorsam wahrnimmt, peitscht er sie bis aufs Blut. Doch Elisabeth nimmt ihr Leiden gern als gottgefällig hin. Eine zeitgenössische Quelle berichtet von dem sadomasochistischen Treiben: »Konrad prügelte einst sein Beichtkind, bis sie ohnmächtig wurde. Als sie wieder zu sich kam, fragte er sie, wie ihr sei. Da antwortete sie: ›Mir ist, als wäre ich wie im dritten Himmel.‹ Darauf sagte er: also tut es mir leid, dass ich sie nicht schlug bis in den neunten Chor.«

■ Das Rosenwunder. Gemälde, vor 1907, von Wilhelm List (1864–1918). Quimper, Musée des Beaux-Arts

Offenbar nicht bei seiner Schutzbefohlenen, wohl aber in ganz Deutschland verbreitet Konrad von Marburg Schrecken, denn er ist auch päpstlicher Inquisitor. »Lieber hundert Unschuldige verbrennen als einen Ketzer laufen lassen«, lautet seine Marschroute. 1233 wird er von aufgebrachten Rittern erschlagen – zu spät: Völlig entkräftet, war Elisabeth bereits in der Nacht zum 17. November 1231 gestorben. Schon 1235 sprach Papst Gregor IX. sie heilig, zumal Wunderdinge von Heilungen und sogar Totenerweckungen an ihrem Grab nach Rom gemeldet wurden.

Soviel Gutes die heilige Elisabeth auch getan hat: Ihr Schicksal ist tragisch und wirft die Frage auf, was Elisabeth zu dem machte, was sie war. Das zeitgenössische Armutsideal, wie es sich auch in

*Der Herr hat mein Gebet erhört, und alle weltlichen Güter, welche ich ehemals geliebt habe, sind jetzt Dreck und Kot für mich. Ebenso rufe ich Gott zum Zeugen an, dass ich meine Kinder nicht mehr liebe als irgendein fremdes Kind. Ich habe sie Gott übergeben; möge er mit ihnen machen, was ihm gut dünkt. Ich habe meine Freude an den Schmähungen, den Verleumdungen und der Verachtung, die mir entgegengebracht werden, ich liebe nichts mehr, außer Gott allein.*

Elisabeth in Marburg, um 1229

■ Tod der Elisabeth. Ausschnitt aus dem Elisabethschrein, westdeutsche Goldschmiedearbeit, 1236/49. Marburg, Elisabethkirche. Die Elisabethkirche in Marburg ist die erste rein gotische Basilika in Deutschland.

der Gründung der Bettelorden ausdrückte, war es wohl nicht allein. Eher schon vermochte die Spannung zwischen dem verfeinerten höfischen Lebensstil und der ständigen Gefährdung durch Krieg, Fehde und politische Zufälle einen sensiblen Menschen in die Religion, ja in die Neurose zu treiben. Vielleicht erblickte Elisabeth, die vierjährig das Elternhaus verlassen musste und sich seit früher Kindheit unglücklich und bedroht gefühlt haben mag, in den Armen und vom Schicksal Geschlagenen Verwandte einer eigenen, seelischen Not. Und vielleicht entsprang ihre maßlose, in der Selbstaufgabe gipfelnde Selbstlosigkeit dem Umstand, dass sie von klein auf ein Objekt fremder Interessen und nicht sie selbst war.

Jahrhundertelang gehörte Elisabeth zu den beliebtesten Heiligen in Deutschland: dem Adel zum Vorbild und zur Mahnung, dem Volk zur Hoffnung. Aber nachahmen wollte sie denn doch lieber keiner.

DIE ELISABETHINERINNEN

Zahlreiche katholische Frauenkongregationen widmen sich nach dem Vorbild der heiligen Elisabeth sozialen Aufgaben und karitativer Arbeit, insbesondere der Krankenpflege. Der erste dieser Frauenvereine wurde 1840 in Trier gegründet.

# ELISABETH VON THÜRINGEN
WOHLTÄTERIN

## DATEN UND FAKTEN

**Daten:** geb. 1207 in Ungarn; gest. 17. November 1231 in Marburg; Heiligsprechung 1235
**Festtage:** 19. November (katholisch außerhalb Deutschlands: 17. November)
**Namensbedeutung und -varianten:** »Gott ist vollkommen« (hebr.); Alice, Lisa, Lisbeth, Bettina, Ilse, Sis(s)i
**Wirkungsstätten:** Deutschland (Thüringen, Hessen)
**Orte der Verehrung:** Elisabethkirche in Marburg (Grab- und Wallfahrtsstätte); Elisabethkloster in Wien (Reliquien); Kaschau, Slowakei (Pilgerstätte)
**Quellen:** Summa Vite (1232); Protokolle aus dem Heiligsprechungsprozess (1235); die »Wunderprotokolle« (1232–1235); Elisabeth-Vita des Caesarius von Heisterbach (1237); Kompendium von Jean de Mailly (1240/50); *Legenda aurea*
**Attribute und Darstellung:** Krone, Schale oder Korb mit Brot, Früchten und Fischen, Kanne, Buch, Modell der gotischen Elisabethkirche in Marburg; Elisabeth kann fürstlich oder ärmlich gekleidet sein; zu ihren Füßen sitzt häufig ein kleiner Bettler, der ihr eine leere Schale entgegenhält. Manchmal sind ihr mehrere Kronen beigegeben, als Hinweis auf ihre fürstliche Herkunft und darauf, dass sie die Kaiserwürde zurückwies. Ab dem 15. Jh. wird sie meistens mit einem Korb voller Rosen dargestellt, in Anlehnung an das »Rosenwunder«.
**Patronate:** Bäcker; Bettler, Witwen, Waisen; unschuldig Verfolgte; Kranke; Wohltätigkeitsvereine, Caritas; Dritter Orden der Franziskaner, Deutscher Orden
**Brauchtum und Verehrung:** Bereits kurz nach Elisabeths Tod strömten Pilger zu ihrem Grab; ihr Kult wurde durch den Deutschen Orden gefördert. Schon bald wurden ihr Ordenshospitäler geweiht. Zudem wurde sie von Franziskanern, Dominikanern und Zisterziensern hoch verehrt. Ende des 13. Jhs. gehörte Elisabeth zu den populärsten Heiligen, und ihr Kult war über ganz Europa verbreitet.
**Kunst:** Glasfenster in der Elisabethkirche in Marburg (um 1240); Statue am Naumburger Dom (1240); Tilman Riemenschneider, *Statue der hl. Elisabeth* (um 1505), Germanisches Nationalmuseum, Nürnberg; Matthias Grünewald, *Heilige Elisabeth* (1509), Staatliche Kunsthalle, Karlsruhe; Hans Holbein d. Ä., *Elisabeth mit drei Bettlern* (1516), Alte Pinakothek, München
**Literatur:** Elisabeth-Vita des Dietrich von Apolda (14. Jh.); anonyme Verslegende *Das Leben der hl. Elisabeth* (um 1300); Gustav Adolf Müller, *Im Zauber der Wartburg*, Roman von 1905; George Bernard Shaw, *Pygmalion*, Schauspiel von 1913 (Figur des Blumenmädchens Eliza Doolittle); Johanna Hoffmann, *Die verratene Heilige*, Roman von 1966
**Musik:** Richard Wagner: *Tannhäuser und der Sängerkrieg auf der Wartburg*. Oper 1845; Franz Liszt, *Die Legende der heiligen Elisabeth*, Oratorium von 1865; Joseph Haas, *Die heilige Elisabeth*, Oratorium von 1931
**Wissenswertes:** Das Rosenwunder wurde der Elisabeth-Legende erst im 15. Jh. hinzugefügt – vielleicht infolge einer »absichtlichen Verwechslung« mit Elisabeth von Portugal, die an diesem Wunder die »älteren Rechte« hat, oder einfach weil das Motiv der »Maria im Rosenhag« ab dem 14. Jh. in der Kunst sehr beliebt war. Die Rose ist sowohl Symbol der Nächstenliebe als auch der Verschwiegenheit (etwas »sub rosa« sagen, unter der am Beichtstuhl angebrachten Rose, bedeutet etwas im Vertraulichen sagen); diese Tugenden Elisabeths sollten offenbar mithilfe des »nachgelieferten« Wunders besonders hervorgehoben werden.

## AUF DEN PUNKT GEBRACHT

Obwohl sie königlichen Geblüts war, widmete sie sich den Armen und Kranken. Die Kirche machte Elisabeth von Thüringen, deren kurzes Leben tragisch war, zu einer der beliebtesten Heiligen des Hochmittelalters.

## EMPFEHLUNGEN

**Lesenswert:**
Norbert Ohler: *Elisabeth von Thüringen. Fürstin im Dienst der Niedrigsten*, Göttingen 2004

Reinhold Schneider: *Elisabeth von Thüringen*, Frankfurt/M. 1997

Peter Dinzelbacher: *Heilige oder Hexen? Schicksale auffälliger Frauen in Mittelalter und Frühneuzeit*, Düsseldorf 2004

**Besuchenswert:**
Die Wartburg in Eisenach

Die Elisabethkirche in Marburg (Sakristei mit Elisabethschrein)

# Florian
## »Zünd andre an!«

■ Der heilige Florian. Farbig gefasstes Holz, Anfang 18. Jahrhundert, lebensgroß. Waldburg (Oberösterreich), Pfarrkirche St. Maria Magdalena. Bei Hildegard von Bingen ist das Wasser ein Symbol für das Wort Gottes – gießt Florian also mit dem Löschwasser auch die Worte der Heiligen Schrift über brennenden Häusern aus?

»Heiliger Sankt Florian, verschon mein Haus, zünd andre an!« Diesen bekannten Spruch wird mancher als Inschrift an einem alten Gebäude etwa in Bayern oder Österreich gelesen haben. Merkwürdig ist der Vers allemal: Warum sollte ein Heiliger ein Zundelfrieder sein? Tatsächlich meint der saloppe Vers natürlich das genaue Gegenteil: Der heilige Florian dient den Gläubigen als himmlische Feuerwehr.

So legendär dieser Florian als Patron gegen Feuersbrunst ist – er kam nur auf einem Umweg zu diesem Amt: Ursprünglich ist er ein Wasserheiliger. Geboren in einer christlichen Familie in der zweiten Hälfte des 3. Jahrhunderts in dem bei Wien gelegenen Zeiselmauer (damals Cetia, Cetium oder Cetii murus genannt), diente Florian als Offizier im römischen Heer und war in Lauriacum stationiert, das heute Lorch heißt und ein Stadtteil von Enns in Oberösterreich ist, unweit von Linz. Lauriacum war die Hauptstadt der Provinz Noricum Ripense, die das Gebiet zwischen Inn und Raab umfasste und bereits seit Mitte des 3. Jahrhunderts Bischofssitz war; das Christentum hatte also bereits Fuß gefasst. Hier stieg der Christ und Heeresbeamte Florianus, wie er lateinisch hieß, zum Leiter der Kanzlei des Provinzstatthalters Aquilinus auf.

Im Frühjahr 304 aber ordnete Kaiser Diokletian in einem Edikt eine neue Christenverfolgung an. Vierzig Christen – die meisten von ihnen Soldaten – sollen daraufhin in Lorch überführt und in den Kerker geworfen worden sein. Einigen Legenden zufolge wurde Florian geschnappt, als er seine Glaubensbrüder befreien wollte, laut anderen Berichten stellte er sich, wie es einem Offizier ziemt, demonstrativ vor seine Soldaten. Gleichviel, Florian wurde ebenfalls arretiert und als Rädelsführer angeklagt. Aquilinus ließ seinen bislang bewährten Kanzleivorsteher vorführen und verlangte von ihn, öffentlich die vorgeschriebenen Götzenopfer zu leisten, wie es Diokletian in seinem Erlass gebot. Doch Florian war weder durch Schmeicheleien noch durch Drohungen dazu zu bewegen, seinen Glauben zu verleugnen. Daraufhin ließ Aquilinus ihn abführen und stäupen, wie im Mittelalter das Auspeitschen mit Ruten bezeichnet wurde, und als auch das den Widerstand nicht brach, befahl er, Florian die Schultern mit eisernen Stacheln regelrecht zu zerfleischen, bis er den nach wie vor Unbeugsamen schließlich mit einem schweren Stein um den Hals in der Enns ertränken ließ. Dabei geschah, so heißt es, ein erstes Wunder: Der Soldat, der Florian von der Brücke stürzte und dem Ertrinkenden hinterherblickte, soll auf der Stelle erblindet sein.

■ Das Martyrium des heiligen Florian

Florians Leichnam wurde, so berichten die Legenden weiter, ein Stück stromaufwärts angespült und von einem Adler »bewacht«, damit die Heiden ihn nicht schänden konnten. Eines Nachts erschien Florian im Traum einer christlichen Gutsbesitzerswitwe namens Valeria. Diese brach noch in derselben Nacht auf, um den Leichnam zu bergen. Doch auf dem Rückweg ermatteten die Ochsen, die den Wagen mit Florians sterblicher Hülle zogen. Valeria aber musste sich beeilen, um nicht nach Morgengrauen kaiserlichen Häschern in die Hände zu fallen. In ihrer Not schickte sie ein Gebet zum Himmel, und siehe – gleich neben ihrem Rastplatz gewahrte sie plötzlich eine Quelle. Sie tränkte die Ochsen, die setzten erfrischt den Weg fort, die »fromme Matrone«, wie die Sagen sie nennen, gelangte rechtzeitig auf ihren Hof und konnte den Märtyrer unbehelligt auf ihrem Landgut beisetzen. Später wurde über der Begräbnisstätte, die sich einige Kilometer westlich der Enns befindet, eine Kapelle errichtet, an die sich einst ein Benediktinerkloster an-

DAS PATRONAT

Abgeleitet von lateinisch »pater« (Vater, Hausherr), bezeichnete »patronus« im alten Rom den Schutzherrn des »cliens«. Der Klient war seinem Patron zum Dienst verpflichtet und erhielt dafür rechtlichen Schutz. In der katholischen Kirche übernahmen Engel und Heilige Patronate: Ähnlicher Beruf, vergleichbares Schicksal, eine vorbildliche Tat oder bloßer Namensanklang geben den Ausschlag: Der Erzengel Gabriel, der Maria die Geburt Jesu ankündigt, wurde Patron der Postboten und Diplomaten, der Apostel Bartholomäus, dem in Persien die Haut abgezogen wurde, ist Schutzherr der Metzger und Lederarbeiter.

■ Der heilige Florian. Hinterglasmalerei, 19. Jahrhundert. München, Privatbesitz. Feuerwehrleute bezeichnen sich noch heute auch als »Floriansjünger«.

schloss, das allerdings bei den Ungareinfällen um das Jahr 900 zerstört wurde. Seit dem 11. Jahrhundert erhebt sich an dieser Stelle das Augustinerstift St. Florian. Damals will man auch die Gebeine Florians gefunden haben, die dann als Reliquien nach Rom und Krakau überführt wurden. Ausgrabungen in Lorch in der Mitte des 20. Jahrhunderts förderten die sterblichen Überreste weiterer Männer zutage, die man den vierzig christlichen Märtyrern zuschrieb, die Florian hatte retten wollen; sie wurden im Hochaltar der Lorcher Kirche beigesetzt.

Feuer spielte im Leben des heiligen Florian offensichtlich keine Rolle. Weil er aber einen nassen Tod gestorben war, erhob man ihn zum Schutzpatron gegen Wassergefahr, und dass er posthum das Brunnenwunder bewirkt hat, verdeutlicht seine besondere Nähe zum feuchten Element. So entwickelte er sich im Lauf der Zeit zum Schutzheiligen in jener Not, in der man des Wassers besonders bedarf: bei Feuer. Als das Quellenwunder in Vergessenheit geraten war und kaum einer sich erinnerte, was Florian zum Helfer gegen Feuer gemacht hatte, füllte sich die Wissenslücke mit Legenden: So soll der heilige Florian einen Hausbrand mit einem einzigen Bottich Wasser gelöscht haben oder sogar nur kraft eines Gebets. Auch heißt es, er habe als Knabe einen Großbrand verhütet, als ein Heuhaufen neben seinem Elternhaus sich in der Sommerhitze eines heißen Nachmittags entzündete; da sämtliche Bewohner gerade Pause machten und sich zu einem Nickerchen hingelegt hatten, sei Florian herbeigeeilt und habe allein die aufzüngelnden Flammen gelöscht. Und als ein Spitzbube – böse Zungen behaupten: ein Protestant zur Zeit der Reformation – einmal Feuer an die Kapelle über seinem Grab legte, soll augenblicklich ein aus heiterem Himmel losbrechender Platzregen den Brand zum Erlöschen gebracht haben. Eine weitere Sage erzählt von einem Köhler, der in den Kohlenmeiler fiel, den heiligen Florian anrief und der Glut unversehrt entkam.

Es ist wie so oft: Viele Legenden, viele Wunder – aber von jenen Ereignissen, wo kein Wunder half, erzählt niemand. Auch dem heiligen Florian zum Trotz bleibt ja nicht jedes Haus verschont.

Die fromme Gutsbesitzerswitwe Valeria, die dafür sorgte, dass Florian ein ordentliches Begräbnis bekam, wurde für ihre gute Tat ebenfalls heilig gesprochen; sie teilt sich nun mit Florian den 4. Mai als Gedenktag.

# FLORIAN

MÄRTYRER

## DATEN UND FAKTEN

**Daten:** geb. im 3. Jh. in Zeiselmauer bei Wien; gest. um 304 in Lorch; Kult belegt ab dem 8. Jh.
**Festtag:** 4. Mai
**Namensbedeutung und -varianten:** »der Blühende« (lat.); Florin(us), Flurin
**Wirkungsstätte:** Österreich
**Orte der Verehrung:** Augustiner-Chorherrenstift St. Florian in Linz (Grabstätte und Mühlstein als Reliquie); St.-Laurenz-Kirche in Lorch (Reliquie); Florianskirche in Krakau (Silberreliquiar mit rechtem Unterarm und Hand)
**Quellen:** *Passio Floriani* des Bischofs Irenäus in Save (8./9. Jh.); *Echternacher Codex* (Mitte 10. Jh.); *Martyrologium Hieronymianum*
**Attribute und Darstellung:** Mühlstein, Märtyrerpalmzweig, Wasserkübel; als römischer Soldat mit Lanze und Banner; meistens ist dargestellt, wie er ein brennendes Haus löscht
**Patronate:** Feuerwehrleute, Schornsteinfeger, Schmiede, Böttcher, Bierbrauer, Seifensieder; Oberösterreich, Krakau, Bologna; gegen Feuer- und Wassergefahr, Sturm, Dürre, Unfruchtbarkeit der Felder; hilft bei Brandverletzungen
**Brauchtum und Verehrung:** Florian, der erste Heilige und Märtyrer Österreichs, war und ist der Schutzpatron mehrerer Länder und Städte. Sein Kult verbreitete sich schubweise, im 9. Jh. in ganz Österreich, im 12. Jh. über den gesamten Alpenraum sowie über Deutschland und Polen; dort war Florian einer der drei Nationalheiligen. Die Blütezeit des Kults fällt schließlich ins 15. Jh., in die Regierungszeit Kaiser Maximilians I., der die Verehrung gezielt förderte. Im 18. Jh. wurden am Linzer Jesuitengymnasium alljährlich die Florianusspiele abgehalten, und bis heute gehören Florianimessen, Florianisingen und Florianifeuer zum Brauchtum rund um den Florianstag.
**Kunst:** Francesco del Cossa, *Hl. Florian (Polyptychon Griffoni)* (1473), National Gallery, Washington D.C.; Hans Strigel, *Florian mit Johannes und Sebastian* (um 1480), Museum der schönen Künste, Budapest; Michael Pacher, *Der hl. Florian löscht den Burgbrand* (Anfang 16. Jh.), Privatsammlung; Albrecht Dürer, *Die österreichischen Heiligen: Quirinus, Maximilian, Florian, Severin, Koloman, Leopold und Otto* (1515–1517), British Museum, London; Albrecht Altdorfer, *Das Martyrium des hl. Florian* (um 1516–1525), Uffizien, Florenz (eine von insgesamt 7 Altartafeln)
**Literatur:** Horst W. Geissler, *Der unheilige Florian*, Roman von 1939; Georg Albrecht von Ihering, Rebecca Gablé, *Das Florians-Prinzip*, Krimi von 1999
**Musik:** Augustinus Franz Kropfreiter und Thomas Wall, *Florian-Kantate* von 2004; *Flori*, Kindermusical von 2004 anlässlich des 1700. Todestags
**Wissenswertes:** Das heutige Zeiselmauer war im 3. und 4. Jh. eines der größten römischen Kastelle am Donaulimes; Reste der antiken Befestigungsanlage sind noch heute zu sehen, darunter Wachtürme und bis zu 8 m hohe Mauern. 1981 fand man bei einer Grabung unter der Pfarrkirche Mariä Empfängnis Teile der Principia (Hauptgebäude einer römischen Wehranlage) mit dem Fahnenheiligtum. Dieses Kernstück des Kastells wurde offenbar in der Spätantike zu einem christlichen Heiligtum umgewandelt – was aber keinen Beweis für die Echtheit der Florianslegende darstellt.

## AUF DEN PUNKT GEBRACHT

Um das Jahr 300 fällt der römische Heeresbeamte Florianus einer Christenverfolgung zum Opfer. Bei der Bergung seines Leichnams geschieht ein Quellenwunder. Als Wasserheiliger wird Florian später zum Patron gegen Feuersbrunst.

## EMPFEHLUNGEN

**Lesenswert:**

Johannes Ebner, Monika Würthinger (Hg.): *Der heilige Florian. Tradition und Botschaft*, Linz 2003

Karl Rokoschoski: *Der Schutzpatron Sankt Florian*, St. Pölten 2000

Reinhardt Harreither, Renate Pillinger (Hg.): *Frühes Christentum am römischen Donaulimes*, Wien 1999

Otto Wutzel, Max Eiersebner: *Das Chorherrenstift St. Florian*, Linz 1996

**Besuchenswert:**

Das Augustiner-Chorherren stift Sankt Florian, im österreichischen St. Florian

**Erlebenswert:**

Wanderung auf dem Wallfahrtsweg vom Papstkreuz in Enns nach St. Florian, Österreich

# Franz von Assisi
## *Arm dem armen Christus folgen*

■ Franz von Assisi übergibt die Ordensregel. Gemälde, um 1445, von Antonio Colantonio (um 1420–nach 1470). Neapel, Museo di Capodimonte

Der Sohn des reichen Tuchhändlers Piero Bernardone und seiner aus vornehmer provenzalischer Familie stammenden Frau hätte ein sorgloses, ja luxuriöses Leben in seiner Heimatstadt Assisi führen können. Tatsächlich lebte Giovanni, den sein Vater »Francesco«, Französlein, rief, weil er gut französisch sprach und das höfische Wesen liebte, als Jüngling verschwenderisch in den Tag hinein. Doch als er fast Mitte zwanzig war, begann er Hab und Gut zu verschenken, ließ sich enterben und mischte sich unter die Armen und Aussätzigen.

Der um 1181/82 geborene Francesco hatte zunächst Ritter werden wollen, wie viele andere seines Standes, die den verfeinerten Lebensstil ebenso wie das heldenhafte Auftreten der Aristokratie bewunderten. Doch im Städtekrieg zwischen Assisi und Perugia 1202 geriet er in Gefangenschaft und schmachtete ein Jahr im Verlies, bis ihn sein Vater gegen ein Lösegeld freikaufte. Zunächst setzte Franziskus sein lockeres Leben fort. Doch als er 1204 an einem Feldzug nach Apulien teilnahm, setzte er sich in Spoleto plötzlich vom Tross ab: Ein inneres Ringen hatte den sensiblen jungen Mann ergriffen, das ihn bald seinem lustigen Freundeskreis entfremdete und ihm sein oberflächliches Leben vergällte. Franz pilgerte nach Rom und kehrte als »poverello«, kleiner Armer, zurück, der sich den Notleidenden und Besitzlosen zuwandte und als Sonderling bespöttelt wurde.

Beirren ließ er sich davon nicht, im Gegenteil. Als er einmal in der verfallenen Kapelle S. Damiano unterhalb von Assisi ins Gebet vertieft war, glaubte er mit einem Mal, Christus spreche ihn vom Kreuz herab an und fordere ihn auf: »Franziskus, stelle mein

Haus wieder her!« Als Franz daraufhin einige Stoffballen aus dem väterlichen Geschäft verkaufte und den Erlös dem Pfarrer zur Renovierung der Kirche übergab, drohte der Vater mit Enterbung. Er brachte seinen Sohn vor den Bischof, der ihm befahl, alles Geld und Gut des Vaters zurückzugeben, das noch in seinem Besitz sei. Da entledigte sich Franziskus all seiner Kleider, legte sie zusammen mit dem Geld vor dem Vater nieder und sagte sich vor der gaffenden Menge von ihm und seinem Erbe los. Künftig wollte er allein Gott dienen und nur noch sagen: »Vater unser, der du bist im Himmel, nicht ›Vater Bernardone‹.«

Das war im Jahr 1207. Fortan führte Franz ein Einsiedlerleben und half, weitere baufällige Kirchen herzurichten. Um 1208/09 vollzog er den nächsten Schritt, als er im Gottesdienst die Stelle von der Aussendung der Jünger hörte, die im Matthäusevangelium lautet: »Geht aber und predigt und sprecht. Umsonst habt ihr's empfangen, umsonst gebt es auch. Ihr sollt nicht Gold noch Silber, noch Kupfer in euren Gürteln haben, auch keine Tasche zur Wegfahrt, auch nicht zwei Röcke, keine Schuhe, auch keinen Stecken.« Dieser Aufruf zur Wanderpredigt, zur selbstlosen Hilfe und zur demonstrativen Bescheidenheit wurde zur Richtschnur seines Lebens.

■ Franziskus empfängt seine Stigmata.
Neben den Dominikanern sind die Franziskaner diejenigen, die sich in den mittelalterlichen Städten am meisten um die Versorgung der Armen und Kranken, vor allem der Aussätzigen, bemühten.

Schon seit Jahrzehnten suchten Menschen, die sich am Reichtum der Kirche, dem Wohlleben der Priester, der Entfremdung des Klerus vom Volk und der Kungelei der geistlichen Herren mit den feudalen Machthabern stießen, den Sinn ihres Lebens in gewollter Armut. Anders aber als die Waldenser und Katharer, die als Ketzer verfolgt wurden, vollzog Franz von Assisi diese Hinwendung im Rahmen der Kirche: Wer ihm folgte, musste nicht fürchten, der Verdammnis anheim zu fallen. Zwar soll, als er 1210 bei Innozenz III. vorstellig wurde, um seine junge, ordensähnliche Gemeinschaft genehmigen zu lassen, der Papst noch voller Abscheu gesagt haben: »Geh, mein Bruder, und such

die Schweine! Mit denen scheinst du mehr gemein zu haben als mit Menschen. Wälz dich mit ihnen im Kot, übergib ihnen deine Regel und üb an ihnen dein Predigtamt!« Doch Franz verneigte sich nur und ging hinaus, wälzte sich mit den Schweinen im Kot, kehrte in dreckigen Kleidern zum Papst zurück und sagte: »Ich habe getan, was du geboten hast, erfülle du nun mein Flehen.« Von so viel Gehorsam entwaffnet, erteilte ihm Innozenz III. das Plazet für seine Gemeinschaft der »Minderbrüder«, wie sie sich bescheiden nannten.

■ Szenenphoto aus dem Film *Franziskus der Gaukler* von Roberto Rosselini aus dem Jahr 1950 mit Fra Nazario in der Rolle des Franz von Assisi

Wo Franziskus auch hinkam, strömte das Volk herbei, Kirchenglocken läuteten, und Kinder winkten ihm mit Blattwedeln. Bald schlossen sich ihm elf oder zwölf Gefährten an. Schon die Aussteiger des Mittelalters flohen vor Verstädterung und Geldwirtschaft, die sie als Wurzel allen Übels empfanden, aufs Land: Gemeinsam mit seinen Mitbrüdern nahm Franz zuerst eine verlassene Hütte in der Ebene von Rivotorto in Besitz, dann ein kleines Stück Land unterhalb von Assisi, das ihnen Benediktiner

### DER SONNENGESANG

»Gelobt seist du, Herr, mit allen deinen Geschöpfen, / vornehmlich unserer edlen Schwester, der Sonne; / sie schafft den Tag, und du erleuchtest uns in ihr. / Schön ist sie und strahlt im prächtigen Glanz: / Dein Sinnbild ist sie, oh Allerhöchster!« So lautet die zweite Strophe des *Sonnengesangs*, der des Weiteren »unsere Geschwister, den Mond und die Sterne«, preist, den »Bruder Wind und Wolke und Wetter«, die »Schwester Quelle«, den »Bruder Feuer« und die »Mutter Erde« rühmt und zuletzt auch den »Bruder Tod« anerkennt – also ein Hymnus auf die Natur schlechthin ist. Der *Sonnengesang* ist eines der ersten Denkmäler der italienischen Literatur, und Dante sagte über seinen Schöpfer Franz von Assisi: »Wie eine Sonne ging er über der Welt auf.«

überließen und das von diesen »Portiuncula«, »Fleckchen«, genannt worden war. Dort restaurierte er die Kirche Santa Maria degli Angeli und ließ Hütten für die Mönche erbauen – das Stammkloster des Franziskanerordens, der sich rasch über Europa ausbreitete.

Getreu dem Evangelium schickte Franziskus seine Brüder in die Welt hinaus, damit sie das Ideal der Armut vorlebten und mit Predigten zur Nachfolge anregten. Er selbst reiste nach Dalmatien und über Südfrankreich nach Spanien, wo ihn 1215 eine Erkrankung daran hinderte, nach Nordafrika überzusetzen. 1219 schließlich schloss er sich den Kreuzrittern an und versuchte, den ägyptischen Sultan Malik al-Kamil zu bekehren. Um die Wahrheit der christlichen Lehre zu beweisen, bot er an, durch Feuer zu schreiten. Doch der Sultan, eingedenk des Umstandes, dass Zauberei nicht Sache des Islam ist, winkte ab: Gott möge ihn selbst erleuchten und ihm sagen, welche Religion die richtige sei.

Auch in der Heimat musste Franziskus nun Misserfolge hinnehmen. Was als lockere Gemeinschaft nach dem Vorbild der Apostel gedacht war, hatte sich zu einem Orden verfestigt, der geschriebene Regeln braucht. Es kam zum Streit über die Statuten – endgültig lagen sie erst 1233, sieben Jahre nach Franz von Assisis Tod, vor – und wohl auch zu Machtkämpfen um die Leitung. Um 1222 hatte Franziskus genug: Enttäuscht zog er sich in die Einsamkeit des Alvernagebirges zurück. Hier erfüllte sich im Jahr 1224 sein Wunsch, am Leiden Jesu teilzuhaben und Christus immer ähnlicher zu werden: In einer Vision am Michaelistag oder am Tag der Kreuzfindung (29. oder 24. September) erblickte er den Gekreuzigten in Gestalt eines Seraphs mit sechs Flügeln und empfing die Wundmale Christi. Diese Stigmatisation ist die erste in der Kirchengeschichte bezeugte.

Bereits seit seiner Ägyptenfahrt war Franziskus krank. Wahrscheinlich hatte er sich am Nil ein Augenleiden zugezogen; er erblindete langsam. Magen- und Leberleiden quäl-

■ Franziskus predigt den Vögeln. Fresko, um 1260, des Franziskusmeisters, teilweise zerstört. Assisi, Kirche S. Francesco

ten ihn, zudem litt er unter heftigen Gliederschmerzen, sodass er sich kaum bewegen konnte. Schließlich brachten Mitbrüder ihn, der ärztliche Hilfe ablehnte, nach Portiuncula. Dort starb Franziskus in der Nacht zum 4. Oktober 1226. Er hatte sich auf den bloßen Boden legen lassen, entkleidet wie bei seiner Enterbung, während die Mönche die Leidensgeschichte Jesu verlasen.

■ Der Tod des Franz von Assisi. Fresko, um 1320, von Giotto di Bondone (1266–1337). Florenz, Kirche S. Croce, Cappella Bardi

»Arm dem armen Christus folgen«, hatte Franz von Assisis Maxime gelautet. Was den Erfolg des Ordensgründers wesentlich mitbedingte, war neben der Geschmeidigkeit, mit der er beziehungsweise sein Orden sich der Kirche anpasste, das Christentum mit menschlichem Antlitz, das er predigte: Weniger die unerreichbare Majestät Gottes als das menschliche Leben des Gottessohnes stand bei ihm im Vordergrund, weniger das abstrakte Sein des Allerhöchsten als die erlebbare Natur und sichtbare Kreatur.

Im Unterschied zu den Katharern, denen die Welt als böse galt, liebte Franziskus die Schöpfung. Während jene die Sterne für leere Throne der Engel hielten, die mit Luzifer in die Hölle gestürzt waren, feierte er den Kosmos und Mutter Erde in seinem *Sonnengesang*. Seine Zuneigung zu den Geschöpfen war so groß, dass er mit den Tieren sprach, den Vögeln predigte, Zikaden mit »Schwester« anredete und Kaiser Otto IV. bat, Ochs und Esel in seinen Schutz zu nehmen und das Töten von Singvögeln zu verbieten: Die Freude am Diesseits, die seine Jugendjahre geprägt hatte, hatte sich mit der Zeit gewandelt, ihn aber nie ganz verlassen.

CLARA VON ASSISI (1194–1252)

Clara von Assisi (eigentlich: Chiara dei Scifi), Tochter der stadtadeligen Familie Offreducci Favarone, hatte einen Vetter, Rufino, der sich den Minderbrüdern angeschlossen hatte. Ein Besuch bei Franziskus machte tiefen Eindruck auf die zwölf Jahre jüngere Clara. Sie träumte, die Brustwarzen des Franziskus als süße Quelle zu erleben, floh aus ihrem Elternhaus und eilte nach Portiuncula. Franziskus brachte sie nach Damiano, wo unter ihrer Ägide ein kleines Frauenkloster entstand, aus dem die Klarissen als weiblicher Ordenszweig der Franziskaner hervorgingen.

# FRANZ VON ASSISI

ORDENSGRÜNDER

## DATEN UND FAKTEN

**Daten:** geb. um 1181/1182 in Assisi; gest. 4. Oktober 1226 in Portiuncula; Heiligsprechung am 16. Juli 1228 durch Papst Gregor IX.
**Festtag:** 4. Oktober
**Namensbedeutung und -varianten:** »Französlein« (ital.); Francisco, François, Francis, Ferenc, Frantiček
**Wirkungsstätten:** Italien; Predigtreisen nach Dalmatien, Frankreich, Spanien, Ägypten
**Orte der Verehrung:** Kirche Santa Maria degli Angeli (Stammkloster) mit der Capella del Transito (Sterbeort); Kirche San Giorgio in Portiuncula (erste Grabstätte); Kirche San Francesco in Assisi (heutige Grabstätte); Berg La Verna (Ort der Stigmatisation)
**Quellen:** *Opuscula*, Sammlung der Schriften des hl. Franziskus; *Testimonia minora*, Überlieferung zeitgenössischer Chronisten; Thomas von Celano, *Vita des hl. Franziskus* (1228); *Speculum perfectionis*, Legendensammlung und Tagebuchnotizen des Bruder Leo (1318); *Fioretti di San Francesco*, Legendensammlung (14. Jh.)
**Attribute und Darstellung:** Kruzifix, Totenschädel, Geißel, Rosenkranz, Lilie; im dunkelbraunen Habit der Franziskaner, einen Strick mit drei Knoten um die Hüfte; oft trägt er die Wundmale Christi; in späteren Darstellungen liegt ihm die Weltkugel zu Füßen
**Patronate:** Schneider, Weber; Blumenzüchter; Dichter; Kaufleute; Italien; gegen Kopfschmerzen und die Pest
**Brauchtum und Verehrung:** Der Brauch, Ochs und Esel in der Weihnachtskrippe aufzustellen, geht evtl. auf Franziskus zurück.
**Kunst:** Giotto, Freskenzyklus in der Kirche San Francesco (Ende 13. Jh.), Assisi; Jan van Eyck, *Stigmatisation des hl. Franziskus* (1432), Galleria Sabauda, Turin; Benozzo Gozzoli, *Szenen aus dem Leben des hl. Franziskus* (um 1450–52), Museo Comunale, Montefalco; Francesco di Giorgio Martini, *Vermählung mit der Braut Armut* (um 1458–1460), Alte Pinakothek, München; El Greco, *Stigmatisation des hl. Franziskus* (1590–1595), National Gallery of Ireland, Dublin; Caravaggio, *Die Ekstase des hl. Franziskus* (um 1596), Wadsworth Atheneum, Hartford, Connecticut; Giambattista Piazzetta, *Verzückung des hl. Franziskus* (1729), Pinacoteca Civica, Vicenza
**Literatur:** Henry W. Longfellow, *The Sermon of St. Francis*, Gedicht aus dem 19. Jh.; Johann Wolfgang Goethe, *Faust. 2. Teil*, Tragödie von 1832 (Figur des »Pater seraphicus«); Franz Karl Ginzkey, *Der von der Vogelweide*, Roman von 1912 (Franz als Gegenspieler Walthers); Paul Celan, *Assisi*, Gedicht von 1955; Nikos Kazantzakis, *Mein Franz von Assisi*, Roman von 1956; Max Zweig, *Franziskus*, Schauspiel von 1963
**Musik:** Olivier Messiaen, *Saint François d'Assise*, Oper von 1983
**Wissenswertes:** Franz von Assisi war der Erste, dessen Stigmatisation von der Kirche als echtes Zeichen außergewöhnlicher Gottesnähe anerkannt wurde – auch wenn dazu neun päpstliche Bullen erforderlich waren. Das Phänomen tritt erstmals im frühen 13. Jh. auf, wurde jedoch mehrfach als Betrug entlarvt. Nach Franziskus waren es vor allem die großen Mystikerinnen, die in Ekstase die Wundmale erhielten, darunter Katharina von Siena. Nach heutigen medizinischen Erkenntnissen ist es tatsächlich möglich, durch extreme Autosuggestion eine Stigmatisierung herbeizuführen.

## AUF DEN PUNKT GEBRACHT

Er war ein Aussteiger des Mittelalters: verließ die Familie, wandte sich ab vom Bürgertum, kehrte der Stadt den Rücken, zog aufs Land und predigte ein einfaches, gottgefälliges Leben. Auch wenn er die saturierte Kirche damit herausforderte, sie verließ er am Ende nicht.

## EMPFEHLUNGEN

**Lesenswert:**
Helmut Feld: *Franziskus von Assisi und seine Bewegung*, Darmstadt 1994

Walter Nigg, Toni Schneiders: *Franziskus und seine Welt*, Freiburg i.B. 1989

Karl Suso Frank: *Geschichte des christlichen Mönchtums*, Darmstadt 1993

**Hörenswert:**
*Der Sonnengesang. Und andere Texte von und über Franz von Assisi*. Freiburg 1997. Audio-CD

**Sehenswert:**
*Bruder Sonne, Schwester Mond*. Regie: Franco Zeffirelli; mit Graham Faulkner. I/GB 1972

# Georg von Kappadokien

## *Der allerchristlichste Ritter*

Man muss nicht existieren, um berühmt zu sein. Der heilige Georg zum Beispiel gilt vielen Christen in Ost wie West als wahrer Held und echter Blutzeuge ihres Glaubens. In der griechisch-orthodoxen Kirche trägt er sogar den Beinamen eines Großmärtyrers, eines Megalomartyros. Der russische Zar führte sein Bildnis im Wappen, die Engländer machten ihn zu ihrem Nationalheiligen, und sogar ein Land heißt nach ihm: Georgien, das Land zwischen Kaukasus und Schwarzem Meer. Unzählige Kirchen sind nach diesem Heros benannt, und sein Name, in Deutschland auch als »Jörg« und »Jürgen« verbreitet, ist bei vielen Nationen beliebt, beispielsweise als schwedischer »Göran« und russischer »Juri«. Dabei hat es diesen Heiligen vielleicht nie gegeben. Über sein Leben und Wirken ist so wenig Verlässliches bekannt, dass die katholische Kirche ihn nach dem Zweiten Vatikanischen Konzil aus dem Römischen Generalkalender strich. Glaubhafte Aufzeichnungen fehlen, und an ihrer Stelle berichten lediglich Legenden.

■ Der heilige Georg. Georg und seine Brüder Demetrius und Theodor sind die meistverehrten Heiligen der Ostkirche.

Die berühmteste ist die vom Drachentöter Georg. Gerade diese aber entstand erst im 11. Jahrhundert. Ihr zufolge hauste in einem See vor der Stadt Silena (die meist in Libyen lokalisiert wird, doch werden auch die kleinasiatischen Landschaften Lydien und Kappadokien genannt) ein Drache, dem die Einwohner täglich zwei Lämmer bringen mussten. Als sämtliche Schafe hingemetzelt waren, musste dem Ungeheuer jeden Tag ein Mensch zum Fraß vorgeworfen werden. Schließlich fiel das Los auf die schöne Königstochter Aja (oder Kleodolinde). Der Drache lauerte bereits am Seeufer auf sein Opfer, als plötzlich der heilige Georg erschien und die Bestie mit einem Lanzenstich durchbohrte. Noch lebte das Untier, doch Georg schlang ihm den Gürtel, den die Königstochter von ihrem Gewand gelöst hatte, um den Hals und schleppte es in die Stadt. Dort versprach Georg, dem Scheusal den Rest zu geben, wenn sich die Bewohner von Silena

zum Christentum bekehrten. Natürlich ließen sich alle, an die 15000 Menschen sollen es gewesen sein, taufen, woraufhin Georg den Drachen tötete.

Offensichtlich greift diese Sage sowohl einen biblischen Stoff als auch einen antiken Mythos auf. Zum einen erzählt die Apokalypse des Johannes (s. S. 122) vom Kampf des Erzengels Michael (s. S. 184) mit dem Drachen, welcher »verfolgte das Weib, die das Knäblein geboren hatte« (Kap. 12). Dieser Drache leiht dann seine Kraft einem aus dem Meer steigenden Ungeheuer, das sich als der Antichrist entpuppt (Kap. 13), den Michael am Ende in den Abgrund der Hölle hinabstößt (Kap. 20). Der Gifthauch des Untiers, das die Luft bei Silena verpestet, hat sein Vorbild in den drei unreinen Geistern, den »Teufelsgeistern«, die in der Apokalypse aus dem Maul des Drachen dringen (Kap. 16, 13). Zum anderen greift die Georgslegende einen heidnischen Stoff auf, den antiken Mythos vom Halbgott Perseus, der die äthiopische Prinzessin Andromeda vor einem Meeresungeheuer rettet.

■ Das Georgskreuz prangt auf Rüstungen und Schilden der Könige des Abendlandes, die sich im Krieg gegen den Sarazenenfürsten Saladin befinden. Szenenphoto aus dem Film *Die Kreuzzüge* von Cecil B. DeMille aus dem Jahr 1935

Gerade im Zeitalter der Kreuzzüge wurde die Georgssage, die den Drachentöter nicht zum Engel oder Halbgott erhebt, sondern zum Menschen macht, populär, denn in ihr sahen die Ritter ihre eigenen höchsten Ideale widergespiegelt. Allerdings muss der heilige Georg schon lange vor dem 11. Jahrhundert bekannt gewesen sein, denn schon Papst Gelasius (492–496) sah sich genötigt, in

DER DRACHE

In unzähligen Mythen verkörpert der Drache das Böse. Es gibt ägyptische, babylonische, indische, japanische und griechische Mythen (hier tötet Apollon den Drachen Python, der das Orakel von Delphi bewacht) ebenso wie biblische (das Alte Testament erzählt vom Leviathan). Ein positives Drachenbild pflegen allein die Chinesen: Für sie verkörpert der Drache das Gute, das Glück, er steht für das männliche Prinzip, war Symbol des Kaisers und ist Sinnbild ihres Landes.

■ Die Hochzeit des Georg mit Prinzessin Sabra. Aquarell, 1857, von Dante G. Rossetti (1828–1882). London, Tate Gallery

einem Dekret die Berichte über das Leben Georgs als unglaubwürdig abzutun – allerdings könnte es sich dabei statt um Georg von Kappadokien um einen nichtkatholischen, nämlich vom Arianismus beeinflussten Gegenbischof namens Georg gehandelt haben, der 361 bei einem Volksaufstand in Alexandria den Tod fand. Richtig populär wurde der heilige Georg jedenfalls erst mit dem ersten Kreuzzug 1096–99.

Der Überlieferung nach soll er die Kreuzfahrer in einer Schlacht gegen die Araber zum Sieg geführt haben, auf einem weißen Pferd sitzend und eine weiße Fahne mit rotem Kreuz schwingend. Damit wurde er zum Vorbild, und Richard Löwenherz, der am dritten Kreuzzug 1190–92 teilgenommen hatte, brachte den Georgskult nach England. Dort wurde Georg auf der Synode von Oxford 1222 zum Patron des englischen Königreichs ernannt. Das rote Kreuz auf weißem Grund, eben das Georgskreuz, bildet noch heute die englische Flagge und, zusammengelegt mit dem irischen Patrickskreuz und dem schottischen Andreaskreuz, den britischen Union Jack. Aber auch im restlichen Abendland wurde der heilige Georg zum Inbegriff ritterlicher Tugend und christlicher Tapferkeit, der die Frauen beschützt, die Feinde des Christentums bekämpft und das im Drachen symbolisierte Böse überhaupt, den Satan, be-

Die Heiligen Georg und Martin sind »menschliche Versionen« der Erzengel Michael und Gabriel, so dargestellt am Baseler Münster (14. Jh.). Offenbar sollte den Gläubigen mit ihrer Hilfe nahegebracht werden, dass man kein himmlisches Wesen sein muss, um große Taten zu vollbringen.

GEORGIEN

Der heilige Georg gilt als Schutzpatron Georgiens. Gleichwohl ist »Georgien« nur ein Fremdname: Es waren die Perser, die das Land zwischen Kaukasus und Schwarzem Meer so nannten. Die Georgier selbst nennen sich »Kartvelier« und ihr Land »Sakartvela«. Der US-amerikanische Bundesstaat Georgia wiederum heißt nach dem britischen König Georg II.; unter seiner Regentschaft wurde Georgia 1754 Kronkolonie.

zwingt. Ja, nicht nur beim adligen Rittertum, auch bei der einfachen Landbevölkerung stand er in hohem Ansehen, denn sein griechischer Name »Giorgos« bedeutet »Landmann, Bauer«. In der Welt von Scholle und Furche war der heilige Georg nicht nur Schutzpatron des edlen Pferdes wie bei den Rittern, sondern zuständig für alles bäuerliche Vieh.

Dabei war Georg, ob von ihm nun als realer Person oder als fiktiver Gestalt die Rede ist, kein Bauer, sondern Soldat. Er soll irgendwann im 3. Jahrhundert in Kappadokien geboren worden sein und zog nach dem Tod des Vaters, der als Christ bereits das Martyrium erlitten hatte, mit der Mutter in deren Heimat, nach Palästina. Dort trat er in die römische Armee ein und brachte es bis zum Tribun, zum Oberst. Unter Kaiser Diokletian aber wurde er als Christ verhaftet und erlitt um das Jahr 303 ein grässliches, zum Glück wohl nur sagenhaftes Martyrium, das in zwei Varianten überliefert ist: Nach der einen Fassung erscheint ihm Jesus im Kerker und prophezeit ihm, er werde dreimal sterben und dreimal zum Leben wiedererweckt werden (was man als Symbol für das durch den Glauben an Christus unzerstörbare Leben deuten kann). Beim ersten Versuch wird Georg aufs Rad geflochten; beim zweiten Mal treiben ihm die Folterknechte sechzig Nägel in den Kopf; beim dritten Anlauf wird er von vier Pferden zerrissen. Auch die überlebt er, doch dann, im vierten Durchgang, wird er, und zwar endgültig, enthauptet. Über die einzelnen Torturen besteht zwischen den Legendenautoren allerdings keine Einigkeit. Mitunter erzählen sie von Martern, die sonst eher in der zweiten Variante des Martyriums genannt werden: Da wird Georg in glühenden Kalk geworfen, langsam in einen Kessel mit flüssigem Blei getaucht und in einen Abgrund gestürzt; da wird ein schwerer Stein auf ihn gelegt, und er muss Gift trinken; doch wundersamerweise überlebt er alle Pein, bis er am Ende wieder schlicht und einfach geköpft wird.

Als Ort der Marter und seines Grabes gilt die römische Stadt Diaspolis (»Gottesstadt«)

■ Enthauptung des Georg. Altargemälde, um 1434/37, von Bernardo Martorell (nachweisbar 1427–1453). Paris, Louvre.
Wegen seiner Zielstrebigkeit im Kampf gegen das Böse wählte der Blaue Reiter, die Künstlergruppe um Wassilij Kandinsky, den heiligen Georg zu ihrem Symbol.

Eine Bauernregel lautet: »St. Georg kommt nach alten Sitten auf einem Schimmel angeritten«, was bedeutet, dass es Ende April noch einmal Schnee geben kann.

DIE GESCHICHTE DER VIERZEHN NOTHELFER

Seit alters werden die Heiligen in leiblicher und seelischer Not um Hilfe angerufen. Dem Volksglauben zufolge haben manche Heilige mehr Macht als andere, weshalb sich seit dem 9. Jahrhundert und beschleunigt von den Pestjahren, Hungerkrisen und Kriegsläuften des Spätmittelalters schließlich im 15. Jahrhundert eine Gruppe besonders dienstbarer Heiliger herausbildete: die vierzehn Nothelfer. Ihre Zahl verdankt sich vielleicht der Analogie zum Leidensweg Jesu mit seinen vierzehn Stationen. Obwohl auch in Italien und Ungarn bekannt, blieb ihre Verehrung wesentlich auf das deutsche Sprachgebiet beschränkt. Im 15. Jahrhundert stieg der Ort Vierzehnheiligen (bei Staffelstein nördlich von Bamberg) zu einem Wallfahrtszentrum auf.

■ Die vierzehn Nothelfer. Ein Hymnus auf die vierzehn Nothelfer, zu denen neben Georg auch Christophorus zählt, lautet: »Kaiser Decius seine Wuth/Ausüben wollt' an Christenblut;/Mit siedend Blei hat übergossen,/scharfe Pfeil auf ihn geschossen,/Donner, Pest und Feuersbrunst,/Sanct Christoph, wend ab von uns!«

in Palästina, die mit dem biblischen Lydda identisch ist und heute Lod heißt. (Doch wird auch Nikomedia, das heutige Izmit in der Türkei, als seine letzte Ruhestätte angegeben.) Bereits im 4. Jahrhundert soll eine byzantinische Kirche über seinem mutmaßlichen Grab errichtet worden sein, die im 11. Jahrhundert zerstört wurde. Die Kreuzfahrer erbauten in unmittelbarer Nachbarschaft ein neues Gotteshaus, das ebenfalls keinen Bestand hatte, aber 1873 in einer griechisch-orthodoxen Kirche einen Nachfolger fand. Auf den Trümmern der ursprünglichen byzantinischen Basilika aber erhebt sich heute eine im 13. Jahrhundert errichtete Moschee: Auch im islamischen Kulturkreis genießt der heilige Georg unter dem Namen El-Chadr (»der Grüne«) einige Verehrung, denn nach muselmanischer Legende wird er am Jüngsten Tag bei Lod den Dämon Dadschal besiegen. Auch das ist freilich nur eine Sage, mithin ein Produkt der Phantasie – wie vielleicht das ganze Leben des heiligen Georg von Kappadokien.

# GEORG VON KAPPADOKIEN

ERZMÄRTYRER, NOTHELFER

## DATEN UND FAKTEN

**Daten:** geb. 280 (?) in Kappadokien (Türkei); gest. 305 (?) in Lydda (Israel); Heiligsprechung 494 durch Papst Gelasius; 1969 aus dem Römischen Generalkalender gestrichen
**Festtag:** 23. April
**Namensbedeutung und -varianten:** »Landmann, Bauer« (griech.); Jörg, Jürgen, Schorsch, Juri, Joris, Jorge, Giorgio, Göran
**Wirkungsstätten:** Israel/Palästina, Kappadokien (Türkei), Libyen, Äthiopien, Ägypten, Syrien (dort Anfang des Kults)
**Orte der Verehrung:** Lydda (Ort des Martyriums); Georgs-Felsenkirche in Lalibela, Äthiopien; Georgskirchen in Limburg, Bamberg, Mainz, Prag, Venedig, Neapel, Paris (Reliquien); Stiftskirche St. Georg in Oberzell, Insel Reichenau, und San Giorgio in Velabro, Rom, erheben beide den Anspruch auf den Schädel des hl. Georg
**Quellen:** Wiener Palimpsest (5. Jh.); *Legenda aurea; Lübecker Passional; Hirsauer Passional; Zwiefaltener Martyriolog*
**Attribute und Darstellung:** weiße Fahne mit rotem Kreuz (Georgskreuz), Lanze, Rad (als Marterwerkzeug), in älteren Darstellungen auch Märtyrerpalmzweig; junger, bartloser Ritter in Rüstung auf einem weißen Pferd; häufig windet sich am Boden ein Drache, den Georg mit seiner Lanze durchbohrt
**Patronate:** Bauern, Böttcher, Sattler, Schmiede, Bergleute, Artisten; Ritter, Soldaten, Büchsenmacher, Schützen; Reiter, Pfadfinder, Georgsritterorden; Gefangene; Pferde, Vieh; England, Genua, Bistum Limburg; gegen Kriegsgefahren, Unwetter, Lepra, Pest, Schlangenbiss, Syphilis, Fieber
**Brauchtum und Verehrung:** In Süddeutschland und Österreich finden noch heute am 23. April die Georgiritte statt, Prozessionen, in deren Verlauf den Pferden ein Segen erteilt wird. Ab dem Georgstag dürfen die frisch eingesäten Felder nicht mehr betreten werden. St. Georg war zudem einer der Stichtage, an denen Dienstboten ihren Herrn wechseln durften (Pendant zu St. Katharina), und Zinsen wurden höchstens bis zum Georgstag gestundet. Im Spätmittelalter gab es »Drachenstich-Mysterienspiele«, in denen die Georgslegende nachgestellt wurde.
**Kunst:** Statue an der Gnadenpforte des Bamberger Doms (um 1220); Donatello, *Statue des hl. Georg* (um 1416), Museo Nazionale del Bargello, Florenz; Paolo Uccello, *Hl. Georg mit Drachen* (1455), National Gallery, London; Andrea Mantegna, *Hl. Georg* (1497), Galleria dell' Accademia, Venedig; Albrecht Dürer, *Hl. Georg* (aus: *Paumgartner Altar*) (1498–1504), Alte Pinakothek, München; Raffael, *Der hl. Georg kämpft mit dem Drachen* (um 1506), National Gallery of Art, Washington D.C.; Albrecht Altdorfer, *Laubwald mit hl. Georg* (1510), Alte Pinakothek, München; Jacopo Tintoretto, *Der hl. Georg und der Drachen* (um 1560), National Gallery, London; Egid Quirin Asam, Hochaltar des Klosters Weltenburg (1721); Edward Burne-Jones, *Der hl. Georg tötet den Drachen* (1866–1893), Gallery of New South Wales, Sydney
**Literatur:** *Georgslied* aus dem Kloster Reichenau (um 888); Sigmund de Freine, *Georgsdichtung* (Ende 12. Jh.); Reinbot von Durne, *Georgsdichtung* (um 1260); Umberto Eco, *Der Name der Rose*, Roman von 1980 (Figur des Jorge)
**Wissenswertes:** Georg verkörpert die ritterlichen Tugenden, wie sie in der Artuslegende propagiert werden: Er ist »Miles christianus«, Soldat des Christentums, und »Defensor Mariae«, Beschützer Marias. Daher wählte ihn der englische König Edward III. zum Patron des 1348 von ihm gestifteten Hosenbandordens, dem der Monarch sowie 25 von ihm eingesetzte Ritter angehören – bis heute verfolgt der Orden das Ziel, die Ideale der Tafelrunde in die Tat umzusetzen.

## AUF DEN PUNKT GEBRACHT

Er ist der Drachentöter, der christliche Ritter wider den bösen Feind – und vielleicht nur eine erfundene Gestalt, in der die Ritter der Kreuzzüge ihr eigenes Ideal versinnbildlichten.

## EMPFEHLUNGEN

**Lesenswert:**
J.R.R. Tolkien: *Sir Gawain und der Grüne Ritter*, Stuttgart 2004

Thomas Malory: *Die Geschichte von König Artus und den Rittern seiner Tafelrunde*, Frankfurt/M. 1998

**Hörenswert:**
Richard Wagner: *Parsifal*. Oper 1882

# Hedwig von Schlesien
## *Polens deutsche Patronin*

■ Figur der heiligen Hedwig von Schlesien in der St.-Hedwigs-Kathedrale in Berlin. Hedwig und ihr Mann Heinrich führten eine so genannte Josephsehe: Sie gelobten sexuelle Enthaltsamkeit – allerdings erst, nachdem sie bereits sieben gemeinsame Kinder hatten und 22 Jahre verheiratet waren.

Ausgerechnet eine Deutsche ist die Schutzpatronin Polens: Die heilige Jadwiga, die Anfang des 13. Jahrhunderts als Herzogin von Schlesien regierte, kam aus Bayern und hieß eigentlich Hedwig. Um 1174 war sie auf Schloss Andechs am Ammersee als Tochter des Grafen Berthold von Andechs-Meran und seiner Frau Agnes von Meißen zur Welt gekommen und dann im Benediktinerinnenkloster Kitzingen aufgewachsen, dessen Äbtissin ihre Tante war. Nach dem Brauch der Zeit wurde sie mit zwölf Jahren verheiratet, und zwar mit dem späteren Herzog Heinrich I. (»dem Bärtigen«) von Schlesien aus dem Geschlecht der Piasten, der 1201 die Herrschaft über das polnische Land an der Oder antrat. Mit sieben Kindern war diese Ehe gesegnet; das erste, so heißt es, bekam Hedwig bereits mit dreizehn Jahren.

Schlesien lag am südwestlichen Rand des polnischen Königreiches. Von Westen rückten die deutschen Kolonisatoren näher, doch zu Hedwigs Zeit hatte das Heilige Römische Reich erst das Land ungefähr bis zur Elbe und Havel christianisiert und einzudeutschen begonnen. Östlich davon hatten noch heidnische Slawenstämme ihren Wohnsitz. Polen selbst, das Königreich hinter der Oder und Neiße, war nominell bereits seit dem späten 10. Jahrhundert christlich, doch war der Glaube dort noch längst nicht verwurzelt; und ökonomisch betrachtet war der junge Staat rückständig. So lag es für Heinrich I. und seine deutsche Ehefrau nahe, Fachleute aus dem Westen zu holen, um die Wirtschaft voranzubringen und das Leben im katholischen Geist zu fördern, also Handwerker, Kaufleute, Bauern und Kirchenleute aus Deutschland anzuwerben.

Kirchen und Klöster wurden gestiftet, Spitäler errichtet und Orden ins Land gerufen, insbesondere die Zisterzienser, die einen hervorragenden Ruf als Pioniere der Landwirtschaft genossen; so wurde beispielsweise 1222 die Zisterzienserabtei Heinrichau (polnisch Henryków) bei Münsterberg (Ziebice) gegründet, fünfzig Kilometer südlich von Breslau. Speziell Hedwigs Anliegen war die in den Jahren 1201/03 erfolgte Grundsteinlegung des Zisterzienserinnenklosters Trebnitz (Trzebnica) etwa zwanzig Kilometer nördlich von Breslau: Dieses groß angelegte erste Frauenkonvent in Schlesien war für tausend Nonnen, Zöglinge und Dienstleute gedacht. Ein nicht geringer Teil der Bauarbeiter waren zum Tode Verurteilte, die Hedwig zur Zwangsarbeit begnadigt hatte. Die Nonnen holte sie nicht aus ihrer neuen Heimat, sondern aus Bamberg, wo ihr Bruder Egbert Bischof war. Dabei spielte wohl auch der Umstand eine Rolle, dass die Region um Bamberg, die heute urdeutsch anmutet, bis ins hohe Mittelalter von Mainslawen besiedelt war und die Gründung des Bistums Bamberg Anfang des 11. Jahrhunderts ihrer Missionierung (sowie der deutschen Herrschaftssicherung) gedient hatte; derlei Erfahrungen konnten sich in Schlesien als nützlich erweisen.

■ Hedwig bei der Armenspeisung. Holzschnitt, 1896, von Hans Pfaff.
In der Literatur und Musik erscheint Hedwig als Patronin der Vertriebenen und Heimatlosen; so unterstützt zum Beispiel Wilhelm Tells Ehefrau Hedwig seinen Kampf um ein freies und einiges Heimatland.

Indem Heinrich der Bärtige und Hedwig also Mönche und Nonnen, Siedler und Kaufleute aus dem Ausland holten, förderten sie die Kultivierung ihres Landes, steigerten dessen Wirtschaftskraft und stabilisierten ihre von Gottes Gnaden abgeleitete christliche Herrschaft. Nicht dass sie dies aus altruistischen Motiven taten: Vielmehr gewährleistet eine florierende Ökonomie höhere Einnahmen für den Staat, damals also Herrscher, Adel und Kirche. Welche Nationalität die Untertanen hatten, die die Abgaben leisteten, war, anders als im 19. und 20. Jahrhundert, von geringer Bedeutung. Dem Adel war es ohnehin gleichgültig, wie Hedwigs Familie beweist: Ihre Schwester Gertrud heiratete den französischen König Philipp August, die andere Schwester Agnes den ungarischen König Andreas; ihr Bruder Otto wurde Herzog von Meran, der andere Bruder Heinrich Markgraf von Istrien, ein dritter namens Berthold Patriarch von Aquileia.

Naturgemäß fand die Förderung von Handel und Landwirtschaft in zeittypisch christlicher Einkleidung statt. Aber Hedwig war auch persönlich ein Muster an mittelalterlicher Frömmigkeit. Barfuß ging sie zum Gottesdienst, und täglich bewirtete sie zur Erinnerung an Christus und die zwölf Apostel dreizehn Arme an

DIE ANDERE HEDWIG

»Die gute Königin« wird sie genannt, die Tochter Ludwigs von Anjou, des Königs von Ungarn und Polen: Jadwiga (Hedwig) von Polen, die durch ihre Heirat mit Großfürst Jagiello von Litauen das polnisch-litauische Großreich schuf und die Dynastie der Jagiellonen begründete. Sie regierte bis 1572 und repräsentiert Polens Goldenes Zeitalter. 1374 in Ungarn geboren, 1384 zur polnischen Königin gekrönt und 1386 mit Jagiello verheiratet, der sich zuvor taufen lassen musste, trieb sie bis zu ihrem frühen Tod 1399 die Christianisierung Litauens voran. Sie gründete das Bistum Wilna, richtete eine theologische Fakultät an der Universität Krakau ein und förderte die Einführung der Volkssprache anstelle des Lateinischen in der Liturgie. Die Polen verehrten sie, die von größter Bedeutung für ihre nationale Geschichte ist, jahrhundertelang als Heilige, doch gelang es erst Papst Johannes Paul II., sie 1999 offiziell zu kanonisieren.

ihrem Tisch, die sie selbst bediente: ein Werk der Nächstenliebe, die sie auch gegenüber mittellosen jungen Frauen an den Tag legte, denen sie die Aussteuer schenkte und damit in den Ehestand half (was sie zur Patronin der Brautleute machte). Vierzig Jahre lang soll Hedwig kein Fleisch gegessen und mittwochs und freitags sogar nur Wasser und Brot zu sich genommen haben. Überhaupt habe sie nie Wein, wie es am Hof üblich war, sondern stets Wasser getrunken: Doch als ihr Gatte, den Hedwigs ständige Krankheiten misstrauisch gemacht hatten, einmal nach ihrem Becher griff, verwandelte sich das Wasser flugs in Wein. Auch sonst mochte Hedwig es spartanisch: So legte sie sich statt ins Bett lieber auf den harten Erdboden und war nur ausnahmsweise zu bewegen, einen Strohsack als Unterlage zu nehmen.

Trotz ihres christlichen Lebenswandels blieben der heiligen Hedwig herbe Schicksalsschläge nicht erspart: Das Heimatschloss in Andechs wurde zerstört, ihre Schwester Gertrud, die Mutter Elisabeths von Thüringen, wurde ermordet, sechs ihrer Kinder musste sie selbst begraben, und 1238 starb ihr Mann. Als 1241 ihr ältester Sohn, Herzog Heinrich der Fromme, in der Schlacht von Liegnitz (Legnica) gegen die Mongolen fiel, zog sie sich aus der Politik zurück und siedelte sich – im grauen Ordensgewand, aber ohne ein Gelübde abzulegen – in einer Klause neben ihrem Lieblingskloster Trebnitz an. Dort starb sie am 15. Oktober 1243. Ihre Nachfolger aber setzten ihr Werk fort: Nachdem die Mongolen, statt die Früchte ihres Sieges zu ernten, sich aufgrund des plötzlichen Todes ihres Großkhans Ügedei nach Osten zurückgezogen hatten, holten die polnischen Piastenherzöge verstärkt deutsche Kaufleute und Siedler nach Schlesien, um den Wiederaufbau voranzutreiben – weshalb die heilige Hedwig bis heute nicht nur von Polen verehrt wird.

■ Eingangsportal der von Hedwig von Schlesien gegründeten Zisterzienserabtei Trebnitz

# HEDWIG VON SCHLESIEN

KLOSTERGRÜNDERIN, WOHLTÄTERIN

## DATEN UND FAKTEN

**Daten:** geb. 1174 in Andechs, Bayern; gest. 15. Oktober 1243 in Trebnitz, Polen; Heiligsprechung am 26. März 1267 durch Papst Clemens IV.
**Festtage:** 16. Oktober (evangelischer Gedenktag: 15. Oktober)
**Namensbedeutung und -varianten:** »die Kampfesmutige« (althochdt.); Jadwiga, Hedda, Avoie, Avoice
**Wirkungsstätte:** Schlesien
**Orte der Verehrung:** Kloster Trebnitz bei Breslau (Grabstätte); Kloster Andechs in Bayern (Reliquien, Pilgerstätte); Pfarrkirche St. Maria in Dießen (Heiligengalerie des Grafengeschlechts von Dießen-Andechs)
**Quellen:** Kanonisationsbulle; *Vita maior St. Hedwigis* (auch *Legenda maior*, Legendensammlung aus dem 13. Jh.); *Schlackenwerther Codex* aus dem Jahr 1353 (illustrierte deutsche Übersetzung der *Vita maior*)
**Attribute und Darstellung:** Kirchenmodell (Trebnitz), Krone, Kruzifix; als Herzogin in kostbarer Kleidung oder als Zisterziensernonne im grauen Habit; oft trägt sie ein Marienbild oder eine Marienstatuette bei sich; manchmal spendet sie Almosen; gelegentlich trägt sie auch ihre Schuhe in der Hand und geht barfuß
**Patronate:** Brautleute; Vertriebene; Berlin, Trebnitz, Breslau, Krakau; Polen
**Brauchtum und Verehrung:** In der Diözese Görlitz wird das Fest der hl. Hedwig auch am 25. August gefeiert; an diesem Tag gedenkt man der Überführung ihrer Gebeine (Translation) in die ihr geweihte Kapelle auf dem Gelände des Klosters Trebnitz.
**Kunst:** Anonymus, *Hedwig von Schlesien,* Miniatur im *Schlackenwerther Codex* (1353), Paul Getty Museum, Los Angeles; Johann Bergmüller, *Hl. Hedwig und andere Heilige des Hauses Dießen-Andechs* (1736), Freskenzyklus im Marienmünster, Dießen; Ludwig Seitz, *Hl. Hedwig* (19. Jh.), Fresko in der Capella Tedesca, Loreto
**Literatur:** Friedrich Schiller, *Wilhelm Tell*, Drama von 1804 (Figur der Hedwig, Tells Ehefrau); Ruth Storm, *Tausend Jahre, ein Tag. Lebensroman der heiligen Hedwig von Schlesien*, Romanbiographie von 1955; Renata Schumann, *Ein starkes Weib – Das Leben der Hedwig von Schlesien. Ein Roman aus dem 13. Jh.* von 1996; Joanne K. Rowling, *Harry Potter und der Stein der Weisen*, Jugendbuch von 1997 (die Eule Hedwig als »Patronin« des »heimatlosen« Harry)
**Musik:** Jacques Offenbach, *Die Rheinnixen*, romantische Oper von 1864 (Figur der Hedwig)
**Wissenswertes:** Als selbständiger politischer Verband treten die Mongolen erstmals Ende des 11. Jhs. in Erscheinung, und zwar im Nordosten der heutigen Mongolischen Republik. Das erste Mongolenreich zerfiel jedoch bereits 1150 wieder in kleinere, von sich bekämpfenden Clans beherrschte Gebiete. Ende des 12. Jhs. gelang es Dschingis Khan, der 1206 den Thron des Mongolenherrschers bestieg, die Clans wieder zu einen. Durch die Auflösung des Clansystems und Einführung eines hierarchisch gegliederten, feudalähnlichen Gesellschaftssystems schuf er ein schlagkräftiges Heer, das er infolge eines »göttlichen Auftrags« auf Eroberungsfeldzüge schickte. Mit großem Erfolg: Bald reichte sein Herrschaftsgebiet bis nach Russland und in den Iran; Raubzüge führten bis nach Indien. Es dauerte allerdings noch 35 Jahre, bis das mongolische Heer unter der Führung von Dschingis Khans Enkel Batu und dessen Feldherrn Sübe bis nach Polen vordringen konnte und Heinrich den Frommen in der Schlacht bei Liegnitz bezwang.

## AUF DEN PUNKT GEBRACHT

Die Tochter aus bayerischem Hochadel heiratet in den schlesischen Zweig des polnischen Piastengeschlechts ein. Hedwig von Schlesien fördert den wirtschaftlichen Ausbau des Landes, wobei sie sich insbesondere deutscher Einwanderer bedient.

## EMPFEHLUNGEN

**Lesenswert:**

Eckhard Grunewald, Nikolaus Gussone: *Das Bild der Heiligen Hedwig in Mittelalter und Neuzeit*, München 1996

Walter Nigg: *Hedwig von Schlesien*, Würzburg 1993

Joseph Gottschalk: *Hedwig von Andechs, Herzogin von Schlesien. Eine Botin des Friedens*, Freiburg i.B. 1987

Ludwig Petry, Josef Menzel, Winfried Irgang: *Geschichte Schlesiens, Bd. 1. Von der Urzeit bis zum Jahre 1526*, Stuttgart 2000

# Die Heiligen Drei Könige
## *Mehr als ein Märchen*

Eine der wichtigsten Erzählungen des Neuen Testaments ist zugleich eine der schönsten: die Geschichte von den Heiligen Drei Königen, die dem Jesuskind huldigen und ihm Geschenke bringen. Es waren »Weise vom Morgenland«, so der Evangelist Matthäus, denen ein Stern die Geburt eines »Königs der Juden« ankündigte und den Weg nach Westen wies bis zu dem Haus in Bethlehem, wo sie »das Kindlein mit Maria« fanden. »Und (sie) fielen nieder und beteten es an und taten ihre Schätze auf und schenkten ihm Gold, Weihrauch und Myrrhe.«

Diese märchenhaft schöne Erzählung aus dem Matthäusevangelium inspiriert die Kinder bis heute, sich am 6. Januar, dem Dreikönigstag, als orientalische Könige zu verkleiden, von Haus zu Haus zu ziehen und kleine Spenden zu erbitten. In manchen Ländern werden die Kinder nach biblischem Vorbild sogar erst am Dreikönigstag anstatt bereits zu Weihnachten beschenkt.

Dreikönige ist nach Ostern das älteste christliche Fest. Es wurde bereits im 2. Jahrhundert gefeiert. Wichtiger als Weihnachten, die

■ Joseph und Maria empfangen die Heiligen Drei Könige. Szenenphoto aus dem Film *König der Könige* von Nicholas Ray aus dem Jahr 1960 mit Gerard Tichy als Joseph und Siobhan McKenna als Maria

Geburt des Menschen Jesu, war den frühen Christen seine »Epiphanie«, also das erste Sichtbarwerden seiner Göttlichkeit, das in der Huldigung durch die Großen aus dem Osten zum Ausdruck kommt. Deren Geschenke machen es deutlich: Gold gebührt dem König; Weihrauch gehört zur Anbetung Gottes und hat bis heute seinen Platz in der heiligen Messe; Myrrhe ist ein Heilmittel und verweist auf das Heil, das in Gott zu finden ist. (Das Weihnachtsfest begann erst im 4. Jahrhundert populär zu werden, als sich die Lehre von der Doppelnatur Christi als Mensch und Gott weithin durchsetzte.)

Die ganze Geschichte klingt freilich zu schön, um wahr zu sein. Sie fügt sich zwar in den Gesamtplan des Matthäusevangeliums ein, in dem zu Anfang die gutwilligen Heiden Christus anerkennen und am Ende die verblendeten Juden ihren Messias verstoßen. Doch ist die Geschichte auch wahr?

■ Die Heiligen Drei Könige. Buchmalerei aus dem Albani-Psalter vom Anfang des 12. Jahrhunderts. Hildesheim, Basilika St. Godehard

Immerhin gibt es Hinweise, dass die Erzählung einen historischen Kern besitzt. Wo der Volksmund von »Königen« und der deutsche Bibeltext von »Weisen« spricht, ist im griechischen Original von »magoi« die Rede, von Magiern, wie man damals die Priestergelehrten bezeichnete: In Mesopotamien bildeten sie seit alters eine Kaste von Himmelskundlern, die Observatorien unterhielten und an den angeschlossenen Schulen Mathematik und Astronomie unterrichteten. Sie konnten den Lauf der Gestirne berechnen und zogen daraus, weil in jenen Zeiten Glaube und

### ERSTE UND ZWEITE EPIPHANIE

Als »Epiphanias« bezeichneten die heidnischen Griechen das Sichtbarwerden einer Gottheit, das Erscheinen eines göttlichen Herrschers. Die frühen Christen übernahmen den Begriff. Nach der Huldigung durch die Magier aus dem Morgenland gilt die Jordantaufe, die am Beginn von Jesu öffentlichem Auftreten steht, als seine zweite Epiphanie: Der »Geist Gottes« fährt »wie eine Taube« auf ihn hernieder, und »eine Stimme vom Himmel herab sprach: Dies ist mein lieber Sohn, an welchem ich mein Wohlgefallen habe«.

Wissen noch eins waren und Astronomie zugleich Astrologie war, religiöse Schlüsse.

Im Jahr 7 v. Chr. konnten diese Sterndeuter eine höchst seltene dreimalige Begegnung (»Konjunktion«) der Planeten Jupiter und Saturn beobachten. Wenn der Stern von Bethlehem demnach entgegen landläufiger Auffassung kein Komet war – Kometen galten ohnehin als Unglücksboten und kommen daher kaum in Frage –, sondern es sich um Planeten handelte, so würde das zugleich erklären, warum der Stern am Himmel stillstand (er »stand oben über«, notiert Matthäus); denn wenn die Erde auf ihrer Bahn um die Sonne an einem der anderen Planeten vorüberzieht, tritt eine kuriose optische Täuschung ein: Der Planet scheint kurz still zu stehen und einige Tage lang sogar zurückzulaufen, ehe er wieder die alte Richtung aufnimmt.

■ Die drei Weisen aus dem Morgenland. Mosaik aus dem 6. Jahrhundert. Ravenna, Kirche S. Apollinare Nuovo. Der Translationsweg soll über den St. Gotthard, den St. Bernhard, den Brenner oder durch Burgund und das Elsass geführt haben; entlang all dieser denkbaren Routen befinden sich diverse den Heiligen Drei Königen geweihte Heiligtümer.

Im Altertum hatten die Himmelskörper religiöse Bedeutung. Jupiter war der Stern Marduks, des höchsten Gottes Babylons; Saturn galt im Vorderen Orient als Stern Israels. Marduk sucht Israel, so ließ sich die Begegnung der beiden Planeten deuten, zumal sie im Sternbild Fische stattfand, das dem Westland, Palästina, zugeordnet war. Bedenkt man des Weiteren, dass seit dem babylonischen Exil jüdische Gemeinden im Zweistromland bestanden, die Magier mit jüdischen Gelehrten verkehrt haben dürften und folglich den Messiasglauben kannten, so ist nicht ausge-

### DRITTE EPIPHANIE

Die dritte Epiphanie geschah in Kana nördlich von Nazareth, wo Jesus auf einer Hochzeit sechs Wasserkrüge füllen ließ und das Wasser in Wein verwandelte. »Das ist das erste Zeichen, das Jesus tat, und offenbarte seine Herrlichkeit«, kommentiert Johannes (2,10). Nach ägyptischer Vorstellung erlangte das Nilwasser jedes Jahr am 6. Januar Wunderkraft: Deshalb lag es nahe, dass die frühen Christen auch die zweite und die dritte Epiphanie, die mit Wasser zu tun haben, auf diesen Termin legten.

schlossen, dass babylonische Astronomen aufgrund der am Himmel abgelesenen Verheißung nach Westen reisten und den im Jahr 7 v. Chr. geborenen Christus suchten.

Dass das dreimalige Zusammentreffen von Saturn und Jupiter im Sternbild Fische im Jahr 7 v. Chr. von den Zeitgenossen bemerkt wurde, beweisen alte Keilschrifttafeln, von denen sich sogar die genauen Daten ablesen lassen: Die Konjunktionen ereigneten sich am 29. Mai, 3. Oktober und 5. Dezember, die scheinbaren Stillstände zwischen dem 20. und 27. Juli sowie am 12./13. November.

Der 6. Januar (ebenso übrigens wie der 24./25. Dezember) befindet sich nicht darunter. Dieses Datum ist spätere Zutat. Die Kirche übernahm es von einer heidnischen Sekte in Alexandria, deren Anhänger in der Nacht auf den 6. Januar die Geburt des Gottes Aion durch die Jungfrau Kore feierten. Die Jungfrau Kore hieß ursprünglich Persephone, welche die griechische Göttin der Unterwelt und der Vegetation war; Aion war der Gott der Zeit und des wiederkehrenden Lebens, und der Mythos spiegelte mithin die ewige Erneuerung der Natur im Jahreslauf wider. Mit dem Ruf »Die Jungfrau hat das Kind geboren! Das Licht wächst!« liefen die Jünger dieses Kults durch die nächtlichen Gassen. Die frühen Christen deuteten nun Christus als dieses neue Licht und verlegten auf dem Konzil von Nicäa 325 den Jahresanfang auf den 6. Januar.

Nicht dem biblischen Bericht, sondern späterer Auslegung verdanken sich auch andere, heute selbstverständlich scheinende Einzelheiten der Dreikönigsgeschichte. Dass es drei waren, erschloss der antike Kirchenschriftsteller Origenes aus den Geschenken; Matthäus selbst nennt keine Zahl. In frühen orientalischen Legenden sind es bis zu zwölf. Ebenso wenig spricht der Evangelist von Königen. Das tat erst der Kirchenschriftsteller Tertullian, der dabei an Psalm 72,10 anknüpfte, ein Loblied auf Salomon, in dem es heißt: »Die Könige zu Tharsis und auf den Inseln werden Geschenke bringen; die Könige aus

■ Sternsinger im Schwarzwald. Holzstich, um 1885, nach Georg Hahn (1841–1889)

■ Dreikönigsschrein, um 1185–1200, von Nikolaus von Verdun und seiner Werkstatt. Köln, Dom.
An der südlichen Chorschranke des Kölner Doms (1225/35) findet sich eine Darstellung der – rein legendären – Bischofsweihe der Heiligen Drei Könige durch den Apostel Thomas.

Reicharabien und Saba werden Gaben zuführen.« Im 6. Jahrhundert setzte sich diese Auffassung durch, wohl um die wirklichen Könige an die Oberhoheit Christi und der Kirche zu erinnern. Noch in der Spätantike erhielten die drei auch die Namen Caspar, Melchior und Balthasar, die auf einem Mosaik in Ravenna zu lesen sind.

Bereits damals galten sie auch als Verkörperung der drei Altersstufen Kind – Erwachsener – Greis; und im Mittelalter standen sie zusätzlich für die drei damals bekannten Erdteile Europa, Asien und Afrika, womit sie zu Repräsentanten der Menschheit wurden. Auch ihr weiteres Schicksal wurde phantasievoll ausgesponnen. Während Matthäus nur vermerkt: »Und sie zogen auf einem anderen Weg wieder in ihr Land«, wussten spätere Legendenschreiber, die drei hätten auf dem Heimweg mannigfache Wunder erlebt, seien später vom Apostel Thomas (s. S. 240) getauft und zu Bischöfen geweiht worden und im Jahr 54 nach einer gemeinsamen Weihnachtsfeier verstorben.

Helena, die Mutter Kaiser Konstantins, soll die Gebeine der Magier nach Konstantinopel gebracht und Bischof Eustorgius von Mailand geschenkt haben, dessen Nachfolger Protasius einen kostbaren Schrein für sie errichten ließ. Dort ruhten sie achthundert Jahre, bis nach der Einnahme Mailands durch das Heer Kaiser Friedrichs I. im Jahr 1162 Rainald von Dassel, Kanzler Friedrichs und Erzbischof von Köln, die Reliquien in seine Heimatstadt schaffen ließ, wo sie zwei Jahre später, am 23. Juli 1164, ankamen, dem seither feierlich begangenen »Tag der Translation«.

Bis heute werden die Überreste der drei Heiligen hinter dem Hochaltar im Dom aufbewahrt. Die Echtheit dieser Reliquien kann man mit guten Gründen anzweifeln. Dass die Phantasie großen Anteil an der Überlieferung von den Heiligen Drei Königen aus dem Morgenland hat, steht ebenso wenig in Frage. Und doch – es scheint, als sei die bezaubernde Erzählung des Matthäusevangeliums mehr als nur ein Märchen.

# DIE HEILIGEN DREI KÖNIGE

»MAGIER«

## DATEN UND FAKTEN

**Daten:** zur Zeit Jesu
**Festtage:** 6. Januar (orthodox: 25. Dezember; in Köln am 23. Juli »Tag der Translation«)
**Namensbedeutung und -varianten:** Caspar: »der Schatzmeister« (pers.); Melchior: »König [Jahwe] ist Licht« (hebr.); Balthasar »Gott schütze den König« (griech., akkadisch); Gasparo, Jasper; Melk; Baltus
**Wirkungsstätten:** Palästina (Bethlehem); Persien, Mesopotamien
**Orte der Verehrung:** Erzbistum Köln (Gebeine im Dom); Kirche San Eustorgio in Mailand (leerer Sarkophag als Reliquie); weitere Kultzentren durch Hansebeziehungen, z.B. Brügge, Hamburg, Rostock
**Quelle:** Matthäusevangelium (2,1–12)
**Attribute und Darstellung:** Gold, Weihrauch, Myrrhe; als Könige in prächtiger Tracht; häufig ist einer von ihnen ein »Mohr«; Mitte des 4. Jhs. beginnt die Darstellung der Weisen als Repräsentanten der drei Lebensalter, Jüngling, Mann und Greis
**Patronate:** Reisende, Pilger; Kürschner; Spielkartenhersteller; Köln; gegen Unwetter, Epilepsie und Zauberei
**Brauchtum und Verehrung:** Bis ins 18. Jh. waren die kostbaren Reliquien das Ziel großer Wallfahrten nach Köln. Ab dem 11. Jh. wurden in Deutschland, Frankreich und Spanien Dreikönigsspiele (auch: Magierspiele) aufgeführt; vor der Messe am 6. Januar wurde die Huldigung an der Krippe pantomimisch dargestellt. Dieser Brauch ist heute mit dem weihnachtlichen Krippenspiel verschmolzen. Bis heute ist es üblich, dass die »Sternsinger«, Kinder und Jugendliche aus den Gemeinden, sich als die drei Könige verkleiden und von Haus zu Haus ziehen, um für karitative Zwecke zu sammeln und den Haussegen zu erteilen, indem sie mit geweihter Kreide die Buchstaben »CMB« und die jeweilige Jahreszahl über die Wohnungstür schreiben – wobei die Buchstaben eine Abkürzung für den Segensspruch sind: »Christus Mansionem Benedicat«, »Möge Christus diese Wohnung segnen«.
**Kunst:** Mosaik *Herodes mit den Schriftgelehrten* (um 430), Kirche Santa Maria Maggiore, Rom; Nikolaus von Verdun, *Dreikönigenschrein* (1190–1220) im Kölner Dom; Tympanon der Goldenen Pforte (um 1230), Freiburg; Nicola Pisano, Relief der Baptisteriumskanzel des Doms zu Pisa (um 1256/57–1260); Konrad Witz, *Petrusaltar* (1444), Musée d'Art et d'Histoire, Genf; Stephan Lochner, Altarbild (um 1445) im Kölner Dom; Albrecht Dürer, *Anbetung der Hl. Drei Könige* (1504), Uffizien, Florenz; Bartholomäus Bruyn d. Ä., *Anbetung der Hl. Drei Könige* (um 1515–1520), Wallraf-Richartz-Museum, Köln
**Literatur:** Johann Wolfgang Goethe, *Epiphanias-Fest*, Gedicht von 1781; Heinrich Heine, *Die heil'gen drei Könige*, Gedicht von 1825; Sebastian Sailer, *Die schwäbischen heiligen drei Könige*, Komödie von 1771
**Musik:** Johann Sebastian Bach, *Weihnachtsoratorium*, Kantaten 5 und 6 (BWV 248) von 1734; Richard Strauss, *Die heiligen drei Könige aus dem Morgenland* (op. 56 Nr. 6), Lied von 1903; Franz Liszt, *Marsch der Heiligen Drei Könige* aus dem Oratorium *Christus* (HS 3/ R 478) von 1872; Georg Philipp Telemann, *Am Feste der Heiligen Drei Könige* (TWV 1:1921), Kantate, 18. Jh.
**Wissenswertes:** Die Überführung der Gebeine der Heiligen Drei Könige war im Jahr 1164 aufgrund des Schismas ein hochbrisantes Politikum; die Translation dieser äußerst wertvollen Reliquien von Mailand nach Köln bedeutete eine enorme Aufwertung für den deutschen Kaiser – damals Friedrich I. Barbarossa – und bestätigte seinen Anspruch auf Gottunmittelbarkeit.

## AUF DEN PUNKT GEBRACHT

Drei gelehrte Männer aus Mesopotamien reisen nach Bethlehem und beschenken das Jesuskind: Eine besondere Himmelskonstellation im Jahr 7 v. Chr., die von babylonischen Astronomen beobachtet wurde, bildet den realen Hintergrund dieser phantasievollen Erzählung.

## EMPFEHLUNGEN

**Lesenswert:**

Manfred Becker-Huberti: *Die Heiligen Drei Könige. Geschichte, Legenden und Bräuche*, Köln 2004

Adrian G. Gilbert: *Der Stern der Weisen. Das Geheimnis der Heiligen Drei Könige*, Bergisch Gladbach 2002

**Sehenswert:**

*Das Leben des Brian*. Regie: Terry Jones; mit Graham Chapman, John Cleese. GB 1979

# Hieronymus
## *Der Vater der lateinischen Bibel*

Die Sprache der katholischen Kirche ist bekanntlich Latein. Das ist jedoch keineswegs selbstverständlich, denn Jesus sprach Aramäisch, und das Neue Testament ist auf Griechisch verfasst, das im Altertum die Lingua franca des östlichen Mittelmeerraums war. Als Bildungssprache war das Griechische auch im Westen von Gewicht, doch vor allem sprach man hier Latein. Folglich brauchte die Kirche, um Fuß zu fassen, eine lateinische Bibel. Schon früh begann man mit der Übersetzung, doch erst Sophronius Eusebius Hieronymus gelang es, die klassische lateinische Version der Heiligen Schrift zu erarbeiten, die im Grunde bis heute gültig ist.

Hieronymus war einer der gelehrtesten Männer seiner Zeit. Geboren um 347 im dalmatinisch-pannonischen Grenzort Stridon (bei dem es sich vermutlich um das heute kroatische Sdrin handelt), konnten seine wohlhabenden Eltern ihm einen mehrjährigen Romaufenthalt finanzieren, bei dem er eine reiche Bildung erwarb. Später vertiefte er seine Griechischkenntnisse auf Reisen in den Osten und lernte Hebräisch, die Sprache des Alten Testaments.

■ Der heilige Hieronymus

Die Arbeit an der Bibelübersetzung begann Hieronymus im Jahr 382. Damals hielt er sich, der 379 in Antiochia (heute: Antakya in der Südosttürkei) die Priesterweihe empfangen und 380/81 als Schüler des großen Gregor von Nazianz in Konstantinopel geweilt hatte, wieder in Rom auf. Dort beauftragte ihn Papst Damasus I., die kursierenden mangelhaften Übertragungen der Evangelien unter Heranziehung des griechischen Originals zu revidieren und eine allgemeingültige Fassung zu erstellen. Das war der Anfang, aus dem in jahr-

■ Hieronymus übersetzt das Alte Testament ins Lateinische. Ausschnitt aus einer Buchmalerei der karolingischen Viviansbibel aus der Schule von Tours, um 843/51. Paris, Bibliothèque Nationale

zehntelanger Arbeit eine Neuübersetzung der gesamten Bibel entstand: die »Editio vulgata«, die »allgemein gebräuchliche Ausgabe«.

Papst Damasus verfolgte damit nicht nur ein theologisches Ziel. Er war ein ehrgeiziger Politiker, der die Kirche zur Weltmacht und das Papsttum zur wichtigsten Institution neben dem Kaisertum machen wollte. Für dieses Ziel ging er sogar über Leichen. Das hatte er bei seiner Papstwahl 366 bewiesen, als er seinen Rivalen, den Gegenpapst Ursinus, vertreiben und dessen Anhänger durch Mörderbanden verfolgen ließ: Allein in der Basilika von Sicinium, wo sich Ursinus-Parteigänger verschanzt hatten, wurden 137 von ihnen massakriert. Während sein Zeitgenosse Ambrosius von Mailand alle Bischöfe und nicht nur den Papst als Nachfolger Petri betrachtete, berief sich Damasus als Erster auf den Primat des Bischofs von Rom. Vor diesem Hintergrund ist sein Wunsch nach einer lateinischen Einheitsbibel zu sehen, die seinen Führungsanspruch untermauern sollte.

In Hieronymus, der ebenfalls ein Mann von hitzigem Temperament war, fand Damasus einen Bruder im Geiste. Hieronymus kämpfte leidenschaftlich gegen Andersdenkende, allerdings mit

### DER ARIANISMUS

Christus ist Gott gleich: Das hatte das Konzil von Nicäa 325 beschlossen. Damit folgte es der Doktrin des Athanasius von Alexandria und verwarf die Ansicht des rivalisierenden (und von Athanasius 318 exkommunizierten) alexandrinischen Priesters Arius. Dieser betrachtete Christus als von Gott geschaffen, nicht ewig und Gott nicht wesensgleich. Auch nach Nicäa blieb arianische Lehre lange wirksam; noch 359 bekannte sich eine Synode in Rimini zu ihr. Insbesondere bei den Germanen der Völkerwanderungszeit, etwa bei den Goten, fiel sie auf fruchtbaren Boden.

der Waffe des Wortes. Schon um 373 hatte er Aquileia (westlich von Triest) fluchtartig verlassen müssen, nachdem er wohl eine scharfe Polemik gegen einen kaiserlichen Würdenträger verfasst hatte. Im Orient, wohin er geflohen war, stritt er dann heftig gegen die damaligen, mit dem Katholizismus konkurrierenden christlichen Lehren. So befehdete er 375 in Antiochia den Arianismus, der Christus nur für einen Menschen hält, und ebenso die entgegengesetzte Doktrin seines eigenen Lehrers Apollinaris von Laodicea, der zufolge Christus als Gott keine menschliche Seele habe. 379 wandte er sich dann gegen den so genannten Modalismus des eigenen Bischofs, Paulinos von Antiochia, wonach es in Gott nicht wirklich drei Personen gebe, sondern Vater, Sohn und Heiliger Geist nur Erscheinungsweisen, »Schauspielerrollen« des einen Gottes seien. Selbst als alter Mann erregte Hieronymus mit seiner ungestümen Art die Gemüter: Noch 415, als er in Bethlehem lebte, wurde er von aufgebrachten Anhängern des Pelagius in seinem Kloster überfallen und konnte sich nur durch schnelle Flucht retten – der nach Palästina geflohene britische Mönch verneinte das Dogma von der Erbsünde und war der Ansicht, der Mensch könne sich frei für das Gute oder das Böse entscheiden und durch eigene Bemühung zum Heil gelangen.

■ Hieronymus und der Löwe im Gehäus. Gemälde, um 1445, von Antonio Colantonio (um 1420 – nach 1470). Neapel, Museo di Capodimonte. Das Motiv der Löwenheilung findet sich ab dem 12. Jahrhundert; dabei zieht Hieronymus einem bei ihm Hilfe suchenden Löwen eine Dorne aus der Pranke.

Als Damasus 384 starb, hoffte Hieronymus, die Nachfolge antreten zu können. Doch eine starke Opposition, der sein strenger Asketismus missfiel, verjagte ihn aus Rom. Gemeinsam mit einer adligen Witwe namens Paula und deren Tochter Julia Eustachium – reiche Damen der Oberschicht, die der Kirche großzügig spendeten, hatte Damasus, der »Ohrenbläser der Matronen«, zu seinen Anhängern zu machen verstanden – floh er ins Heilige Land. 386 ließ sich Hieronymus in Bethlehem nieder, wo er ein Männer- und, als eifriger Verfechter der Jungfräulichkeit, drei Frauenklöster gründete. Seine Bibelarbeit trieb er weiter voran, bis er am 29. September 420 starb.

Heute zählt Hieronymus zu den vier Kirchenvätern, doch eine Karriere in der Kirche dürfte ihm anfangs nicht vorgeschwebt haben. Zwar entstammte er einer christlichen Familie, aber als junger

Mann in Rom hatte er sich anstandslos ins Leben der Weltstadt gestürzt und die sexuelle Freizügigkeit genossen. Später stellte er dann die Jungfräulichkeit über die Ehe und verunglimpfte die körperliche Liebe als Untreue gegen Gott. Auch seine nachmalige strenge Askese stand in scharfem Kontrast zu seinem Leben als Jüngling. Der Fanatismus, mit dem er später zu Felde zog, lässt vermuten, dass Hieronymus auch eigene missliebige Begierden bekämpfte – die Äußerungen des Mönchs Jovinianus, der nicht nur das Fasten, sondern auch das Essen, wenn es mit Dankbarkeit geschehe, für gottgefällig hielt, beschimpfte er als »Gespeie, im geistigen Rausch Erbrochenes« und als »Fieberträume eines Irrsinnigen«.

■ Hieronymus rettet zwei Gehenkte. Ausschnitt aus dem Gemälde einer Altarpredella, um 1490, von Pietro Perugino. Paris, Louvre

Die Moselreise, die den jungen Hieronymus um 370 in die kaiserliche Residenzstadt Trier führte, diente neben dem Vergnügen auch dem Bestreben, eine Stelle am Hof zu finden. Erst als er sich aus Aquileia über den Balkan und Kleinasien in den Nahen Osten absetzen musste und sich in der Einöde von Chalkis (bei Aleppo) niederließ, setzte ein Umdenken bei ihm ein. Er begann, in der Wüste wohl mehr aus Zwang als aus Neigung, mit dem Fasten

### DIE KIRCHENVÄTER

Neben Hieronymus gelten Ambrosius von Mailand (etwa 339–397), Augustinus (354–430) und Gregor der Große (um 540–604) als Kirchenväter: Männer also, die dem Gebäude des zur Macht gekommenen (westlichen) Christentums die theologischen Fundamente errichteten. Die Zahl Vier versteht sich als Parallele zu den vier Evangelien. Die griechisch-orthodoxe Kirche kennt allerdings nur drei Kirchenväter: Basilius den Großen (um 330–397), Gregor von Nazianz (330–390) und Johannes Chrysostomos (344 oder 354–407). Das Abendland rechnet, um die Vierzahl zu erfüllen, Athanasius von Alexandria (295–373) dazu.

■ Das Begräbnis des Hieronymus. Gemälde, um 1470/80, von Lazzaro Bastiani (1430–1512). Venedig, Galleria dell'Accademia

und, sicherlich auch als eigenhändige Bestrafung für seinen selbstverschuldeten Absturz aus der römischen Gesellschaft, mit dem Geißeln: »Das rebellische Fleisch bändigte ich mit wochenlangem Fasten«, schrieb er. »Nicht selten schrie ich unaufhörlich ganze Tage und zerschlug meinen Leib.« Daneben trieb er literarische Studien, bis ihn, der am liebsten Cicero las, ein Traum endgültig auf den Weg brachte: Er sah sich von einem Engel vor Gottes Richterstuhl geführt und antwortete auf die Frage, wer er sei: »Ich bin ein Christ«; worauf Gott ihn zurechtwies: »Du bist kein Christ, sondern ein Ciceronianer!«

Fortan widmete Hieronymus alle Kraft dem Glaubenswerk. Seine zahlreichen kleineren Schriften sind vor allem von historischem und biographischem Interesse, seine Bibelübersetzung aber ist ein bleibendes Verdienst. Die »Vulgata« setzte sich im Mittelalter allgemein durch und wurde endlich 1546, auf dem Konzil von Trient (dem Tridentinum), als verbindlich für den kirchlichen Gebrauch, als Grundlage für die katholische Glaubens- und Sittenlehre und als maßgeblich für die Übertragung in die Volkssprachen dekretiert. Doch nagte auch an Hieronymus' Übersetzung der Zahn der Zeit: Bereits um das Jahr 800 hatte es zahlreiche voneinander abweichende Handschriften voller Abschreibfehler gegeben, sodass am Hof Karls des Großen der angelsächsische Gelehrte Alkuin versuchte, die gültige Fassung zu rekonstruieren. Keine fünfzig Jahre nach dem Tridentinum musste unter den Päpsten Sixtus V. und Klemens VIII. eine revidierte Fassung des Alten Testaments erarbeitet werden. Und das Vatikanische Konzil 1962–65 gab schließlich eine neuerliche Revision in Auftrag.

Doch so unermesslich wichtig die lateinische Bibel für den Katholizismus sein mag, ihre Bedeutung im Christentum ist begrenzt. In den Ostkirchen ist sie ohne jedes Gewicht, und selbst im Westen spielt sie bei hunderten Millionen Christen, nämlich den Protestanten, keine Rolle.

# HIERONYMUS

## PRIESTER, EINSIEDLER, KIRCHENLEHRER

### DATEN UND FAKTEN

**Daten:** geb. um 347 in Stridon, Kroatien; gest. 30. September 420 in Bethlehem; Ernennung zum Kirchenlehrer 1298 durch Papst Bonifatius VIII.
**Festtage:** 30. September (orthodox: 15. Juni)
**Namensbedeutung und -varianten:** »heiliger Name« (griech.); Gérôme, Geronimo, Jerôme, Jerry
**Wirkungsstätten:** Israel, Palästina, Aleppo (in Syrien), Rom, Konstantinopel (Istanbul), Trier
**Orte der Verehrung:** Kirche Santa Maria Maggiore in Rom (Grabstätte); Geburtskirche Christi in Bethlehem (erste Grabstätte)
**Quellen:** *Zwiefaltener Martyriolog* und zwei Hieronymus-Viten aus dem 9. Jh.; zahlreiche eigene Schriften, u.a. Kommentare zum Alten und Neuen Testament, die Fortsetzung der Chronik des Eusebius (378), mehrere Streitschriften, z.B. *Contra Rufinum* (402) und *Contra Vigilantium* (406) sowie 117 Briefe
**Attribute und Darstellung:** Buch (seine Bibelübersetzung), Totenschädel (Vergänglichkeit), Löwe, Kardinalshut, Kirchenmodell (als Kirchenlehrer); als abgemagerter Einsiedler mit weißem Bart und nacktem Oberkörper, der sich vor einem Kruzifix mit einem Stein gegen die Brust schlägt; in oder vor seiner Höhle, wie er an einem Buch schreibt
**Patronate:** Wissenschaftler (vor allem Archäologen), Studenten, Universitäten; Buchhändler, Bibliothekare, Übersetzer; Pilger; Dalmatien, Lyon; gegen Augenkrankheiten
**Brauchtum und Verehrung:** Die volkstümliche Verehrung des hl. Hieronymus beginnt recht spät, erst im Mittelalter; in der Blütezeit des Kults, vom 14. bis zum 16. Jh., werden dem Heiligen seine Patronate zugeordnet. Im Spätmittelalter gibt es Ordensgründungen in seinem Namen, die Hieronymiten. In der Ostkirche spielt Hieronymus so gut wie keine Rolle.
**Kunst:** Masaccio, *Der hl. Hieronymus und der hl. Johannes der Täufer* (um 1428), National Gallery, London; Jan van Eyck, *Hl. Hieronymus im Gehäus* (1430/31), Institute of Arts, Detroit; Antonello da Messina, *Der hl. Hieronymus* (1475), National Gallery, London; Leonardo da Vinci, *Hl. Hieronymus* (1475/80), Vatikanische Museen, Rom; Carlo Crivelli, *Der hl. Hieronymus* (um 1476), National Gallery, London; Michael Pacher, *Der Kirchenväteraltar: Der hl. Hieronymus* (um 1480), Alte Pinakothek, München; Filippino Lippi, *Madonna mit Kind und den Hll. Hieronymus und Dominikus* (um 1485), National Gallery, London; Vittore Carpaccio, *Tod des hl. Hieronymus* (1502), Kirche San Giorgio degli Schiavoni, Venedig; Lorenzo Lotto, *Der büßende Hieronymus* (um 1520), Muzeul National de Art al României, Bukarest; Caravaggio, *Hieronymus in der Höhle* (um 1606), Galleria Borghese, Rom; Domenichino, *Kommunion des hl. Hieronymus* (1614), Pinacoteca Vaticana, Rom; Jusepe de Ribera, *Der hl. Hieronymus hört die Posaunen des Jüngsten Gerichts* (1626), Museo di Capodimonte, Neapel; Georges de La Tour, *Der hl. Hieronymus* (um 1630), Nationalmuseum, Stockholm
**Literatur:** Rolf D. Sabel, *Senecas Truhe*, historischer Roman von 2000
**Musik:** Domenico Cimarosa, *Die heimliche Ehe*, Oper von 1792 (Figur des Geronimo)
**Wissenswertes:** In einem Brief an einen gewissen Dardanus entwickelt Hieronymus eine ausführliche Instrumentenkunde; seine Illustrationen werden als »instrumenta Hieronymi« bezeichnet. Es ist die älteste (und war lange Zeit die einzige) Schrift, die sich mit dieser Thematik beschäftigt – ein Meilenstein der Musikgeschichte. Mittlerweile ist allerdings umstritten, ob Hieronymus tatsächlich der Verfasser dieses Briefes war. Der Heiligenkalender *Martyrologium Hieronymianum* gilt nach neueren Erkenntnissen mit großer Sicherheit nicht mehr als ein Werk des »Kirchenvaters«.

### AUF DEN PUNKT GEBRACHT

Als Schöpfer der Vulgata, der lateinischen Übersetzung der Bibel, ist Hieronymus, der ein streitbarer Gelehrter des 4. Jahrhunderts war, bis heute von großer Bedeutung für die katholische Welt.

### EMPFEHLUNGEN

**Lesenswert:**
Alfons Fürst: *Hieronymus. Askese und Wissenschaft in der Spätantike*, Freiburg i.B. 2003

Friedhelm Winkelmann: *Euseb von Kaisareia. Der Vater der Kirchengeschichte*, München 1991

**Hörenswert:**
Michael Haydn: *Missa Sancti Hieronymi*. Messe 1777

# Hildegard von Bingen
## Die weibliche Stimme Gottes

■ Die heilige Hildegard von Bingen. Figur vom Mittelschrein des Hildegardisaltars, 1895. Holz, farbig gefasst. Bingen, Rochuskapelle. »Gott kann nicht geschaut werden, sondern wird durch die Schöpfung erkannt«, so Hildegards Überzeugung.

Wenige Persönlichkeiten des Mittelalters sind noch heute so präsent wie sie. Mehr als dreihundert Bücher von ihr gibt es derzeit auf dem deutschen Markt, ihre Lieder sind auf mehr als hundert Tonträgern zu haben. Hildegard von Bingen, die »prophetissa teutonica« des 12. Jahrhunderts, dürfte die bekannteste Frau des deutschen Mittelalters sein. Als Schriftstellerin und Komponistin, als Mystikerin und Naturforscherin, ja als Ärztin und Apothekerin ist sie über achthundert Jahre hinweg populär geblieben, und auch als Beraterin von Königen und Päpsten ebenso wie als Kirchenkritikerin hat sie, die nur eine Nonne war, in ihre Zeit hinein und über ihre Zeit hinaus zu wirken gewusst.

1098 in Bermersheim bei Alzey, südöstlich von Bingen am Rhein, als jüngstes von zehn Kindern eines rheinfränkischen Adligen geboren, kam Hildegard mit sieben Jahren in das nahe Benediktinerkloster auf dem Disibodenberg, an der Mündung der Glan in die Nahe. Dort führte ihre Verwandte Jutta von Sponheim eine kleine Klosterschule, in der adlige Mädchen außer Sticken und Weben auch Lesen, Schreiben, Rechnen, Singen und ein bisschen Latein lernten und selbstverständlich im christlichen Glauben unterwiesen wurden. 1114 wurde Hildegard selbst Benediktinerin. 1136, nach dem Tod Juttas, übernahm sie als »magistra« die Leitung der Gemeinschaft frommer Frauen, die sich gebildet hatte und eine Klause, einen Klosteranbau mit mehreren Zellen für die »Bräute Christi«, bewohnte.

Von sich reden gemacht hatte Hildegard von Bingen bis dahin nicht. Doch das sollte sich bald ändern. Frauenklöster waren damals eine neue, unerhörte Sache, und Hildegards Plan, die Frauengemeinschaft vom Benediktinerkloster zu lösen, wurde zunächst abgelehnt. Doch zwischen 1147 und 1150 gelang es ihr, ein eigenes Kloster zu gründen und als Äbtissin mit achtzehn Schwestern auf den Rupertsberg bei Bingen zu ziehen. Zur Weihe der Klosterkirche durch den Mainzer Erzbischof schrieb sie ihr Singspiel *Ordo virtutum (Der Tugendreigen)*, das den Kampf zwischen Gut und Böse auf die Bühne bringt. Auch ihre insgesamt siebenundsiebzig Lieder, die sich durch eine originelle Verbindung von Gregorianik und Volksmusik auszeichnen, dürften in dieser Kirche zum Vortrag gekommen sein. 1165 stiftete sie, um den Zustrom aufnahmewilliger Frauen zu bewältigen, ein zweites Kloster in Eibingen bei Rüdesheim, das bis heute besteht.

Bereits als Dreijährige hatte Hildegard ihre erste Vision. Später einmal nannte man sie die »Posaune Gottes«, doch sie selbst zweifelte lange, ob ihre Halluzinationen von Gott kämen oder nicht doch dämonischer Natur seien. 1141 begann sie auf Anraten ihres Beichtvaters, Propst Volmar von Disibodenberg, ihre mystischen Visionen aufzuzeichnen. Der Propst, den sie ihren »Eingeweihten« nannte, ging ihr auch bei der Abfassung zur Hand, da ihr Latein mangelhaft war. Den Segen der Kirche erhielt sie 1148 auf der Synode von Trier, nachdem Bernhard von Clairvaux (s. S. 32) ihre Erscheinungen für Eingebungen Gottes erklärt hatte. »Die heilige Gottheit kann keiner je begreifen, nicht einmal berühren mit seinem Verstand, so hoch er ihn auch emporrecken mag. Gott ist höher als alles«, hatte Hildegard geschrieben. Das traf sich mit Bernhards Sicht, der selbst einem mystischen Gotteserlebnis anhing und gegen die logische, vernunftgeleitete Arbeit am Glauben, wie sie die Scholastiker an den Universitäten betrieben, an einer sinnlichen, zugleich einzigartig individuellen Gotteserfahrung als der einzig richtigen festhielt.

Die offizielle Billigung hielt Hildegard nicht von Kritik ab. Nachdem der Papst eine Ausnahme für

■ Die Seherin. Kopie einer Miniatur, 12. Jahrhundert, aus dem *Liber scivias* von Hildegard von Bingen. Rüdesheim-Eibingen, Abtei St. Hildegard. »Alle Harmonie des Himmels ist ein Spiegel Gottes, und Spiegel aller Gotteswunder ist der Mensch«, lautet eine ihrer Weisheiten.

■ Hildegard von Bingen tritt ins Kloster ein. Hildegardisaltar, 1895. Bingen, Rochuskapelle

sie gemacht hatte – Paulus (s. S. 206) hatte verboten, dass Frauen lehren –, tat sie ihre Gedanken offen kund: Auf Reisen durch den Süden und Westen Deutschlands bis nach Lothringen gab sie nicht nur ihre Visionen weiter, sondern predigte dem Klerus Sittenstrenge und Abkehr vom Luxus, in Köln und Mainz, in Trier und Metz, in Bamberg und Würzburg. »Ihr seid eine Nacht, die Finsternis ausatmet«, warf sie den Kirchenleuten vor und befand: »Die Kirche hat den Stand der Gerechtigkeit verlassen.« Ähnlich freimütig gab sie sich in ihrer Korrespondenz mit den Großen und Mächtigen. Ohne Scheu rügte sie Papst Anastasius IV.: »Im Auge deines Gewissens bist du lässig geworden. Du setztest die Königstochter, die Gerechtigkeit, zurück, die dir anvertraut worden ist.«

Dass eine Frau so redete, war ungewöhnlich in einer Zeit, in der öffentliches Wirken Männern vorbehalten war. Doch Hildegard von Bingen wusste sich geschickt in Szene zu setzen, indem sie sich als schwache und kranke Frau gab, die von Gott in einer gefährdeten, schwachen und, so ihr eigenes Wort, »weibischen« Zeit mit der Rettung beauftragt sei. Als hohe Dame von adliger Herkunft verfügte sie nicht nur über Selbstbewusstsein, sondern auch

MECHTHILD VON MAGDEBURG

Die erste deutsche Mystikerin wurde um 1207/10 in der Gegend von Zerbst (bei Magdeburg) geboren. Mechthild von Magdeburg schrieb nicht lateinisch, sondern in ihrer Muttersprache. Ihr Buch *Das fließende Licht der Gottheit* feiert in kühnen Bildern und in mitunter rhythmischer Prosa und hymnischen Versen das Erlebnis der »unio mystica«, der Verschmelzung der Seele mit Gott – und beklagt andererseits die Qual der Gottesferne, die Erfahrung der irdischen Begrenztheit. Sie starb im Jahre 1282 im Zisterzienserinnenkloster Helfta (bei Eisleben).

»Die Doctores und Magister wollen nicht mehr in die Trompete der Gerechtigkeit stoßen. Ihnen fehlen die guten, vom Feuer des Heiligen Geistes erfüllten Werke. Verdorrt stehen sie da, weil ihnen das lebendige Grün fehlt.«
Hildegard von Bingen

über Standesdünkel: Frauen aus den niederen Ständen nahm sie nicht in ihre Klöster auf.

Ihren Rat erteilte sie den gewöhnlichen Leuten dagegen schon. Zahlreich kamen sie zu ihr, denn Hildegard galt als Heilkundige. In zwei *Büchern über die Heilmittel* katalogisierte sie Kräuter und beschrieb ihren Nutzen für Kranke. In ihrer *Physica (Naturkunde)*, die Beschreibungen von Pflanzen, Tieren, Edelsteinen und Metallen versammelt, verband sie altes und zeitgenössisches Wissen mit eigenen Erfahrungen. Als eine der Ersten versuchte sie, die Dinge und Lebewesen nicht mehr als Objekt theologischer Auslegung und symbolischer Deutung zu behandeln, sondern mechanische Prinzipien und physikalische Abläufe zur Erklärung der Natur heranzuziehen. Freilich gipfelte alle rationale Bemühung in ihrem Buch *Causae et curae (Ursachen und Behandlung)* letztlich darin, dass Heilung allein im Glauben zu finden sei – immerhin eine Auffassung, die, von ihrer christlichen Einkleidung befreit, heute von vielen Leuten akzeptiert wird.

Große Bedeutung erlangten auch ihre Visionsbücher, mit denen sie jene breite mystische Bewegung einleitete, die im 12. und 13. Jahrhundert die deutschen Klöster erfasste und in Meister Eckart ihren herausragenden Vertreter fand. In Bildern, Bibelzitaten und dunklen Andeutungen erzählt sie in *Scivias domini (Wisse die Wege des Herrn)*, im *Liber vitae meritorum (Buch der Lebensverdienste)* und im *Liber divinorum operum (Buch der Gotteswerke)* vom Wirken Gottes in

■ Das von Hildegard von Bingen gegründete Kloster Rupertsberg, um 1600. Nach der Zerstörung durch schwedische Truppen im Jahr 1632 wurde die Anlage nicht wieder aufgebaut. Buchillustration, 20. Jahrhundert, nach einer zeitgenössischen Darstellung

■ Der Kosmosmensch. Miniatur, um 1220/1230, aus dem so genannten Lucca-Codex des *Liber divinorum operum* von Hildegard von Bingen. Lucca, Biblioteca Statale

der Schöpfung, deutet die Weltgeschichte als Heilsgeschichte und malt den Weg des Menschen aus, der vom Sündenfall über das Wirken Christi und der Kirche zur Erlösung am Ende aller Tage führt.

Dabei stößt sie zu modern anmutenden Erkenntnissen vor, etwa wenn sie dem Menschen, weil er im Mittelpunkt der Welt steht und als Einziger von Gott weiß, eine besondere Verantwortung zuweist: Steigt er empor, hebt er die Schöpfung mit sich, aber »missbraucht der Mensch seine Stellung zu bösen Handlungen, so veranlasst Gottes Gericht die Geschöpfe, ihn zu bestrafen« – eine im *Liber vitae meritorum* ausgesprochene Mahnung, die heute wie eine Mahnung vor der Umweltapokalypse wirkt. Wie eine Vorwegnahme heutiger Theorien vom Mikro- und Makrokosmos liest sich ihre im *Liber divinorum operum* dargelegte Anschauung, dass sich das Universum im Menschen spiegele: »Der Mensch hat Himmel und Erde und die ganze übrige Kreatur schon in sich selber und ist doch eine ganze Gestalt.«

Hildegard von Bingen regte die feministische Theologie an, denn die Stimme Gottes, die sie in ihren Visionen zu hören glaubte, war weiblich. Auch erfuhr sie in einer Schau die »umarmende Mutterliebe Gottes« und sagte von ihr: »Sie nährte uns zum Leben.« Überhaupt war diese adlige Nonne in manchem eine frühe Feministin, hielt sie doch Mann und Frau für gleichrangige Ebenbilder Gottes und bezog damit nicht nur gegen Paulus Stellung, sondern auch gegen die Genesis, der zufolge die Frau um des Mannes willen geschaffen wurde: Nach Hildegard von Bingen war ebenso sehr der Mann wegen der Frau in der Welt. Offizielle Anerkennung als Kirchenlehrerin fand die Mystikerin, die nebenbei auch eine Geheimsprache (»Lingua ignota«) und eine Geheimschrift (»Litterae ignotae«) erfand und nach einem langen Leben am 17. September 1179 starb, bei den Päpsten damit freilich bis heute nicht.

»Auch in den Geschlechtsteilen des Menschen blüht die Vernunft, sodass ein Mensch weiß, was er zu tun und zu lassen hat.«
Hildegard von Bingen

# HILDEGARD VON BINGEN

ÄBTISSIN, MYSTIKERIN

## DATEN UND FAKTEN

**Daten:** geb. 1098 in Bermersheim; gest. am 17. September 1179 bei Bingen
**Festtag:** 17. September
**Namensbedeutung und -varianten:** »die durch den Kampf Schützende« (althochdt.); Hilda, Hillary, Hilke
**Wirkungsstätten:** Disibodenberg; Bingen; Eibingen; Predigten im Westen und Süden Deutschlands
**Orte der Verehrung:** Pfarrkirche von Eibingen (Grabstätte); Ruinen auf dem Rupertsberg bei Bingen (Gedenkstätte)
**Quellen:** Zahlreiche eigene Werke, u.a. die Visionstrilogie (*Liber scivias, Liber vitae meritorum, Liber divinorum operum*), die *Physica* und *Causae et curae* sowie eine umfangreiche Briefesammlung von stark autobiographischer Prägung
**Attribute und Darstellung:** Kirchenmodell, Äbtissinnenstab, Buch oder Schreibfeder; als Nonne in Ordenstracht; häufig verteilt sie Almosen oder übergibt einem Boten einen Brief; in einer Miniatur wird die Ordensfrau während der Niederschrift einer ihrer Visionen von Flammen umzüngelt
**Patronate:** Naturwissenschaftler, Sprachforscher
**Brauchtum und Verehrung:** Hildegard von Bingen ist eine echte Volksheilige: Zwar steht ihr Name im Römischen Generalkalender, eine offizielle Heiligsprechung ist jedoch nie erfolgt. Derzeit prüft der Vatikan, ob sie als Kirchenlehrerin offiziell anerkannt werden soll.
**Kunst:** Miniatur aus Hildegards *Liber divinorum operum* (um 1220/30), Staatsbibliothek, Lucca; Buchmalerei in der Kölner Königschronik von ca. 1238, Königliche Bibliothek, Brüssel
**Literatur:** Edgar Noske, *Der Fall Hildegard von Bingen*, Mittelalter-Krimi von 2004; Petra Welzel, *Hildegards Lied. Hildegard von Bingen. Der Roman ihres Lebens*, historischer Roman von 2005
**Musik:** Gerhard Wolfstieg, *An Hildegard von Bingen. Miniaturen für Altstimme und Orgel* von 1990
**Wissenswertes:** In *Causae et curae*, ihrer Schrift über die Heilkunst, legt Hildegard ein für eine Nonne erstaunliches Detailwissen über männliche Sexualität an den Tag: »Der Mann spürt vom fünfzehnten Lebensjahr an ein Lustverlangen in sich und schwitzt dann auch leicht den Schaum des menschlichen Samens unter dem Einfluss ausschweifender Phantasien aus. Aber das Lustempfinden und der Samen sind bei ihm noch nicht ausgereift. Weil sein Samen noch nicht reif ist, muss auf den jungen Mann sehr scharf aufgepasst werden, damit er seine Lust nicht bei einer Frau oder sonstwie stillt … Vom fünfzigsten Lebensjahr an lässt der Mann von seinem kindlichen, unausgeglichenen Benehmen ab und bekommt einen festen Charakter.«

## AUF DEN PUNKT GEBRACHT

Schon als Dreijährige hatte sie Visionen. Hildegard von Bingen, die erstmals feministisches Gut in die Theologie einbrachte, gab der mittelalterlichen Mystik entscheidende Anregungen. Aber auch als Botanikerin, Heilkundlerin und Komponistin wirkt sie bis heute fort.

## EMPFEHLUNGEN

**Lesenswert:**

Hildegard von Bingen: *Vita Sanctae Hildegardis. Das Leben der Hildegard von Bingen*, Freiburg 1998

Dies.: *Heilkraft der Natur. Physica. Das Buch von dem inneren Wesen der verschiedenen Naturen der Geschöpfe*, Augsburg 1997

Dies.: *Briefwechsel*, Salzburg 1990

Barbara Beuys: *Denn ich bin krank vor Liebe. Das Leben der Hildegard von Bingen*, München–Wien 2001

Wolfgang F. Reddig: *Bader, Medicus und Weise Frau. Wege und Erfolge der mittelalterlichen Heilkunst*, München 2000

Lieselotte von Eltz-Hoffmann: *Kirchenfrauen im Mittelalter*, Stuttgart 1993

**Hörenswert:**

Hildegard von Bingen: *Ordo virtutum*. Sequentia, Sony 1998. Audio-CD

Hildegard von Bingen: *O nobilissima viriditas. Geistliche Gesänge.* Catherine Schroeder, Champeaux 1997. Audio-CD

Hildegard von Bingen: *A Feather on the Breath of God. Sequences and Hymns.* Gothic Voices/Christopher Page, Hyperion 1990. Audio-CD

**Sehenswert:**

*Ordo virtutum*. Geistliches Mysterienspiel nach Hildegard von Bingen. Regie: Michael Fields, Evelyn Tubb. GB 1995. DVD (BBC)

# *Ignatius von Loyola*
## *Sei willenlos wie ein Kadaver*

Heißblütig, eitel, ruhmsüchtig. Raufereien, Frauengeschichten und tolldreiste Waffentaten: ein flottes, sorgloses Leben führte der Offizier Iñigo López Oñaz y Loyola, der seit 1518 im Heer des spanischen Vizekönigs in Navarra Dienst tut. Doch am 20. Mai 1521 ist es damit zu Ende: Bei der Verteidigung Pamplonas gegen die Franzosen zerschmettert eine Kanonenkugel seinen linken Unterschenkel und streift den rechten. Nun ist es aus mit dem Wahn vom Kriegsruhm. Statt auf den Feldern der Ehre verbringt der Invalide die nächsten Monate ans Bett gefesselt zuhause auf Schloss Loyola, südwestlich von San Sebastián. Aus Langeweile greift er, nachdem er die gängigen Ritterromane und Liebesschmonzetten ausgelesen hat, zur *Vita Christi*, der Lebensbeschreibung Jesu aus der Feder Ludolfs von Sachsen, einem religiösen Bestseller der Zeit.

Der adelsstolze Baske, der einst als Page am Hof von Don Juan Velásquez de Cuellar, dem Großschatzmeister der Königin Isabella von Spanien, eine standesgemäße Erziehung erhalten hat, geht in sich und entdeckt den Glauben als neues Betätigungsfeld. Als er einigermaßen wiederhergestellt ist, pilgert der ehemalige Schürzenjäger zu Spaniens bedeutendstem Marienwallfahrtsort, zur Benediktinerabtei Nuestra Señora de Montserrat nordwestlich von Barcelona, und lässt sich für bald ein Jahr in der nahen Einsamkeit von Manresa nieder. Hier setzt sich seine Wandlung fort; die Heilige Dreifaltigkeit erscheint dem Asketen in einer, wie er später sagt, für Menschenworte unaussprechlichen Weise und verleiht ihm mit überirdischer Klarheit das Verständnis des rechten Glaubens. Er beginnt seine *Geistlichen Übungen* nicdcrzuschrcibcn, dic cin Grundlagentext seines späteren Ordens werden sollten. Er beschließt, Heldentaten statt im Krieg künftig im Glauben

■ Der heilige Ignatius von Loyola

zu vollbringen, und gibt sich den Namen Ignatius nach dem Märtyrerbischof Ignatius von Antiochia aus dem 2. Jahrhundert.

1523/24 reist er über Rom und Venedig nach Palästina, um in dem von den Türken eroberten Land zu missionieren. Indes – niemand versteht den Spanier. Unverrichteter Dinge kehrt er in die Heimat zurück. Doch er hat begriffen, dass er seinen Geist schulen und lernen muss, das Wort zu führen, statt Waffen zu handhaben. Selbst Mitte dreißig, drückt er inmitten von Kindern in Barcelona die Schulbank. 1526 geht er nach Alcalá de Henares, um Theologie und Philosophie zu studieren – und wird, weil er vor lauter Begeisterung ohne kirchliche Erlaubnis predigt, angeblich ketzerische Reden führt und sich ausgerechnet als Frauenseelsorger betätigt, bei der Inquisition angezeigt. Der hohe Herr, der gewohnt ist, tun zu können, was ihm beliebt, wird zwar freigesprochen. Aber sicherheitshalber weicht er zum weiteren Studium nach Salamanca aus – wo ihm das Gleiche widerfährt. Zwar lässt man die Anklage gegen den Aristokraten fallen, doch nun geht Ignatius außer Landes, nach Paris. Hier bringt er es in sieben Jahren, von 1528 bis 1535, zum Magister. Schon vor dem Studienabschluss findet er gleichgesinnte Gefährten, mit denen er 1534 in der Marienkapelle auf dem Montmartre ein Gelübde ablegt, das nicht nur Armut, Keuschheit und Glaubenseifer verlangt, sondern es auch jedem zur Pflicht macht, ins Heilige Land zu ziehen.

Doch auch der zweite Anlauf scheitert. Ignatius, der 1536 mit fünf seiner Freunde nach Venedig gezogen war und dort die Priesterweihe erhalten hatte, muss angesichts der unsicheren Lage in Nahost seinen Reiseplan schon in der Lagunenstadt aufgeben und wandert statt dessen mit seinen Getreuen nach Rom. Kurz vor der Ewigen Stadt, als die Gruppe im

■ Ignatius von Loyola vor dem Papst. Gemälde von Giovanni Battista Mariotti (um 1685–1765). Venedig, Galleria dell'Accademia

DER JESUITENORDEN

Entstanden als Antwort auf die politischen, sozialen und religiösen Entwicklungen des 16. Jahrhunderts, als sich das feste Glaubens- und Herrschaftssystem des Mittelalters auflöste, Kirche und Gesellschaft sich auseinander entwickelten und der Primat der römischen Kirche erfolgreich angegriffen wurde, wollte der Jesuitenorden weltweit für den Katholizismus und den Papst streiten. »Contemplativus in actione«, besinnlich betend in der Arbeit, soll das Ordensmitglied sein, wenn es in der Welt für Gott tätig ist. Das gilt noch heute, wo Jesuiten vor allem in der Jugendarbeit, in der Seelsorge, in der Öffentlichkeitsarbeit, der Mission und den Wissenschaften tätig sind.

■ Jesuiten in Japan. Ausschnitt aus einem japanischen Wandschirm, frühes 17. Jahrhundert

halbverfallenen Kirchlein La Storta rastet, überfällt Ignatius eine Vision vom kreuztragenden Christus, die ihn bestimmt, seine Gemeinschaft in einen festen Orden umzuwandeln und ihr den Namen »Societas Jesu« zu geben. Diese wird 1540 vom Papst bestätigt, und Ignatius lässt sich 1541 auf Lebenszeit zum ersten Ordensgeneral wählen. Die 1545 erfolgte Gründung eines weiblichen Ordenszweigs nimmt Ignatius bereits 1546 zurück, doch der schnellen Ausbreitung über Europa und die ganze Welt tut das keinen Abbruch.

Ungewöhnlich ist manches an diesen »Jesuiten«, wie sie der Volksmund nennt. Sie haben weder Mönchsgewänder noch Klöster oder gemeinsame Gottesdienste; dafür gibt es neben den üblichen Gelübden von Armut, Keuschheit und Gehorsamkeit gegen die Ordensoberen das des bedingungslosen Gehorsams gegen den Papst. »Durch Ablegung des eigenen Willens und Urteils sollen sich alle auszeichnen, die in unserem Orden dienen«, schreibt Ignatius und verlangt von den Ordensangehörigen einen Gehorsam, »als ob sie ein Kadaver wären« – das Wort vom Kadavergehorsam hat hier seinen Ursprung.

Die Papsttreue, die die Unterstützung der katholischen Herrscherhäuser sichert, zahlt sich aus: Binnen weniger Jahrzehnte fassen die Jesuiten mit Missionsstationen in Indien, Afrika, Südamerika, Japan, China und Kanada Fuß. Ihre Kollegien, die ursprünglich der Ausbildung des Ordensnachwuchses dienten, wandeln sich bald zu regelrechten Schulen für die katholische Jugend. Sie arbeiten an Universitäten und gelangen aufgrund ihrer Bildung und Weltläufigkeit in hohe Machtpositionen als Beichtvater und Berater von Fürsten und Bischöfen. Ignatius selbst, der sich in seinen letzten Jahren der Fertigstellung seiner *Geistlichen Übungen*, die als Weg zur persönlichen Heiligung für jeden Novizen verbindlich werden, und der Niederschrift der *Konstitutionen*, der Ordenssatzung, widmet – Gott selbst, behauptet Ignatius, habe sie Punkt für Punkt genehmigt –, erlebt den Anfang dieses Aufschwungs noch mit, ehe er am 31. Juli 1556 in Rom stirbt. Mehr als zweihundert Jahre wird der Orden in Blüte stehen, dann, als Speerspitze der Kirche von den Aufklärern bekämpft und wegen seiner Machtfülle vom Papst selbst und vielen katholischen Staaten zeitweilig verboten, beginnt der Abstieg.

MISSVERSTANDEN
»Der Zweck heiligt die Mittel« – dieses berüchtigte geflügelte Wort geht auf einen Jesuiten zurück, auf Hermann Busenbaums lateinische *Medulla theologiae moralis (Kern der Moraltheologie)* von 1652. Busenbaum verwirft jedoch ausdrücklich unmoralische Mittel.

# IGNATIUS VON LOYOLA

ORDENSGRÜNDER, MYSTIKER

## DATEN UND FAKTEN

**Daten:** geb. 31. März 1491 in Loyola, Spanien; gest. 31. Juli 1556 in Rom; Heiligsprechung 1622 durch Papst Gregor XV.
**Festtag:** 31. Juli
**Namensbedeutung und -varianten:** »der Feurige« (lat.); Ignaz, Ignacio
**Wirkungsstätten:** Spanien, Frankreich, Italien, Israel, Palästina
**Orte der Verehrung:** Kirche Il Gesù in Rom (Grab- und Pilgerstätte); Kirche San Ignazio in Rom (Ort der Heiligsprechung, Pilgerstätte); Jesuitenkolleg in Loyola (Geburtshaus mit dem Krankenzimmer, Reliquien, Pilgerstätte)
**Quellen:** eigene Schriften, u.a. die *Exerzitien (Geistliche Übungen)* und die *Konstitutionen* (Ordensregeln der Jesuiten)
**Attribute und Darstellung:** Herz (flammend, von Dornen durchbohrt), drei Nägel, Buch, Christusmonogramm »IHS«, Ordensspruch »Omnia ad maiorem Dei gloriam« (»alles zur größeren Ehre Gottes«); mit kleinem Schnurrbart und schütterem Haar (Porträts nach der Totenmaske); in schwarzem Priestergewand; manchmal sieht man ihn mit einem Drachen zu seinen Füßen (Symbol des Ketzertums)
**Patronate:** Soldaten; Kinder; Schwangere; der Jesuitenorden; Exerzitienhäuser; gegen Pest und Cholera; gegen Totgeburten; gegen Hexerei und schlechtes Gewissen; gegen Wölfe
**Brauchtum und Verehrung:** Dem »Ignatius-Wasser« sagt man Heilkraft nach; wird eine Ignatius-Reliquie oder eine Medaille mit dem Bild des Heiligen in Wasser getaucht, hilft das auf diese Weise gesegnete Wasser gegen Krankheiten, vor allem gegen die Pest.
**Kunst:** Giacomo del Conte, *Ignatius von Loyola* (1556), Generalat der Societas Jesu, Rom; Domenichino, *Vision des hl. Ignatius von Loyola* (um 1622), County Museum of Art, Los Angeles; Peter Paul Rubens, *Die Wunder des hl. Ignatius* (1622), Chiesa del Gesù, Genua; Andrea Pozzo, *Himmelfahrt des hl. Ignatius* (1691–94), Kirche San Ignazio di Loyola, Rom
**Literatur:** Hugo von Hofmannsthal, *Der Turm*, Drama von 1925 (Bruder Ignatius); Erwin Weill, *Flamme aus Spanien. Der Roman des Ignatius von Loyola* von 1933; Ludwig Marcuse, *Ignatius von Loyola. Ein Soldat der Kirche*, Romanbiographie von 1937
**Musik:** Virgil Thomson, *Vier Heilige in drei Akten*, Oper von 1928; Guido Mancusi, *Missa in omne tempore ad honorem St. Ignatius de Loyola*, Messe von 2004
**Wissenswertes:** Der Zweckrationalismus der Jesuiten, der in der Formulierung »der Zweck heiligt die Mittel« greifbar wird, ist eine Zeiterscheinung des frühen 16. Jhs. Niccolò Machiavelli löste sich mit seiner Theorie des »zweckrationalen Handelns« als erster Staatsmann und Philosoph von der mittelalterlichen Denkweise, der göttliche Wille sei vorgegeben und somit der freie Wille des Menschen stark eingeschränkt. Für Machiavelli ist die Politik eine Wissenschaft, und ein Politiker ist seiner Ansicht nach dazu verpflichtet, die Selbständigkeit, Größe und Macht eines Staates zu erhalten – ohne Rücksicht auf private Moralität und bürgerliche Freiheit, sollte ein »höheres Interesse« das erfordern (sog. »Staatsraison«). Im Geist dieses Machiavellismus steht die Kompromisslosigkeit, mit der die Jesuiten die Ziele des Papstes durchzusetzen versuchten, wenngleich sie sich dabei nicht gänzlich von der Moral verabschiedeten: Ketzer sollten mit Beharrlichkeit, aber nicht mit Gewalt verfolgt werden.

## AUF DEN PUNKT GEBRACHT

Nach einer Kriegsverletzung verlagert der baskische Aristokrat Ignatius von Loyola den Kampfplatz auf geistliches Terrain: Er gründet den Jesuitenorden, der als Speerspitze des Katholizismus politisch mächtig wird, die Missionsarbeit prägt und auch in Bildung und Wissenschaft tätig wird.

## EMPFEHLUNGEN

**Lesenswert:**
Ignatius von Loyola: *Bericht des Pilgers*, Wiesbaden 2006

Stefan Kiechle: *Ignatius von Loyola*, Freiburg i.B. 2003

Roland Barthes: *Sade. Fourier. Loyola*, Frankfurt/M. 2000

Jonathan Wright: *Die Jesuiten. Mythos – Macht – Mission*, Essen 2005

**Hörenswert:**
Ignatius von Loyola: *Geistliche Übungen*. Hörbuch 2005

**Sehenswert:**
*Himmel und Hölle*. Regie: Luigi Magni; mit Mario Adorf. I 1983

# *Jakobus der »Herrenbruder«*
## *Die jüdische Alternative*

■ Der heilige Jakobus. Griechische Ikonenmalerei, 20. Jahrhundert. Berg Athos

Es hätte auch anders kommen können. Dann würden Christen die jüdischen Speisegesetze und rituellen Vorschriften befolgen und sähen im Jerusalemer Tempel den Mittelpunkt ihres Glaubenslebens. Wer Christ werden wollte, müsste, auch wenn ihm die Beschneidung erlassen bliebe, mehr oder weniger dem Judentum beitreten und wäre doch als eine Art Heidenjude womöglich nur ein Jude zweiter Klasse. Wahrscheinlich wäre Jesus für diese Christen auch nicht Gott, sondern nur ein besonderer Prophet. Dass Jesus nur ein Mensch war, wer sollte das besser wissen als sein eigener Bruder, der ihn seit Kindertagen kannte? Einer dieser im Neuen Testament mehrfach genannten »Brüder des Herrn« und der wichtigste unter ihnen war Jakobus.

Nach Jesu Tod, Auferstehung und Himmelfahrt arbeitete er sich in der Jerusalemer Urgemeinde nach oben und übernahm, nach der Hinrichtung seines Namensvetters Jakobus des Älteren, des Bruders Johannes' des Evangelisten (s. S. 122), und der Flucht des Petrus (s. S. 212) um 44 n. Chr. die Führung der neuen jüdischen Glaubenssekte. Paulus (s. S. 206) selbst rühmt ihn neben Johannes und Petrus als eine der »Säulen der Gemeinde«, und beim ersten Apostelkonzil um 48 n. Chr. spielt Jakobus den Moderator zwischen jenen, die dem Judentum auf ganzer Linie treu bleiben wollen, und jenen, die es den Heiden vorbehaltlos öffnen wollen.

Vieles spricht dafür, dass Jakobus ursprünglich für Jesus, seinen »Bruder« (was freilich einen Halb- oder Stiefbruder oder Vetter meinen kann), kein Verständnis hatte und der Opposition gegen ihn in Familie und Heimatstadt angehörte. Das Jesuswort »Wer Gottes Willen tut, der ist mein Bruder und meine Schwester und meine Mutter« ist ebenso ausdrücklich gegen seine leiblichen Verwandten gerichtet wie der Merksatz »Ein Prophet gilt nirgends weniger als in seinem Vaterland und bei seinen Verwandten und in seinem Hause«, den Jesus bei einem Besuch in Nazareth äußert. »Denn auch seine Brüder glaubten nicht an ihn«, vermerkt das Johannesevangelium. Erst die Erscheinung des Auferstandenen belehrte Jakobus eines Besseren, wenn man Paulus' erstem Korintherbrief glauben darf. Dass ihm danach eine besondere Rolle unter den Urchristen zu-

■ Maria mit Kind, Jakobus (links) und Augustinus. Gemälde, 1494, von Pietro Perugino. Cremona, Kirche S. Agostino

kam, macht Petrus nach seiner wunderbaren Befreiung aus dem Gefängnis deutlich, indem er allein ihn mit Namen nennt: »Verkündet das dem Jakob und den Brüdern!«

Die Christengemeinde in Jerusalem hatte zu jener Zeit heftige äußere und innere Kämpfe zu bestehen. Sie musste den konservativen Pharisäern trotzen, sah sich dem Misstrauen des Hohen Rats, des Synedriums, ausgesetzt und hatte sich der Verfolgung durch Herodes zu erwehren, der sich, weil ihn das Volk nicht als richtigen Juden akzeptierte, durch besonderen Glaubenseifer beliebt zu machen versuchte. Innerhalb der Gemeinde gab es eine Kontroverse über das Verhältnis zwischen Juden und Heiden: Jakobus als Wortführer der Gemeinde erwartete von den Judenchristen die treue Befolgung des mosaischen Gesetzes, billigte aber, dass die Heidenchristen – also die von außerhalb des Judentums zum Christentum Gekommenen – keine Beschneidung vornehmen lassen müssen. Damit fand er einen ersten Kompromiss zwischen der harten Linie des Petrus, der auf strenge Erfüllung der jüdischen Regeln für jedermann pochte, und der offenen Haltung des Paulus, der als unter Griechen aufgewachsener Auslandsjude das Christentum allen Menschen offen halten und möglichst wenige Einschränkungen machen wollte. Dabei konnte sich Jakobus auf Jesus berufen, der sich trotz aller Verstöße gegen die starren Vorschriften der Tempelpriesterschaft kaum als Stifter einer neuen Religion sah: »Ihr sollt nicht wähnen«, so seine Worte im Matthäusevangelium, »dass ich gekommen bin, das Gesetz oder die Propheten aufzulösen; ich bin nicht gekommen aufzulösen, sondern zu erfüllen.«

Jakobus, der als einziger der Christen das Heiligtum des Tempels betreten durfte und also priesterlicher Herkunft gewesen sein muss, gewann durch seine anpassungsfähige Politik viele Juden für die Lehre Jesu. Sein Wohlwollen gegenüber dem Judentum brachte ihm sogar den Beinamen »der Gerechte« ein. Nichtsdestoweniger verstärkte sich mit dem Wachsen der Gemeinde die Feind-

JAKOBUS D. J.

In den Apostellisten steht Jakobus der Jüngere weit hinten, und über ihn ist nur bekannt, dass er ein Sohn des Alphäus war. Sein Beiname verdankt sich wohl weniger seinem Alter als der Rangfolge unter den Jüngern: Jakobus der Ältere wurde vor ihm berufen und hatte mehr zu sagen.

■ Die Marter des Apostels Jakobus d. Ä. Buchmalerei, um 1455, aus dem Stundenbuch von Étienne Chevalier

schaft der Hohenpriester und vieler strenggläubiger Pharisäer. Zu Ostern des Jahres 62 war es so weit. Bis dahin hatten die Römer Übergriffe zu verhindern gewusst; doch nun war der Sitz des Prokurators vakant, und der Hohepriester Ananias nutzte das Machtvakuum zum Schlag gegen die Christen. Jakobus wurde verhaftet, von der Tempelzinne gestoßen und von einem Tuchwalker mit der Walkerstange erschlagen. Paulus, der nach seiner dritten Missionsreise ebenfalls in Jerusalem weilte, kam nur davon, weil er sich auf sein römisches Bürgerrecht berufen konnte und deshalb über Cäsarea nach Rom zur weiteren Urteilsfindung geschafft werden musste.

Mit dem Tod des Jakobus und dem Exil des Paulus war die Jerusalemer Gemeinde führungslos. Als nach der Niederschlagung des jüdischen Aufstands durch Rom im Jahre 70 der Tempel zerstört wurde und Jerusalem für die Juden fortan gesperrt war, spielte das Christentum, zumal in der Auslegung des Jakobus, endgültig keine Rolle mehr in seinem Stammland. Die weitere Geschichte wurde von den über das Römische Reich verstreuten Christengemeinden geschrieben, wo insbesondere Paulus den Samen des neuen Glaubens gesät hatte.

Was aber, wenn nicht Paulus, sondern Jakobus sich durchgesetzt hätte? Dann wäre das Christentum vielleicht eine jüdische Sekte geblieben und bereits im Altertum, beispielsweise um das Jahr 70, von der Bildfläche verschwunden, ohne dass es jemand groß bemerkt hätte. Es wäre allenfalls als Fußnote in den Geschichtsbüchern und Religionswerken vermerkt. Nichts sonst würde an Jesus erinnern, nicht einmal der Kalender: Wir würden die Jahre nicht nach Christi Geburt, sondern eher »ab urbe condita« zählen, nach der mythischen Gründung Roms 753 Jahre zuvor – oder sogar nach dem jüdischen Kalender leben.

JAKOBUS D. Ä.

Jakobus der Ältere zählte mit Johannes, seinem Bruder, und Petrus zum Führungskreis der Jünger Jesu. Bei der Christenverfolgung unter Herodes Agrippa I. wurde er um 44 n.Chr. mit dem Schwert hingerichtet. Dass er zuvor in Spanien missioniert habe, ist nur Legende; ebenso unbewiesen ist, dass seine Gebeine um 70 n. Chr. auf den Sinai gebracht und später vor den Arabern nach Nordspanien gerettet worden seien. Später fand sie dort ein Bischof, von einem Sternenlicht geleitet, auf einem Feld wieder und ließ eine Kirche für die Reliquien erbauen: die Jakobskirche in Santiago de Compostela.

# JAKOBUS DER »HERRENBRUDER«

BRUDER JESU CHRISTI

## DATEN UND FAKTEN

**Daten:** geb. nach dem Jahr 1 in Nazareth, Galiläa (?); gest. im Jahr 62 in Jerusalem
**Festtage:** 3. Mai (orthodox: 23. Oktober; Sonntag nach Weihnachten; 4. Januar; anglikanisch: 1. Mai)
**Namensbedeutung und -varianten:** »Gott möge schützen«, aber auch »Fersenhalter« = »Betrüger« (hebr.); Jacques, Jacopo, Giacomo, Lapo, Jaime, Diego, James, Jim
**Wirkungsstätten:** Israel, Palästina
**Orte der Verehrung:** Ancona (Kopfreliquie); Pella, Griechenland (Grabstätte?)
**Quellen:** Matthäus 13,55; Markus 6,3; Johannes 7,3–10; 1. Brief an die Korinther, 15,7; Brief an die Galater 1,19; Brief an die Römer 15,30–32; Apostelgeschichte; Thomasevangelium (Apokryphen); Berichte des Flavius Josephus (1. Jh.), des Hegesippus (2. Jh.), des Clemens von Alexandria (2. Jh.) und des Eusebius (4. Jh.)
**Als Autor (?):** Jakobus-Brief im Neuen Testament, die *Erste Apokalypse des Jakobus* und das sog. Protoevangelium des Jakobus (2. Jh.)
**Attribute und Darstellung:** Walkerstab oder -keule (Marterinstrument), Buch oder Schriftrolle (der Jakobus-Brief); als kirchlicher Würdenträger mit Bart (erster »Bischof« von Jerusalem); als leiblicher Bruder Jesu, mit ähnlichen Gesichtszügen; manchmal mit dem Propheten Haggai und den Worten »Credo in Spiritu Sanctu« (»Ich glaube an den Heiligen Geist«); selten als Kind mit einer Spielzeugmühle; Szene, wie er von den Zinnen des Jerusalemer Tempels gestoßen wird
**Patronate:** Tuchwalker, Sterbende (weil er nach seinem Sturz von den Tempelzinnen sterbend seinen Peinigern vergab)
**Brauchtum und Verehrung:** Eine Bauernregel lautet: Philip und Jakobus nass, macht dem Bauern großen Spaß – ein verregneter 3. Mai verheißt also eine gute Ernte.
**Kunst:** Anonymus, Darstellungen im *Prüfeninger Apostelleben* (1170/80), Bayerische Staatsbibliothek, München; Anonymus, Skulptur an der Kathedrale von Chartres (13. Jh.); Donauschule, Tafelbild *Martyrium des Jakobus* (1518), Staatsgalerie, Stuttgart
**Literatur:** Denis Diderot, *Jacques, der Fatalist, und sein Herr*, Roman von 1796; Peter Rosegger, *Jakob der Letzte. Eine Waldbauerngeschichte*, Roman von 1888; Dorothy Clarke Wilson, *The Brother*, Roman von 1950; Norbert Scholl, *Mein Bruder Jeshua. Erinnerungen des Jakobus an die Zeit in Galiläa und Jerusalem*, Roman von 2001; Nikolaus Glattauer, *Jakobus, Stiefsohn Gottes*, Roman von 2002; Anne Rice, *Christ the Lord. Out of Egypt*, Roman von 2005
**Musik:** Andrew Lloyd Webber und Tim Rice, *Jesus Christ Superstar*, Musical von 1970
**Wissenswertes:** Als Brüder Jesu werden im Markusevangelium (6,3) Jakobus, Joses, Judas und Simon genannt; die katholische Kirche deutet das griechische Wort für »Bruder« jedoch lieber als »Cousin«, um an der ewigen Jungfräulichkeit Marias keinen Zweifel aufkommen zu lassen. Für dieses Problem findet die orthodoxe Tradition eine elegante Lösung: Danach sollen Jakobus und die drei anderen Söhne Josephs sein, aus erster Ehe mit einer gewissen Solomonia. Damit wäre Jakobus ein Halbbruder Jesu – und Maria eine ewige Jungfrau. In den 1980er Jahren wurde in Silwan bei Jerusalem ein Ossuarium (Graburne) »entdeckt«, das mit der Inschrift »Jakobus, Sohn des Joseph, der Bruder von Jeschua« versehen war. Es verschwand im Besitz eines Sammlers, doch 2002 wurde seine Existenz bekannt gegeben und verursachte einen gewaltigen Medienrummel – war das der archäologische Beweis für die Existenz Jesu Christi? Nein, sagt die Wissenschaft heute; vieles spricht dafür, dass es sich um eine Fälschung handelt.

## AUF DEN PUNKT GEBRACHT

Als Bruder oder Halbbruder Jesu fällt ihm die Leitung der Urgemeinde in Jerusalem zu. Sein Wirken markiert eine Zwischenstation auf dem Weg des Christentums von einer jüdischen Sekte zum selbständigen Glauben, der allen offen steht.

## EMPFEHLUNGEN

**Lesenswert:**

Wilhelm Pratscher: *Der Herrenbruder Jakobus und die Jakobustradition*, Göttingen 1987

Martin Hengel: *Paulus und Jakobus*, Tübingen 2002

# *Jeanne d'Arc*
## *Eine Frau steht ihren Mann*

■ Jeanne d'Arc. Szenenphoto aus dem Film *Jeanne d'Arc* von Luc Besson mit Milla Jovovich als Johanna von Orléans

»Gott und die Jungfrau!« Mit diesem Schlachtruf stürmen die Franzosen die feindlichen Stellungen und verjagen die Engländer unter lautem Waffengetöse, mit donnerndem Trommelwirbel und schmetternden Trompeten. Ihr Anführer, der mit dem Banner furchtlos voranstürmt, trägt Helm und Brustpanzer, ist sonst aber – weiblich gekleidet: Es ist kein Mann, es ist eine Frau, die die Franzosen von Sieg zu Sieg führt, es ist Jeanne d'Arc, die »Jungfrau von Orléans«.

So brachte Friedrich Schiller sie 1801 auf die Bühne. Und der Weimarer Klassiker und zeitweilige Jenaer Geschichtsprofessor dürfte nicht ganz Unrecht haben mit dem Bild, das er von der französischen Nationalheldin zeichnet, die durch ihr kühnes Eingreifen die Wende im Hundertjährigen Krieg gegen England erzwingt.

1429 liegt Frankreich darnieder. Bereits seit 1339 versucht das englische Königshaus, seinen Anspruch auf den französischen Thron mit Waffengewalt durchzusetzen. Darüber hinaus bekriegen sich die verfeindeten französischen Häuser Orléans und Burgund, wobei die Burgunder gemeinsame Sache mit England machen. Obendrein kommt es zu Aufständen der unter den Plünderungen und Verwüstungen leidenden Bürger und Bauern. Es herrschen Krieg, Bürgerkrieg und Chaos. 1429 treibt die Krise dem Höhepunkt zu. Die Engländer haben Paris genommen, den rechtmäßigen Thronanwärter Karl vertrieben, Nordfrankreich bis zur Loire unter ihre Gewalt gebracht und belagern nun Orléans. »Allerorten lässt der Engelländer / Sein sieghaft Banner fliegen, seine

*Ich will alles befolgen, was die Richter der Kirche sagen und verfügen. Ich will ihrem Befehl und Willen gehorchen. Da die Geistlichen sagen, dass meine Erscheinungen und Offenbarungen weder aufrechtzuerhalten noch zu glauben sind, so will ich sie nicht aufrechterhalten. Ich überlasse mich gänzlich dem Urteil der Richter und unserer heiligen Mutter, der Kirche.*

Jeanne d'Arc bei der Abschwörung von Ketzerei und Zauberei vor der Abtei Saint-Ouen von Rouen, 24. Mai 1431

Rosse / Zerstampfen Frankreichs blühende Gefilde«, dichtet Schiller. »Der Enkel unsrer Könige muss irren / Enterbt und flüchtig durch sein eignes Reich«, und die Lage scheint aussichtslos.

Doch da geschieht Wundersames: Ein Bauernmädchen in Männerkleidung erscheint am Königshof in Chinon, dringt bis zu Karl vor und bietet ihm seine Dienste an. Der ist erstaunt, auch belustigt – anders als es Schiller schildert, wo sie den Thronanwärter schnell in ihren Bann zieht. Karl lässt den seltsamen Gast erst einmal von Ärzten untersuchen und von Theologen prüfen, und seine eigene Mutter kontrolliert, ob Jeanne, die sich stolz den Beinamen »la pucelle«, die Jungfrau, gibt, das rechtens tun darf. Dann endlich, zu verlieren hat er ohnehin nichts mehr, übergibt er ihr Rüstung und Kriegsross und teilt sie seinem Heer zu.

Das Wundersame steigert sich zum Wunder: Mit einem Schwert und einer weißen, mit Lilien – dem Symbol der Muttergottes und des unter ihrem Patronat stehenden Königtums von Frankreich – bestickten Fahne zieht Jeanne an der Spitze begeisterter Scharen nach Orléans, das am 8. Mai 1429 befreit wird.

Wie im Rausch stürmen Frankreichs Ritter mit ihr weiter von Sieg zu Sieg: Auxerre wird zurückerobert, Troyes und Châlon fallen, und nach dem Sieg von Patay am 18. Juni 1429 ist die alte Krönungsstadt Reims frei. Am 17. Juli 1429 kann Karl in der Kathedrale endlich die Königsweihe empfangen, und neben ihm steht sie, der er diesen Triumph verdankt: Jeanne d'Arc. Mit siebzehn Jahren ist sie auf dem Höhepunkt ihres Lebens angelangt.

»Frankreich steigt, / Ein neu verjüngter Phönix, aus der Asche, / Uns lächelt eine schöne Zukunft an«, heißt es bei Schiller (und dabei mag der Dichter auch an das damals darniederliegende, uneinige Deutschland gedacht haben). Tatsächlich ist das große Kriegsglück fortan auf französischer Seite: Bis 1453 verlieren die Engländer, mit Ausnahme von Calais, das aber 1558 auch an Frankreich geht, alle Besitzungen auf dem Festland. Doch das erlebt Jeanne d'Arc nicht mehr. Ihr Stern beginnt bereits in der zweiten Hälfte des

■ Idealbildnis der Jeanne d'Arc. Pastell, undatiert, von Charles Amable Lenoir (1860–1926). Paris, Bibliothèque Nationale

*Gott hat mir durch die heilige Katharina und die heilige Margareta den großen Jammer meines Verrats zu wissen getan, in den ich mit meiner Abschwörung gewilligt habe, um mein Leben zu retten. Alles, was ich getan habe, war aus Angst vor dem Feuer. Dass ich widerrufen habe, war wider die Wahrheit.*

Jeanne d'Arc bei einem Nachverhör am 28. Mai 1431

Jahres 1429 zu sinken. Für den König hat sie ihre Pflicht erfüllt, sie kann gehen. Das Land braucht eine Pause. Ihr Schwung scheint zu erlahmen: Nicht jedes Gefecht endet mehr mit einem Sieg. Vor Paris wird Jeanne d'Arc verwundet, und am 23. Mai 1430 gerät sie bei einem Scharmützel nahe Compiègne in burgundische Gefangenschaft. Die Burgunder verkaufen sie für viel Geld an die Engländer, die sie wiederum der Inquisition übergeben. Für die königstreuen Franzosen mag Jeanne d'Arc eine von Gott gesandte Freiheitskämpferin sein, doch ihre Feinde sehen in ihr natürlich das Werkzeug des Teufels. Der Ketzerei und Zauberei angeklagt, blickt sie dem Tod entgegen. Sie ist gerade einmal neunzehn Jahre alt.

1412 war sie in Domrémy zur Welt gekommen, einem kleinen Ort an der Maas nahe Nancy. »Ich bin nur eines Hirten niedre Tochter«, lässt Schiller sie sagen, »und hütete die Schafe meines Vaters / von klein auf«: In Wirklichkeit wurde sie in eine begüterte Bauernfamilie hineingeboren, ihr Vater Jacques Tarc, wie er seinen Nachnamen schreibt, ist Bürgermeister. Die Sehnsucht nach Frieden, nach Befreiung von den englischen Eindringlingen, nach einem starken König erfüllt die Einwohner des von den Kriegsläuften nicht verschonten Dorfes – damit wächst Jeanne auf. Mit dreizehn Jahren vernimmt sie erstmals eine Stimme, die sie anfangs zur Sittsamkeit und zum Kirchenbesuch ermahnt, sich bald fest mit Erscheinungen der heiligen Katharina von Alexandria (s.S. 144), der heiligen Margareta und des Erzengels Michael (s.S. 184), des französischen Nationalpatrons, verbindet und sie aufruft, Frankreich zu befreien. Endlich, 1429, gebietet ihr die Stimme, Orléans zu befreien, dem jungen Karl auf den Thron zu

■ Außenansicht des Geburtshauses der Jeanne d'Arc in Domrémy, Lothringen. Stahlstich, um 1830.
Über der Eingangstür des Hauses hängen noch heute die Waffen, mit denen Jeanne d'Arc die Franzosen in die siegreichen Schlachten geführt haben soll.

helfen und Frankreichs Feinde zu verjagen. Heimlich rückt sie von zuhause aus und reitet bis nach Chinon, zu Karl. Damit nehmen die wundersamen Ereignisse ihren Lauf.

»Wir sind nicht von Menschen / Besiegt, wir sind vom Teufel überwunden«, tröstet sich in Schillers Drama der Herzog von Burgund, der Verbündete der Engländer. Was ist das auch für eine Frau! Nicht genug, dass sie aus englischer Sicht auf der falschen Seite kämpft, auch sonst steht sie quer zu ihrer Zeit: Sie macht den Männern das Monopol auf Kampf und Krieg streitig, erkennt das Privileg der Kirchenleute, allein mit Gott in Kontakt treten zu dürfen, nicht an und hält über ihre Stimmen eine eigene Verbindung zum Allerhöchsten. Als Bauernmädchen schafft sie es bis an die Seite des Königs und durchbricht so die Standesschranken. Das konnte nicht mit rechten Dingen zugehen.

Zermürbt von der Haft, den Verhören und den Gerichtsverhandlungen gibt Jeanne d'Arc schließlich klein bei: Um dem Feuertod zu entgehen, schwört sie am 24. Mai 1431 der angeblichen Ketzerei und Zauberei ab. Doch das Gericht begnadigt sie lediglich zu lebenslanger Haft, verurteilt sie wörtlich »zur Übung heilsamer Buße zu dauerndem Kerker beim Brot des Schmerzes und beim Wasser der Traurigkeit«, wie es in den Prozessakten steht. Angesichts dieses Schicksals widerruft Jeanne d'Arc ihre Aussage und trotzt ihren Anklägern mit den im Protokoll der Verhandlung vom 28. Mai 1431 festgehaltenen Worten: »Ich will lieber sterben als in Fesseln sein!« Daraufhin wird sie zum Tod verurteilt und stirbt am 30. Mai 1431 auf dem Marktplatz von Rouen auf dem Scheiterhaufen. Der Legende zufolge stieg eine weiße Taube aus den Flammen zum Himmel empor. Die Asche der Jungfrau streute man in die Seine.

■ Jeanne d'Arc beim Verhör durch den Kardinal von Winchester in ihrer Zelle. Gemälde, 1824, von Paul Delaroche (1797–1836). Rouen, Musée des Beaux-Arts.

»Ich habe nichts getan, was mir nicht durch Offenbarung aufgetragen wurde«, so Jeanne d'Arc in der zweiten öffentlichen Sitzung des Prozesses am 22. Februar 1431.

»Ich würde lieber sterben als das, was mir Unser Herr zu tun gebot, zu widerrufen.«
Im achten Sonderverhör im Gefängnis am 17. März 1431.

■ Das Martyrium der Jeanne d'Arc. Holzstich, koloriert, um 1860. Bilderbogen, Épinal. Der Legende nach bemerkte der Sekretär des englischen Königs noch an Jeannes Todestag den fatalen Fehler, den man mit ihrer Hinrichtung begangen hatte; verzweifelt soll er gerufen haben: »Wir sind alle verloren, denn wir haben eine Heilige verbrannt!«

Bei Schiller fällt Johanna auf dem Schlachtfeld. Der König und ausgerechnet der Herzog von Burgund halten die tödlich Verwundete in ihren Armen. Mit den Worten »Kurz ist der Schmerz, und ewig ist die Freude« entfällt ihr die Fahne, und »sie sinkt tot darauf nieder. – Alle stehen lange in sprachloser Rührung. – Auf einen leisen Wink des Königs werden alle Fahnen sanft auf sie niedergelassen, dass sie ganz davon bedeckt wird.« Ein pathetisches Ende, gestaltet mit dichterischer Freiheit und wider besseres Geschichtswissen; aber es passte zu dem Ruf, den Jeanne d'Arc schon zu Lebzeiten erwarb, und zu dem Mythos, der sich nach ihrem Tod entwickelte. Nachdem die Engländer endgültig verjagt sind, wird das Urteil schließlich aufgehoben und Jeanne d'Arc in allen Punkten für unschuldig erklärt. Erst 1920 – nachdem Frankreich in einem neuerlichen schweren Existenzkampf gesiegt hatte – wird sie heilig gesprochen.

# JEANNE D'ARC

MÄRTYRERIN

## DATEN UND FAKTEN

**Daten:** geb. 6. Januar 1412 in Domrémy; gest. 30. Mai 1431 in Rouen; Heiligsprechung am 16. Mai 1920 durch Papst Benedikt XV.
**Festtage:** 30. Mai; in Frankreich gedenkt man der Nationalheiligen auch am ersten Sonntag nach Christi Himmelfahrt
**Namensbedeutung und -varianten:** »Geschenk Gottes« (hebr.); Johanna, Joan, Hanna, Giovanna, Juana, Janet
**Wirkungsstätte:** Frankreich
**Orte der Verehrung:** Jeannes Geburtshaus und ihre Taufkirche in Domrémy (Wallfahrtsstätten); Kirche Sainte-Jeanne-d'Arc in Rouen
**Quellen:** Prozessakten aus dem Jahr 1431 (veröffentlicht 1841)
**Attribute und Darstellung:** Schwert und Banner; als sehr junges Mädchen in Rüstung, oft zu Pferd
**Patronate:** Telegraphie, Rundfunk; Politikerinnen; Orléans, Rouen; Frankreich
**Brauchtum und Verehrung:** Orléans feiert seine Befreierin alljährlich mit einem mehrtägigen Fest; es beginnt am 29. April mit dem Einzug Jeannes in die fahnengeschmückte Stadt, hat am 7. Mai seinen Höhepunkt, wenn der Bürgermeister das Stadtbanner an den Bischof übergibt, und endet am 8. Mai mit einem großen Straßenumzug.
**Kunst:** Jean Auguste Dominique Ingres, *Jeanne d'Arc bei der Krönung Karls VII.* (1854), Louvre, Paris; Paul Dubois, Standbild in der Kathedrale von Reims (1888); Reiterstandbild auf dem Place du Martroi in Orléans (19. Jh.)
**Literatur:** Christine de Pisan, *Ditié de Jeanne d'Arc*, Preisgedicht von 1429; François Villon, *Dames du temps jadis*, Dichtung von 1461; William Shakespeare, *Heinrich VI.*, Schauspiel von 1592 (Figur der Johanna); François-Hédelin d'Aubignac, *Die Jungfrau von Orléans*, 1642; Voltaire, *Die Jungfrau von Orléans*, Gedicht von 1759; Friedrich Schiller, *Die Jungfrau von Orléans. Eine romantische Tragödie* von 1801; Alexandre Dumas, *Jeanne la Pucelle*, Roman von 1842; Mark Twain, *Personal Recollections of Joan of Arc*, Roman von 1896; George Bernard Shaw, *Die heilige Johanna. Dramatische Chronik* von 1924; Bertolt Brecht, *Die heilige Johanna der Schlachthöfe*, Schauspiel von 1932; Jean Anouilh, *Jeanne oder die Lerche*, Schauspiel von 1953; Felicitas Hoppe, *Johanna*, Roman von 2006
**Musik:** Rodolphe Kreutzer, *Jeanne d'Arc in Orléans*, Oper von 1790; Giuseppe Verdi, *Giovanna d'Arco*, Oper von 1845; Arthur Honegger, *Johanna auf dem Scheiterhaufen*, Dramatisches Oratorium von 1938
**Wissenswertes:** Als Jeanne d'Arc der Zauberei angeklagt wurde, waren Hexenprozesse noch ein relativ neues Phänomen; im »finsteren Mittelalter« wurde zwar gelegentlich jemand verdächtigt, Schadenzauber angewandt zu haben, doch weder gab es den Sammelbegriff der Hexerei, noch wurden Hexen systematisch verfolgt. Erst an der Schwelle zur Neuzeit, in der Mitte des 15. Jhs., kam es gehäuft zu Hexenprozessen. Im Gegensatz zum Inquisitionsprozess folgte der Hexenprozess keinen festen Regeln: Die Verteidigung war eingeschränkt, und auch Komplizen waren als Zeugen der Anklage zugelassen. Damit war der Willkür Tür und Tor geöffnet.

## AUF DEN PUNKT GEBRACHT

Eine Frau als Kriegerin, ein Bauernmädchen an der Seite des Königs: Jeanne d'Arc, die sich von Gott berufen fühlt, bringt die Wende im Hundertjährigen Krieg zwischen England und Frankreich und muss dafür, als der Feind sie fasst, mit dem Leben bezahlen.

## EMPFEHLUNGEN

**Lesenswert:**

Heinz Thomas: *Jeanne d'Arc. Jungfrau und Tochter Gottes*, Berlin 2000

Herbert Nette: *Jeanne d'Arc*, Reinbek 2000

Georges und Andrée Duby: *Die Prozesse der Jeanne d'Arc*, Berlin 1999

**Hörenswert:**

Anna Seghers: *Der Prozess der Jeanne d'Arc zu Rouen 1431.* Hörspiel von 1937

**Sehenswert:**

*Johanna von Orléans.* Regie: Luc Besson; mit Milla Jovovich, John Malkovich, Faye Dunaway, Dustin Hoffman. F 1999

*Johanna von Orléans.* Regie: Victor Fleming; mit Ingrid Bergman, José Ferrer. USA 1948

# Johannes der Evangelist
## Der Lieblingsjünger

■ Johannes der Evangelist. Buchmalerei aus dem Guntbald-Evangliar, 1011. Hildesheim, Dommuseum

Ob französisch Jean, russisch Iwan, finnisch Juha oder englisch John: Der Name des Apostels und Evangelisten Johannes ist in den christlichen Ländern einer der beliebtesten und auch in der weiblichen Form als Johanna, Jeanne oder Iwanka populär. In Deutschland hieß zeitweise jeder dritte Mann Hans oder Johann. Mit gutem Grund: Johannes war einer der von Jesus bevorzugten Jünger. Mehrfach wird er als derjenige bezeichnet, »welchen Jesus lieb hatte«.

Zusammen mit seinem älteren Bruder Jakobus und Petrus (s. S. 212) gehörte er zum inneren Kreis der Jüngerschar. Des Öfteren treten die drei namentlich hervor, so bei der Auferweckung der Tochter des Synagogenvorstehers Jairus, bei der Verklärung Jesu auf dem Berg Tabor, wo dem Heiland Moses und Elias erscheinen, bei der Vorbereitung des Letzten Abendmahls sowie in Gethsemane. Manchmal schießt Johannes übers Ziel hinaus: Gemeinsam mit Jakobus wünscht er den Samaritern, »dass Feuer vom Himmel falle und sie verzehre«, weil sie Jesus keine Gastfreundschaft erwiesen; ihr sprichwörtlicher Feuereifer trägt den beiden durch Jesus den Spitznamen »Donnersöhne« ein. Doch Johannes legt auch Mut an den Tag: Gemeinsam mit Petrus folgt er dem gefangenen Jesus, wagt sich allein in den Palast des Hohenpriesters und führt dann den zaudernden Petrus hinein. Als einziger Jünger traut er sich nach Golgatha, wo ihm der Gekreuzigte die Sorge für seine Mutter überträgt, und wird Zeuge von Jesu Kreuzestod. Am Ostermorgen bezeugt er, nun wieder mit Petrus, am leeren Grab die Auferstehung, und am See Tiberias ist er der Erste, der in dem fremden Mann am Ufer den Auferstandenen erkennt und ruft: »Es ist der Herr!«

Am bekanntesten aber ist die Szene beim Letzten Abendmahl. Als Jesus ankündigt: »Einer unter euch wird mich verraten«, wird den Jüngern bange; erschüttert wirft Johannes sich ihm an die Brust und fragt: »Herr, wer ist's?« Seinem Herrn so nahe zu treten, kam nur einem Nahestehenden zu. In der Tat soll Johannes'

Mutter Salome eine nahe Verwandte Marias (s. S. 166) gewesen sein. Wohl deshalb hielten es Johannes und Jakobus für angemessen, die höchsten Posten im kommenden Gottesreich zu fordern: Jesus solle den einen zu seiner Linken, den anderen zur Rechten seines Thrones sitzen lassen – ein ehrgeiziges Ansinnen, das ihr Meister zurückweist. Vielleicht dünkten sie sich auch deshalb besser als andere, weil sie Söhne eines vermögenden Fischers am See Genezareth waren, der sogar Tagelöhner beschäftigte (was sowohl das Matthäus- wie das Markusevangelium berichten).

Fischer am See Genezareth war auch Petrus: Gemeinsame Herkunft und gemeinsamer Beruf trugen sicher zu ihrem engen Band bei, das auch nach Jesu Himmelfahrt Bestand hatte. In der Jerusalemer Urkirche, zu deren erstem Leiter Jakobus aufsteigt, bilden sie den Führungskreis. Jakobus wird während der Christenverfolgungen unter Herodes Agrippa I. (37–44) hingerichtet. Johannes, der zweimal verhaftet wird, wendet sich mit Petrus nach Samaria, wo sich eine erste Gemeinschaft von Christen gebildet hat, und nimmt im Jahr 51 am Apostelkonzil in Jerusalem teil. Danach lässt er sich – laut einer Legende: mit Maria – in Ephesus nieder. Unter Kaiser Domitian (81–96) auf die Insel Patmos verbannt, kehrt Johannes nach dem Tod des Herrschers nach Ephesus zurück. Dort wählt man ihn zum Nachfolger des Bischofs Timotheus, des einstigen Begleiters des Paulus. Um das Jahr 100 stirbt Johannes hochbetagt in Ephesus. Er, wohl der jüngste der Apostel, dürfte mindestens neunzig Jahre alt geworden sein.

Nicht die Bibel, wohl aber Legenden schmücken dieses erfüllte Leben weiter aus. Eine Sage behauptet, Kaiser Domitian habe Jo-

DAS EVANGELIUM

Die Evangelien (von griechisch »evangelion«: »Botschaft«) berichten vom Leben Jesu und dessen Bedeutung, die in der Botschaft vom kommenden Reich Gottes besteht. Für die Nachgeborenen und die wachsenden, weithin verstreuten Gemeinden mussten die umlaufenden mündlichen Berichte fixiert werden. Das Matthäusevangelium musste erst ins Griechische übersetzt werden.

■ Das Abendmahl. Gemälde, 1630, von Valentin de Boulogne. Rom, Galleria Nazionale Palazzo Barberini.
Johannes hat seinen Kopf vor Jesus auf den Tisch gelegt.

■ Johannes auf Patmos. Gemälde, um 1479, von Hans Memling. Brügge, Memlingmuseum

hannes nach Rom schaffen lassen. Dort habe man die Todesstrafe gegen ihn verhängt und ihn in einen Kessel siedenden Öls geworfen. Das Öl aber verwandelte sich in Wasser, und Johannes entstieg dem Wannenbad als Jüngling. Eine andere Legende erzählt vom Artemispriester Aristodemus (oder Abdias) in Ephesus. Dort fürchteten die Goldschmiede, die viel Geld am Verkauf von Amuletten verdienten, um ihr Geschäft wegen des sich ausbreitenden Christentums. Johannes sollte deshalb demonstrativ der Artemis opfern. Als er sich weigerte, wurde er zum Tod verurteilt und sollte einen Becher Gift leeren. Zwei Männer wurden auf diese Weise vor seinen Augen hingerichtet. Johannes aber trank das Gift ohne Schaden. Obendrein erweckte er die beiden Toten wieder zum Leben. Daraufhin bekehrte sich der Heidenpriester.

Nicht nur als Apostel, auch als Autor steht Johannes an herausgehobener Stelle: Unter seinem Namen sind mehrere Teile des Neuen Testaments überliefert. Das Johannesevangelium dürfte tatsächlich von ihm stammen oder zumindest von Gemeindemitgliedern in Ephesus nach seinen Berichten niedergeschrieben worden sein. Auch der erste Johannesbrief ist mit Sicherheit, die anderen beiden sind wahrscheinlich von ihm. An der Apokalypse scheiden sich die Geister; doch dass die Sprache eine andere ist als die des Evangeliums, könnte an dem ganz anderen Stoff liegen, und manche Stilfiguren und typische Begriffe zeigen gleichwohl eine Nähe zu den Briefen und dem Evangelium. Ein Text dieser Art, der die Kämpfe und schließlich den Sieg des Christentums schildert, könnte gut während der Verbannung auf Patmos entstanden sein.

Johannes prägte klassische Ausdrücke wie den vom »Lamm Gottes«, den er mehrfach im Evangelium gebraucht und der in der Offenbarung wiederkehrt. Ebenso bekannt ist der von Literaten gern zitierte erste Satz seines Evangeliums: »Im Anfang war das Wort.« Ob Johannes höchstpersönlich diesen Satz niederschrieb oder vielleicht doch ein das Griechische meisterlich beherrschender Schüler, steht dahin. Er selbst soll im hohen Alter nicht mehr gesagt haben als: »Kindlein, liebet einander!« Als man ihm die Schlichtheit dieser Worte vorhielt, erwiderte er: »Das ist das Gebot des Herrn, und wer es hält, tut genug.« Damit hatte der Jünger, den Jesus lieb hatte, wohl nicht Unrecht.

### DIE ANDEREN EVANGELISTEN

Markus könnte jener Jünger gewesen sein, der bei Jesu Gefangennahme nackt flieht (Mk 14,51); er zählte zur Jerusalemer Urgemeinde, war Missionshelfer des Paulus und traf Petrus in Rom. Matthäus war einer der Zöllner, die Jesus berief; als Judenchrist wollte er Christus als den vom eigenen Volk verkannten Messias schildern und das Selbstbewusstsein der Christen gegenüber den Juden stärken: daher die judenfeindlichen Züge seines vermutlich auf Aramäisch abgefassen Evangeliums. Lukas war Heidenchrist und Gehilfe des Paulus, Arzt und ein gebildeter hellenistischer Autor.

# JOHANNES DER EVANGELIST

## APOSTEL, VERFASSER DES 4. EVANGELIUMS

### DATEN UND FAKTEN

**Daten:** geb. um das Jahr 10 in Bethsaida, Galiläa (?); gest. um das Jahr 100 in Ephesus, Kleinasien (Türkei)
**Festtage:** 27. Dezember (Ostkirche: 15. Februar, 8. Mai, 26. September; »Ölwunder«: 6. Mai)
**Namensbedeutung und -varianten:** »Geschenk Gottes« (hebr.); John, Jean, Hans, Iwan, Jens
**Wirkungsstätten:** Israel, Palästina; Patmos; Kleinasien
**Ort der Verehrung:** Burghügel von Ephesus (Grabstätte?)
**Quellen:** alle vier Evangelien des Neuen Testaments; Apokryphen; *Legenda aurea;* als Autor (?) das Johannesevangelium, die drei Johannesbriefe und die Offenbarung
**Attribute und Darstellung:** Adler; Kelch mit Schlange, Ölkessel, Salbgefäß, Schreibfeder, Buch; als Jüngling oder als Greis; manchmal erscheint Johannes nicht nur mit dem Adler als Begleittier, sondern hat selbst einen Adlerkopf oder -schwingen
**Patronate:** Buchdrucker, Schriftsteller; Bildhauer, Maler; Winzer; Theologen; Freundschaft; gegen Brandwunden, Vergiftungen, Fußleiden, Epilepsie; gegen Hagel
**Brauchtum und Verehrung:** Am Johannistag wird in Weinbaugebieten bis heute die sog. »Johannesminne« praktiziert; nach der Segnung des Weins reicht der Priester den Gläubigen den Kelch mit den Worten: »Trinkt die Liebe des heiligen Johannes.« Dieser Brauch soll die Gesundheit an Leib und Seele bewahren und für Freundschaft und Frieden zwischen den Menschen sorgen.
**Kunst:** Anonymus, *Christus-Johannes-Gruppe* (um 1330), Staatliche Museen, Berlin; Fra Angelico, *Verklärung* (um 1440–46), Kloster San Marco, Florenz; Hans Memling, *Johannes auf Patmos* (um 1479), Memling-Museum, Brügge; Niccolò dell'Arca, *Beweinung Christi* (1485), Santa Maria della Vita, Bologna; Leonardo da Vinci, *Abendmahl* (um 1495–1498), Refektorium von Santa Maria delle Grazie, Mailand; Lucas Cranach d. Ä., *Klage unter dem Kreuz* (1503), Alte Pinakothek, München; El Greco, *Der hl. Johannes der Evangelist* (1606), Museo del Greco, Toledo
**Literatur:** Lord Byron, *The Vision of Judgment*, satirisches Gedicht von 1822; Hans Benzmann, *Eine Evangelienharmonie*, Epos von 1909; Renée Erdös, *Johannes der Jünger*, Drama von 1911; Jean-Paul Sartre, *Bariona oder der Sohn des Donners*, Drama von 1970
**Musik:** Wilhelm Kienzl, *Der Evangelimann*, Oper von 1895
**Wissenswertes:** In der Offenbarung beschreibt Johannes das Kommen des Jüngsten Gerichts; in sieben Sendschreiben an frühchristliche Gemeinden – möglicherweise eigene Gründungen des Apostels – warnt er vor den Strafen Gottes und schildert dann eindringlich den Untergang der »Hure Babel« und den Sieg über das »Tier«; der Antichrist wird bezwungen, und die Gerechten erleben ihre Auferstehung im himmlischen Jerusalem. Diese Apokalypse ist einzigartig in ihrer Bildhaftigkeit und Sprachgewalt, jedoch nicht in ihrer Form: Es handelt sich um eine literarische Textgattung, die mehrere frühchristliche Autoren aus der jüdischen Tradition übernommen und ihren missionarischen Zwecken angepasst haben.

### AUF DEN PUNKT GEBRACHT

Mit seinem Bruder Jakobus dem Älteren und Petrus zählte er zu den engsten Vertrauten Jesu. Er spielte eine führende Rolle in der Jerusalemer Urgemeinde und formte das entstehende Christentum als Apostel und vor allem als Autor mit.

### EMPFEHLUNGEN

**Lesenswert:**

Johannes Hemleben: *Johannes der Evangelist*, Reinbek 1972

Joachim Gnilka: *Johannesevangelium*, Würzburg 2004

Jürgen Roloff: *Die Offenbarung des Johannes*, Zürich 2001

Katharina Ceming, Jürgen Werlitz: *Die verbotenen Evangelien. Apokryphe Schriften*, Wiesbaden 2004

Kurt Erlemann: *Endzeiterwartungen im frühen Christentum*, Tübingen 1996

**Hörenswert:**

*Die Offenbarung des Johannes.* Regie: Karsten Klaue. Berlin 2003. Audio-CD

**Sehenswert:**

*Jesus von Nazareth.* Regie: Franco Zeffirelli; mit Robert Powell, Peter Ustinov, Claudia Cardinale. I/GB 1976

# *Johannes Nepomuk*
## *Volkes Liebling: ein Beamter*

■ Das Martyrium des heiligen Johannes Nepomuk. Die Verehrung des Johannes Nepomuk nahm in Bayern zum Teil ungewöhnliche Ausmaße an; das lässt sich zum Beispiel am Altar der Johanneskapelle im Dom zu Freising ablesen: Dort nimmt Johannes Nepomuk die zentrale Position ein, während Johannes der Täufer und Johannes der Evangelist ihn lediglich flankieren.

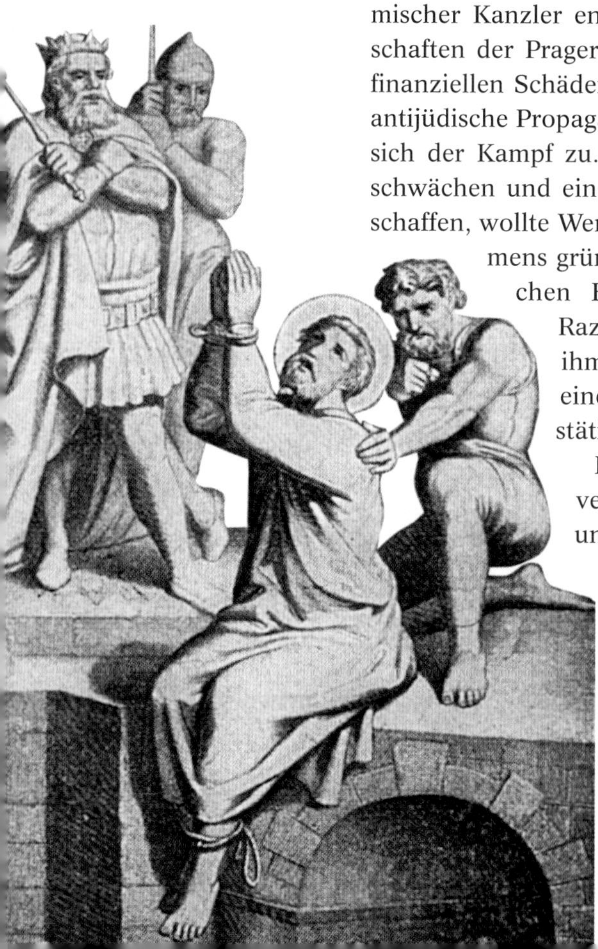

Jahr für Jahr zieht es die Touristen nach Prag, in die Goldene Stadt. Sie wandern durch die alten Gassen, steigen hinauf zum mächtigen Hradschin, besichtigen den gotischen Veitsdom und wandeln über die altehrwürdige Karlsbrücke, die sich seit Jahrhunderten über die Moldau spannt. Doch was heute von idyllischer Schönheit strahlt und nostalgischen Charme verströmt, war früher auch Schauplatz blutiger Auseinandersetzungen und grausamer Verbrechen. Zum Beispiel im 14. Jahrhundert.

König und Kirche rangen um Macht und Einfluss, um Geld und Besitz: Wenzeslaus IV. auf der einen Seite und Erzbischof Johann von Jenstein auf der anderen waren die Kontrahenten in einem brutalen Ringen, das einem gewissen Johann Nepomuk, seines Zeichens Generalvikar des Erzbischofs, zum Verhängnis wurde. Der König hatte den Erzbischof bereits seines Postens als böhmischer Kanzler enthoben und beanspruchte nun alle Liegenschaften der Prager Kirche für sich, als Ausgleich auch für die finanziellen Schäden infolge des Pogroms von 1389, an dem die antijüdische Propaganda der Kirche mitschuldig war. 1393 spitzte sich der Kampf zu. Um das ausgedehnte Prager Erzbistum zu schwächen und einem Günstling ein einträgliches Amt zu verschaffen, wollte Wenzeslaus ein neues Bistum im Südosten Böhmens gründen, und zwar durch Umwandlung des reichen Benediktinerklosters Kladrau, dessen Abt Razek bereits im Sterben lag. Der Erzbischof kam ihm jedoch zuvor, ließ nach dem Tod des Abts einen neuen nach seinem Gusto wählen und bestätigte diesen umgehend in seinem Amt.

Daraufhin setzte der König, der seinen Plan vereitelt sah, seine Häscher auf den Erzbischof und dessen Leute an. Es gelang ihm, Johann von Jensteins Generalvikar Johannes Nepomuk und den Domherrn Nikolaus Puchnik, außerdem Wenzel Knobloch, der ein Verwandter des Erzbischofs und Probst von Melnik war, sowie einen erzbischöflichen Hofmeister namens Něpr gefangen zu setzen. Der Erzbischof selbst entkam aller-

dings. Propst und Ritter ließ man nach den Verhören laufen, die anderen beiden Kirchenbeamten aber wurden der »peinlichen Befragung«, also der Tortur unterzogen. In seiner Wut legte der König selbst Hand an, ergriff eine Fackel und brannte seine Opfer, bis sie ohnmächtig wurden. Schließlich ließ er Nikolaus Puchnik gegen dessen Zusicherung, über die Vorkommnisse Stillschweigen zu bewahren, frei. Gegen Johannes Nepomuk, den ranghöchsten Beamten des Erzbischofs, kannte er indes keine Gnade. Bereits mehr tot als lebendig, wurde der Generalvikar an Händen und Füßen gefesselt, man presste ihm einen Holzknebel in den Mund, schleppte ihn zur Karlsbrücke und stieß ihn in die Moldau.

Das alles geschah am Abend des 20. März 1393. Die Legende behauptet, ein Lichterkranz habe den im Fluss treibenden Leichnam umgeben, sodass man ihn finden und im Veitsdom beisetzen konnte. Das Stillschweigen der Überlebenden einerseits, das Wissen um den zur Willkürherrschaft neigenden, einem ausschweifenden Lebensstil huldigenden und Seitensprüngen nicht abholden König andererseits ließ bald ein Gerücht über die Hintergründe des Mordes aufkommen: Johannes Nepomuk sei Beichtvater von Wenzeslaus' junger zweiter Frau Sophia gewesen, und da diese so oft zur Beichte ging, sei der König misstrauisch geworden. Im Wahn, seine eigene Untreue durch eheliche Verfehlungen seiner Frau zu entschuldigen, habe er Nepomuk zwingen wollen, das Beichtgeheimnis zu brechen und die angeblichen Liebesabenteuer der Königin zu verraten. Nepomuk aber habe standhaft geschwiegen und sei deshalb vom König im Jähzorn mit dem Tod bestraft worden.

■ In seiner Funktion als Brückenheiliger wacht Johannes Nepomuk hier über eine Brücke in Immenstadt im Allgäu. Prototyp der Darstellung des »Brückenheiligen« ist die Statue des Johannes Nepomuk auf der Karlsbrücke in Prag.

Als man Nepomuks Grab im Jahr 1724 öffnete, fand man seine Zunge unverwest, was man als göttliche Bestätigung seiner Verschwiegenheit deutete. Eine neuerliche Untersuchung im Jahr 1972 brachte jedoch heraus, dass es sich

JAN HUS

Über 100 Jahre vor Luther wandte sich der Priester, Universitätslehrer und populäre Prediger Jan Hus gegen die Ablasspraxis, das Zölibat sowie die katholische Abendmahlslehre und wollte einzig die Bibel als maßgeblich für Lehre und Kultus anerkennen. Als er auf dem Konzil von 1415 den Widerruf verweigerte, wurde er, obwohl man ihm freies Geleit zugesichert hatte, als Ketzer verbrannt.

PUMUCKL
Der heilige Nepomuk hat nichts mit dem Pumuckl zu tun. Der ist nämlich eine Abart des »Pomuchel«, eines aus dem Kaschubischen stammenden Schimpfworts für einen schweigsamen, sturen und dummen Menschen. Anfang der 1960er Jahre machte die Kinderbuchautorin Ellis Kaut einen Winterspaziergang mit ihrem Mann. Der rief plötzlich, als er sie eingemummelt, mit Zipfelmütze und rot gefrorener Nase sah: »Du schaust aus wie der Pumuckl!« Er wusste selbst nicht, wie er auf das Wort gekommen war, aber die Figur, die Ellis Kaut gerade für eine Radioserie erfunden hatte, hatte nun einen Namen: Pumuckl.

keineswegs um seine Zunge handelte, sondern um zusammengeschrumpfte Hirnsubstanz, wie man sie auch in anderen Totenschädeln zuweilen findet.

Wahr ist an der Sage ohnehin wenig, denn Johannes Nepomuk war niemals Beichtvater der Königin. Er war kein romantischer Hüter von Liebesgeheimnissen, sondern lediglich ein kirchlicher Beamter: Der Hass des Herrschers traf ihn, weil er ein Repräsentant der Prager Kirche und als Generalvikar neben dem Erzbischof sein größter Feind war.

Um 1350 als Johannes Hasil in Pomuk südlich von Pilsen als Sohn eines Amtmanns geboren, hatte er bereits zuhause Latein gelernt, dann die Schule in Saaz besucht, um Kleriker zu werden, und wurde 1370 Notar in der erzbischöflichen Kanzlei, zu deren Leiter er 1377 aufstieg. Nebenher studierte er an der Prager Universität kanonisches Recht (also Kirchenrecht) und schloss 1381 mit dem Baccalaureat ab. Er ging nach Padua, wo er 1387 den Doktortitel erwarb, und wurde 1389, nach seiner Rückkehr nach Prag, vom Erzbischof zum Generalvikar ernannt.

Die trockene Laufbahn eines nüchternen Beamten, mehr nicht: Das scheint die Wahrheit über das Leben des Johannes Nepomuk zu sein, der erst durch seinen Tod denkwürdig wurde. Selbst Nepomuks Ruf als volkstümlicher Prediger, den die Legenden in die Welt setzten, beruht kaum auf den Tatsachen, wonach er kurze Zeit Pfarrer der Prager Galluskirche und später Kanonikus, also Chorherr am Prager Dom war. Viel wahrscheinlicher ist, dass ihm dieser Ruhm nur zuwuchs, weil der – bald nach Nepomuks Ende in Prag auftretende – tschechische Reformator und Volksprediger Jan Hus in späteren Jahrhunderten offiziell verfemt war, weshalb die eigentlich ihm zustehende Verehrung auf Johannes Nepomuk überging. Der nämlich war, anders als der Luther-Vorläufer Jan Hus, ein treuer Parteigänger der katholischen Kirche in der Goldenen Stadt.

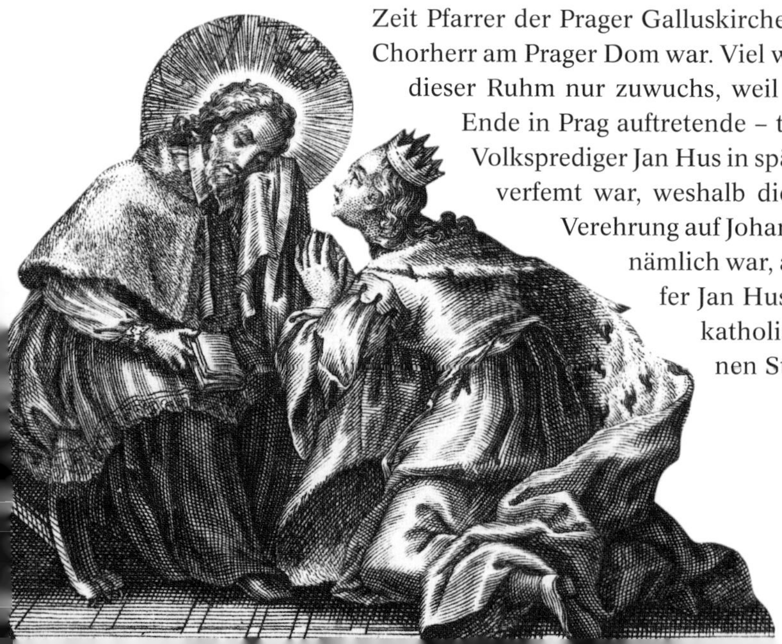

■ Johannes Nepomuk nimmt der Gattin König Wenzeslaus' die Beichte ab. Kupferstich, um 1740

# JOHANNES NEPOMUK

PRIESTER, MÄRTYRER

## DATEN UND FAKTEN

**Daten:** geb. um 1350 in Pomuk, Tschechien; gest. 20. März 1393 in Prag; Heiligsprechung 1729 durch Papst Benedikt XIII.
**Festtag:** 16. Mai
**Namensbedeutung und -varianten:** »Geschenk Gottes« (hebr.); John, Jean, Hans, Iwan, Jan, Jens
**Wirkungsstätten:** Prag, Padua
**Orte der Verehrung:** Veitsdom in Prag (Grab- und Pilgerstätte); Karlsbrücke in Prag (eine rote Marmortafel markiert die Stelle, an der man Johannes in die Moldau gestoßen haben soll)
**Quellen:** Thomas von Ebendorfer, *Kaiserchronik* (vor 1451); Wenzel Hajek, *Kronika Úeská* (1541)
**Attribute und Darstellung:** Buch, Kruzifix, Märtyrerpalme; im Priestergewand, einen Finger über die Lippen gelegt (Wahrung des Beichtgeheimnisses); oft hält er anstelle des Kruzifixes seine Zunge in der Hand; häufig umgeben ihn fünf leuchtende Sterne (Erinnerung an den Lichterkranz bei der Auffindung seines Leichnams; gedeutet als die fünf Buchstaben TACUI (lat.) = »ich habe geschwiegen«)
**Patronate:** Flößer, Schiffer; Beichtväter und Priester; Jesuitenorden; Böhmen; Bayern; Prag, München, Salzburg; gegen Wassergefahren; schützt vor Verleumdung und hilft bei der Wahrung des Beichtgeheimnisses
**Brauchtum und Verehrung:** Bereits unmittelbar nach seinem Tod entwickelte sich der Kult um Johannes Nepomuk; er fand jedoch erst im 17. Jh. europaweite Verbreitung, gefördert durch den böhmischen Adel. In Übersee waren es vor allem die Jesuiten, die den Kult unterstützten. Im 18. Jh. erreichte die Nepomuk-Verehrung ihren Höhepunkt, als der Freisinger Fürsterzbischof und Herzog von Bayern, Johann Theodor, in seinem Land verbreiten ließ, Nepomuk sei der Beichtvater der bayerischen Prinzessin Sophie gewesen; daraufhin brach in Bayern geradezu eine Nepomuk-Hysterie aus, und der Heilige wurde zum Landespatron erhoben. In einigen Gebieten Deutschlands und Südtirols wird der Heilige noch heute mit Prozessionen und Volksfesten geehrt.
**Kunst:** Giuseppe Maria Crespi, *Die Königin von Böhmen beichtet Johannes von Nepomuk* (1743), Galleria Sabauda, Turin; Johann W. Baumgartner, *Die hll. Antonius von Padua und Johannes von Nepomuk* (um 1754), Kirche zu Gersthofen bei Augsburg; Franz Xaver Schmädl, *Johannes Nepomuk mit dem Kruzifix* (1755), Klosterkirche von Andechs
**Literatur:** Friedrich Wilhelm Bruckbräu, *Johann Nepomuk und das schöne Goldgretchen von München*, historischer Roman von 1828
**Musik:** Johann Michael Haydn, *Missa Sancti Johannis Nepomuceni* (MH 182) von 1772; zahlreiche volkstümliche Nepomuk-Lieder

**Wissenswertes:** Das Beichtgeheimnis (oder Beichtsiegel) ist eine der ältesten Formen des Datenschutzes: 1215 wurde auf dem IV. Laterankonzil der Beschluss gefasst, ein Geistlicher müsse über alles, was ihm in der Beichte anvertraut wird, absolute Verschwiegenheit bewahren; selbst wenn ihn der Beichtende im Nachhinein von der Schweigepflicht entbindet. Diese Vorschrift ist fester Bestandteil des Kirchenrechts. Wer sie verletzt, wird mit Exkommunizierung bestraft. In diesem Fall geht in Deutschland noch heute Kirchenrecht über Zivil- und Strafrecht: Geistliche dürfen die Aussage verweigern, wenn sie unter dem Beichtsiegel Informationen über Straftaten erhalten haben, und sie unterliegen nicht der Anzeigepflicht, wenn sie in Ausübung ihrer seelsorgerischen Tätigkeit von geplanten oder begangenen Verbrechen erfahren – auch Mord und Totschlag bilden keine Ausnahme.

## AUF DEN PUNKT GEBRACHT

König und Kirche ringen im Böhmen des 14. Jahrhunderts um Macht und Gut. Der Generalvikar des Prager Bischofs, Johannes Nepomuk, fällt dem König in die Hand und muss mit dem Leben bezahlen. Dreihundert Jahre später wird der treue Kirchenmann in der katholischen Gegenreformation populär.

## EMPFEHLUNGEN

**Lesenswert:**
Ferdinand Seibt (Hg.): *Bohemia Sacra. Das Christentum in Böhmen 973–1973*. Berlin 1994

**Besuchenswert:**
Die Barockkirche St. Johann Nepomuk in München

# Johannes der Täufer
## Der Vorläufer

■ Johannes der Täufer. Gemälde, um 1340–1350, von Barna da Siena (tätig zwischen 1325–1360). Altenburg, Lindenau-Museum

Vieles im Christentum geht nicht auf Jesus zurück, nicht einmal der zentrale Akt, der einen Menschen erst zum Christen macht: die Taufe. Nicht Jesus von Nazareth, sondern Johannes der Täufer praktizierte sie, und nicht Jesus führte diesen Brauch unter seinen Anhängern ein, sondern erst die frühen Christen übernahmen ihn. So wie sie den Täufer zum Vorläufer ihres Heilands machten, integrierten sie auch wesentliche Teile seines Gedankenguts und seinen wichtigsten Ritus in ihre religiöse Kultur – was nicht erstaunlich ist, waren einige der ersten Christen doch ursprünglich Johannes gefolgt und schlossen sich nach dessen Hinrichtung Jesus an, unter ihnen Andreas, der Bruder des Petrus (s. S. 212), und Johannes der Evangelist (s. S. 122).

Als Johannes der Täufer »im fünfzehnten Jahr der Herrschaft des Tiberius«, wie es im Lukasevangelium heißt, also um 28/29 n.Chr., am Jordan öffentlich auftrat, muss sein Erfolg außerordentlich gewesen sein. Groß war das Bedürfnis der Juden nach Erlösung von der Herrschaft Roms, und wenn Johannes rief: »Tut Buße, denn das Himmelreich ist nahe herbeigekommen!«, so stieß er beim Volk, das die Hegemonie der gottlosen Römer als Strafe empfand und alle Hoffnung auf die Zukunft setzte, auf offene Ohren. Zudem hatte Johannes das Mittel parat, mit dem sich ein jeder auf diese bessere Zukunft vorbereiten konnte: die Taufe.

Diese war an sich keine neue Erfindung, sondern ein im Orient verbreiteter Brauch, der sich bis zu den Sumerern zurückverfolgen lässt. Das Untertauchen in sauberem Wasser sollte auch spirituell reinigen und konnte aus jemandem einen neuen Menschen machen; zum Beispiel symbolisierte es den Übergang eines Sklaven zum Stand der Freien. Mit der Taufe durch Johannes ging man, und das war neu, zum Stand der Büßer über: Nach dem Auftauchen aus dem Wasser bekannte der Täufling seine Sünden und wurde dadurch frei für das Reich Gottes – ein Akt mit befreiender Wirkung, vergleichbar mit der katholischen Beichte.

Auch Jesus von Nazareth kam zu Johannes dem Täufer, doch laut den Evangelisten geschah etwas Unerhörtes: Johannes wollte Jesus nicht taufen, sondern von ihm getauft werden; Jesus beharrte jedoch, und als er nach der Taufe aus dem Wasser stieg, öffnete sich der Himmel. Der Heilige Geist fuhr wie eine Taube herab, und eine Stimme von oben sprach: »Dies ist mein lieber Sohn, an welchem ich Wohlgefallen habe.« Damit war Jesus als Gottessohn proklamiert – und Johannes als sein Vorläufer auf Menschenmaß gestutzt; jedenfalls aus Sicht der Jesus-Jünger.

Gleichwohl war der Täufer womöglich populärer als Jesus. Denn Johannes – sein Vater Zacharias war Priester am Jerusalemer Tempel, und seine Mutter Elisabeth war »von den Töchtern Aarons«, eine Nachfahrin also des ersten Hohenpriesters Israels – bewegte sich innerhalb der strengen jüdischen Überlieferung und lehrte seine Jünger beispielsweise, zu fasten wie die Pharisäer, wie es im Markusevangelium ausdrücklich heißt. Er war als rechtgläubig ausgewiesen und verlangte nicht, wie Jesus, den Bruch mit den Hütern der Tradition.

Das Volk hielt ihn für einen Propheten, was den Hohen Rat in Jerusalem dermaßen beunruhigte, dass er Johannes fragte, ob er sich für den Messias halte. Johannes verneinte. Ob er stattdessen wirklich auf jenen verwies, »der nach mir kommen wird, des ich nicht wert bin, dass ich seine Schuhriemen auflöse« (wie der Evangelist Johannes schreibt), und behauptete, dass derjenige Jesus sei, bleibe dahingestellt. Zumindest kamen dem Täufer später Zweifel. Als einen im Geist der Thora erzogenen Juden musste es ihn stutzig machen, dass Jesus sich über die Vorschriften hinwegsetzte. So ließ er ihn durch zwei Boten fragen: »Bist du, der da kommen soll, oder sollen wir eines anderen warten?« Jesu Antwort, die das Matthäusevangelium festhält, lautet nicht Ja oder Nein, sondern: »Blinde sehen und Lahme gehen, Aussätzige werden rein und Taube hören, Tote stehen auf und Armen wird das Evangelium gepredigt; und selig ist, der nicht Ärgernis nimmt an mir.«

Ärgernis an Johannes aber nahm König Herodes Antipas. Er hatte seine Ehefrau

**DER JOHANNISTAG**
Johannes der Täufer ist ein halbes Jahr älter als Jesus. Dass die Kirche seinen Geburtstag nicht auf den 25., sondern den 24. Juni legte, liegt am römischen Kalender: Danach ist der 25. Dezember die »octava ante calendas januarii«, der achte Tag vor dem 1. Januar; die »octava ante calendas julii« aber ist der 24. Juni, weil der Juni nur dreißig Tage hat.

■ Die Taufe Christi. Gemälde, um 1523, von Gerard David. Brügge, Groeningemuseum

■ Die Enthauptung Johannes' des Täufers

verlassen und seine Schwägerin Herodias, die Frau seines verstorbenen Stiefbruders Philippus, geheiratet, weshalb ihn der Täufer des Ehebruchs und – so urteilt das jüdische Gesetz – der Blutschande bezichtigte. Herodes ließ den Propheten verhaften und in der Bergfestung Machärus östlich des Toten Meeres einschließen.

Der König wagte allerdings nicht, ihm den Prozess zu machen, denn er fürchtete die Wut des Volkes. Doch auf der Geburtstagsfeier des Herodes trieb Herodias ihre Tochter Salome an, ihren Stiefvater so lange zu bezirzen, bis er endlich in die Tötung des Täufers einwillige – mit Erfolg: Um Salome für ihren wunderbaren Tanz zu belohnen, ließ Herodes Johannes enthaupten und den Kopf auf einer Schale zu seiner Stieftochter bringen. Was wie eine Legende klingt, hat einen wahren Kern, denn vielleicht ließ sich die Festgesellschaft von dem makabren persischen Brauch inspirieren, eine Tafel mit dem abgeschlagenen Haupt eines besiegten Feindes zu schmücken.

Der Volksaufstand indes blieb aus, und die frühen Christen mühten sich, das Erbe des Täufers anzutreten. Sie machten ihn zu einem Verwandten Jesu, dessen Mutter eine nahe Verwandte Elisabeths gewesen sei, und ließen parallel zu Jesu Geburtsgeschichte auch die Geburt des Johannes durch den Engel Gabriel ankündigen. Von Anfang an verstand es das Christentums, fremdes Glaubensgut und andere Riten wie ein Schwamm aufzusaugen: So übernahmen die Anhänger Jesu von den Lehren des Johannes, was brauchbar schien. Wo der Täufer als gesetzestreuer Jude vom nahen Gottesreich gesprochen hatte, legten sie ihm die Ankündigung Christi in den Mund, und was Johannes über Buße und die nahe Endzeit hatte verlauten lassen, bauten sie in ihre Lehren ein. Taufe, Buße tun, das Ende aller Zeiten beschwören: Das ist bis heute das Geschäft christlicher Sondergruppen und Fundamentalisten. Dass sie damit eher Johannesjünger als Christen sind, wird ihnen kaum bewusst sein.

### DIE MANDÄER

In Ephesus stieß Johannes der Evangelist noch auf Anhänger des Täufers. Vielleicht führt von ihnen eine Linie zur bis heute existierenden, weltweit nur 60 000 Mitglieder zählenden Glaubensgemeinschaft der Mandäer, die Johannes den Täufer als ihren Propheten verehren und als wichtigste Kulthandlung möglichst oft die Taufe, das Untertauchen in fließendem Wasser, praktizieren. »Manda« ist aramäisch und heißt »Erkenntnis«; dahinter steht eine dualistische Lehre, wonach die aus der himmlischen Lichtwelt stammende Seele auf der Erde, in der Welt der Finsternis, durch die Materie gefesselt ist und Erlösung durch Erkenntnis dieses Zustands erlangt.

# JOHANNES DER TÄUFER

PROPHET

## DATEN UND FAKTEN

**Daten:** geb. sechs Monate vor Christi Geburt in Ain-Karim bei Jerusalem; gest. um das Jahr 30 in Jerusalem (?); Kult belegt ab dem 4. Jh.
**Festtage:** 24. Juni (Geburtstag); 29. August (Enthauptung)
**Namensbedeutung und -varianten:** »Geschenk Gottes« (hebr.); John, Jean, Hans, Iwan, Jens
**Wirkungsstätten:** Israel, Palästina
**Ort der Verehrung:** Grabkirche in Samaria aus dem 4. Jh.
**Quellen:** alle vier Evangelien; *Legenda aurea*
**Attribute und Darstellung:** Kreuzstab, Schwert, Buch, Lamm; in ein Tierfell gekleidet; in der östlichen Tradition oft als Engel mit großen Flügeln
**Patronate:** Hirten, Bauern; Gerber, Färber, Kürschner, Sattler, Schneider; Maurer, Steinmetze, Zimmerleute; Musiker, Sänger, Tänzer; Gastwirte; der Johanniterorden; Schafe, Lämmer, Haustiere; Malta, Burgund, Provence; gegen Schwindel, Epilepsie, Kopfschmerzen, Heiserkeit; gegen Hagel
**Brauchtum und Verehrung:** Da der Johannistag mit der Sommersonnenwende zusammenfällt, ranken sich viele ursprünglich heidnische Bräuche um dieses Datum; dazu gehört das Abbrennen der Johannisfeuer am Vorabend des 24. Juni, im Rahmen eines Volks- oder Schützenfests. Mancherorts ist es üblich, an Johannis die Brunnen zu schmücken. Und vom Johanniskraut, das zu dieser Jahreszeit blüht, heißt es, dass es böse Geister, ja sogar den Teufel abzuwehren vermag; zudem hilft es bei der Wundheilung und gegen eine Reihe von Krankheiten.
**Kunst:** Rogier van der Weyden, *Johannes-Altar* (um 1450–55), Staatliche Museen, Berlin; Geertgen tot Sint Jans, *Schicksal der irdischen Überreste Johannes' des Täufers* (1480–90), Kunsthistorisches Museum, Wien; Andrea Solario, *Haupt des Täufers* (1507), Louvre, Paris; Raffael, *Der Täufer in der Wüste* (um 1517), Uffizien, Florenz; Tizian, *Johannes der Täufer* (um 1540), Accademia, Venedig; Caravaggio, *Die Enthauptung Johannes' des Täufers* (1608), Johanneskathedrale, La Valletta; Giovanni Battista Tiepolo, *Enthauptung Johannes' des Täufers* (1732), Colleoni-Kapelle, Bergamo
**Literatur:** Passionsspiele in Frankreich und Deutschland (15. u. 16. Jh.); Stéphane Mallarmé, *Cantique de Saint Jean*, Gedicht aus dem 19. Jh.; Friedrich Adolph Krummacher, *Johannes*, Drama von 1813; Heinrich Heine, *Atta Troll*, Versepos von 1847; Gustave Flaubert, *Hérodias*, Novelle von 1877; Jules Laforgue, *Salomé*, Erzählung von 1887; Oscar Wilde, *Salomé*, Schauspiel von 1893; Max Bruns, *Der Täufer*, Epos von 1896; Hugo Eichhof, *Der unsterbliche Mund: Roman um Johannes den Täufer* von 1961
**Musik:** Alessandro Stradella, *Johannes der Täufer*, Oratorium von 1675; Paul Milliet und Jules Massenet, *Hérodiade*, Oper von 1881
**Wissenswertes:** Die Geschichte von der Enthauptung des Johannes könnte auch auf eine von Livius überlieferte Anklageschrift des Cato zurückgehen: Danach tötete der Konsul Flaminius im Jahr 192 v. Chr. bei einem Festmahl einen Kriegsgefangenen, um seinem Lustknaben »das Schauspiel einer Enthauptung« zu bieten. Aus diesem Kriminalfall entstand ein beliebtes literarisches Motiv. Bei späteren Autoren wird aus dem Knaben zunächst eine geliebte Frau. Der Evangelist Markus schließlich tauscht den Konsul gegen den römischen Statthalter aus und macht aus dem Gefangenen den Märtyrer Johannes.

## AUF DEN PUNKT GEBRACHT

Der unmittelbare Vorläufer Jesu beeinflusst das entstehende Christentum; die Taufe geht auf ihn zurück. Er steht aber noch in der pharisäischen Tradition. Daraus zieht er sogar politische Folgerungen – und Herodes, der ihn als Aufwiegler fürchtet, lässt ihn töten.

## EMPFEHLUNGEN

**Lesenswert:**
Ulrich B. Müller: *Johannes der Täufer. Jüdischer Prophet und Wegbereiter Jesu*, Leipzig 2002

Hartmut Stegemann: *Die Essener, Qumran, Johannes der Täufer und Jesus*, Freiburg 1993

Gerhard Barth: *Die Taufe in frühchristlicher Zeit*, Neukirchen 2002

**Hörenswert:**
Richard Strauss: *Salomé*. Oper 1905

**Sehenswert:**
*Der Messias*. Regie: Roberto Rosselini; mit Pier Maria Rossi, Carlos de Carvalho. F/I 1975

# Joseph
## Und sagte kein einziges Wort

Wer ist der Vater Jesu Christi? Joseph, hätte die Antwort der frühen Christen gelautet. Erst im 3., 4. Jahrhundert, als sich die Sichtweise von Christus als wirklichem, eingeborenem Sohn Gottes durchsetzte, begann man in Joseph nur mehr den Stiefvater zu sehen, den Nährvater Jesu. Dass er im Leben seines mutmaßlichen Ziehsohnes nur eine Nebenrolle spielte, legen in der Tat die vier Evangelien des Neuen Testaments nahe. Ihnen zufolge ist Joseph lediglich für Jesu Vorgeschichte und Kindheit von Bedeutung und wird nach jenem Vorfall im Tempel nicht mehr erwähnt: Als Maria (s. S. 166) und Joseph, wie es Brauch ist, zum jüdischen Osterfest nach Jerusalem pilgern und den zwölfjährigen Jesus mitnehmen, verlieren sie ihn im Festtrubel und finden ihn erst drei Tage später im Tempel wieder, wo er mit den Priestern über Glaubensfragen diskutiert; »und alle, die ihm zuhörten, verwunderten sich ob seines Verstandes und seiner Antworten«. Seine Mutter macht ihm Vorwürfe, doch Jesus antwortet: »Was ist's, dass ihr mich gesucht habt? Wisset ihr nicht, dass ich sein muss in dem, was meines Vaters ist?« Maria und Joseph sind sprachlos: »Und sie verstanden das Wort nicht, das er zu ihnen redete«, so der Evangelist Lukas – obwohl sie es doch hätten verstehen können, da beide Eltern wussten, dass in Wahrheit nicht Joseph der Vater war, sondern Gott.

■ Der heilige Joseph mit dem Jesusknaben. Nach einem Gemälde, um 1670/75, von Bartolomé Esteban Murillo (1618–1682). St. Petersburg, Eremitage

Anlass zu Verwunderung und Unverständnis hatten die Eltern und vor allem Joseph schon vorher oft genug. Kinder sind ja nicht nur eine Freude und Hoffnung, sondern auch eine Last. Dass Jesus ein Lausejunge war, der Joseph viel Kummer bereitete, kann man dem Neuen Testament zwar nicht entnehmen; wohl aber berichtet das apokryphe Evangelium von Thomas dem Israeliten davon: Kinder, die den Knaben Jesus beim Spielen stören oder beim Gang durchs Dorf anrempeln, fallen tot zu Boden, einen

Lehrer, der ihn schlägt, lässt er ohnmächtig zusammenbrechen; dagegen formt er aus Lehm Spatzen und haucht ihnen Leben ein, sodass sie davonflattern, und allen, die ihn belehren wollen, kommt er mit altklugen Reden, die die guten Leute ratlos zurücklassen. »Wer soll das Kreuz auf sich nehmen und diesen Knaben erziehen?«, stöhnt Joseph, und sein Sohn antwortet: »Du bist im Gesetz, und im Gesetz verharrst du. Ehe du aber geboren warst, bin ich und bin vor dem Gesetz. Von mir wirst du lernen, was keiner gelernt hat noch lehren kann. Denn du weißt nicht, von wannen du bist, ich allein aber weiß die Stunde eurer Geburt und die Zeit eures Verweilens hier.« In Josephs Ohren muss das reichlich naseweis geklungen haben, und ihm verschlägt es denn auch die Sprache.

■ Flucht nach Ägypten. Fresko, um 1305, von Giotto di Bondone (1266–1337). Padua, Arenakapelle

Doch Jesus wächst heran, wird verständiger und bereitet seinen Eltern bald die Freude, seine Opfer wieder zum Leben zu erwecken, tut weitere Wunder und hilft sogar seinem Adoptivvater aus der Verlegenheit: Als der für einen Reichen ein Bett zimmerte und

DIE JOSEPHSEHE

Laut Matthäus und Lukas erschien Joseph, der sich gehörnt wähnte, ein Engel im Traum und erklärte ihm das Wunder der Jungfrauengeburt, wonach Maria »durch das Wirken des Heiligen Geistes« einen Sohn gebären werde. Legenden zufolge blieb Joseph ihr danach in platonischer Zuneigung verbunden: Eine solche jungfräuliche Ehe nennt man deshalb »Josephsehe«. Andererseits aber könnte Joseph mit Maria sehr wohl weitere Kinder gezeugt haben: Nicht nur Matthäus und Markus erwähnen vier »Brüder« sowie weitere »Schwestern« Jesu, sondern auch Lukas schreibt über Maria im Stall von Bethlehem: »Und sie gebar ihren ersten Sohn.«

■ Josephs Traum. Byzantinisches Fresko, 1. Hälfte 14. Jahrhundert. Kreta, Kirche Panagia Kera

die Teile zusammenfügen wollte, »da waren die beiden Seitenbretter ungleich, und keiner wusste, was zu tun sei. Da hieß der Jesusknabe seinen Vater, die beiden Hölzer aufeinander legen, dass sie an einem Ende im Gleichen waren. Und Joseph tat, wie der Knabe verlangt hatte. Da fasste Jesus das kürzere Holzstück und zog daran und machte es dem anderen gleich. Und als Joseph dies gesehen hatte, staunte er sehr und umarmte das Kind und küsste es und sprach: Selig bin ich, dass mir Gott diesen Knaben geschenkt hat.«

Joseph von Nazareth ist nicht zu verwechseln mit dem Joseph des Alten Testaments, der von seinen Brüdern nach Ägypten verkauft wurde; die einzige Verbindung der beiden Josephs ist, dass sie »Träumer« waren und von Visionen durch ihr Leben geleitet wurden.

Anders als im Evangelium von Thomas dem Israeliten kommt Joseph in der Bibel kein einziges Mal zu Wort. Nicht ein Ausspruch von ihm ist überliefert: Er, den Gott sich für seinen Kinderwunsch als Leihvater ausgesucht hat, hat offenbar nichts zu sagen. Überhaupt weiß die Bibel wenig über Joseph zu berichten: er sei ein Nachkomme Davids; doch die Stammbäume widersprechen sich im Einzelnen, und schon die Angaben über seinen Vater – Jakob heißt er im Evangelium des Matthäus, Eli bei Lukas – weichen voneinander ab. Er habe in Nazareth als Zimmermann

DAS EVANGELIUM VON THOMAS DEM ISRAELITEN
Der einst sehr beliebte Text stammt aus dem 2. Jahrhundert und nimmt buddhistische und ägyptische Erzählmotive auf. Lange Zeit wurde er humorlos als Schmähschrift abgetan; doch die göttliche Macht, die in den Kinderstreichen aufscheint, und die weitere positive Entwicklung Jesu belegen eher die christliche Auffassung, dass sich in Jesus Göttliches und Menschliches vereinen.

gelebt und sei, weil Kaiser Augustus eine Volkszählung angeordnet hatte, mit seiner Braut Maria nach Bethlehem gezogen, zum Stammsitz Davids. Da Joseph – der vermeintliche Nachkomme des biblischen Königs – dort aber keinen Besitz hatte, seien die beiden Eheleute nur in einem Stall untergekommen, in dem Maria dann das Jesuskind zur Welt brachte. Kurz darauf organisiert Joseph die Flucht nach Ägypten mit Frau und Kind, weil Herodes der Große im Jesuskind einen Rivalen um den Königsthron erblickt und ihm nach dem Leben trachtet. Wie skrupellos Herodes vorgeht, illustriert die biblische Geschichte vom Bethlehemitischen Kindermord. Aber auch die Reise ist voller unerwarteter Gefahren, jedenfalls wenn man Rainer Maria Rilkes Gedicht *Rast auf der Flucht nach Ägypten* Glauben schenkt: »Kaum noch dass im scheuen Rückwärtsschauen / ihres Schreckens Not zergangen war, / und schon brachten sie auf ihrem grauen / Maultier ganze Städte in Gefahr; // denn so wie sie, klein im großen Land, / – fast ein Nichts – den starken Tempeln nahten, / platzten alle Götzen wie verraten / und verloren völlig den Verstand. // Ist es denkbar, dass von ihrem Gange / alles so verzweifelt sich erbost? / und sie wurden vor sich selber bange, / nur das Kind war namenlos getrost.« Als die Lage in der Heimat sich beruhigt hat (Herodes Agrippa I. stirbt 4 v. Chr.; Jesus soll ja bereits 7 v. Chr. geboren sein), zieht die Familie wieder nach Nazareth um.

Über Josephs Schicksal nach der Begebenheit im Tempel schweigt sich das Neue Testament aus. Man nimmt an, dass er bald danach gestorben ist. Nicht in der Bibel, aber im apokryphen Jakobsevangelium

■ Joseph als Zimmermann. Gemälde, um 1638/43, von Georges de la Tour (1593–1652). Paris, Louvre

■ Josephs Tod

wird berichtet, bereits bei seiner Werbung um Maria sei er ein betagter Mann gewesen. Dennoch habe er die anderen elf Bewerber – insgesamt hätten zwölf Freier, so viele, wie es einst Stämme Israels gab, um ihre Hand angehalten – ausstechen können, weil aus seinem Stab eine Taube hervorgekommen sei und sich auf seinem Haupt niedergelassen habe. So sei er mit Maria verlobt worden, nach jüdischer Sitte sollte vierzehn Monate später die Heirat erfolgen. In dieser Zeit aber hatte Maria vom Heiligen Geist empfangen. Joseph hätte die Muttergottes nach dem Gesetz steinigen lassen können, war aber milde gestimmt und »gedachte, sie heimlich zu verlassen«, wie es im Matthäusevangelium heißt; er wollte die Verlobung in aller Stille lösen, wozu es nach mosaischem Brauch lediglich eines von zwei Zeugen mitunterschriebenen Trennungsbriefes bedurfte. Doch an diesem Punkt griff Gott ein und sandte einen Engel, der Joseph die Sachlage erklärte und ihm seine künftigen Pflichten deutlich machte. Joseph akzeptierte sein Los als treuer Ernährer und Beschützer von Frau und Kind beziehungsweise als Bräutigam Marias und »Nährvater« Jesu, wie man in der Kirche sagt. Wie vom jüdischen Gesetz vorgeschrieben, ließ er den Jungen nach acht Tagen beschneiden (davon zeugt bis heute der kirchliche Name des 1. Januar, die »Oktav des Herrn«) und taufte ihn auf den Namen Jesus. Damit hatte er das Kind adoptiert und galt von Rechts wegen als sein Vater – und hatte fortan alle Freuden und Lasten eines solchen. Im Christentum wurde er so zum Inbegriff des braven Ehemanns und treusorgenden Familienvaters und sein Name zu einem der beliebtesten Taufnamen.

# JOSEPH
## NÄHRVATER JESU

### DATEN UND FAKTEN

**Daten:** zur Zeit Jesu, 1. Jh.; im 15. Jh. in die Liturgie aufgenommen; seit 1621 eigenes Namensfest; 1870 Ernennung zum Patron der Universalkirche; 1955 legt Papst Pius XII. zusätzlich das Fest »Joseph der Arbeiter« auf den 1. Mai; 1962 erhebt Papst Johannes XXIII. ihn zum Kanonheiligen
**Festtage:** 19. März (hl. Joseph der Arbeiter: 1. Mai; orthodox: 16. Dezember oder Sonntag nach Weihnachten)
**Namensbedeutung und -varianten:** »Gott möge (weitere Kinder) hinzufügen« (hebr.); José, Giuseppe, Peppi, Pepe, Sepp, Joe
**Wirkungsstätten:** Israel, Palästina (Nazareth, Bethlehem)
**Orte der Verehrung:** Rom, Loreto, Frascati, Orvieto (Reliquien)
**Quellen:** Matthäusevangelium; Lukasevangelium; Apokryphen (Jakobusevangelium, 2. Jh.; *Geschichte Josephs des Zimmermanns*, 6./7. Jh.); Martyrologium von Reichenau (um 850)
**Attribute und Darstellung:** Wanderstab, Beutel, Feldflasche; als Greis oder als Zimmermann mit Axt, Winkelmaß, Säge oder Bohrer; im Barock hält er das Jesuskind auf dem Arm, dabei umgeben ihn eine Lilie und ein blühender Stab; oft begleitet ihn Maria
**Patronate:** Arbeiter, Zimmerleute, Ingenieure; Familien, Jugendliche, Waisenkinder; Reisende, Exilanten, Asylanten, Obdachlose; Vereine, Ordensgemeinschaften; Tirol, Kärnten, Steiermark, Osnabrück, Köln; sorgt für einen guten Tod; bewahrt vor Unkeuschheit
**Brauchtum und Verehrung:** Joseph gehört zu den weltweit am höchsten verehrten Heiligen; sein Kult wurde von wichtigen Kirchenpersönlichkeiten gefördert, u. a. von Bernhard von Clairvaux und Teresa von Ávila. Vor allem im Alpenraum wird der Josefi-Tag mit burlesken Spielen gefeiert, und es wird Schmalzgebäck verteilt, die »Josefi-Kücherl«.
**Kunst:** Darstellung auf dem Epitaphium der Severa (3. Jh.), Lateranisches Museum, Rom; Mosaik an der Apsis-Stirnwand von Santa Maria Maggiore in Rom (ab 432); Josephmeister, Statuengruppe mit Maria, Joseph und Verkündigungsengel am Westportal der Kathedrale von Reims (1245–1255); Robert Campin, *Hl. Joseph in seiner Werkstatt* (aus dem *Mérode-Altar*, um 1425), Metropolitan Museum of Art, New York; Andrea Mantegna, *Anbetung der Hirten* (1451–53), Metropolitan Museum of Art, New York; Raffael, *Vermählung Mariä* (1504), Pinacoteca die Brera, Mailand; Caravaggio, *Ruhe auf der Flucht nach Ägypten* (1595/1596), Galleria Doria Pamphilj, Rom; Georges de La Tour, *Joseph mit dem Jesusknaben in der Werkstatt* (um 1638–40), Louvre, Paris; Sir John Everett Millais, *Christus im Hause seiner Eltern* (um 1849–1850), Tate Gallery, London
**Literatur:** Henriette Brey, *Joseph ben David der Getreue. Biblische Erzählung aus der Zeit Jesu* von 1923; Ludwig Huna, *Ein Mensch namens Jesus*, historischer Roman von 1988
**Musik:** Heinrich Fidelius Müller, *Josefs-Messe*, op. 27 (1902); August Högn, *Josephs-Messe* in F-Dur, op. 62 (um 1920)
**Wissenswertes:** Seinen Festtag könnte Joseph von der römischen Göttin Minerva »geerbt« haben, die, wie er, für die Handwerker zuständig war und am 19. März ihr eigenes Fest hatte. Auch Josephs Darstellung als Greis mag antike Motive aufgreifen und ihn als eine Art Hades interpretieren, als Herrscher über die Unterwelt, der, gemeinsam mit Persephone, aus winterlicher Erde wieder Getreide wachsen lässt – diese Sichtweise unterstreicht die Geburt Jesu als göttliches Wunder und als Sieg über den Tod.

### AUF DEN PUNKT GEBRACHT

Er ist der brave Ehemann und treusorgende Familienvater, der selbstlose Ernährer und Beschützer von Frau und Kind: der Zimmermann Joseph, der seine Verlobte nicht verlässt, als sie von einem anderen schwanger wird.

### EMPFEHLUNGEN

**Lesenswert:**
German Rovira (Hg.): *Der hl. Josef – Vater und Ehemann. Betrachtungen über den hl. Josef*, Kißlegg 2005

Paul Hengge: *Der Vater. Joseph von Nazareth. Untersuchung zur Geschichte der Familie des Zimmermanns*, Wien 1992

Albrecht Koschorke: *Die Heilige Familie und ihre Folgen*, Frankfurt/M. 2000

**Sehenswert:**
*Die Bibel – Jesus*. TV-Film von Roger Young; mit Jeremy Sisto, Jacqueline Bisset, Armin Müller-Stahl (Joseph). USA/I/D 1999

# *Joseph von Arimathia*

## *Eine Tat mit unvorhergesehenen Folgen*

■ Der heilige Joseph von Arimathia. Gemälde, um 1540, aus der Werkstatt des Pieter Coecke van Aelst (1502–1550). London, Sotheby's

Obwohl Jesus selber einer war, seine Jünger ebenfalls und die Apostel auch, kommen Juden häufig schlecht weg im Neuen Testament. Nicht den Römern und ihrem brutalen und habgierigen Statthalter Pontius Pilatus schieben die Evangelisten die Schuld an Jesu Kreuzigung zu, sondern der jüdischen Volksmenge, die lieber Barrabas' Freilassung fordert, und dem Hohen Rat, der als höchstes jüdisches Regierungs- und Richterkollegium Jesu Verhaftung und Aburteilung betreibt. Einundsiebzig Mitglieder zählt dieses Staatsorgan, in dem Pharisäer, Sadduzäer und, ganz oben, die Hohenpriester sitzen. Ein Einziger in diesem Gremium wagt es, zugunsten von Jesus vorsichtig die Stimme zu erheben: ein gewisser Nikodemus, der einst Jesus aufgesucht und als Gottgesandten anerkannt hatte. Ein Zweiter hat immerhin den Mut, an seiner Verurteilung nicht mitzuwirken: Joseph von Arimathia, »der ein Jünger Jesu war, doch heimlich aus Furcht vor den Juden«.

Dieser Joseph war ein begüterter und angesehener Ratsherr und stammte aus dem nördlichen Judäa. Sein gräzisierter Beiname verweist auf die hebräische Ortschaft Armathajim, die heute Rentis heißt und wohl mit Ramathajim identisch ist, dem Geburtsort des Richters Samuel aus dem Alten Testament. Zwar hatte Joseph von Arimathia im Rat nicht offen für Jesus Partei ergriffen. Doch alle vier Evangelisten berichten, wie er sich nach der Kreuzigung aus der Deckung wagt. Sei's aus Überzeugung, sei's aus Mitleid: Er hat die Courage, zu Pilatus zu gehen und die Herausgabe des Leichnams zu erbitten. Er nimmt Jesus vom Kreuz, wickelt ihn in ein Leintuch und trägt ihn in ein nahe gelegenes Felsengrab, das er eigentlich für sich selbst ins Gestein hatte hauen lassen – ein typisches Grab reicher Leute, gewöhnliche Sterbliche mussten sich mit einem Erdgrab bescheiden. Dem Johannesevangelium zufolge half ihm Nikodemus bei der Bestattung und brachte Myrrhe und Aloe mit: zwei bewährte Substanzen, mit denen ein Leichnam eingerieben wurde, um die Verwesung hinauszuzögern. Das war

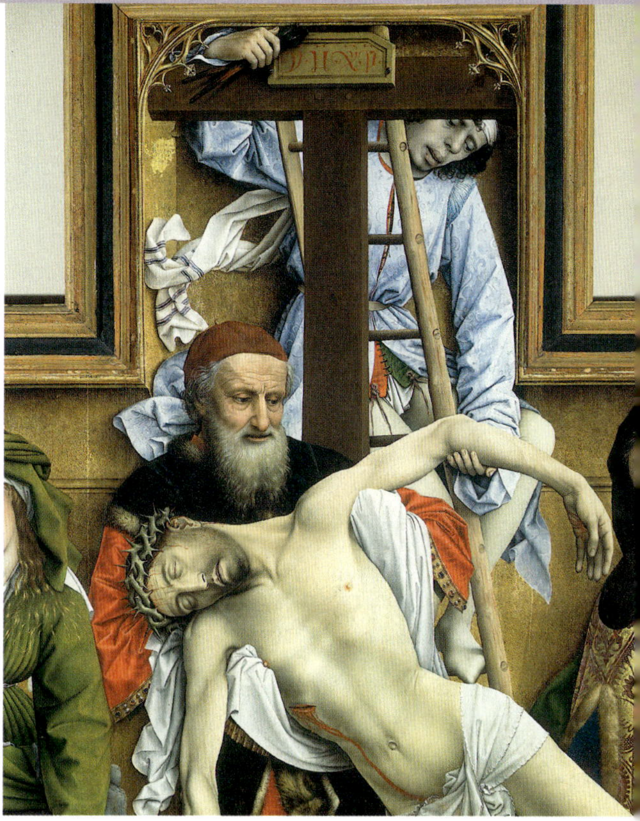

■ Die Kreuzabnahme Christi. Ausschnitt aus dem Gemälde, 1436/37, von Rogier van der Weyden. Madrid, Prado

schon deshalb nötig, weil am nächsten Tag Sabbat war, die Juden also zu ruhen hatten und keine Besuche machen durften. Erst am übernächsten Tag konnte man dem Toten daher die letzte Ehre erweisen, und wie die Bibel berichtet, kamen Maria Magdalena (s. S. 174) und die anderen tatsächlich erst dann zum Grab.

Nachdem also Joseph von Arimathia den Leichnam bestattet hat, wälzt er einen schweren Stein vor den Eingang (der Jesus nicht hindern wird, das Grab zu verlassen). Während damit die in der Tat erstaunliche Geschichte des Christentums beginnt, verschwindet Joseph von Arimathia spurlos aus dem Neuen Testament. Selbst unter den Jüngern, die in Jerusalem die erste Christengemeinde bilden, wird er nicht erwähnt – was darauf hinweist, dass er sich durchaus nicht dieser neuen, jungen Sekte zurechnete. Erst in späteren Legenden taucht er wieder auf: So heißt es beispielsweise, die Juden hätten ihn nach der Grablegung Jesu eingekerkert, aber der Auferstandene sei gekommen, habe das Haus an den vier Enden emporgehoben und Joseph von Arimathia hinausgeführt, ohne dass die Siegel zerbrachen. Auch soll er nach der Auferstehung den toten Schächer zur Rechten in Jesu Grabtücher gehüllt und damit zum Leben erweckt haben. Und in Spanien, Gallien und Britannien habe er missioniert.

Alle diese Überlieferungen verblassten indes vor der einen, die bis heute lebendig ist und sogar Wissenschaftler beschäftigt: Danach soll Joseph von Arimathia das Blut Jesu, als er ihn vom Kreuz nahm, in einer Schale aufgefangen haben, und diese Schale, von der es heißt, sie sei identisch mit dem Kelch, der bei Jesu Abendmahl gereicht wurde, sei ins Abendland gelangt. Ihr Name: der heilige Gral.

Blut spielt im jüdischen wie im christlichen Glauben eine wichtige Rolle. Es gilt als Quel-

### DER HEILIGE GRAL

Dem in mittelalterlichen Epen und Sagen beschriebenen »Gral« (altfranzösisch für »Gefäß«) werden wunderbare Kräfte nachgesagt: Er sichert seinem Besitzer Ehre und Tugend, garantiert himmlischen Segen und irdische Glückseligkeit, eint Gott und die Welt in Harmonie. Ganz christlich ist der Heilige Gral nicht: Auch heidnische Fruchtbarkeitsmystik, das keltische Tischlein-deck-dich-Motiv vom ewigen Überfluss und der arabische Glaube an einen Stein der Weisen, der ewige Jugend verbürgt, spielen hinein.

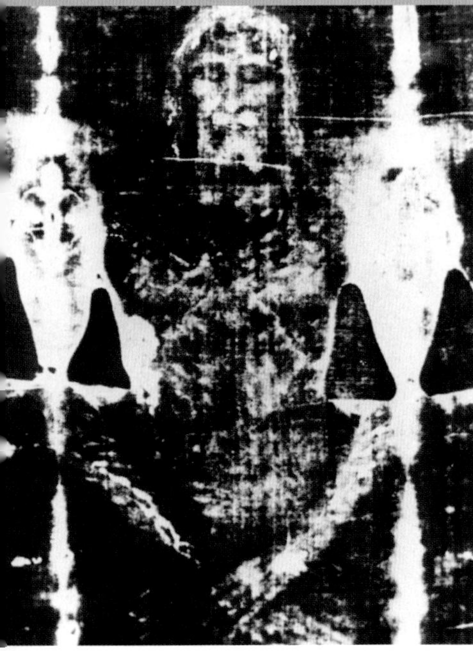

■ Das Turiner Grabtuch wird im Dom von Turin aufbewahrt. Es zeigt Blutspuren und den Abdruck eines menschlichen Körpers und wird von Gläubigen als Grabtuch Jesu verehrt.

le des Lebens. Im Alten Testament fließt das Blut des geschächteten Opfertieres stellvertretend für das des Menschen, der sich im Garten Eden gegen Gott versündigte und damit sein Leben verwirkte. Im Christentum ist das Blut Jesu der Preis, durch den er stellvertretend die Menschen von der Sünde loskaufte: »Wisset, dass ihr nicht mit vergänglichem Silber oder Gold erlöst seid, sondern mit dem teuren Blut Christi als eines unschuldigen und unbefleckten Lammes«, schreibt Petrus im ersten Brief. Mit anderen Worten: Gründet der Alte Bund auf das Blut der Opfertiere, so der Neue auf das Blut Christi. Deshalb spielt der Wein, den Jesus beim Abendmahl in sein Blut verwandelt haben soll, eine zentrale Rolle in der christlichen Religion.

Dass die Gralssage ausgerechnet im hohen Mittelalter entstand, hat mit den Kreuzzügen zu tun, durch die viele vermeintliche Reliquien in den Westen kamen. Dabei trat neben die christliche Deutung die weltliche Faszination durch Blut, wie sie in einer kriegerischen Welt üblich ist. Gleichwohl ist mehr als fraglich, ob die Suche nach dem Gral die Ritter des Mittelalters tatsächlich in Bewegung setzte: Höchstwahrscheinlich spielte sie sich allein in den Köpfen ab, war eine Sache der Ideologie. Wirklich sicher ist nur, dass diese Gralssuche in der höfischen Literatur gestaltet wurde, wofür Wolfram von Eschenbachs monumentales *Parzival*-Epos das hervorragendste Zeugnis ist.

Ebenso fraglich ist, ob es den Gral tatsächlich gab; die Bibel erwähnt bei der Kreuzabnahme eine solche Schale nicht. Wohl aber erwähnt sie das Leichentuch Jesu, das ebenfalls bis heute die Gläubigen in seinen Bann schlägt: Ausgerechnet einem Juden, der bestenfalls ein heimlicher Parteigänger Jesu war und sich wohl kaum als Christ verstand, verdankt das Christentum zwei seiner größten Geheimnisse, zwei seiner faszinierendsten Reliquien.

### DAS TURINER GRABTUCH

Unter den vierzig Grabtüchern Jesu, die bereits als Reliquie verehrt wurden, ist das Turiner das bedeutendste: ein etwa vier mal ein Meter großes Leinentuch mit dem Abdruck eines Körpers und Blutspuren. Man wies Blütenstaub aus der Jerusalemer Gegend nach, aber der Stoff selbst stammt womöglich erst aus dem Mittelalter. Obendrein entdeckte man auf Photos des Grabtuchs das Doppelbild eines Mannes, der Leonardo da Vinci ähnelt. Die Frage, ob es sich überhaupt um Jesus handelt, wird niemand beantworten können.

# JOSEPH VON ARIMATHIA

## RATSHERR IN JERUSALEM UND JÜNGER JESU

### DATEN UND FAKTEN

**Daten:** geb. vor Christi Geburt in Armathajim (Rentis), Judäa; gest. im 1. Jh.
**Festtag:** 17. März
**Namensbedeutung und -varianten:** »Gott möge hinzufügen« (hebr.); José, Giuseppe, Pepe, Joe
**Wirkungsstätten:** Jerusalem; Lydda, Spanien, Gallien, Britannien (?)
**Orte der Verehrung:** Lydda (Kirchengründung?); Benediktinerabtei in Moyenmoutier, Frankreich (Grabstätte?)
**Quellen:** Evangelien des Matthäus, Markus, Lukas und Johannes; Apokryphen; *Legenda aurea*
**Attribute und Darstellung:** Gralskelch; ab dem 15. Jh. Einzeldarstellungen in üppiger Kleidung mit Spitzhut, in den Händen Dornenkrone, drei Nägel und Gral; häufig die Szene, wie er Jesus vom Kreuz abnimmt oder ihn bestattet; seltener Josephs Befreiung durch Jesus in der Nacht der Auferstehung oder das Auffangen des Blutes mit dem Gral
**Patronate:** Bestatter, Totengräber
**Brauchtum und Verehrung:** Ab dem Mittelalter wird der kirchliche Karfreitagsbrauch gepflegt, das Kruzifix oder den Korpus Christi vom Altar abzunehmen und in eine symbolische Grabhöhle in einem Nebenaltar oder in einer Seitenkapelle umzubetten; allerdings wird diese »Grabesruhe Christi« heute nur noch selten begangen.
**Kunst:** Buchmalerei im Evangelistar aus St. Stephan in Bamberg, fol. 68 (um 1007), Staatsbibliothek, Bamberg; Buchmalerei im Passional der Äbtissin Kunigunde (um 1320), Staatsbibliothek, Prag; Rogier van der Weyden, Altarbild (1435), Prado, Madrid; Flämischer Meister, *Joseph von Arimathia bei der Kreuzabnahme* (1443), Sint-Pieterskerk, Löwen; Niccolò dell'Arca, *Beweinung Christi* (1485), Santa Maria della Vita, Bologna; Meerten van Helmskerck, *Die Beweinung Christi* (16. Jh.), Wallraf-Richartz-Museum, Köln; Altarfigur (17. Jh.) in der Stiftskirche in Göttweig, Österreich
**Literatur:** Chrétien de Troyes, *Perceval le Gallois. Conte du Graal* (*Erzählung vom Gral*), Versroman von 1188; Anonymus, *Perlesvaus*, Versroman, erschienen Ende des 12. Jhs.; Robert de Boron, *Estoire dou Graal (Die Geschichte des Heiligen Gral)*, Prosaroman, entstanden vor 1201; Wolfram von Eschenbach, *Parzival*, Versroman aus dem frühen 13. Jh.; Anonymus, *Joseph of Arimathie*, mittelenglische Dichtung, Ende 14. Jh.; Thomas Malory, *Le Morte Darthur*, Roman von 1469 (?); Albert Dulk, *Jesus der Christ*, hist. Roman von 1865; Gabriel Trarieux, *Joseph d'Arimathie*, Drama von 1898; Hans Benzmann, *Eine Evangelienharmonie*, Epos von 1909; Peter Berling, *Die Kinder des Gral*, Romanreihe von 1994
**Musik:** Georg Friedrich Händel, *Oratorio per la Resurrezione di nostro Signore Gesù* (HWV 47) von 1708; Antonio Salieri, *Die Passion unseres Herrn Jesus Christus*, Oratorium von 1777; Louis Spohr, *Des Heilands letzte Stunden*, Oratorium von 1835; Richard Wagner, *Parsifal*, Oper von 1882
**Wissenswertes:** Als Joseph von Arimathia den Gral durch Jesus empfing, soll er auch geheime Worte mit auf den Weg bekommen haben, die ihn zum ersten »Gralshüter« machten. Die Suche nach dem Gral ist die Suche nach paradiesischer Unschuld, nach Erlösung von allem Irdischen, und nur ein Mensch, der reinen Herzens ist, kann sie erlangen; in den Artuslegenden ist es entweder Parzival oder Lancelots Sohn Galahad, der die »befreiende Frage« stellt, dadurch Erlösung findet und selbst zum Gralshüter wird.

### AUF DEN PUNKT GEBRACHT

Das Mitglied des Hohen Rates war vielleicht ein heimlicher Jünger. Er nimmt Jesus vom Kreuz ab und legt ihn in sein eigenes Felsengrab. Später entsteht die Sage, er habe Jesu Blut unter dem Kreuz in einer Schale aufgefangen, dem so genannten heiligen Gral.

### EMPFEHLUNGEN

**Lesenswert:**
Wolfram von Eschenbach: *Parzival*, Köln 2005

Joachim Bumke: *Wolfram von Eschenbach*, Stuttgart 2004

T.H. White: *Der König auf Camelot*, Stuttgart 2004

**Hörenswert:**
Johann Sebastian Bach: *Johannes-Passion*. Oratorium 1724

Richard Wagner: *Lohengrin*. Oper 1850

**Sehenswert:**
*Die größte Geschichte aller Zeiten*. Regie: George Stevens; mit Max von Sydow, John Wayne, Carroll Baker. USA 1963

# Katharina von Alexandria
## *Die Frau, die nicht schweigt*

»Wie in allen Gemeinden der Heiligen lasset die Frauen schweigen in der Gemeinde; denn es soll ihnen nicht zugelassen werden, dass sie reden, sondern sie sollen sich unterordnen«, fordert Paulus (s. S. 206) im ersten Korintherbrief, und führt aus: »Wollen sie aber etwas lernen, so lasset sie daheim ihre Männer fragen. Es steht der Frau übel an, in der Gemeinde zu reden. Oder ist von euch das Wort Gottes ausgegangen? Oder ist's allein zu euch gekommen?« Die Frau schweige in der Gemeinde: Dieses Gebot galt bei den Protestanten bis in die jüngste Vergangenheit und ist in der katholischen Kirche, wo Frauen nur in untergeordneter Position erwünscht sind, noch heute weithin in Kraft.

Wenigstens eine Frau aber hielt sich nicht an diese Forderung, die Paulus in seiner Anmaßung sogar als göttliches, als »des Herrn Gebot« ausgibt. Eine Frau, die als frühes Beispiel weiblicher Emanzipation im Christentum gilt und jahrhundertelang nach der Muttergottes die bekannteste und beliebteste Frauengestalt der Christenheit war: Katharina von Alexandria. Sie ließ sich den Mund ebenso wenig verbieten wie das Denken – beides Tätigkeiten, die im antiken Alexandria, seinerzeit Sitz der größten, weltberühmten Bibliothek und eine Hochburg der Gelehrsamkeit, ohnehin schwerlich zu unterdrücken waren. Bildung und Wissenschaft, wiewohl ein männliches Berufsprivileg, konnten hier, in einem solchen Geisteszentrum, auch den Frauen nicht gänzlich vorenthalten werden.

■ Die Disputation der Katharina von Alexandria mit den fünfzig Weisen. Gemälde, um 1440, aus einem Zyklus von sechs Tafeln zur Katharinen-Legende von einem oberrheinischen Meister. Privatbesitz

Katharina, so geht die Legende, war jung, ledig und hochgebildet und hatte durch ihre Klugheit und Redekunst bereits viele Menschen zum Christen-

tum bekehrt. Ihr Ruf kam schließlich auch dem christenfeindlichen Kaiser Maximinus Daja (310–13; nach anderen Quellen: Maxentius, 306–312) zu Ohren. Manche Legendenautoren variieren den Erzählstoff: Katharina selbst sei dem Kaiser nach einem Tempelbesuch, bei dem er den Götzen geopfert hatte, entgegengetreten und habe seinen Glauben mit christlichen Argumenten zu widerlegen begonnen. Der Kaiser, beschämt und empört zugleich, weil er ihrer Beweisführung nicht gewachsen war, ließ fünfzig der bedeutendsten Gelehrten zusammentrommeln und befahl Katharina, in seiner Anwesenheit ein Streitgespräch mit ihnen über die Wahrheit des Christentums zu führen.

Selbstverständlich erwartete der Kaiser, dass Katharinas scharfe Zunge von der geballten Kraft der Philosophen und Rhetoriker gezähmt würde. Doch das Gegenteil trat ein: Die heidnischen Gelehrten wurden allesamt von Katharina widerlegt und sahen sich gezwungen, öffentlich ihren Irrtum einzugestehen und sich zu der neuen Lehre zu bekennen. Der Kaiser verurteilte sie auf der Stelle zum Tod, doch sie blieben standhaft und starben alle fünfzig den Feuertod auf dem Scheiterhaufen, mit einem, so die Überlieferung, »Jesus!« auf den Lippen. Die gelehrte und beredte Katharina aber wurde durch ihren Triumph später zur Patronin der Theologen, Anwälte, Lehrer, Schüler und der Universtäten überhaupt sowie zur Helferin gegen Zungenleiden und Sprachstörungen.

■ Die heilige Katharina von Alexandria.
Das einfache Volk merkte sich die drei Virgines capitales, die wichtigen jungfräulichen Nothelferinnen, mit dem Spruch: »Margarete mit dem Wurm, Barbara mit dem Turm, Katharina mit dem Radl – das sind die drei heiligen Madl.«

Dabei war Katharina von Haus aus keine Christin und pflegte durchaus nicht die christlichen Tugenden. Sie war schön und klug, aber unsagbar reich und stolz. (Ihrer sagenhaften Schönheit wegen erhoben sie übrigens die Pariser Schneiderinnen und Modistinnen, die »Cathérinettes«, zu ihrer Schutzheiligen.) Kein Freier war ihr gut genug, selbst den Sohn des Kaisers soll sie abgewiesen haben. Erst einem christlichen Eremiten gelang es, ihr den adäquaten Bräutigam zuzuführen: Jesus Christus. Katharina zögerte, doch nachdem ihr auch die Gottesmutter erschienen war und ihrer Eitelkeit mit den Worten »Du bist noch nicht wirklich schön, weil du nicht getauft bist« geschmeichelt hatte, ließ sie sich bekehren. In einem Traumgesicht erschien ihr der Gottessohn und steckte ihr den Verlobungsring an den Finger. Versteht sich, dass Katharina diesem Bräutigam ewige Jungfräulichkeit gelobte – ihr griechischer Name Aikatheríne, »die allzeit Reine«, bezeugt dieses Gelübde.

Irdische Freuden waren also nicht erwünscht, und tatsächlich blieb dazu keine Zeit mehr. Denn nachdem der Kaiser die fünfzig Gelehrten hatte verbrennen lassen, befahl er, Katharina zu ergreifen, in den Kerker zu werfen und bis aufs Blut zu geißeln. Doch ein Engel tröstete sie in der Haftzelle, und eine weiße Taube brachte ihr Nahrung. Ein weiteres Wunder geschah, als sie zum Tod verurteilt und auf ein mit Messern gespicktes Rad gefesselt wurde, denn auf ihr Gebet hin zersprang das Folterinstrument. Katharina aber avancierte damit in der Christenheit zur Schutzherrin von Berufen, die mit dem Messer zu tun haben, wie die Barbiere und Schuster, oder mit dem Rad, wie die Müller, Töpfer und Wagner. Fasziniert von Katharinas Unbeugsamkeit, besuchte schließlich die Kaiserin mit ihrem Gefolge die Gefangene – und wurde ebenfalls mitsamt ihren Hofdamen überzeugt: Sie bekannten sich als Christen, und selbst der Kerkermeister Porphyrius tat es ihnen gleich.

Der Kaiser aber war in seiner Wut offenbar nicht mehr zu bremsen und ließ sowohl seine eigene Frau wie Katharina mit dem Schwert enthaupten. Und abermals geschah ein Wunder, denn aus Katharinas Wunde floss Milch statt Blut – was sie später zur Nothelferin bei Milchlosigkeit stillender Mütter machte. Ihr Leichnam aber wurde von Engeln auf den Sinai getragen und am Berg Horeb beigesetzt.

Katharinas Tod wird auf die Jahre zwischen 306 und 313 datiert. Schon im Jahr 324 soll auf Betreiben Helenas, der Mutter Konstantins des Großen, mit dem Bau einer Kirche über ihrem Grab begonnen worden sein. Im 6. Jahrhundert stiftete Kaiser Justinian I. ein Kloster, und damals entstand vielleicht die Sage von den Engeln, die die Gebeine der heiligen Katharina an jenen Ort transportiert hätten, denn in alter kirchlicher Ausdrucksweise wurden auch Mönche manchmal als Engel bezeichnet: Mönche jedenfalls sollen es gewesen sein, die

■ Festumzug der Pariser Modistinnen, der Cathérinettes, am 25. November, dem Tag der heiligen Katharina von Alexandria. Farbdruck aus *Le Petit Journal*, Paris, 20. November 1913

im 6. oder vielleicht auch erst im 7. Jahrhundert, von einem Traum geleitet, die vermeintlichen Überreste der Heiligen auffanden.

Das Kloster besteht noch heute. Durchaus unsicher hingegen ist, wie bei vielen antiken Heiligen, ob die weithin berühmte Märtyrerin Katharina von Alexandria tatsächlich gelebt hat oder nicht doch ein Produkt der Phantasie ist. Immerhin wurde sie nach dem Zweiten Vatikanischen Konzil von 1962–65 wegen begründeter Zweifel an ihrer Existenz aus dem Römischen Generalkalender gestrichen. Ihr Leben und Wirken ist nirgends zuverlässig belegt, und als historische Persönlichkeit bleibt sie ungreifbar. Ihr Ruhm gründet auf Legenden, deren wahrer Kern vielleicht in der Existenz schöner und gelehrter Frauen begründet liegt, wie es sie gerade in Alexandria gegeben haben muss und von denen einige mit ihrer Bildung und Redegabe auch im christlichen Sinne gewirkt haben. So flossen womöglich mancherlei mündliche Überlieferungen zu jener ersten, romanhaften Pas-

■ Engel bringen den Leichnam Katharinas von Alexandria zum Berg Sinai, um ihn dort zu bestatten. Gemälde, 1839, von Henri Lehmann (1814–1882). Montpellier, Musée Fabre

DER BERG SINAI

Wo genau auf der Sinai-Halbinsel der »Berg Gottes, Horeb« (2 Mose 3,1), liegt, weiß man nicht. Im Alten Testament spielt er eine große Rolle: Hier schließt Gott über Moses den Bund mit den Menschen und verkündet ihm die Zehn Gebote (2 Mose 19 und 20); hier auch spricht Gott zu Moses aus dem brennenden Dornbusch und beruft ihn zum Führer Israels (2 Mose 3, 2–5). Der Dornbusch soll in einem Hof vor der Klosterkirche gestanden haben; heute befindet sich an seiner Stelle eine im Mittelalter angebaute Kapelle, deren Altar sich angeblich über dem ehemaligen Buschwerk erhebt.

■ Das Katharinenkloster auf der Sinai-Halbinsel in Ägypten ist eines der bedeutendsten Baudenkmäler der Christenheit.

sio oder Leidensbeschreibung zusammen, die im 6. oder 7. Jahrhundert verfasst und im 8. ins Lateinische übersetzt wurde, woraufhin die Verehrung Katharinas auch im Westen Verbreitung fand. Die größte Popularität erfuhr sie im deutschen Sprachraum, wo sie zu einer der vierzehn Nothelfer aufstieg und zeitweise nach der Jungfrau Maria (s. S. 166) die beliebteste Heilige war.

Gewiss gründete der Ruhm auch darauf, dass die heilige Katharina von Alexandria ein frühes christliches Beispiel weiblichen Selbstbewusstseins gab. Doch in der Hauptsache verdankte sie ihre Wertschätzung einem Gebet, das schon in der Passio steht und worin sie allen, die ihren Namen anrufen, verspricht, bei Gott ein gutes Wort für sie einzulegen. Angesichts ihrer Redegewandtheit ist sie dafür auch denkbar gut geeignet.

DAS KATHARINENKLOSTER

Errichtet zwischen 548 und 565, ist das Katharinenkloster auf der Sinai-Halbinsel das einzige mittelalterliche Kloster weltweit, das nie durch Kriegsläufte in Mitleidenschaft gezogen wurde. Mohammed selbst soll seinerzeit dem Abt einen Schutzbrief ausgestellt haben. Es ist auch das weltweit einzige Kloster, hinter dessen Mauern eine Moschee steht.

# KATHARINA VON ALEXANDRIA

MÄRTYRERIN, NOTHELFERIN

## DATEN UND FAKTEN

**Daten:** geb. 3. Jh. in Alexandria, Ägypten; gest. um 306 in Alexandria; 1969 aus dem Römischen Generalkalender gestrichen
**Festtag:** 25. November
**Namensbedeutung und Varianten:** »die Reine, die Jungfräuliche« (griech.); Katrin, Karen, Käthe, Kathleen, Katja, Kate, Nina, Trine, Tinka, Carina, Cathérine
**Wirkungsstätte:** Nordägypten
**Orte der Verehrung:** Katharinenkloster auf dem Berg Sinai, Ägypten (Reliquien)
**Quellen:** Münchner Passional (*Passio Ecaterine virgine Dei*)
**Attribute und Darstellung:** Rad (manchmal zerbrochen), Krone, Palme, Schwert, Ring (als Zeichen der mystischen Vermählung mit Christus); seltener: Lilie, Buch, Scheibe mit einem Verzeichnis der Wissenschaften; dargestellt als junge, vornehm gekleidete Frau. Die Ostkirche zeigt sie mit einem Kreuz in der Hand.
**Patronate:** Mädchen, Jungfrauen; Schüler, Lehrer, Rechtsgelehrte, Redner, Wissenschaftler; Buchdrucker, Friseure, Gerber, Schuhmacher, Schneider, Spinnerinnen, Tuchhändler, Wagner; Bibliotheken und Universitäten (vor allem die Sorbonne, Paris); Kantone Wallis und Sitten; gegen Migräne, Zungenkrankheiten, Sprachhemmung; hilft beim Auffinden Ertrunkener
**Brauchtum und Verehrung:** An St. Kathrein endete früher die Weidezeit, und die Schafschur begann; Mägde und Knechte erhielten ihren Lohn und waren frei, den Hof zu wechseln. Es gab ein großes Fest, mit dem Kathreinstanz als einem der Höhepunkte des Bauernjahres. Das Katharinenkloster in Ägypten war und ist ein bedeutender Wallfahrtsort; viele Kreuzfahrer, die zum Heiligen Grab nach Jerusalem gepilgert waren, besuchten auch das Kloster auf dem Berg Sinai.
**Kunst:** Glasmalerei in der Kirche St. Kunibert in Köln (um 1250); Steinskulptur am Münsterturm in Freiburg (um 1250); Jacobello del Fiore, *Hl. Katharina von Alexandrien und hl. Magdalena* (1. Hälfte 15. Jh.), Kirche San Giovanni in Bragore, Venedig; Rogier van der Weyden, *Hl. Katharina von Alexandrien* (1426–30), Kunsthistorisches Museum, Wien; Correggio, *Die mystische Vermählung der hl. Katharina* (1520), Louvre, Paris; Caravaggio, *Hl. Katharina von Alexandria* (um 1598), Thyssen-Bornernisza-Sammlung, Madrid; Lucas Cranach d. Ä., *Die mystische Vermählung von Katharina mit Jesus* (um 1516), Museum der schönen Künste, Budapest
**Literatur:** Katherine-Gruppe (mittelalterliche Textsammlung); William Shakespeare, *Vergebliche Liebesmüh*, Schauspiel von 1589, und *Der Widerspenstigen Zähmung*, Schauspiel von 1590–1594 (in beiden Stücken Figur der Katharina); Heinrich von Kleist, *Käthchen von Heilbronn*, Schauspiel von 1810; William Makepeace Thackeray, *Catherine*, Roman von 1839; William Butler Yeats, *Countess Kathleen*, Schauspiel von 1892; Heinrich Böll, *Die verlorene Ehre der Katharina Blum*, Erzählung von 1974
**Musik:** Werner Egk, *Irische Legende*, Oper von 1955 nach dem Schauspiel *Countess Kathleen* von W. B. Yeats; Cole Porter, *Kiss Me, Kate*, Musical von 1953 nach dem Schauspiel *Der Widerspenstigen Zähmung* von William Shakespeare
**Wissenswertes:** Seit der Antike durchzieht das Motiv der keuschen Jungfrau die Literaturgeschichte. Doch während mittelalterliche Texte die Keuschheit als erstrebenswertes Ideal preisen, wird die kluge, scharfzüngige Katharina bei Shakespeare zu einem widerspenstigen, verschrobenen Weib, das »gezähmt«, sprich: an den Mann gebracht werden muss. Möglicherweise steht hinter dieser Geschichte u. a. die – wehmütige? – Beobachtung, dass im nun protestantischen England die alten Heiligenlegenden an Macht verlieren und die in ihnen propagierten Ideale keine Gültigkeit mehr haben.

## AUF DEN PUNKT GEBRACHT

Ihre Legende zollt den klugen Frauen Alexandrias, der antiken Hauptstadt von Bildung und Wissenschaft, Tribut – und feiert das Christentum, das es noch besser weiß als alle irdische Weisheit.

## EMPFEHLUNGEN

**Lesenswert:**
Thomas Späth, Beate Wagner-Hänsel (Hg.): *Frauenwelten in der Antike. Geschlechterordnung und weibliche Lebenspraxis*, Stuttgart 2000

Sarah B. Pomeroy: *Frauenleben im klassischen Altertum*, Stuttgart 1985

# Katharina von Siena
## Die größte Frau des Christentums

Sie war Dichterin, Mystikerin und Kirchenlehrerin, eine von überhaupt nur drei Frauen, denen die katholische Kirche diesen Rang zuerkannte. Als »größte Frau des Christentums« wurde sie gerühmt. Obwohl nur eine Ordensschwester, korrespondierte sie mit Päpsten und machte sich als Friedensstifterin verdient. Sie kämpfte für die moralische Erneuerung des Klerus, die Einheit der Kirche und die Rückkehr des Papsttums aus Avignon nach Rom. Sie trug die Wundmale Jesu, und wie Jesus starb sie jung, mit dreiunddreißig Jahren.

Als jüngstes von fünfundzwanzig Kindern eines Wollfärbers kam Caterina Benincasa, die als Katharina von Siena berühmt werden sollte, 1347 im toskanischen Siena zur Welt. Sie soll ein ernstes Mädchen gewesen sein, das gern für sich war und den Spielen der Altersgenossen fernblieb. Sie war fromm, gelobte mit sechs Jahren, ihr Leben Gott zu weihen, und soll mit sieben das Gelübde der Jungfräulichkeit abgelegt haben. Allgemein nannte man sie »die kleine Heilige«. Als sie zwölf wird, wollen ihre Eltern sie verheiraten, doch sie weigert sich beharrlich. Lieber lässt sie sich jahrelang demütigen, verspotten und wie eine Magd schurigeln. Sie fastet, schläft auf dem Fußboden, wenn sie sich nicht zum Schlafentzug zwingt, und geißelt sich täglich. Als sie achtzehn ist, geben ihre Eltern nach, zumal Katharinas Gesicht inzwischen nach einer Pockenerkrankung entstellt ist. 1365 gewähren sie ihr den Eintritt ins Kloster als Dominikanerterziarin.

■ Die heilige Katharina von Siena

Dort setzt Katharina ihre asketischen Übungen fort: Drei Jahre lang verlässt sie ihre Zelle nur zum Gottesdienst und spricht außer mit ihrem Beichtvater Raimund von Capua mit niemandem ein Wort. Von ihrer Haltung legt ein Brief Zeugnis ab, den sie später ihrer Nichte, die in Montepulciano in ein

Kloster eingetreten war, schreibt: »Halte den Blick gesenkt und sei unzugänglich wie ein Igel. Gespräche mit der nichtsnutzigen Sippe der Betbrüder und Betschwestern sowie die religiösen Gebräuche und Regeln der Orden ruinieren die Seele.«

Die Folgen ihrer Einsamkeit und Hungerpraxis bleiben nicht aus: Katharina verfällt in Ekstasen, halluziniert und sieht den Heiland betend an ihrer Seite die Klause auf- und abschreiten. Sie wird von sexuellen Wahnvorstellungen geplagt; noch in ihren späteren Schriften zeugen ihre Lieblingsvokabeln »süß«, »Blut« und »Liebe« von verdrängter Erotik. »Du süßer und verliebter Ritter!« ruft sie ihren Seelenbräutigam Jesus an, dessen »holden Namen sie wie wahnsinnig nannte, vor Liebessehnsucht verschmachtend, ohne Schlaf, nicht mehr vom Lager aufstehend«, wie ihr Beichtvater später notiert. In einer Vision reicht ihr Jesus seine Vorhaut als Ehering, in einer anderen wählt sie als Braut Christi statt eines goldenen Rings die Dornenkrone.

■ Katharina von Siena tauscht ihr Herz mit Christus. Gemälde von Guidoccio Cozzarelli (um 1450–1516/17)

Im tätigen Leben beweist sie ihre Liebe gegenüber Armen und Kranken. Hingebungsvoll arbeitet sie in der Armenpflege und soll sogar ein Wunder gewirkt haben, indem sie bei einer Teuerung aus verdorbenem Mehl gutes Brot für die Hungernden buk. 1374 betreute sie die Pestopfer in Pisa. Um ihren Abscheu zu besiegen, küsst sie einer brustkrebskranken Frau die schwärende Wunde, bevor sie sie reinigt und verbindet. Auch über soziale Regeln setzt sie sich hinweg: So muss sie sich gegen den Vorwurf religionswidrigen, sittenlosen Verhaltens verteidigen, weil sie im Winter einem Bettler ihr Ordenskleid geschenkt hat und im Hemd ins Kloster geeilt ist. »Ich will mich lieber ohne Mantel als ohne Liebe finden lassen«, verteidigt sie sich.

Katharina liebte die Schwachen und vom Schicksal Geschlagenen, und diese Liebe ging eigene Wege. Als der junge Adlige Nicola Tuldo in Siena zum Tod durch Enthauptung verurteilt wor-

■ Die mystische Vermählung der Katharina von Siena. Ausschnitt aus der Predella der Stigmatisation der heiligen Katharina, 1513–15, von Domenico Beccafumi (1486–1551). In Katharinas Geburtshaus wird noch heute das Kruzifix gezeigt, vor dem sie ihre Visionen hatte und die Wundmale Christi empfing.

den war, sich wie ein Rasender wehrte und jeden kirchlichen Trost zurückwies, kam Katharina, redete ihm zu und versprach, ihn auf seinem Gang zu begleiten. »Er sagte zu mir: Steh du mir bei und verlass mich nicht, so werde ich zufrieden sterben«, berichtet Katharina ihrem Beichtvater und gesteht: »Ich fühlte da eine Freude und einen Geruch seines Blutes, und es war nicht ohne den Geruch des meinen, welches ich verlange hinzugeben für den süßen Verlobten Jesus.« Weiter erinnert sie sich: »Er kniete nieder mit großer Sanftmut, und ich entblößte ihm den Hals und beugte mich herab und erinnerte ihn an das Blut des Lammes. Sein Mund sagte nichts als ›Jesus‹ und ›Caterina‹ und ›Ich will‹.

STIGMATISATION

Die Wundmale Jesu nennt man Stigmata (von griechisch stigma, »Stich, Punkt, Brandmal). Der erste bekannte Stigmatisierte war Franz von Assisi. Oft erscheinen die Wundmale erst nach jahrelangen Schmerzen an den bewussten Stellen, häufig glauben die Stigmatisierten eine mystische Hochzeit mit Jesus zu erleben, und nicht selten sind begleitende Phänomene wie Nahrungsenthaltung, Schlaflosigkeit, Ekstasen und Visionen. Die Medizin kennt Stigmatisation als psychogen bedingte Körpermerkmale bei Hysterikern.

Und ich empfing sein Haupt in meine Hände, indem die göttliche Güte sein Auge schloss.« Katharina beschließt ihren Bericht: »Wie die seine, war meine Seele in Ruhe und Frieden, in solchem Dufte des Blutes, dass ich mich nicht entschließen konnte, das Blut wegzuwaschen, das mir aufs Gewand gekommen war von ihm.«

Im 14. Jahrhundert schwand das Ansehen des Klerus: Korruption, Vetternwirtschaft und üppiges Wohlleben herrschten unter den Geistlichen, während die franziskanische Lehre von der Armut Christi und seiner Apostel vom Papst verdammt wurde; dessen Autorität aber war beschädigt und seine Macht gebrochen, seit das Papsttum abhängig von den französischen Königen in Avignon residierte. Um die teure Hofhaltung zu finanzieren, wurde die christliche Bevölkerung, die bereits unter Abgaben, Seuchen und Kriegen litt, auf vielerlei Weise geschröpft. Insbesondere in der Toskana bekämpften sich die Stadtstaaten ununterbrochen, zugleich wurden sie im Innern von Konflikten zwischen Adel, Patriziat und Handwerkern, von Parteikämpfen und Familienfehden erschüttert.

In diese Konflikte griff die Ordensschwester Katharina ein, nachdem Jesus ihr in einer Vision befohlen hatte, an die Öffentlichkeit zu gehen. Selbstbewusst, energisch, forsch und fordernd trat sie auf und eilte von Burg zu Burg und von Stadt zu Stadt, um verfeindete Parteien und Geschlechter zu versöhnen; selbst in hoffnungslosen Fällen vermochte sie Frieden zu stiften. Sie legte den Konflikt zwischen den norditalienischen Städten und der römischen Kirche bei und schlichtete in Florenz den Streit zwischen dem Bischof und dem Stadtregiment. Schließlich gelang es ihr sogar – der führungslose Kirchenstaat drohte in den italienischen Kriegsläuften verloren zu gehen –, Papst Gregor XI. zur Rückkehr nach Rom zu bewegen.

Zugleich kämpfte sie, empört »vom Gestank der Sünden der römischen Kurie«, für die moralische Erneuerung der Kirche. Doch ihre Erfolge waren nicht von Dauer. Nach dem Tod Gregors XI. 1378 wird der Italiener Bartolomeo Prignano als Urban VI. zum neuen Papst gewählt. Die französischen Kardinäle aber erheben Robert von Genf als Klemens VII. zum Gegenpapst, der wieder

▪ Katharina von Siena trinkt das Blut Christi. Gemälde von Santi di Tito (1536–1603). Borgo San Lorenzo (Florenz), Monastero S. Catharina

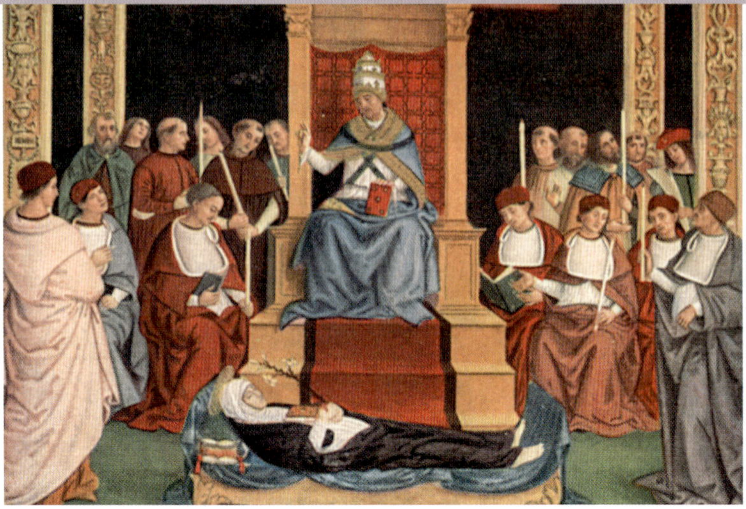

■ Katharina von Siena wird von Papst Pius II. heilig gesprochen. Gemälde von Enea Piccolomini. Siena, Dombibliothek

nach Avignon zieht. Damit kommt es zum Schisma, zur abendländischen Kirchenspaltung. Katharina, die eigens nach Rom übergesiedelt ist, um für die Einheit der Kirche zu wirken, ist verzweifelt und hoffnungslos. Bald ernährt sie sich nur noch von der Eucharistie. Zum Skelett abgemagert, stirbt sie am 29. April 1380. An ihrem Leichnam entdeckt man die Leidensmale Jesu, die sie nach Auskunft ihres Beichtvaters schon seit dem 1. April 1375 getragen, aber aus Demut verborgen haben will.

Ihr (kirchen-)politischer Einsatz ist, da letztlich erfolglos, heute nur von historischem Interesse. Geblieben sind ihre 381 Briefe, die durch ihren glänzenden Stil zu den bedeutenden Werken italienischer Sprache des Mittelalters zählen (übrigens diktierte sie sie allesamt, da sie weder lesen noch schreiben konnte). Von religiösem Wert ist ihr 1378 verfasstes *Buch über die göttliche Vorsehung*: Angelegt als Dialog mit Gott, ist es mystischer Ausdruck einer »Seele, die voll innerer Glut die Ehre Gottes und das Heil des Nächsten herbeisehnt«, wie es gleich zu Beginn heißt. Hier schaut Katharina ekstatisch Gott, der sie die »drei Kräfte der Seele« lehrt, ihr »die drei Stufen an seinem Leiden« zeigt, die drei »Strafmittel seiner Milde« bekannt gibt, von den »vier Arten von Tränen« spricht »und von einer fünften, die Ursache des Todes ist«.

Kirchenlehrerin, Dichterin, Mystikerin – verstanden werden aber können Kirchenlehrer, Dichter und Mystiker letztlich wohl nur von Kirchenlehrern, Dichtern und Mystikern …

KIRCHENLEHRER

Herausragende Theologen können vom Papst offiziell als Kirchenlehrer anerkannt werden. Voraussetzungen sind Rechtgläubigkeit, heiliges Leben und wissenschaftliche Leistung. Neben den Kirchenvätern Ambrosius, Augustinus, Hieronymus und Gregor dem Großen zählen dazu unter anderem Leo I., Albertus Magnus, Thomas von Aquin und Franz von Sales; insgesamt sind es 32, darunter drei Frauen: Teresa von Ávila und Katharina von Siena (beide 1970 anerkannt) sowie Theresa von Lisieux (1997).

# KATHARINA VON SIENA

DOMINIKANERIN, MYSTIKERIN, KIRCHENLEHRERIN

## DATEN UND FAKTEN

**Daten:** geb. 25. März 1347 in Siena; gest. 29. April 1380 in Rom; Heiligsprechung 1461 durch Papst Pius II.; 4. Oktober 1970 Ernennung zur Kirchenlehrerin durch Papst Paul VI.
**Festtag:** 29. April
**Namensbedeutung und -varianten:** »die Reine, die Jungfräuliche« (griech.); Katrin, Karen, Käthe, Kathleen, Katja, Kate, Nina, Trine, Tinka, Carina, Cathérine
**Wirkungsstätte:** Italien
**Orte der Verehrung:** Katharinas Geburtshaus in der Via S. Caterina, Siena (Gebetsstätte, Reliquien); Kirche San Domenico, Siena (Kopfreliquie); Kirche Santa Maria sopra Minerva, Rom (Grabstätte)
**Quellen:** Anonymus, *Miracula* (seit 1374 in Umlauf); Raimund von Capua, *Legenda maior* (14. Jh.); *Processo Castellano* (15. Jh.); Tommaso Caffarini (Thomas von Siena), *Legenda minor* (15. Jh.); Katharinas eigene Schriften, darunter *Dialogo* (*Il libro*) von 1378 und 381 Briefe
**Attribute und Darstellung:** Kreuz, Lilie oder Buch; manchmal hält sie das Herz Jesu in der Hand; im Habit der Dominikanerinnen (langes weißes Gewand, schwarzer Mantel); mit den Wundmalen Christi
**Patronate:** Krankenschwestern; Wäscherinnen; Italien; Rom; Dominikanerterziarinnen; gegen Pest, Kopfschmerzen; hilft in der Stunde des Sterbens
**Brauchtum und Verehrung:** Die Verehrung Katharinas setzte unmittelbar nach ihrem Tod ein, und in Italien gehört sie noch immer zu den meistverehrten Heiligen überhaupt, vor allem in Siena, Venedig und Rom.
**Kunst:** Andrea Vanni, *Hl. Katharina von Siena* (um 1390), San Domenico, Siena; Fra Angelico, *Hl. Katharina von Siena* (um 1430), San Marco, Florenz; Isaia dea Pisa, *Grabstatue der hl. Katharina* (1450), San Domenico, Siena; Giovanni di Paolo, *Die hl. Katharina vor dem Papst in Avignon* (um 1460), Museo Thyssen-Bornemisza, Madrid; Giovanni Antonio Sodoma, *Ekstase der hl. Katharina* (16. Jh.), San Domenico, Siena; Domenico Beccafumi, *Stigmata der hl. Katharina* (1513–15), Paul Getty Museum, Los Angeles
**Literatur:** Anonymus, *Die hl. Katharina von Siena*, französisches Schauspiel von 1468; Raoul Auclair, *Die hl. Katharina von Siena*, Drama von 1980; Eleonore Dehnerdt, *Katharina von Siena. Das Mädchen aus Fontebranda*, Romanbiographie von 2004
**Musik:** Adriano Lualdi, *Die heilige Katharina von Siena*, Oper von 1949
**Wissenswertes:** Ein Schisma (griech.: Teilung, Trennung) bedeutet die Aufkündigung der kirchlichen Einheit. Damit ist nicht der Zerfall der Glaubenseinheit gemeint, sondern es geht um einen Bruch zwischen der Glaubensgemeinschaft und dem Papst; die einheitliche Leitung der Institution Kirche wird untergraben, und die kirchliche Rechtsordnung gerät ins Wanken. Es gab mehrere Schismen in der Kirchengeschichte, besonders einschneidend war jedoch das sog. Große Abendländische Schisma zur Zeit Katharinas: Damals hatte sich die katholische Kirche in zwei Glaubenszentren gespalten, Rom und Avignon; von 1378 bis 1417 herrschten zunächst zwei, ab 1409 sogar drei Päpste – die sich gegenseitig exkommuniziert hatten – über die katholische Christenheit. Mit dem Konzil von Konstanz wurde dieser langjährige Machtkampf durch die Wahl Martins V. zum alleinigen Papst beendet.

## EMPFEHLUNGEN

**Lesenswert:**

Katharina von Siena: *Ich will mich einmischen in die Welt. Engagierte Briefe des Glaubens*, hg. von Manfred Baumotte, Zürich–Köln 1997

Gerda Riedl: *Katharina von Siena. Lebenswelt, Glaubenswelt, Wirkungswelt*, Paderborn 2006

Hanno Helbling: *Katharina von Siena. Mystik und Politik*, München 2000

Bernhard Schimmelpfennig: *Das Papsttum von der Antike bis zur Renaissance*, Darmstadt 2005

**Anklickenswert:**

www.basilicaminerva.it
www.caterinavonsiena.be

## AUF DEN PUNKT GEBRACHT

Eigentlich war Katharina von Siena nur eine asketische Nonne: aber sie machte Politik, griff in die Geschicke der Kirche ein, beeinflusste durch ekstatische Visionen die katholische Mystik und wirkte durch ihre Briefe an der Formung der italienischen Sprache mit.

# Laurentius
## Der zweite Erzmärtyrer

■ Der heilige Laurentius und sein Martyrium.
Das Haupt des heiligen Laurentius befindet sich nicht in seiner Grabstätte in der Basilika San Lorenzo fuori le mura, sondern wird als ganz besonders kostbare Reliquie in der Schatzkammer des Vatikan aufbewahrt. Wenn es denn das echte ist – Dubrovnik erhebt ebenfalls den Anspruch, das Haupt des Heiligen zu besitzen.

Weltberühmt ist der Escorial, die großartige Klosteranlage nordwestlich von Madrid, die im 16. Jahrhundert errichtet wurde und den spanischen Königen als Residenz und Grablege diente. Nur wenige aber wissen, dass sie mit ihren sechzehn Innenhöfen und fünfzehn Kreuzgängen den Grundriss eines Rosts hat, eines Bratenrosts. Wer sich in der Kirchengeschichte auskennt, den führt der volle Name dieses mächtigen Anwesens auf die richtige Spur: San Lorenzo del Escorial. Lorenzo ist die spanische Form von Laurentius, dem Namen eines christlichen Märtyrers des 3. Jahrhunderts, der auf einem Rost langsam zu Tode gegrillt wurde. Als sein Sterbetag gilt der 10. August.

Am Laurentiustag des Jahres 1557 errang ein spanisches Heer bei St. Quentin einen entscheidenden Sieg über die Franzosen. Daraufhin erkor Spaniens König Philipp II. den Märtyrer Laurentius zum Nationalheiligen und stiftete in der ländlichen Abgeschiedenheit der kleinen Ortschaft Escorial jenes Kloster.

Die Wahl zum Nationalpatron traf Laurentius auch deshalb, weil er aus Osca (dem heutigen Huesca in Aragonien) gebürtig sein soll. Auf dem Weg zu einem Konzil in Toledo, so heißt es, sei er als junger Mann Papst Sixtus II. begegnet und diesem nach Rom gefolgt. Dort machte ihn Sixtus zum Diakon, also zu seinem Gehilfen beim Gottesdienst (griechisch »diakonos« heißt »Diener«), und beförderte ihn, weil Laurentius sein besonderes Vertrauen genoss, vermutlich auch zum Archidiakon, der die Kircheneinnahmen verwaltete und für die Verteilung unter die Bedürftigen zuständig war.

Als der römische Kaiser Valerian ein Edikt erließ, das sämtliche christliche Bischöfe und Priester mit dem Tod bedrohte, wurde auch Sixtus II. ergriffen. Laurentius war untröstlich und wollte gemeinsam mit seinem Mentor den Tod erleiden, doch der bat ihn um ein wenig Geduld: Nach drei Tagen werde er ihm nachfolgen und ebenfalls das Martyrium erleiden, zuvor aber müsse er das Kirchenvermögen unter die Bedürftigen verteilen, damit es nicht den Heiden in die Hände falle. Tatsächlich wandte sich der kaiserliche Präfekt von Rom nach Sixtus' Hinrichtung an Laurentius, schmeichelte ihm mit freundlichen Worten und verwies auf das Bibelwort, wonach man dem Kaiser geben solle, was des Kaisers ist. Auf Laurentius' Bitte gewährte er drei Tage Aufschub für die Ablieferung des Kirchenschatzes. Diese Zeit nutzte Laurentius, um das Hab und Gut zu verkaufen und den Erlös unter die Notleidenden zu verteilen. Nach Ablauf der Frist ließ er die Krüppel, Greise, Blinden, Stummen, Witwen und Waisen zusammenkommen, führte sie vor den Präfekten und sagte: »Hier ist der Schatz der Kirche!« Zugleich wies er auf die wahren Schätze des Himmelreichs hin und betonte, dass nur diese ewig Bestand hätten.

Der Präfekt wähnte sich verhöhnt und ließ Laurentius in den Kerker werfen. Dort wurde er den Legenden zufolge mit Skorpionen gepeitscht, mit Bleikugeln geprügelt, auf die Folterbank gespannt und schließlich auf einem eisernen Rost über matt glühenden Kohlen langsam zu Tode gegrillt. Ein glänzendes Licht soll über seinem Gesicht gestrahlt haben und ein lieblicher, freilich nur den Christen wahrnehmbarer Wohlgeruch von seinem Leib ausgegangen sein, und überhaupt habe Laurentius die Marter mit himmlischer Geduld ertragen. So sagte er nach einiger Zeit zum Präfekten: »Nun kannst du meinen Leib umwenden, denn er ist auf dieser Seite genug gebraten!« Nachdem er auch auf der anderen Seite eine Zeitlang gelegen hatte, rief er dem Präfekten mit seinen letzten Atemzügen leichthin zu: »Der Braten ist jetzt fertig, du kannst ihn vom Feuer nehmen und essen!«

Sixtus II. soll am 6. August 258, Laurentius am 10. gestorben sein. Doch entspricht die Legende überhaupt den historischen Tatsachen? Was Sixtus betrifft, so erwähnt in der Tat Cyprianus von Karthago in einem Brief vom 14. September 258 seinen Tod

DER DIAKON

Da sich die zwölf Apostel in der Jerusalemer Urgemeinde ausschließlich dem Gebet und der Lehre widmen wollten, ernannten sie, wie die Apostelgeschichte berichtet, »sieben Männer, die einen guten Ruf haben und voll heiligen Geistes und Weisheit sind«: Diese sollten fortan die Familien der »griechischen Juden«, also der ersten Heidenchristen, betreuen, also die soziale und karitative Gemeindearbeit übernehmen.

■ Laurentius verteilt den Kirchenschatz an die Bedürftigen Roms und führt sie dem Kaiser als unvergänglichen Schatz der Kirche vor. Gemälde, um 1600, von Palma il Giovane (1544–1628). Venedig, Kirche S. Giacomo dell'Orio

HIPPOLYTUS

In der Haft soll Laurentius einen Heiden, der vom vielen Weinen erblindet war, wieder sehend gemacht haben, indem er ihn zum Christentum bekehrte. Davon beeindruckt, soll auch der Kerkermeister Hippolytus zum Christen geworden und noch im selben Jahr 258 hingerichtet worden sein. Angeblich wurde er von Pferden zu Tode geschleift: ähnlich wie der Hippolytos (deutsch: »Rosse-Ausspanner«) im griechischen Mythos, der die Liebe seiner Stiefmutter Phädra verschmäht hatte. Womöglich liegt auch ein Bezug auf den Kirchenschriftsteller Hippolytus von Rom vor, der 217 als Gegenpapst zu Calixtus ausgerufen wurde.

durch Enthauptung; er wurde während eines Gottesdienstes in der Calixtus-Katakombe an der Via Tiburtina ergriffen und auf der Stelle hingerichtet. Weit weniger eindeutig ist die Sache mit Laurentius; er taucht erst ab Ende des 4. Jahrhunderts in den Texten auf. Sehr zweifelhaft ist auch seine spanische Herkunft, die erst im 6. Jahrhundert im *Liber Pontificalis*, einer Papstgeschichte in Biographien, erwähnt wird, und schlicht erfunden ist die Begegnung mit Sixtus auf dem Weg nach Toledo, fand das erste Konzil in dieser Stadt doch 589 statt.

Andererseits wurde der Laurentiustag, der 10. August, nachweislich schon vor 354 festlich begangen, und bereits im Jahr 330 wurde just an der Via Tiburtina, über dem einstigen Calixtus-Friedhof, die Kirche San Lorenzo fuori le mura errichtet, die bis heute eine der sieben Hauptkirchen Roms ist. Es gab im christlichen Kalender sogar einen eigenen Festkreis, der die drei Sonntage vor und fünf Sonntage nach dem Laurentiustag umfasste. Einiges spricht allerdings dafür, dass es sich bei jenem Laurentius, dessen im frühen 4. Jahrhundert gedacht wurde, um einen Märtyrer aus der Christenverfolgung des Diokletian handelte, der um 305 den Tod erlitt. Das hieße, dass später die Erinnerung an ihn mit der an Sixtus selbst oder einen anderen Märtyrer verschmolz, der zusammen mit Sixtus enthauptet wurde: Tatsächlich waren mit diesem Bischof von Rom auch vier Diakone am selben Tag geköpft worden. Mit anderen Worten, die Überlieferung wäre ungenau, hätte aber einen wahren Kern: Und ausgerechnet das phantasievolle Beiwerk machte Laurentius berühmt und zu einem zweiten Erzmärtyrer: »Wie Jerusalem durch den heiligen Stephanus verherrlicht wurde, so Rom durch den heiligen Laurentius«, sagte Papst Leo I. in einer Gedenkrede am Laurentiustag.

■ Das Martyrium des Laurentius. Marmorskulptur, um 1613/17, von Gianlorenzo Bernini. Florenz, Uffizien. Die Bruderschaft der Köche nennt sich »Laurentius-Ritter«, wegen der gemeinsamen Beziehung zum Feuer. Alljährlich am 10. August findet eine Zusammenkunft statt.

# LAURENTIUS

ERZDIAKON, MÄRTYRER

## DATEN UND FAKTEN

**Daten:** geb. um 230 in Osca (Huesca), Spanien (?); 10. August 258 in Rom; Kult belegt ab dem 4. Jh.
**Festtag:** 10. August
**Namensbedeutung und -varianten:** »der Lorbeergeschmückte« (lat.); Lorenz, Laurent, Lawrence, Lars
**Wirkungsstätte:** Rom
**Orte der Verehrung:** Basilika San Lorenzo fuori le mura in Rom (Grabstätte; Reliquien, u.a. der Rost, auf dem Laurentius sein Martyrium erlitten haben soll); Kathedrale von Dubrovnik (Kopfreliquie?); Kloster San Lorenzo del Escorial bei Madrid (Gedenkstätte)
**Quellen:** Epigramme des Damasus (4. Jh.); *Liber Pontificalis*, Papstgeschichte aus dem 6. Jh.
**Attribute und Darstellung:** Gitterrost, Schale oder Kelch mit Münzen (Almosen), Märtyrerpalme, Diakonskreuz; als junger Mann im Diakonsgewand (Dalmatika), das manchmal mit Flammen bestickt ist
**Patronate:** Bibliothekare; Bäcker, Bierbrauer, Köche, Gastwirte; Köhler; Schüler, Studenten; Verwalter; arme Seelen; Feuerwehr; Wuppertal, Nürnberg; Spanien; gegen Hexenschuss, Fieber, Hauterkrankungen und die Pest; gegen Qualen des Fegefeuers
**Brauchtum und Verehrung:** St. Laurentius ist im Bauernkalender ein Stichtag, an dem die herbstlichen Feldfrüchte eingesät werden sollen, z.B. Raps. An jenem Tag brachte man auch das »Laurenzibrot« in die Kirche, wo es gesegnet und an Bedürftige verteilt wurde; dieser Segen schützt nicht nur gegen Feuer, sondern wirkt auch gegen Sorgen, die einem »auf der Seele brennen«. Im Bistum Mainz gibt es noch heute eine Laurentius-Wallfahrt: Auf dem Laurenziberg in Gau-Algesheim wird im August eine Laurentius-Reliquie präsentiert und den Pilgern – sowie ihren Pferden oder Autos – der Laurentius-Segen erteilt.
**Kunst:** Mosaik im Mausoleum der Galla Placidia (5. Jh.), Ravenna; Fra Angelico, *Szenen aus dem Leben des hl. Laurentius* (um 1447–49), Fresko in der Kapelle Nikolaus V., Vatikan, Rom; Michelangelo, *Das Jüngste Gericht* (1534–41), Sixtinische Kapelle, Vatikan, Rom; Tizian, *Das Martyrium des hl. Laurentius* (1548–59), Jesuitenkirche, Venedig; Adam Elsheimer, *Der hl. Laurentius vor seinem Martyrium* (um 1600), National Gallery, London; Giovanni Lanfranco, *Martyrium des hl. Laurentius* (1635), Museo Nazionale di Villa Guinigi, Lucca; Francisco de Zurbarán, *Der hl. Laurentius* (1636), Eremitage, St. Petersburg; Bernardo Strozzi, *Almosen des hl. Laurentius* (um 1638–40), San Nicola da Tolentino, Venedig
**Literatur:** Anonymus, *Mystère de Saint Laurent*, französisches Mysterienspiel von 1499; Kuno Raeber, *Wirbel im Abfluss*, Roman von 1989 (Motive der Laurentius-Legende)
**Musik:** Herman Rechberger, *Laurentius*, Oper von 1991
**Wissenswertes:** Zwei große frühchristliche Märtyrer, Laurentius und Stephanus, teilen sich die Grabstätte; ihre Gebeine ruhen in einem antiken Sarkophag in der Kirche San Lorenzo fuori le mura in Rom. Stephanus gilt als der erste Märtyrer der Christenheit überhaupt. Als Diakon der Urgemeinde von Jerusalem (Apostelgeschichte 6,1–8,2) war er in den Verdacht geraten, Moses und Gott gelästert zu haben, und musste sich vor dem Hohen Rat der Juden verantworten. Trotz einer brillanten Verteidigungsrede, bei der »sein Gesicht wie das eines Engels war«, wurde er am Ende für schuldig befunden und aus der Stadt gejagt; Paulus wurde Zeuge, wie Stephanus vor den Toren Jerusalems zu Tode gesteinigt wurde.

## AUF DEN PUNKT GEBRACHT

Im 3. Jahrhundert wird der Diakon der römischen Christengemeinde Laurentius, so die Legende, auf einem Rost zu Tode gegrillt, nachdem er den Kirchenschatz, statt ihn dem Staat zu übergeben, unter die Armen verteilt hatte.

## EMPFEHLUNGEN

**Lesenswert:**

Silvia Montanari: *Der hl. Erzdiakon und Märtyrer Laurentius*, in: *Osservatore Romano*. Dt. Ausgabe Nr. 1994/30 vom 29. Juli 1994

Friedhelm Winkelmann: *Geschichte des frühen Christentums*, München 2001

Wolfgang Kuhoff: *Herrschertum und Reichskrise. Die Regierungszeit der römischen Kaiser Valerianus und Gallienus (253–268 n. Chr.)*, Bochum 1979

# Ludwig IX. von Frankreich
## *Der gute König*

■ Der heilige Ludwig. Gemälde, 1477, von Bartolomeo Vivarini (1432–1499). Venedig, Galleria dell'Accademia

Tüchtig und weise, milde und gerecht, volksnah und freigebig: So soll ein König sein! Wenn er dann noch dem rechten Glauben anhängt, ist das Beispiel eines wahrhaft christlichen Herrschers perfekt. Ludwig IX. von Frankreich war in dieser Hinsicht vorbildlich. Lang ist die Liste der guten Werke, mit denen er sich um das Wohl der Kirche wie um den Staat verdient machte; und nicht nur sein Lebenswandel zeugt von tiefer Frömmigkeit, selbst nach seinem Tod soll der gottesfürchtige König noch Wunder vollbracht haben.

Zu Lebzeiten hielt sich Ludwig freilich eher an nüchterne Fakten. Es gelang ihm, Frankreich im 13. Jahrhundert zur Vormacht des Abendlandes zu machen. Er reformierte die Justiz, indem er das altfränkische Gottesurteil verbot und den gerichtlichen Zweikampf durch Beweis und Zeugenaussage ersetzte. Außerdem schränkte er die Fehde ein, also die Freiheit von Personen und Familien, sich ihr Recht selbst zu holen, Blutrache zu üben und einen Privatkrieg zu führen. Dadurch förderte Ludwig eine rationale Rechtsprechung und bereitete dem Gewaltmonopol des Staates den Weg. Er reformierte zudem das Münzwesen und gab damit Frankreichs Wirtschaft eine neue, gesunde Grundlage. Er stärkte die innere Einheit seines Landes, indem er mit Staatsrat, Hofgericht und Rechenkammer zentrale Behörden einrichtete. Und um qualifizierte Fachleute für Staat und Kirche heranzubilden, rief der Domherr Robert de Sorbon unter Ludwigs Regentschaft 1253 die Universität Paris, die später so genannte Sorbonne, ins Leben. Dem politisch geschwächten englischen König Heinrich III. trotzte Ludwig zudem den Verzicht auf die Normandie und die Grafschaften Maine, Anjou und Poitou ab, die bislang zur englischen Krone gehört hatten.

Durch weitblickende Maßnahmen und kluge diplomatische Schachzüge vermochte Ludwig Frankreich zu modernisieren und sich selbst zum mächtigsten Herrscher Europas aufzuschwingen. Doch all dies hätte nicht genügt, ihn auch zum weithin respektierten Herrscher der Christenheit zu machen. Dazu bedurfte es weniger politischen Geschicks in der Staatsführung als einer starken Treue zum christlichen Glauben, einer demütigen Ein-

stellung zum Leben und natürlich praktischer Gunstbeweise gegenüber der Kirche. In der Tat beschenkte Ludwig viele Klöster und Kirchen, stattete Orden großzügig aus und stiftete zahlreiche Waisenhäuser und Spitäler. Er spendete armen Rittern die Aussteuer für ihre Töchter, damit die jungen Frauen heiraten konnten, und bedachte auch die Bettler mit Geld, Speise und Trank: Täglich hundertzwanzig Arme wurden auf seine Kosten mit Brot, Fleisch und Wein bewirtet; oft soll der König das Essen höchstpersönlich aus einer Schüssel an die Bedürftigen ausgeteilt haben. Zu Ostern wusch er den Armen die Füße und gab ihnen ein Almosen. Besonders große Zuwendung soll er jenen entgegengebracht haben, die im größten Elend lebten und dazu noch blind waren. Viel kümmerte er sich auch um Kranke, besuchte sie und berührte sogar, wie es heißt, ihre Wunden und Geschwüre.

Ludwig nahm auch selbst freiwillig Leid auf sich, kasteite sich und vermied es, freitags, am Tag von Jesu Kreuzestod, zu lachen. Auch seiner näheren Umgebung forderte er Entsagungen ab, indem er etwa den Frauen verbot, zur Fastenzeit Schmuck zu tragen. Er selbst fastete viel – allerdings bog sich unter den zahlreichen erlesenen Fastenspeisen die Tafel: Da kamen, wie der Franziskanerpater und Geschichtsschreiber Salimbene de Adam berichtet, der im Jahr 1248 an einem solchen königlichen Fastenschmaus teilnahm, Kirschen und Weißbrot auf den Tisch, junge, in Milch gekochte Bohnen, Fische, Krebse und Aalpasteten, Reis mit Mandelmilch und gestoßenem Zimt, Torten, weißer Käse und Obst, und zu allem gab es reichlich vom besten Wein. Fleisch wur-

■ Ludwig IX. pflegt Kranke. Gemälde, um 1645/55, von Eustache Le Sueur (1616–1655). Tours, Musée des Beaux-Arts

*Er führte überhaupt ein solches Leben, dass man mit Recht von ihm sagen konnte, dass Gott ihn seiner Kirche gegeben habe, damit er zu einem Musterbilde diene für alle Stände und Personen.*

Der Hagiologe Johann Evangelist Stadler, 1869

de nicht aufgetragen, sodass niemand ein schlechtes Gewissen haben musste.

Dass Ludwig das Christentum mit tiefer Überzeugung lebte, kam nicht von ungefähr. Der am 25. April 1214 in Poissy westlich von Paris Geborene und bereits als Zwölfjähriger zum König Gekrönte war sozusagen erblich vorbelastet: Schon seine Mutter Blanca, die als sein Vormund bis 1235 die Regierungsgeschäfte führte und unter deren Einfluss er bis zu ihrem Tod 1252 stand, führte ein so christliches Leben, dass sie heilig gesprochen wurde; und seine Schwester Elisabeth konnte immerhin selig gesprochen werden. Ludwig aber übertraf sie alle, und das nicht zuletzt deshalb, weil er die heiligste Pflicht eines christlichen Herrschers erfüllte, ja übererfüllte: Statt eines Kreuzzugs organisierte er zwei, den einen von 1248 bis 1254, den anderen 1270.

Indes stand schon der erste unter keinem guten Stern. Von den 1800 Schiffen, mit denen er in See stach, kam nur jedes vierte in Ägypten an, wo Ludwig die Mamelucken, die in Ägypten herrschende Kriegerkaste und damals die stärkste islamische Macht im Nahen Osten, angreifen wollte. Zwar gelang es den Kreuzrittern, die Seefestung Damiette einzunehmen, doch Ausschweifungen schwächten die christlichen Gotteskrieger so sehr, dass ein Großteil des Heeres und Ludwig selbst wenig später bei Mansu-

■ Ludwig IX. bewirtet Pilger. Holzstich, 1880, von Claire Duvivier (1846–1897) nach einer Zeichnung von Albert Duvivier (geb. 1842). Paris, Bibliothèque Nationale

rah, einer Ortschaft am Nil, von den Muslimen gefangen genommen werden konnte; erst im Jahr 1250 wurden sie nach Zahlung eines hohen Lösegelds freigelassen – die Rede ist von bis zu einer Million Goldstücken. Mit einem kleinen Heer von hundert Getreuen zog Ludwig noch im Heiligen Land umher, konnte aber gegen die vorrückenden Mamelucken wenig ausrichten. 1254 kehrte er nach Frankreich zurück.

■ Ludwig IX. bricht zu seinem ersten Kreuzzug im Jahr 1248 auf. Französische Buchmalerei aus den *Chroniques de St. Denis*, um 1325/50. London, British Library

Trotz dieses Fehlschlags rüstete Ludwig sechzehn Jahre später, nachdem auch Nazareth, Bethlehem, Cäsarea und Antiochia an die Mamelucken gefallen waren, zu einem neuen Kreuzzug. Diesmal landete er bei Tunis. Zwar gelang es, die Feste Karthago zu erobern. Doch bei der Belagerung von Tunis brach eine Seuche aus, wahrscheinlich die Ruhr, die die meisten Ritter hinwegraffte und der am 25. August 1270 auch der König erlag. Sterbend hatte er sich noch auf Asche legen lassen, die Arme ausgebreitet wie der Heiland am Kreuz, dann verschied er.

Wie es damals Sitte war, kochte man den Leichnam ein, um ihn zu konservieren, und löste das Fleisch von den Knochen. Eingeweide, Herz und Muskelgewebe schaffte man nach Monreale auf Sizilien; die gewaschenen und in Seide gewickelten Knochen

### RELIQUIEN

Im katholischen Christentum genießen Reliquien besondere Verehrung, ganz gleich, ob es sich dabei um die sterblichen Überreste von Heiligen, um Überbleibsel aus ihrem Besitz oder um Zeugnisse ihres Lebens, also beispielsweise ihre Kleidung oder Kleidungsstücke oder andere Gegenstände, die in ihrem Leben wichtig waren, handelt. Reliquien wohnt eine segenspendende Macht inne, an der man teilhaben kann, wenn man sie berührt oder in ihre Nähe kommt. Es gibt sie auch in anderen Religionen. So befinden sich der Splitter eines Zahns und der Bart Mohammeds sowie weitere Gegenstände aus dem Leben des Propheten im Istanbuler Topkapi-Palast. Überhaupt ist das Bestreben, Andenken zu sammeln, allgemein menschlich.

wurden in die Abtei St. Denis bei Paris überführt. 1306 wurde eine Rippe nach Notre-Dame gebracht, der Kopf hingegen, mit Ausnahme der Kinnlade, in die Sainte Chapelle überführt, damit der christliche König in der unmittelbaren Nähe der wertvollsten christlichen Reliquien ruhe – jener Dornenkrone Christi und jenes Nagels aus dem Kreuz nämlich, die der junge Ludwig zwischen 1239 und 1242 dem Kaiser in Konstantinopel abgekauft hatte und für deren Aufbewahrung er eigens die heilige Kapelle in Paris hatte errichten lassen.

Viele Wunder sollen die Reliquien des Königs gewirkt haben. Bereits am Tag der Beisetzung erlangte ein Blinder das Augenlicht wieder. Auch vorher schon, beim Transport der sterblichen Überreste, waren Wunder geschehen: In Reggio wurde ein Lahmer kuriert, in Parma ein Mädchen von seinem Krebsleiden geheilt, kurz vor Paris ein krankes Kind gesund. Kein Wunder hingegen war es angesichts dieses Lebens und Nachlebens, dass Ludwig IX. schon 1297 von Papst Bonifatius VIII. heilig gesprochen wurde.

Das Wirken des heiligen Ludwig markiert einen Höhepunkt des christlichen Mittelalters: Nach ihm hat kein König es mehr zu einer solchen Heiligkeit gebracht.

■ Ludwig IX. im Gebet

# LUDWIG IX. VON FRANKREICH

## KLOSTERGRÜNDER, WOHLTÄTER

### DATEN UND FAKTEN

**Daten:** geb. 25. April 1214 in Poissy bei Paris; gest. 25. August 1270 bei Karthago (Tunis); Heiligsprechung 1297 durch Papst Bonifatius VIII.
**Festtag:** 25. August
**Namensbedeutung und -varianten:** »berühmter Kämpfer« (althochdt.); Louis, Luigi, Lewis, Ludovico, Lutz
**Wirkungsstätten:** Frankreich, Italien, Palästina, Ägypten, Tunesien
**Orte der Verehrung:** Sainte-Chapelle in Paris (von Ludwig erworbene Dornenkronen-Reliquie und Kopfreliquie); St.-Denis in Paris (Grabstätte); Notre-Dame (eine Rippe Ludwigs als Reliquie); Monreale auf Sizilien (Gebeine Ludwigs als Reliquien)
**Quellen:** *Acta SS Augusti*; *Le Nain de Tillemont*
**Attribute und Darstellung:** Krone, Zepter, Mantel; auch Kreuzstab, Schwert, Lanze, Buch, Wappen mit Lilie, Geißel, Jagdvogel oder Ring; oft hält er die Dornenkrone Christi in der Hand
**Patronate:** Bäcker, Buchbinder, Drucker, Friseure, Juweliere, Knopfmacher; Bauarbeiter, Steinhauer, Stukkateure, Zimmerleute; Fischer; Gerichtsdiener; Kaufleute, Leinenverkäufer; Pilger, Reisende; Wissenschaftler; Jesuitenorden; Franziskanerorden; Blinde; Académie française; München, Berlin, Saarbrücken; Paris, Poissy und alle Orte in Frankreich, die »Louis« in ihrem Namen tragen; gegen die Pest
**Brauchtum und Verehrung:** Unmittelbar nach seiner Heiligsprechung verbreitete sich Ludwigs Kult über ganz Frankreich und Italien; im 16. Jh. folgte Deutschland, im 17. Jh. dann Spanien und die Schweiz. Als »Beinahe-Nationalheiliger« sind Ludwig die französischen Botschaftskirchen in aller Welt geweiht.
**Kunst:** Glasfenster (um 1246), Sainte-Chapelle, Paris; Bartolomeo Vivarini, *Flügelaltar mit dem segnenden hl. Ambrosius und einigen Frommen zwischen den hll. Ludwig, Petrus, Paulus und Sebastian* (1477), Galleria dell'Accademia, Venedig; El Greco, *Der hl. Ludwig von Frankreich mit einem Pagen* (um 1586), Louvre, Paris; Claudio Coello, *Der hl. Ludwig, König von Frankreich, verehrt die Madonna mit dem Kind* (2. Hälfte 17. Jh.), Prado, Madrid
**Literatur:** Robert Shea, *Das Kreuz und die Laute*, historischer Roman von 1986; Peter Berling, *Die Kinder des Gral*, Romanreihe von 1994
**Wissenswertes:** Die Mamelucken, gegen die Ludwig IX. auf seinen Kreuzzügen kämpfte, waren ursprünglich zum Kriegsdienst herangezogene Sklaven, meist türkischer Herkunft (das arabische Wort »mamluk« bedeutet »in Besitz genommen«). Kalif al-Mutasim hatte im 9. Jh. damit begonnen, junge Sklaven zu erwerben, möglichst vor oder während der Pubertät, und sie zu gläubigen Muslimen und leidenschaftlichen Kämpfern auszubilden. Hatten diese Krieger ihren Militärdienst abgeleistet, wurden sie feierlich freigelassen. Mitte des 13. Jhs. gewannen die Mamelucken, die einstigen Söldner-Sklaven, unter der Führung des Ayyubidensultans as-Salih an militärischem und politischem Einfluss in Ägypten und übernahmen schließlich die Herrschaft über das Land. Bis zur türkischen Eroberung im Jahr 1517 regierten die Mamelucken in Ägypten und Syrien; danach gingen beide Länder im Osmanischen Reich auf.

### AUF DEN PUNKT GEBRACHT

Als ehrgeiziger Politiker modernisierte er die Verwaltung und das Finanzwesen, als vorbildlicher Katholik stiftete er Kirchen und Klöster; er lebte fromm und starb auf einem Kreuzzug: Das Wirken Ludwigs IX. markiert einen Höhepunkt des christlichen Mittelalters.

### EMPFEHLUNGEN

**Lesenswert:**

Jacques Le Goff: *Ludwig der Heilige*, Stuttgart 2000

Ralf Lützelschwab: *Ludwig der Heilige und der Erwerb der Dornenkrone. Zum Verhältnis von Frömmigkeit und Politik*, in: *Medialität im Mittelalter*, hg. von Karina Kellermann, Berlin 2004

Nicolas Jaspert: *Die Kreuzzüge*, Darmstadt 2003

Peter Milger: *Die Kreuzzüge. Krieg im Namen Gottes*, München 2000

Jörg-Dieter Brandes: *Die Mamelucken. Aufstieg und Fall einer Sklavendespotie*, Ostfildern 1996

**Sehenswert:**

*Die Kreuzzüge*. Regie: Alan Ereira, David Wallace. Dokumentation, GB 1995. DVD

# Maria
## Die Gottesgebärerin

Zuerst war da nur etwas Weißes. Dann erschien eine Dame in einem weißen Kleid mit blauem Gürtel, die lächelte. Beim dritten Mal sprach sie: »Trink aus der Quelle und wasch dich in dem Wasser!« Und einige Male später: »Die Priester sollen eine Kapelle bauen und in Prozessionen hierher kommen!« Schließlich, auf die Frage, wer sie sei, gab sie zur Antwort: »Ich bin die unbefleckte Empfängnis.«

■ Maria und das Jesuskind. Krumauer Madonna, Wien, Kunsthistorisches Museum

So fing es an in jenem Dorf am Nordrand der Pyrenäen, in Lourdes. Insgesamt achtzehnmal hatte die vierzehnjährige Müllerstochter Bernadette Soubirous die Höhle bei Lourdes besucht und – da waren sich Dorf, Kirche und Polizei bald einig – die Heilige Jungfrau gesehen. Gerade vier Jahre zuvor hatte der Papst das Dogma von der Unbefleckten Empfängnis verkündet. Das pubertierende Mädchen musste das faszinierende Wort irgendwo aufgeschnappt haben, denn das Dogma sorgte allenthalben für Gesprächsstoff. Die Marienerscheinung in Lourdes kam der römischen Kirche, die damals nicht wenig Kritik über sich ergehen lassen musste, gerade recht.

Das Rinnsal, das Bernadette auf der Suche nach der Quelle aus der Erde gekratzt hatte, ist heute ein großer Brunnen, der täglich 120 000 Liter Wasser spendet. Die Grotte, die Liebespaaren als Versteck diente, bildet inzwischen den Mittelpunkt eines Wallfahrtsortes, der jährlich mehr als zwei Millionen Besucher anlockt, die ihre Neugier befriedigen wollen oder im gesegneten Wasser ihre Gesundheit wiederzuerlangen hoffen. Das Dorf ist dadurch zu einigem Reichtum gelangt.

Die katholische Kirche feiert den 11. Februar als »Gedenktag Unserer Lieben Frau zu Lourdes«. Welche überragende Rolle die Mutter Gottes für sie spielt, verdeutlicht die Tatsache, dass die Kirche vierzehn Marienfeste kennt, die weltweit verbindlich sind. Im deutschen Sprachraum sind außerdem weitere acht Tage der Maria gewidmet (anderswo kommen andere regionale Feiertage hinzu). Es gäbe sogar noch mehr Marienfeste, wenn nicht zum Beispiel Mariä Lichtmess am 2. Februar – ein Fest, das sich vom jüdischen Reinigungsopfer vierzig Tage nach der

Geburt herleitet – neuerdings auf Jesus umgewidmet wäre. Jetzt heißt es »Darstellung des Herrn«; damit ist die Zahl der »Herrenfeste« genauso groß wie die der Marienfeste.

Über die allgegenwärtige, einst noch inbrünstigere Verehrung der Jungfrau und Gottesmutter im Katholizismus und den Ostkirchen könnte fast in Vergessenheit geraten, dass es sich ums Christentum handelt, nicht um einen Marienglauben. Die Marienfeste haben sich seit dem 4. Jahrhundert Schritt für Schritt etabliert; seither ist eine unermessliche Zahl an Marienkirchen geweiht worden, und möglicherweise übertrifft die Masse der Marienbild-

■ In dieser Grotte in Lourdes erschien Bernadette Soubirous die Madonna. Das Wasser, das hier aus dem Boden sprudelt, gilt als besonders heilkräftig und lockt zahlreiche Pilger an. Holzstich, um 1890, nach einem Gemälde von José Ramon Garnelo y Alda

KATHOLISCH

Das griechische Wort »katholisch« bedeutet »alle betreffend, alles umfassend«; Ignatius von Antiochia führte es im 2. Jahrhundert ein, weil Christus die Kirche für alle gestiftet habe. Im 4. Jahrhundert wurde daraus ein Kampfbegriff, der paradoxerweise zur Ausgrenzung diente: Man gebrauchte ihn zum Ausschluss der Arianer, weil diese in Jesus nur einen Menschen sahen, und dann jener Christen, die Maria nicht als eine Gottesmutter anerkannten.

nisse und -statuen sogar die Zahl der Christusdarstellungen. Das »Ave-Maria« ist seit dem 12. Jahrhundert das nach dem Vaterunser gebräuchlichste Gebet, beim Rosenkranzbeten kommen auf fünf Vaterunser gleich fünfzig Ave-Marias. Seit dem Spätmittelalter haben sich zahlreiche Marienwallfahrtsorte entwickelt, etwa Loreto in Italien – als die Türken 1291 Nazareth belagerten, sollen Engel das Haus der Maria nach Italien gebracht und in der Nähe von Ancona auf das Grundstück einer Witwe namens Lauretta gestellt haben. Sodann gibt es nach ihr benannte Orden wie die »Marianer« (seit 1673), die »Marianisten« (seit 1817) und die »Maristen« (seit 1825), außerdem die »Marienschwestern« (seit 1863) und die »Mägde Mariens von der Unbefleckten Empfängnis« (seit 1890). Volkstümliche Marienbilder dienen als Talisman und wurden früher bei Krankheiten als »Schluckbildchen« eingenommen. Nicht zu vergessen schließlich die im 2. Jahrhundert einsetzende Mariendichtung sowie, last but not least, die bis heute den Gläubigen in Liturgie und Predigt propagierte Hilfsmächtigkeit Marias in allen erdenklichen Belangen: Dies alles illustriert nachdrücklich die überragende Stellung, die diese Frau im patriarchalischen Monotheismus innehat. Fast möchte man die göttliche Dreifaltigkeit um eine vierte Ausfaltung ergänzen, zumal die Grenze zwischen

■ Die Heimsuchung. Die schwangere Maria besucht Elisabeth, die Mutter Johannes' des Täufers.

erlaubter Verehrung und verbotener Anbetung hier durchaus unscharf ist.

Psychologische Kritik mag den Marienkult als Ergebnis eines sublimierten, also vergeistigten oder besser: vergeistlichten erotischen Bedürfnisses einer zölibatären Priesterschaft deuten (ähnlich wie sie in den leidenschaftlich durchglühten Jesusvisionen mancher heiligen Nonne ein Ventil für die verdrängte Sexualität sieht). Historisch gesehen, wurzelt der Kult aber weniger in psychischen Dispositionen als in der Aufnahme und Umdeutung heidnischer Bräuche. Dazu gehört beispielsweise das römische Fest der jungfräulichen Jagdgöttin Diana, das am 15. August begangen wurde und aus dem Mariä Himmelfahrt entstand. Im Osten rückte die Marienverehrung an die Stelle des in Klein- und Vorderasien populären Kults der Muttergottheit Kybele. Die Kirche machte auf diese Weise aus der Not eine Tugend: Nachdem sie Jesus zu Gott erklärt hatte, war sie in Zugzwang und musste auch seiner Mutter eine besondere Rolle zuweisen. Maria wurde zur »Gottesgebärerin« und zu einem makellosen, von der menschlichen Erbsünde freien Wesen.

In auffälligem Kontrast zur vielgestaltigen Marienverehrung steht, dass man über Maria selbst wenig weiß. Über ihr Vorleben berichten lediglich apokryphe, also als fragwürdig geltende Quellen. Ihnen zufolge hießen Marias Eltern Anna (s. S. 10) und Joachim (obwohl in der Bibel der Name ihres Vaters »Eli« lautet). Beide waren über vierzig, als sie endlich ein Kind bekamen: Maria. Als sie drei war, schickte man sie zum Tempeldienst nach

■ Die Unbefleckte Empfängnis der Maria. Kolorierter Lichtdruck nach einem Gemälde, um 1910, von C. Bosseron Chambers.
Maria ist das neutestamentliche »Gegengewicht« zu Eva – die eine Urfrau brachte die Erbsünde über die Menschheit, die andere sorgte in vollkommener Reinheit für Erlösung.

DIE UNBEFLECKTE EMPFÄNGNIS

Das 1854 von Papst Pius IX. verkündete Dogma besagt, dass Maria vom Anfang ihres Daseins an vom Makel der Erbsünde befreit gewesen sei. Gewöhnliche Sterbliche werden nach katholischer Auffassung erst durch die Taufe von der Ungnade Gottes befreit, in der sie sich infolge der Ursünde Adams und Evas befinden. Allerdings bewahrt die Taufe nicht vor eigenen Sünden. Die Unbefleckte Empfängnis ist nicht mit dem Wunder der Jungfrauengeburt zu verwechseln.

■ Maria als Himmelskönigin. Alljährlich zu Ostern spricht der Papst vor den versammelten Gläubigen auf dem Petersplatz in Rom das Gebet »Regina coeli« (Himmelskönigin). Es richtet sich an die Jungfrau Maria, die den Christen helfen soll, die Osterbotschaft der Auferstehung Jesu aufzunehmen.

Jerusalem. Mit zwölf wurde sie mit dem schon betagten Zimmermann Joseph aus Nazareth (s. S. 134) verlobt, der sich gegenüber den elf Mitbewerbern aus den anderen elf Stämmen Israels durchgesetzt hatte.

Danach setzt der Bibelbericht ein. Maria wird während der Verlobungszeit schwanger, doch nach Auskunft des Engels Gabriel ist nicht Joseph der Vater, sondern Gott, der als Heiliger Geist über sie kam. Gabriel erscheint auch Joseph und überredet ihn, bei Maria zu bleiben. Maria wiederum weilt drei Monate bei ihrer Cousine Elisabeth, die Johannes den Täufer (s. S. 130) gebären wird. Dann zieht sie, weil Roms Kaiser Augustus zur Steuerschätzung ruft (die Historiker wissen davon nichts), mit Joseph von Nazareth nach Bethlehem und bringt in einer Grotte, wie sie von Bauern damals als Viehstall oder Vorratskammer genutzt wurden, Jesus zur Welt.

Nazareth als wirklicher Geburtsort wäre wahrscheinlicher, aber den Evangelisten erschien der Ortswechsel sinnvoll, weil der alttestamentliche Prophet Micha geweissagt hatte, der Erlöser werde aus Bethlehem, der Stadt Davids, kommen. Auch die Geschichte von der Flucht der Heiligen Familie vor Herodes Agrippa I. (der Jesus als Konkurrenten um seinen Königsthron gefürchtet haben soll) nach Ägypten, durch die Jesus dem Bethlehemitischen Kindermord entkommt, und ihrer Rückkehr nach dem Tod des Herodes verdankt sich dem Streben der Evangelisten nach Parallelen zum Alten Testament, hier dem Auszug der Israeliten aus Ägypten.

Über die nächsten Jahrzehnte schweigt sich das Neue Testament aus. Lediglich die Erzählung, wie Maria und Joseph den zwölf-

### DIE SCHWARZE MADONNA

Was in Deutschland Altötting, in Spanien Montserrat, in Portugal Fátima, das ist in Polen Tschenstochau: der bedeutendste nationale Marienwallfahrtsort. Seit dem Mittelalter wird dort die »Schwarze Madonna« verehrt. Vermutlich ist ihre Schwärzung nicht altersbedingt, sondern war vom Maler beabsichtigt, weil es im ersten Hohelied heißt: »Ich bin schwarz, aber lieblich, ihr Töchter Jerusalems, wie die Hütten Kedars, wie die Teppiche Salomos.« Der Haken an der Madonna, die nationalbewusst als »Königin der Krone Polens« gilt, ist ein anderer: Das angeblich wunderwirksame Bild ist wohl nur eine Kopie. Das Original wurde um 1430 von Hussiten oder von Gegnern des polnischen Königs Wladyslaw II. zerstört.

jährigen Jesus im Jerusalemer Tempel finden, wo er mit den Schriftgelehrten diskutiert, findet Eingang; hier wird auch letztmals Joseph (s. S. 134) erwähnt. Möglicherweise heiratete Maria, die deutlich jünger gewesen sein kann, nach seinem Tod ein zweites Mal; wahrscheinlich hatte sie auch weitere Kinder, nennt die Bibel doch Jesus ausdrücklich den Erstgeborenen, spricht namentlich von seinen vier Brüdern Jakobus (s. S. 112), Joseph, Simon und Judas und erwähnt seine Schwestern, die also mindestens zu zweit waren.

■ Nächtliche Marienprozession in Lourdes unter dem Vorsitz von Papst Johannes Paul II. am 14. August 2004

Nach dem Zwischenfall im Tempel lassen die Evangelien Maria erst in Kana wieder auftreten, wo sie zur Hochzeitsgesellschaft gehört. Ebenso wie Jesu Geschwister zählt sie aber nicht zu seinen Anhängern; der Evangelist Markus berichtet, dass Jesus sie und seine Brüder, weil sie nicht an ihn glauben, abweist. Maria findet erst am Ende zu ihm: Unter dem Kreuz ist sie wieder zu sehen, wo der sterbende Jesus sie der Fürsorge seines Lieblingsjüngers anvertraut, indem er sagt: »Siehe, deine Mutter!« Der Apostelgeschichte lässt sich entnehmen, dass Maria danach zur Jerusalemer Urgemeinde gehörte; ihr letzter Auftritt ist das Gebet mit den Jüngern nach Jesu Himmelfahrt.

Dass Maria während der Christenverfolgung unter Herodes Agrippa I. mit Johannes (s. S. 122) nach Ephesus auswich und dort zwischen 50

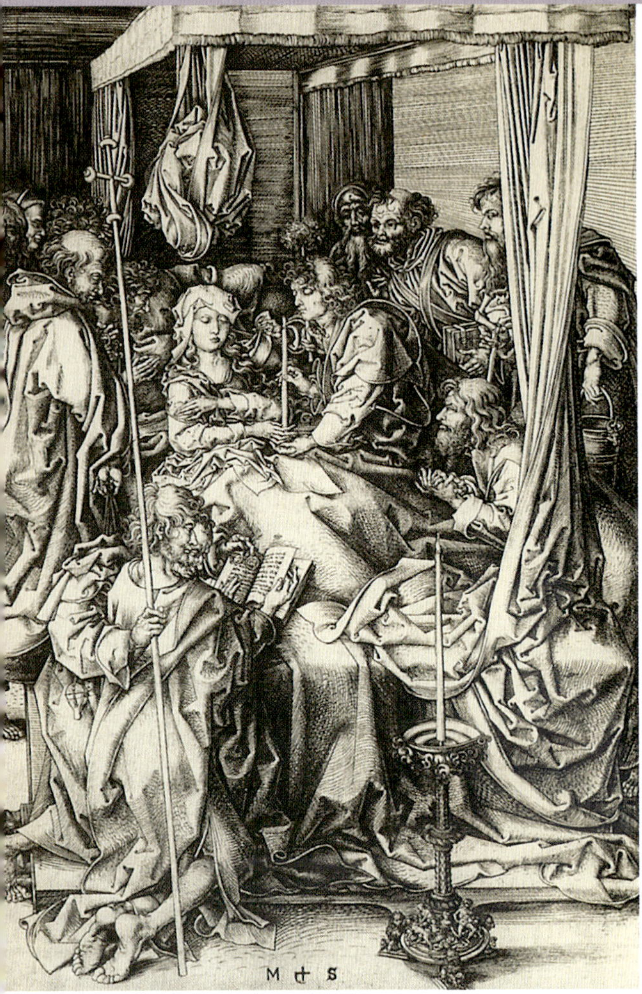


■ Marientod. Kupferstich von Martin Schongauer (um 1450–1491). Colmar, Musée d'Unterlinden

und 54 n. Chr. starb, ist nur eine Legende, die ursprünglich wohl nützlich war, um die Gottesmutter Maria glaubhaft an die Stelle der »Großen Mutter« Kybele zu setzen, deren kleinasiatischer Kultmittelpunkt eben Ephesus war. Nach einer anderen Überlieferung starb Maria in Jerusalem. Von einer Himmelfahrt, wie sie im Kirchenkalender steht, berichtet weder die Bibel noch sonst eine alte Quelle. Eine Sage behauptet lediglich, die Jünger hätten Marias Grab geöffnet und statt eines Leichnams duftende Blumen vorgefunden. Was die Kirche feiert, ist also nicht das Auffahren zum Himmel wie bei Jesus, sondern die Annahme, Maria sei als einziger Mensch bereits mit Leib und Seele im Himmel – eine Auffassung, die aber erst 1950 zum Dogma gemacht wurde.

Einerseits also sollen die Jünger Marias Grab in Jerusalem geöffnet haben; andererseits aber war die Sache mit Ephesus so wichtig, dass die Kirche dort jenes Konzil abhielt, auf dem Maria im Jahr 431 zur Gottesgebärerin erhoben wurde: Welch ein Aufstieg für eine – um alle verklärende Überlieferung einmal beiseite zu lassen – bescheidene Frau aus einfachen Verhältnissen, die einen Tischler heiratet und mehrere Kinder hat, von denen eines, statt das vom Vater erlernte Handwerk weiter auszuüben, mit Anfang dreißig zu predigen beginnt, mit seinen Anhängern umherzieht und seiner biederen Verwandtschaft manchen Verdruss bereitet; der schließlich einen schmählichen Tod erleidet und von der Mutter betrauert wird, die verständlicherweise nun von seinen Gefährten mehr erfahren will. Karriere macht sie erst, als sie längst tot ist – genau wie ihr Sohn.

# MARIA
MUTTER JESU

## DATEN UND FAKTEN

**Daten:** Lebensdaten unbekannt; Kult belegt ab Anfang des 2. Jhs.
**Festtage:** 1. Januar (Hochfest der Gottesmutter); 25. März (Verkündigung); 1. bis 31. Mai (Marienmonat); 24. Mai (Schutzmantelfest); 15. August (Mariä Himmelfahrt); 8. September (Mariä Geburt); 8. Dezember (Unbefleckte Empfängnis)
**Namensbedeutung und -varianten:** »Meerstern« (hebr.); Miriam, Mary
**Wirkungsstätten:** Israel, Palästina
**Orte der Verehrung:** sog. Schlafeskirche in Gethsemane, Jerusalem (Grabstätte?); Marienkirche (Grabstätte?), Marienhaus (Sterbeort?) beide bei Ephesus, Türkei; Lourdes, Altötting, Montserrat, Tschenstochau (Wallfahrtsstätten); zahllose Marienkirchen
**Quellen:** alle vier Evangelien, vor allem Lukas und Johannes; Apostelgeschichte; Apokryphen, z.B. *Protoevangelium des Jakobus* und die *Kindheitserzählungen des Thomas* (beide 2. Jh.)
**Attribute und Darstellung:** Lilie, Buch, Krone (Himmelskönigin), Stern, Rosen, Apfel (Christus als Erlöser nach dem Sündenfall); in rotem Kleid mit blauem Mantel; mit dem Jesuskind auf dem Schoß; bei ihrer Himmelfahrt, von Engeln getragen
**Patronate:** die ganze Christenheit; Gastwirte, Lebkuchenbäcker; Essigbrauer; Tuchmacher; Bayern; gegen Unwetter; hilft in allen Nöten
**Brauchtum und Verehrung:** Ab dem 4. Jh. sind eigene Marienfeste belegt. Aufgrund der leiblichen Aufnahme Marias in den Himmel gibt es keine Körperreliquien – der Reliquienkult beschränkt sich auf Haare, Fingernägel und Textilien (Gürtel).
**Kunst:** Buchmalereien im *Book of Kells* (8. Jh.), Trinity College, Dublin; Fra Angelico, *Verkündigung* (um 1430), Prado, Madrid; Leonardo da Vinci, *Madonna in der Felsengrotte* (1483), Louvre, Paris; Michelangelo, *Pietà* (1499), Petersdom, Rom; Raffael, *Die Sixtinische Madonna* (um 1513), Gemäldegalerie, Dresden; Tizian, *Mariä Himmelfahrt* (1516–18), Kirche Santa Maria Gloriosa dei Frari, Venedig
**Literatur:** Walther von der Vogelweide, *Marienleich* (13. Jh.); Geoffrey Chaucer, *Canterbury Tales* aus dem 14. Jh. (*Nun's Tale, Prioress's Tale*); *Milska* (*Honigmilch*), isländische Mariendichtung aus dem 15. Jh.; Anton Tschechow, *Onkel Wanja*, Schauspiel von 1897 (Kinderfrau Marina); Paul Claudel, *Mariä Verkündigung*, geistliches Schauspiel von 1912; Rainer Maria Rilke, *Marienleben*, Gedichtzyklus von 1912; Ernest Hemingway, *Wem die Stunde schlägt*, Roman von 1940; Albert Camus, *Der Fremde*, Roman von 1942; Günter Grass, *Die Blechtrommel*, Roman von 1959; Heinrich Böll, *Ansichten eines Clowns*, Roman von 1963
**Musik:** Wolfgang A. Mozart, *Marienmesse* von 1780; Franz Schubert, *Ave Maria* von 1825; Charles Gounod, *Ave Maria* von 1852; Johannes Brahms, *Marienlieder* (op. 22) von 1860; Paul Hindemith, *Marienleben*, Vertonung des Rilke-Zyklus von 1923; Leonard Bernstein, *West Side Story*, Musical von 1960
**Wissenswertes:** Der Mythos von der jungfräulichen Göttin stammt aus vorchristlicher Zeit. Bei zahlreichen Völkern werden durch die Jungfrauengeburt (griech. »Parthogenesis«) Helden, Propheten und große Herrscher zur Welt gebracht: So wurde Laotse von der Götterjungfrau Yü-nin empfangen, als sich eine Sternschnuppe auf ihrer Lippe niederließ, die Mutter Alexanders des Großen soll durch einen Blitz geschwängert worden sein, und die ägyptische Muttergottheit Isis empfing ihren Sohn Horus, indem sie Weintrauben zu sich nahm. Die Darstellung der Isis mit dem Horusknaben wurde später zum ikonographischen Vorbild der Madonna mit dem Jesuskind.

## AUF DEN PUNKT GEBRACHT

Eine einfache Frau aus bescheidenen Verhältnissen und mehrfache Mutter, die ein unscheinbares Leben in einem unbedeutenden Dorf führt, wird posthum zur überragenden Frauengestalt des Christentums und gewinnt als »Gottesgebärerin« und Himmelskönigin selbst göttliche Qualitäten.

## EMPFEHLUNGEN

**Lesenswert:**
Jaroslav Pelikan: *Maria. 2000 Jahre in Religion, Kultur und Geschichte*, Freiburg i.B. 1999

Alan Posener: *Maria. Mit Bilddokumenten*, Reinbek 1999

Kurt Tucholsky: *Ein Pyrenäenbuch*, Reinbek 2000

**Sehenswert:**
*La Noche Oscura*. Regie: Carlos Sanri; mit Julie Delpy. E/F 1989

# Maria Magdalena
## *Hure und Heilige*

■ Die heilige Maria Magdalena

Wo sie achten, können sie nicht begehren, und wo sie begehren, können sie nicht achten: Dieses Klischee von den Männer, die in einer Frau entweder die Hure sehen oder die Heilige, die Madonna, die Mutter, ist altbekannt. Auch dem Christentum ist es nicht fremd. Das Neue Testament liefert sogar für beide Frauenbilder das Modell: Das eine, erhabene Vorbild der Frau, der gehuldigt wird, verkörpert Maria (s. S 166), die Mutter Jesu; das andere, das Muster der Sünderin, ist Maria Magdalena, die zu Jesu Gefolge gehörte.

Doch wer war diese Maria Magdalena wirklich? Die Bibel weiß erstaunlich wenig über sie zu berichten. Das Wenige aber lässt eher den Schluss zu, dass dem weithin verbreiteten Bild von Maria Magdalena als einem losen Mädchen, ja einer Prostituierten nicht so sehr die biblische Überlieferung zugrunde liegt, als vielmehr die schmutzige Phantasie der Legendenschreiber.

Im Lukasevangelium gehört sie zu jenen, die mit dem Wanderprediger Jesus durch Städte und Dörfer ziehen. »Und die Zwölf«, heißt es von den Jüngern, »waren mit ihm, dazu etliche Frauen, die er gesund gemacht hatte von bösen Geistern und Krankheiten, nämlich Maria, die da Magdalena heißt, von welcher waren sieben Geister ausgefahren«, daneben eine gewisse Johanna, eine Susanna »und viele andere, die ihnen Handreichung taten von ihrer Habe.« Mit anderen Worten: Jesus hatte an Maria Magdalena den Exorzismus ausgeübt (was auch der Evangelist Markus erwähnt, wonach ihr »Jesus sieben böse Geister ausgetrieben hatte«). Daraufhin schloss sie sich seinem Gefolge an und teilte ihren Besitz mit diesen mittellosen Idealisten. Ihr Name lässt den Schluss zu, dass sie aus Magdala stammte, einem Dorf am Westufer des Sees Genezareth, fünf Kilometer nördlich von Tiberias.

Mehr ist aus dem Neuen Testament nicht zu erfahren. Sollte Maria Magdalena auch anderes als ihren Besitz mit Jesus und den Jüngern geteilt haben, so fand dies keiner der Evangelisten der Rede wert. Sicher ist, dass Maria aus Magdala die ganze Zeit zu den Gefährten Jesu gehörte, und vermuten kann man immerhin, dass sie ihm nahe stand. Das legen die Umstände von Jesu Kreuzigung und Auferstehung nahe, denn in allen vier Evangelien spielt Maria Magdalena eine große Rolle. Die Berichte weichen in Einzelheiten voneinander ab, stimmen aber in der Hauptsache überein.

CHRISTENTUM UND EHEBRUCH I

Jesus scheint Ehebruch für keine schwere Sünde gehalten zu haben. Als ihn die Schriftgelehrten aufforderten, eine Ehebrecherin zu strafen, sagte er: »Wer unter euch ohne Sünde ist, der werfe den ersten Stein auf sie.« Bekanntlich entwickelte das Christentum aber eine andere Sichtweise; am weitesten ging Kirchenvater Hieronymus, der die sinnliche Liebe schlechthin verurteilte, da der Mensch die innigste Gemeinschaft mit Gott und der Kirche zu pflegen habe. Seine Auffassung: »Wer sein eigenes Weib zu innig liebt, ist ein Ehebrecher.«

Demzufolge sieht Maria Magdalena, anders als beispielsweise der verzagte Petrus (s. S. 212), gemeinsam mit ihren Gefährtinnen der Kreuzigung von ferne zu; später beobachtet sie, wie Joseph von Arimathia (s. S. 140) den Leichnam birgt und in einem Felsengrab beisetzt. Am übernächsten Tag, am Ostermorgen, kommt sie, um den lieben Toten zu salben, und findet das Grab leer. Dem einen Bericht zufolge erblickt sie in der Grabkammer einen fremden Jüngling, der andere Bericht erzählt von zwei Männern in glänzender Kleidung, die aus der Kammer hervortreten, in der dritten Version heißt es, zwei Engel hätten sie angesprochen. Wie auch immer: Ihr wird verkündet, Jesus sei von den Toten auferstanden. Sie wendet sich ab und erkennt mit einem Mal, so das Johannesevangelium, in dem Mann, den sie zuvor für einen Gärtner gehalten hatte, den leibhaftigen Jesus. Der verwehrt ihr jedoch, ihn anzufassen, indem er die berühmten Worte spricht: »Noli me tangere!«, »Berühre mich nicht!« Stattdessen trägt er ihr auf, den Jüngern von dem Wunder zu berichten. Das tut sie, und deshalb gilt sie, die erste Zeugin der Auferstehung, auch als »Apostelin der Apostel«. Für eine angebliche Sünderin und Dirne eine höchst ehrenwerte Auszeichnung.

Über ihr weiteres Schicksal schweigt die Bibel sich aus. Doch wo die Überlieferung nicht genügt, hilft die Legendenbildung weiter: Maria Magdalena sei, so wird berichtet, mit anderen Weggenos-

■ Maria Magdalena mit dem Salbgefäß. Gemälde, um 1859, von Frederick Sandys (1829–1904). Delaware, Delaware Art Museum

sen Jesu, darunter Lazarus und Martha von Bethanien, sowie weiteren Anhängern der neuen Lehre von feindseligen Juden in einem Schiff ohne Segel und Steuer ausgesetzt worden und durch Gottes Fügung nach Massilia, dem heutigen Marseille, gelangt. Sie habe das Evangelium gepredigt und viele Jahre als Büßerin in der Nähe von Aix-en-Provence verbracht, wo sie auch begraben worden sei. Im 11. Jahrhundert habe man ihre Gebeine ins burgundische Benediktinerkloster Vézelay überführt, das sich dank dieser Reliquien und gestützt auf diese Legende zu einem bedeutenden Wallfahrtsort entwickelte. (Allerdings konkurriert mit Vézelay das provenzalische Saint-Maximin-la-Sainte-Baume um die Ehre, Maria Magdalenas letzte Ruhestätte zu sein. Der Ortsname verweist auf den Balsam, französisch »baume«, mit dem Maria Magdalena den Leib Christi am Ostermorgen salben wollte.)

■ Noli me tangere. Gemälde, 1485, von Martin Schongauer (um 1450–1491). Colmar, Unterlindenmuseum

Noch weit Wunderbareres als die eben geschilderte Seereise weiß eine andere Legende zu berichten. Ihr zufolge hatte Maria Magdalena in Massilia einen vornehmen Mann für das Christentum begeistert. Mit seiner schwangeren Frau segelte der Mann gen Rom, um Petrus zu begegnen, doch unterwegs setzten bei der Frau die Wehen ein, sie gebar einen Sohn und starb. Als sie zufällig zu einer kleinen Felseninsel gelangten, trug der Mann die Tote an Land, bettete sie auf seinen Mantel und legte ihr den Säugling an die Brust. Dann setzte er unverdrossen seine Reise fort, traf Petrus und begleitete ihn ins Heilige Land, wo er zwei Jahre blieb. Als er auf der Heimfahrt wieder an dem Eiland vorbeikam, erblickte er am Strand einen Knaben, der zu seiner Mutter floh, unter den Mantel kroch und an ihrer Brust saugte – in der Mutter erkannte er seine eigene Frau. Der Mann rief Maria Magdalena an, um ihr für das Wunder zu danken. Da schlug die Frau die Augen auf, als erwache sie, und er-

### CHRISTENTUM UND EHEBRUCH II

Trotz der bekannten Leibesfeindschaft: Ehebruch schien auch manchen Christen nicht nur verdammenswert. Luther behauptete in einer Tischrede, Jesus habe mit Maria Magdalena und anderen Frauen Ehebruch begangen, um ganz an der Natur des Menschen teilzuhaben. Alfons Maria von Liguori (1696–1787), der Gründer des Redemptoristenordens, schrieb in seinem Werk *De Gloriae Mariae* sogar, die Jungfrau Maria habe Ehebrecherinnen geholfen, indem sie deren Platz im Ehebett einnahm.

zählte ihrem Mann, dass sie die ganze Zeit, in Rom, Jerusalem und jetzt auf der Rückreise, von Maria Magdalena geleitet, an seiner Seite gewesen sei.

Das alles ist wunderbar, aber mitnichten sündig. Wie also kam Maria Magdalena zu ihrem Ruf? Jene Stellen in der Bibel, die sie namentlich erwähnen, geben dafür ja nichts her. Doch die Evangelien schildern einen Vorfall im Haus Simons des Pharisäers zu Bethanien: Dort tritt eine Sünderin auf, die dem Heiland die Füße mit ihren Tränen wäscht, sie dann mit ihren Haaren trocknet und mit einer kostbaren Salbe einreibt. Die anderen Jünger murren, doch Jesus nimmt die Frau in Schutz und lehrt Simon und seine Jünger: »Ihr sind viele Sünden vergeben, darum hat sie mir viel Liebe erzeigt; wem aber wenig vergeben wird, der liebt wenig.« Und zu der Frau gewandt, fährt er fort: »Dir sind deine Sünden vergeben.«

■ Maria Magdalena in einer Grotte. Gemälde, 1876, von Jules Joseph Lefebvre (1836–1911). St. Petersburg, Eremitage.
Der Legenda aurea zufolge wurde Maria Magdalena in ihren letzten Lebensjahren täglich von Engeln in die Lüfte erhoben.

In drei der Evangelien bleibt diese Frau namenlos. Lediglich Johannes gibt ihr einen Namen: Maria. Zwar gehört diese Maria zu Lazarus und Martha und wird deshalb nach dem Ort dieser Begebenheit richtig Maria von Bethanien genannt, doch die Namensgleichheit blendete. Hinzu kommt, dass Lukas diese Geschichte von der Sünderin erzählt, unmittelbar bevor er die Frauen erwähnt, die mit Jesus durchs Land zogen. Dieses Wenige genügte den Männern der frühen Kirche offensichtlich, um Maria Magdalena und die Sünderin eins werden zu lassen – Frau und Sünde liefen bei ihnen ja ohnehin auf dasselbe hinaus. Schon im 4. Jahrhundert setzte der Kirchenlehrer Ephräm der Syrer in einem Bibelkommentar beide Frauengestalten gleich; Papst Gregor I. (590–604) nannte die heilige Maria Magdalena dann ausdrücklich eine Prostituierte – eine bis heute populäre Einschätzung, die offiziell erst 1969 für falsch erklärt wurde, als die katholische Kirche die Gleichsetzung von Maria Magdalena mit Maria von Bethanien beziehungsweise der namenlosen Sünderin für irrig erklärte. Heute gilt Maria Magdalena nicht mehr als Hure, sondern als Inbild einer selbstbewussten und liebenden Frau – Eigenschaften, die in manchen Teilen der Welt freilich noch heute als hurenhaft angesehen werden. Wie schön, dass sie in Gestalt der Maria Magdalena geheiligt sind.

■ Maria Magdalena und Christus. Szenenphoto aus dem Film *Die größte Geschichte aller Zeiten* von George Stevens aus dem Jahr 1964 mit Joanna Dunham in der Rolle der Maria Magdalena

# MARIA MAGDALENA

BEGLEITERIN JESU

## DATEN UND FAKTEN

**Daten:** zur Zeit Jesu, 1. Jh.; Kult belegt ab dem 8. Jh.
**Festtag:** 22. Juli
**Namensbedeutung und -varianten:** »Herrin aus Magdala« (hebr.); Madeleine, Magda, Marlene, Lena
**Wirkungsstätten:** Palästina, Ephesus (Türkei), Südfrankreich
**Orte der Verehrung:** Reliquien in Vézelay (Sainte Madeleine), Konstantinopel, Halberstadt, Exeter, Marseille und Paris (Église de la Madeleine); Reliquien und Grabstätten in Saint-Maximin-la-Sainte-Baume und Ephesus
**Quellen:** alle vier Evangelien; Bericht des Gregor von Tours; Martyrologium von Beda Venerabilis; Martyrologium von Ado von Vienne; *Legenda aurea*
**Attribute und Darstellung:** Salbengefäß oder Buch, Kruzifix, Geißel und Totenkopf (als Symbol der Vergänglichkeit alles Irdischen), seltener Weihrauchgefäß, Dornenkrone, Teufelsköpfe, Palmzweig, Rosenkranz oder Musikinstrumente; als Büßerin salbt sie entweder Christus die Füße, oder sie steht unter seinem Kreuz, manchmal den Kreuzesstamm umfassend; als Einsiedlerin/Büßerin sieht man sie in der Wüste oder in einer Höhle, manchmal nur mit ihren langen, offenen Haaren bekleidet, sonst in Kleid oder Mantel
**Patronate:** Frauen, Büßerinnen, Verführte, Gefangene; Schüler und Studenten; Friseure, Gärtner, Winzer, Handschuhmacher, Parfümhersteller; gegen Gewitter, Ungeziefer und Augenleiden; hilft, wenn ein Kind schwer laufen lernt
**Brauchtum und Verehrung:** In der Basilika Sainte Madeleine in Vézelay war es ein Wallfahrtsbrauch, Leinentücher und Devotionalien durch eine Öffnung in jener Säule, in der die Reliquien der Maria Magdalena aufbewahrt wurden, zu schieben, um sie mit ihnen in Berührung zu bringen. Im 13. Jh. entstand in Deutschland ein Orden für »Büßerinnen und bekehrte Frauen«, der sich der Verehrung der Heiligen widmete: die Magdalenerinnen.
**Kunst:** Bronzerelief (*Noli me tangere*) auf der Bernwardstür des Hildesheimer Doms (1015); Glasmalerei im Seitenschiff der Kathedrale von Chartres (um 1200); Fresken von Giotto in der Magdalenenkapelle in der Basilika von Assisi (1320); Münnerstädter Altar von Tilman Riemenschneider (1490/92); Albrecht Dürer, *Die Beweinung Christi* (1500–1503), Alte Pinakothek, München; Matthias Grünewald, *Maria Magdalena unter dem Kreuz* (16. Jh.), Szene auf dem Isenheimer Altar in Colmar; Tizian, *Maria Magdalena als Büßerin* (1523), Palazzo Pitti, Florenz; Lucas Cranach d. Ä., *Maria Magdalena* (1525), Wallraf-Richartz-Museum, Köln; Jan Van Scorel, *Magdalena* (1528), Rijksmuseum, Amsterdam; Caravaggio, *Maria Magdalena* (1596/97), Galleria Doria Pamphilij, Rom; Georges de La Tour, *Die büßende Maria Magdalena oder Maria Magdalena vor zwei Flammen* (1635), Metropolitan Museum of Art, New York
**Literatur:** Christian Friedrich Hebbel, *Maria Magdalene. Ein bürgerliches Trauerspiel in drei Aufzügen* (1844); Nikos Kazantzakis, *Die letzte Versuchung Christi*, Roman von 1951
**Musik:** Heitor Villa-Lobos, *Magdalena*, Oper von 1948
**Wissenswertes:** Vézelay in Burgund, das wohl wichtigste Zentrum der Verehrung von Maria Magdalena, war im Mittelalter ein Sammelpunkt für Pilger auf dem Weg nach Santiago de Compostela. Von Vézelay führte eine direkte Verbindung zu diesem bedeutendsten aller Wallfahrtsorte. Bernhard von Clairvaux rief von hier aus zum Zweiten Kreuzzug auf.

## AUF DEN PUNKT GEBRACHT

War sie Jesu Geliebte? Sicher überliefert ist nur, dass sie zu seinem Gefolge gehörte und als eine der Ersten sein Grab aufsuchte; ihr soll der Auferstandene zuerst erschienen sein. Dass sie eine Sünderin und Dirne war, ist Legende.

## EMPFEHLUNGEN

**Lesenswert:**
Georges Duby: *Frauen im 12. Jahrhundert*, Frankfurt/M. 1999

**Hörenswert:**
Johann Sebastian Bach, *Johannes-Passion* (BWV 245), 1724

**Sehenswert:**
*Die letzte Versuchung Christi*. Regie: Martin Scorsese; mit Willem Dafoe, Harvey Keitel, Barbara Hershey. USA 1988

*Das Geheimnis der Maria Magdalena*. TV-Film von Sabine Barth, 2003

# Martin von Tours
## Der Apostel Galliens

■ Martin erweckt einen Jüngling vom Tode. Fresko, um 1320/25, von Simone Martini (um 1280/85–1344). Assisi, Kirche San Francesco.
In Marmoutier, wo Martin als Bischof wirkte, galt eine höchst ungewöhnliche Klosterregel: Es sollte keine Handarbeit verrichtet werden. Nur eine Ausnahme war erlaubt – das Schreiben.

»O wohl ein seliger Mann, an dem kein Betrug gewesen, der niemanden verurteilt, gerichtet, keinem Böses mit Bösem vergolten hat. Für das Leben war er so eingenommen, dass er, obgleich Bischof, vom geringsten Kleriker sich ungestraft beleidigen ließ; weder setzte er sie deshalb ab, noch schloss er sie aus seinem Herzen und von seiner Liebe aus. Niemand hat ihn je zornig, traurig oder lachend gesehen: Er war immer derselbe, immer zeigte er himmlische Freudigkeit in seinen Gebärden, als wäre er übermenschlicher Natur. Nie hatte er etwas anderes im Munde als Christus, nie etwas anderes im Herzen als Andacht, Friede, Barmherzigkeit. Oft hat er für die Sünden derer, die ihm übel nachredeten und ihn verleumdeten, gebetet. Denn einige beneideten ihn und hassten an ihm, was sie an sich selbst nicht haben.« Ein solches Vorbild an Nächstenliebe und Sanftmut, an Nachsicht und Wohlwollen war Martin von Tours, den sein Biograph Sulpicius Severus nicht genug rühmen konnte.

Von seiner Beliebtheit zeugt bis heute die ungebrochene Tradition des Martinstages. Und noch immer wird die berühmte Geschichte vom geteilten Mantel erzählt: An einem kalten Wintertag wurde Martin, damals noch Offizier der römischen Reiterei, vor dem Stadttor von Amiens von einem frierenden Bettler um ein Almosen angegangen. Da Martin weder Essen noch Geld dabeihatte, zerteilte er kurzerhand mit dem Schwert seinen Mantel und reichte dem Mann eine Hälfte. Die Legende berichtet weiter, dass Martin in der Nacht träumte, der Bettler sei Jesus gewesen und sage zu ihm: »Martin, der erst auf dem Weg zur Taufe ist, kleidete mich mit dem Mantel« – eine Anspielung auf das Jesuswort »Was du dem geringsten meiner Brüder tust, das hast du mir getan«.

Tatsächlich war Martin damals kein getaufter Christ, wenngleich er vielleicht christlich erzogen worden war. Um 316 in Sabaria (dem heute ungarischen Szombathely, deutsch: Steinamanger) in der römischen Provinz Pannonien als Sohn eines Militärtribunen geboren, wuchs er in Ticinum (dem heutigen Pavia) auf, trat mit fünfzehn in die römische Reiterei ein und brachte es in Gallien zum Offizier der kaiserlichen Garde, einer Eliteeinheit.

DIE MANTELSYMBOLIK

Der Mantel ist, vor allem im Mittelalter, sowohl ein beliebtes literarisches Motiv als auch ein wichtiges Rechtssymbol. Er steht für die Schutzherrschaft weltlicher wie geistlicher Herrscher und spielt eine wichtige Rolle bei der Investitur von Königen, Kaisern und Päpsten. »Unter den Mantel nehmen« bedeutet auch »adoptieren«. Ab dem 13. Jahrhundert kommt das ikonographische Motiv des blauen Gnadenmantels auf, mit dem Maria die armen Sünder vor dem Zorn Gottes beschützt (Schutzmantelbilder).

Bald nach dem Vorfall mit dem Mantel ließ sich Martin von dem berühmten Bischof Hilarius von Poitiers taufen und nahm seinen Abschied von der Armee. Er ging in seine Heimat, um zu missionieren, doch sein Erfolg ließ sich an einem Finger abzählen: Lediglich seine Mutter bekannte sich zur katholischen Glaubensvariante, und bald schon jagten ihn die in Pannonien und Illyrien tonangebenden arianischen Christen aus dem Land. Daraufhin verbarg sich Martin als Einsiedler auf der Insel Gallinaria im Golf von Genua. Um 360 drehte sich der Wind: Hilarius, den die Arianer nach Kleinasien verbannt hatten, kehrte aufgrund eines Dekrets von Kaiser Konstantius in seine Heimatstadt Poitiers zurück. Auch Martin verließ seine Einsiedelei, folgte seinem Lehrer und gründete in Ligugé, etwa sieben Kilometer westlich von Poitiers, eine Einsiedlerzelle, aus der das erste Kloster im Westen des Römischen Reiches erwuchs. Offensichtlich verbreitete sich von hier aus sein Ruf als vorbildlicher Kirchenmann, denn 371 berief ihn die Bevölkerung von Tours, knapp hundert Kilometer nördlich von Poitiers an der Loire, zum Bischof. Die Legende berichtet, dass Martin, dem dieses Amt widerstrebte, sich in einem Viehstall versteckte; doch das Schnattern der Gänse verriet ihn – zur Strafe habe sich dann der Brauch des Martinsgansessens eingebürgert.

■ Der heilige Martin teilt seinen Mantel.

■ Verschiedene Bräuche am Sankt-Martins-Tag. Holzstich nach G. Knapp, 1884

Auch als Bischof blieb Martin bescheiden: Er kleidete sich schlicht, nahm statt auf der bischöflichen Kathedra auf einem Bauernschemel Platz und wohnte nicht im Bischofsgebäude, sondern hauste mit achtzig Mönchen in Holzhütten vor der Stadt – eine Ansiedlung, aus der sich dann das Kloster Marmoutier (von lateinisch: maius monasterium) entwickelte, aus dem viele Missionare und Bischöfe hervorgehen sollten. Anstatt zu Pferd reiste Martin stets zu Fuß und missionierte in den ländlichen, weitgehend noch heidnischen Gebieten Galliens. Auch Wunder werden von ihm berichtet: So soll Martin mehrere Tote erweckt und in Paris einen Leprakranken mit einem Kuss geheilt haben.

Keinen Erfolg hatte hingegen sein Einsatz für Priscillian, einen reichen, hochgebildeten Laien, der sich zum Wortführer eines schwärmerischen Asketismus aufgeschwungen hatte, zur Nachfolge Christi in Armut aufrief und die kirchliche Autorität in Frage stellte. Martin, selbst Asket, aber kein Anhänger dieser Strömung, verwandte sich beim Kaiser in Trier für Priscillian, doch vergeblich: 385 wurde der Störenfried mit sechs Anhängern hingerichtet. Auch Martin selbst geriet ins Visier der Kirchenführer: Sein Verständnis von Kirche als staatsferner Einrichtung, sein unerschrockener Gerechtigkeitssinn und sein bescheidener Lebensstil, dazu seine unheimliche Wundermacht riefen Argwohn und Feindseligkeit bei den Herrschenden hervor. Seiner Beliebtheit beim Volk tat das allerdings keinen Abbruch. Als Martin am 8. November 397 auf einer Visitationsreise in Condate (Condes) westlich von Tours starb und am 11. November begraben wurde, gab eine riesige Menschenmasse ihm das letzte Geleit. Allein zweitausend Mönche wurden gezählt.

Martin war der erste Heilige, der kein Märtyrer war, sondern ein »Confessor«, Bekenner. Der Frankenkönig Chlodwig I. ernannte ihn zum Schutzherrn der fränkischen Herrscher und des fränkischen Volkes, und allein in Frankreich sollen ihm über 3500 Kirchen geweiht sein. Sein Mantel wurde sogar zum Kriegstalisman und bei Feldzügen mitgeführt – was nicht ganz zu diesem friedfertigen Bischof passt, aber zu seiner Vergangenheit als Soldat. Und mit dem kriegerischen Vordringen des fränkischen Reiches nach Osten gelangte der Kult um Martin, der ein bemerkenswert sanftmütiger Mann ohne Arg war, auch nach Germanien und ins heutige Deutschland.

KAPELLE UND KAPLAN

Martins Mantel, lateinisch cappa, war eine fränkische Reichsreliquie. Er wurde auf Feldzügen mitgeführt und in Friedenszeiten im Königspalast zu Paris aufbewahrt: Die capella, die (Palast-)Kapelle, erhielt von ihm den Namen. Vorsteher der Kapelle und verantwortlich für das Reichskleinod war der »capellanus«, der Mantelwächter: Daraus wurde der Kaplan.

# MARTIN VON TOURS

BISCHOF, BEKENNER, APOSTEL GALLIENS

## DATEN UND FAKTEN

**Daten:** geb. um 316 in Sabaria (Szombathely, Ungarn); gest. 8. November 397 in Candes bei Tours, Frankreich; Kult belegt ab dem 5. Jh.
**Festtage:** 11. November (orthodox: 13. Februar, 12. Oktober; Ostkirche: 12. November)
**Namensbedeutung und -varianten:** »dem Kriegsgott Mars geweiht« (lat.); Martino, Márton, Martijn
**Wirkungsstätten:** Kloster Marmoutier in Ligugé bei Tours; Bistum Poitiers; Missionsreisen durch Frankreich, Süddeutschland und Italien; Pannonien (Ungarn)
**Orte der Verehrung:** Martinskirchen in Ligugé und Candes (Pilgerstätten); Basilika Saint Martin in Tours (Grab- und Pilgerstätte; fränkisches Nationalheiligtum)
**Quellen:** Sulpicius Severus, *Vita des hl. Martin* (396); *Hirsauer Passional; Zwiefaltener Martyriolog*
**Attribute und Darstellung:** Mantel, Schwert; Stab, Buch, Kirchenmodell; als Soldat zu Pferd, der seinen Mantel zerteilt und ihn einem Bettler reicht, oder als Bischof in Pontifikaltracht
**Patronate:** Soldaten; Waffenschmiede; Reiter, Pferde, Hufschmiede; Weber, Gerber, Schneider; Hutmacher, Arme, Bettler; Gefangene; Gastwirte, Reisende; Hirten; Gänse; Diözesen Rottenburg-Stuttgart, Mainz, Hildesheim
**Brauchtum und Verehrung:** Der Martinstag leitete einst in Gallien eine Fastenzeit vor Weihnachten und Dreikönige ein, die Epiphaniasquadragesima. Von dem Festschmaus dieses Tages hat sich der Gänsebraten erhalten, von den Prozessionen rühren die Lampionumzüge der Kinder her. Der 11. November markierte auch das Ende eines Wirtschaftsjahres: Er war ein wichtiger Termin für Zins- und Steuerleistungen, für Lohnzahlungen ans Gesinde, für Abschluss oder Kündigung von Arbeits- und Pachtverträgen; er war ein Markttag und der Tag, an dem die Bauern ihr Vieh von der Weide holten und die ersten Tiere schlachteten, die sie nicht im Winter durchfüttern wollten – z.B. Gänse.
**Kunst:** Statue am Basler Münster (13. Jh.); Simone Martini, Fresken in der Kirche von San Francesco, Assisi (1333); Bartolomeo Vivarini, *Der hl. Martin und der Bettler* (1491), Accademia Carrara, Bergamo; El Greco, *Der hl. Martin teilt den Mantel mit einem Bettler* (1597–99), National Gallery, Washington; Eustache Le Sueur, *Messe des hl. Martin von Tours* (1654), Louvre, Paris; Georg Raphael Donner, Bleigussgruppe im Dom von Preßburg (um 1730)
**Literatur:** Voltaire, *Candide oder der Optimismus*, Roman von 1759; Charles Dickens, *Martin Chuzzlewit*, Roman von 1844; Leo Tolstoi, *Martin der Schuster*, Erzählung von 1886
**Musik:** *Sankt Martin ritt durch Schnee und Wind* und weitere Lieder zum Martinstag; Wolfram Graf, *Teilen statt Töten. Szenen aus dem Leben des hl. Martin von Tours*, Oratorium von 1991
**Wissenswertes:** Im Mittelalter war St. Martin auch der Patron der Gaukler und Spielleute, des fahrenden Volks. In Fécamp in der Normandie gründete sich im 11. Jh. sogar eine klösterliche Spielmannsbruderschaft, die sich, gemeinsam mit Rittern und Klerikern, unter Martins Patronat stellte. Aus diesem Schutzverhältnis erklärt sich, dass Spielleute sehr häufig einen Mantel als Lohn für ihre Arbeit erhielten – gastierte ein Musiker an einem Adelshof, stand er für die Dauer seines Aufenthalts unter dem Schutz des Hausherrn, der damit quasi die Rolle des hl. Martin übernahm; als Symbol für seine Schutzherrschaft und in Erinnerung an Martins milde Gabe an den Bettler war ein Mantel also ein sinniges Geschenk.

## AUF DEN PUNKT GEBRACHT

Als römischer Kavallerist teilte Martin an einem Wintertag seinen Soldatenmantel für einen frierenden Bettler. Für dieses Beispiel tätiger Nächstenliebe wird der Legionär und spätere Bischof, der stets mit Nachsicht und Sanftmut waltete, bis heute verehrt.

## EMPFEHLUNGEN

**Lesenswert:**

Manfred Becker-Huberti: *Der Heilige Martin. Leben, Legenden und Bräuche*, Köln 2003

Regine Pernoud: *Martin von Tours. Einer, der wusste, was recht ist*, Freiburg i.B. 1997

Helga Botermann: *Wie aus Galliern Römer wurden. Leben im Römischen Reich*, Stuttgart 2005

**Anklickenswert:**
www.martin-von-tours.de

# Michael
## Gottes Schutzengel

»Wer ist wie Gott?« Niemand! Doch Luzifer, der oberste der Engel, wollte dem Herrn gleich sein. Er rebellierte gegen Gott – und wurde in einem großen Kampf vom Erzengel Michael in die Hölle hinabgestürzt. Seither spielt Luzifer – der lateinische Name bedeutet »Lichtbringer« und bezeichnet eigentlich den Morgenstern, die römische Venus – im großen christlichen Weltdrama den Höllenfürsten, den Teufel. Michael hingegen rangiert weit oben, als Engelsfürst, und gilt als einer der vier Engel, die vor Gottes Thron stehen und gewissermaßen als Leibgarde den Allmächtigen vor Feinden beschützen. Wer so vermessen ist, aufzubegehren und sich Gott gleich zu wähnen, den bringt der Erzengel mit einer einzigen Frage zur Räson: »Wer ist wie Gott?«, auf Hebräisch: Michael.

■ Der heilige Michael. Ikonenmalerei aus dem 18. Jahrhundert. Athen, Byzantinisches Museum

Die Legende vom Höllensturz des Luzifer steht nicht in der Bibel, sie wurde erst im 6. Jahrhundert aufgezeichnet. Doch das Neue Testament lieferte den Anstoß zu dieser Sage, die den Kampf zwischen Gut und Böse, zwischen Gott und den Mächten der Finsternis versinnbildlicht und ihn den erhofften Ausgang nehmen lässt: Die Apokalypse des Johannes (s. S. 122) schildert im zwölften Kapitel, wie »Michael und seine Engel stritten wider den Drachen«, der am Himmel erschienen war mitsamt seinen Helfershelfern, die in biblischer Sprache ebenfalls »Engel« heißen; und am Ende des Kampfes »ward gestürzt der große Drache, die alte Schlange, die da heißt Teufel und Satan, der die ganze Welt verführt. Er ward geworfen auf die Erde, und seine Engel wurden mit ihm dahin geworfen.« Im 20. Kapitel wird diese Erzählung aufgegriffen; diesmal wird der Drache nicht mehr auf die Erde geschmettert: »Und er griff den Drachen, das ist der Teufel und

Satan, und band ihn tausend Jahre, und warf ihn in den Abgrund und verschloss ihn und tat ein Siegel oben darauf.«

Michael, der Anführer der himmlischen Heerscharen gegen das Böse; Michael, der Drachentöter; Michael, der Patron des von Gott auserwählten jüdischen Volkes; Michael, der Beschützer des Heiligen Römischen Reiches, der Vormacht der Christenheit; Michael, der Schutzengel jedes einzelnen Christen; Michael, der Anwalt aller Menschen: Das sind die geradezu universalen Aufgaben und Ämter, die diesem Erzengel im Lauf der Glaubensgeschichte zugewachsen sind oder auch aufgebürdet wurden.

Im Alten Testament wird Michael lediglich in den Kapiteln 10 und 12 des Buches Daniel erwähnt, allerdings als einer der vornehmsten himmlischen Fürsten und als ein Schutzherr, »der für die Kinder seines Volkes Israel steht«. Man kann sich gut vorstellen, dass die Juden zur Zeit der Makkabäer mit dem Schlachtruf »Wer ist wie Gott!« in den Kampf zogen.

Da die Christen ihren Neuen Bund mit Gott als Fortsetzung und Erfüllung des Alten Bundes sahen und sich als die legitimen Erben des Judentums fühlten, avancierte Michael zum Schutzpatron des Heiligen Römischen Reiches, des irdischen Verteidigers und Beschützers der Kirche. Michael, der Drachentöter und Sieger über die Feinde Gottes, verkörperte das ritterliche Ideal: Sein Bildnis schmückte das Heeresbanner Ottos des Großen in der Schlacht auf dem Lechfeld gegen die Ungarn im Jahr 955 und wurde auch den Kreuzrittern auf ihren Kriegszügen im Heiligen Land vorangetragen – wie die himmlischen Heerscharen, so sollte der Erzengel Michael auch die irdischen anführen. Selbst der Kirchenstaat bedachte ihn mit militärischen Ehren, noch die Päpste des 19. Jahrhunderts weihten ihm regelmäßig an seinem Festtag, dem 29. September, eine Kanone und inspizierten die Schweizergarde.

Als Beschützer des Heiligen Römischen Reiches deutscher Nation wurde Michael schließlich der Schutzpatron Deutschlands.

■ Christus als Weltrichter und der Erzengel Michael als Seelenwäger. Ausschnitt aus der Mitteltafel des Altars mit dem Jüngsten Gericht, um 1450, von Rogier van der Weyden (um 1400–1464). Beaune, Musée de l'Hôtel-Dieu

■ Der heilige Michael tötet den Dämon. Illustration nach einem Gemälde, 1518, von Raffael. Paris, Louvre

Für seine Beliebtheit bei den Deutschen sorgte jedoch nicht nur seine Stellung als Vorkämpfer des Christentums, es hatte damit auch eine heidnische Bewandtnis: Michael wies Ähnlichkeit mit Wotan, dem germanischen Schlachtengott, auf. Nicht von ungefähr legte Ludwig der Fromme, der Sohn Karls des Großen, auf dem Konzil von Mainz 813 das Fest des Erzengels in die Woche nach Herbstbeginn, die einst der Verehrung Wotans gewidmet war. In dieser Woche hielten die heidnischen Germanen traditionell ein Thing ab, eine Volksversammlung, auf der Gericht gehalten, Gesetze beschlossen und den Göttern, allen voran Wotan, geopfert wurde. Beide, Wotan und Michael, waren Krieger, beide führten ein Heer an – Michael die himmlischen Heerscharen, Wotan die Wilde Jagd –, und beide geleiteten ihre Toten ins Jenseits: Wotan die auf der Walstatt Gefallenen nach Walhall, Michael die Seelen ins Himmelreich.

Michael als Begleitschutz ins Paradies und Beistand der guten Seelen: Die Wurzel, aus der diese Anschauung spross, findet sich im Neuen Testament, im Brief des Judas (der nicht mit dem Jesusverräter zu verwechseln, sondern einer der »Brüder Jesu« ist). Im neunten Absatz schildert er, dass Michael, offenbar erfolgreich, mit dem Teufel um den Leichnam des Moses gekämpft hat. Also machten die Christen Michael zu ihrem Seelenbegleiter ins Jenseits, eine Funktion, die auch der ägyptische Thot und der griechische Hermes psychopompos, zwei in der Antike populäre Gottheiten, erfüllten. »Der heilige Bannerträger Michael geleite sie (die Seelen) ins heilige Licht«, so wurde er von den Katholiken noch bis 1969 im Offertorium der Totenmesse angerufen.

Dass der Name Michael in der Christenheit so populär wurde, liegt auch daran, dass der Erzengel als Schutzengel jedes einzel-

ENGEL
Engel sind Diener und Boten Gottes. Darauf verweist schon ihr Name; griechisch »angelos« bedeutet »Bote«. Engel sind überirdische, übermenschliche Wesen und werden im Alten Testament »Fürsten, Geister, Mächte« genannt, dem »Heer des Himmels, Heer des Jahwe« zugeordnet oder gelten als »Söhne Gottes« (Hiob 1,6). Es gibt nicht nur gute und helfende, sondern auch strafende und böse Engel wie Satan, ursprünglich ein Engel, der im Auftrag Gottes die Menschen prüft. Vielleicht gründet dieser Dualismus auf der Lehre Zarathustras, die gute Engel und böse Dämonen kennt und die die Juden im babylonischen Exil kennen lernten. Christen und Moslems übernahmen den Engelsglauben vom Judentum.

nen Menschen betrachtet wird. Im Deutschen war er zeitweise der beliebteste männliche Taufname – wobei hier auch der Zufall eine Rolle spielte, denn das ähnlich klingende mittelhochdeutsche Substantiv »michel« bedeutet »Größe«, und die besaß der Erzengel unbestreitbar. Aber nicht nur als Personenname war der Name so häufig, dass er zur Figur des deutschen Michels den Anstoß gab. Auch zahlreiche Kirchen und Kapellen wurden nach Michael benannt – dem Nationalpatron sind so viele Gotteshäuser geweiht wie wenigen anderen Heiligen. Und damit nicht genug: Viele Anhöhen heißen ebenfalls nach Michael, was wiederum ein Erbe der Germanenzeit sein mag, denn Wotan war auch der Gott des Sturmes und Windes.

In Erscheinung trat Michael allerdings nicht in Deutschland, sondern auf einem Berg in Italien, und zwar vor 1500 Jahren – so jedenfalls deutet die Kirche jenen Vorfall am 8. Mai 495, der sich auf dem Monte Gargano in Apulien

■ Bildtafel zum Mont-Saint-Michel. Darstellungen oben von links nach rechts: Im Jahr 708 erscheint der heilige Michael dem heiligen Aubert; der Erzengel Michael; Bau der Abtei durch Benediktinermönche zu Anfang des 8. Jahrhunderts. Unten: Ein Pilgerzug von Kindern trifft ein; im Medaillon: Kapelle des heiligen Aubert. Farbdruck nach Darrigan aus *Histoire de France*, Paris um 1920

DIE ERZENGEL
Unter den Engeln herrscht eine Hierarchie: Obenan stehen Michael, Gabriel (genannt im Buch Daniel, von Lukas und von Matthäus), Raphael (nur im apokryphen alttestamentlichen Buch Tobias erwähnt) sowie ein traditionell mit dem Namen Uriel belegter vierter Erzengel. Diese vier stehen vor Gottes Thron.

zutrug, der deshalb auch Monte Sant'Angelo genannt wird: Einem Kuhhirten war ein Bulle entlaufen. Nach langem Suchen fand er ihn schließlich in einer Höhle des Berges wieder, wagte aber nicht, hineinzugehen. Ein Jäger erdreistete sich, auf den Stier zu schießen, doch der Pfeil flog zurück und durchbohrte ihn selbst. Nach diesem rätselhaften Unglücksfall hatte der örtliche Bischof eine Vision vom Erzengel Michael, der ihm mitteilte, die Höhle stehe unter seinem Schutz. Am nächsten Tag betrat der Bischof mit einigen frommen Leuten die Grotte, die die Gestalt einer Kirche hatte. Fortan hielt er darin Andachten ab – und bis heute wird die Höhle von Gläubigen besucht.

▪ Szenenphoto aus dem Film *Michael* von Nora Ephron aus dem Jahr 1996 mit John Travolta in der Rolle des Erzengels Michael

Knapp hundert Jahre später, 590, erschien Michael ein weiteres Mal. Damals wütete eine Pestepidemie in Rom. Papst Gregor I. führte gerade eine Prozession zur Abwendung der Seuche durch die Stadt, als er über dem Mausoleum Kaiser Hadrians einen Engel erblickte, der sein Schwert in die Scheide steckte. Gregor deutete das als Ankündigung vom Ende der Seuche, und das Volk machte aus dem gut gerüsteten Engel den Erzengel Michael. Das Grabmal, das schon seit der Spätantike als Festungsbau diente, trägt seither den christlichen Namen Engelsburg, und wenige Jahre später ließ Papst Bonifatius IV. zur Erinnerung an diese Begebenheit eine Kapelle, die Michaelskapelle, auf das Dach des mächtigen Rundbaus setzen. So beschützt der Erzengel Michael nicht nur Gott höchstselbst, sondern offensichtlich alle Gläubigen – den Jäger vom Monte Sant'Angelo allerdings ausgenommen.

# MICHAEL
ERZENGEL

## DATEN UND FAKTEN

**Festtag:** 29. September (gemeinsam mit Gabriel und Raphael, »Fest der Erzengel«)
**Namensbedeutung und -varianten:** »Wer ist wie Gott?« (hebr.); Michel, Mick, Mika, Miguel, Mike, Michail, Mihály
**Orte der Verehrung:** Heiligtum in der Grotte auf dem Monte Sant'-Angelo (Monte Gargano) in Apulien; Inselkloster Mont-Saint-Michel vor der Küste der Normandie; Engelsburg in Rom (alles Erscheinungsorte Michaels)
**Quellen:** Buch Daniel, 10 u. 12 (AT); Judas, 9; Offenbarung, 12 (NT)
**Attribute und Darstellung:** Schwert, Lanze, Schild; oft auch Waage; in Ritterrüstung; im Kampf mit dem Drachen; als Anführer der himmlischen Heerscharen im Kampf gegen Luzifer
**Patronate:** Apotheker, Bäcker, Blei- und Zinngießer, Drechsler, Glaser, Maler, Radiomechaniker, Schneider, Vergolder, Waagenhersteller; Bankangestellte, Kaufleute; Soldaten; Sterbende; Arme Seelen; die katholische Kirche; Deutschland; Friedhöfe; sorgt für einen guten Tod; gegen Blitz und Unwetter
**Brauchtum und Verehrung:** Zunächst wurde Michael nur in der Ostkirche als Heiliger verehrt; zum Ende des 5. Jhs., nach der Erscheinung auf dem Monte Sant'Angelo, fand sein Kult europaweite Verbreitung. Der Michaelstag ist ein Los- und Schicksalstag. Zu dieser Zeit finden in ganz Deutschland die Michaelsmärkte statt, so z.B. in Dürkheim. In Fürth beginnt man am Wochenende nach dem Michaelstag mit dem elftägigen Fest der Michaelis-Kirchweih, der sog. »Färther Kärwa«.
**Kunst:** Mosaik in der Kirche Sant' Ambrogio (1. Hälfte 9. Jh.), Mailand; Anonymus, *Erzengel Michael* (um 1299), Tretjakow-Galerie, Moskau; Rogier van der Weyden, *Flügelaltar des Jüngsten Gerichts* (1445–50), Hôtel de Dieu, Beaune; Jaume Huguet, *Erzengel Michael* (1456), Museu Nacional d'Art de Catalunya, Barcelona; Meister von Castelsardo, *Erzengel Michael* (aus: *Retabel von Tuili*, 1498–1500), Pfarrkirche San Pietro, Tuili; Frans Floris, *Der Engelsturz* (1544), Musées Royaux des Beaux-Arts, Antwerpen
**Literatur:** Jacques-Auguste de Thou, *Parabata vinctus*, Tragödie von 1595 (der Erzengel Michael fesselt Satan in der Hölle an einen Felsen); Joost van den Vondel, *Lucifer*, Tragödie von 1654; Friedrich Gottlieb Klopstock, *Messias*, Versepos von 1748–73; Lord Byron, *The Vision of Judgment*, Gedicht von 1822; Johann Wolfgang Goethe, *Faust. 2. Teil*, Tragödie von 1832; Henry Arthur Jones, *Michael and His Lost Angel*, Schauspiel von 1896; Richard Dehmel, *Lucifer. Ein Tanz- und Glanzspiel*, Drama von 1899
**Musik:** Karlheinz Stockhausen, *Licht*, 1977 begonnener Opernzyklus mit archetypischen Figuren (Eva, Luzifer, Michael)
**Wissenswertes:** In seiner Schrift *Über die Himmlische Hierarchie* (um 500) klassifiziert Dionysius Areopagita die Engel und platziert sie – gemäß neoplatonischer Denkweise – in neun Rangstufen, die in drei »Triaden« zu jeweils drei »Chören« gegliedert sind: Die Seraphim, die Cherubim und die Thronen; die Herrschaften, Mächte und Gewalten; die Fürsten, Erzengel und Engel. Die Gemeinschaft dieser neun Chöre repräsentiert die Herrlichkeit Gottes. Von nun an sind die Engel – mit Ausnahme Luzifers – nur noch »reine Geschöpfe«, zum Guten bestimmt; ihre geistliche Speise sind die guten Taten der Menschen.

## EMPFEHLUNGEN

**Lesenswert:**
Johann Siegen: *Der Erzengel Michael*, Stein am Rhein 1996

J. P. Rohland: *Der Erzengel Michael. Arzt und Feldherr*, Leiden 1977

Heinrich Krauss: *Kleines Lexikon der Engel. Von Ariel bis Zebaoth*, München 2001

**Sehenswert:**
*Michael*. Regie: Nora Ephron; mit John Travolta, Andie MacDowell, William Hurt. USA 1996

*Dogma*. Regie: Kevin Smith; mit Ben Affleck, Matt Damon, Alanis Morissette. USA 1999

## AUF DEN PUNKT GEBRACHT

Er ist der Führer der himmlischen Heerscharen, stürzt Luzifer und besiegt den Drachen der Apokalypse. Die Juden erkoren ihn zum Schutzengel ihres Volkes. Später wird er Patron Frankreichs wie Deutschlands. Heute gilt er als Anwalt aller Christenmenschen.

# Nikolaus von Myra

## *Der Kinder liebster Heilige*

■ Der heilige Nikolaus. Serbische Ikonenmalerei, 1750. Belgrad, Städtische Sammlungen.
»Mit Recht trägst du des Sieges Namen … allen, die voll Liebe zu dir sich flüchten, eilst hilfreich du zur Seite; bei Tag und bei Nacht erscheinst du den Gläubigen und rettest sie aus Unheil und Bedrängnis.« So heißt es in der kirchlichen Vigilfeier in Konstantinopel über den heiligen Nikolaus.

So unbekannt die meisten Heiligen der zweitausendjährigen Kirchengeschichte heutzutage sogar vielen Katholiken sein mögen, diesen Heiligen kennt in den christlichen Ländern jedes Kind: den Nikolaus. Am Vorabend des 6. Dezember einen Schuh vors Bett oder vor die Tür zu stellen, um am nächsten Morgen ein Geschenk vom Nikolaus darin zu finden, das ist ein alter, über viele Jahrhunderte tradierter Brauch, der den Kleinen gefällt.

Lieb zu den Kindern und immer ein Geschenk dabei: So stellt man sich den Nikolaus vor. Menschenfreundlichkeit und Freigebigkeit zeichneten wohl auch den historischen Nikolaus aus. Über dessen Leben in der Spätantike sind nur wenige Fakten bekannt, sein wundertätiges Wirken hingegen ist in zahlreichen Legenden überliefert. Vor allem zwei Sagen qualifizierten ihn zum Fürsprecher der Kinder und zum Gabenbringer: Die eine, märchenhafte, handelt von einem verarmten Nachbarn, der in seiner Not seine drei Töchter ins Bordell geben wollte. Nikolaus aber spendierte jeder Tochter einen Klumpen Gold, sodass alle drei sich eine gute Aussteuer leisten und sich ehrbar verheiraten konnten. Die andere Legende ist eher eine Gruselgeschichte. Sie erzählt von drei fahrenden Schülern, die ein Wirt geschlachtet und eingepökelt hatte. Nikolaus aber, der bei dem Mann einkehrte, entdeckte die Tat und erweckte die zerstückelten Knaben wieder zum Leben. Dass Nikolaus, wie weitere Sagen vermelden, auch einen Säugling, den die Mutter zu nah an den Herd gelegt hatte und der jämmerlich verbrannt war, kraft seines Segens wieder lebendig machte und misshandelte Kinder aus den Händen ihrer Peiniger befreite, wird außerdem dazu beigetragen haben, ihm den Ruf eines Wohltäters der Kinder zu verschaffen.

Inwiefern ein wahrer Kern in den Legenden steckt, lässt sich heute nicht mehr feststellen. Dass der echte Nikolaus, obwohl reich geboren, auf materiellen Besitz keinen Wert legte und lieber Gutes tat, scheint jedenfalls zu stimmen. Um 270 kam er in einem wohlhabenden christlichen Elternhaus in der

■ Zwei Legenden um den heiligen Nikolaus: Nikolaus rettet einen vom Teufel besessenen Jungen (oben) und seine Bischofsstadt Myra vor einer Hungersnot. Gemälde, 1332, von Ambrogio Lorenzetti (etwa 1290–1348). Florenz, Uffizien

Hafenstadt Patara an der Südküste Kleinasiens zur Welt. Schon als Jüngling weihte ihn sein Onkel, der denselben Namen trug wie er, deshalb »Nikolaus der Ältere« genannt wird und Bischof im nahe gelegenen Myra war, zum Priester; Myra, das heutige Demre, liegt knapp hundert Kilometer Luftlinie südwestlich von Antalya am Meer. Nachdem Nikolaus' Eltern von einer Pestepidemie dahingerafft worden waren, verteilte der junge Mann sein Erbe unter die Armen und stiftete ein Kloster, zu dessen Abt sein Onkel ihn ernannte. Nach dem Tod des Oheims pilgerte Nikolaus ins Heilige Land und wurde nach seiner Rückkehr zum neuen Bischof von Myra gewählt. Das war um das Jahr 300. Um 310, als unter Kaiser Galerius letztmals Christen im Römischen Imperium verfolgt wurden, soll er eingekerkert und gefoltert worden sein; die Narben konnte er als Beweis seiner Glaubensfestigkeit auf dem Konzil von Nicäa 325 zeigen, wo sein Einsatz für das Dogma der damals noch umstrittenen Heiligen Dreifaltigkeit auch von seiner Rechtgläubigkeit zeugte. Mitte des 4. Jahrhunderts starb Nikolaus in Myra, wahrscheinlich an einem 6. Dezember.

Schon bald nach seinem Tod soll er in seiner Heimat als mildtätiger, fürsorglicher Heiliger verehrt worden sein. Im 6. Jahrhundert breitete sich der Nikolauskult im Byzantinischen Reich aus; im 9. gelangte er in den lateinischen Westen und im 10. nach Deutschland, wobei die by-

### DER WEIHNACHTSMANN

Das fromme Mittelalter hatte an einem Nikolaus nicht genug, doch die glaubensleere Moderne tickt nicht viel anders: Der Weihnachtsmann ist der mehr oder weniger weltliche Doppelgänger des Nikolaus. Seine Existenz verdankt er den Protestanten: Martin Luther lehnte die Heiligenverehrung ab und verlegte das »Kindleinbeschenken« – das er als guter Familienvater nicht abschaffen wollte – auf das Weihnachtsfest. Dabei wanderte, vom Reformator unbeabsichtigt, der Nikolaus mit.

zantinische Prinzessin Theophanu, Gemahlin Kaiser Ottos II. und nach dessen Tod Regentin für den unmündigen Otto III., eine Rolle spielte. Die weitere Ausbreitung besorgten Kaufleute und Kreuzfahrer, als Ende des 11. Jahrhunderts die Handelsmetropole Venedig und die süditalienische Hafenstadt Bari, letzter Sammelplatz der europäischen Kreuzritter, auf den Plan traten.

Heute sind es die Kinder, die vom Nikolaus nicht genug bekommen können; im Mittelalter waren es die erwachsenen Christen. 1087 entführten Seeleute aus Bari seinen Leichnam aus Myra in ihre apulische Heimatstadt; dreizehn Jahre später plünderten venezianische Seefahrer erneut die Grabkirche in Myra und überführten diesmal seine angeblich wahren Gebeine nach Venedig. Damit hatte die abendländische Christenheit allerdings noch immer nicht genug: 1204, als die lateinischen Kreuzritter das orthodoxe Konstantinopel eroberten, wurden weitere sterbliche Überreste des Heiligen erbeutet und als Reliquien gen Westen entführt: ein unvollständiger Arm, mehrere Finger und Zehen, Zähne und Haare.

■ So kennt ihn jedes Kind: Der Nikolaus als Gabenbringer. Kolorierte Photographie einer französischen Weihnachtspostkarte, um 1925. In den USA sind Nikolaus und Weihnachtsmann noch enger verwandt als hierzulande; in Santa Claus finden sich beide Geschenkebringer in Personalunion. Den so selbstverständlich gewordenen roten Mantel mit weißem Pelzbesatz trägt Santa Claus übrigens erst infolge einer Werbekampagne für Coca-Cola im Jahr 1931.

So kommt es, dass der heilige Nikolaus heute in Bari ruht, in der Krypta der eigens für ihn erbauten und von Papst Urban II. schon 1089 eingeweihten Nikolausbasilika; dass er außerdem in Venedig liegt, im Kloster San Niccolò di Lido; und sich drittens mit einigen Körperteilen im lothringischen Nancy und im schweizerischen Freiburg befindet. Womöglich ist aber die Existenz mehrerer Nikoläuse keineswegs der eifersüchtigen Konkurrenz abendländischer Christen zu verdanken, die kräftig nachhalfen, wo die Realität nicht ausreichte. Vielmehr gab es tatsächlich mehrere: Nikolaus von Myra selbst, seinen schon erwähnten Onkel, Nikolaus den Älteren, und, wichtiger als dieser, einen Nikolaus, der Abt des Klosters von Sion und Bischof von Pinara war und 564 starb – also in jenem Jahrhundert, in dem der Nikolauskult in Schwung kam. Alle drei hatten ähnliche Ämter inne und lebten in der gleichen Landschaft Lykien im südlichen Kleinasien; Sion und Pina ra liegen nahe Myra. Obendrein war auch Nikolaus Nummer drei für seine Mildtätigkeit berühmt, und man

vermutet, dass beide Namensvettern in der Erinnerung verschmolzen.

Wichtiger als das trügerische Wissen war ohnehin der rechte Glaube, und der produzierte bis ins Hochmittelalter neue, schier traumhafte Legenden. Da brachte der Nikolaus Diebe dazu, ihr Beutegut zurückzubringen, indem er ihnen in einem Traumgesicht Gottes Rache androhte, und bewahrte drei unschuldig eingeker-

■ Ausschnitt aus einer Bildserie zum heiligen Nikolaus. Kolorierte französische Lithographie, 1885. Bilderbogen, Epinal

### KNECHT RUPRECHT

Der 6. Dezember, auf dem Konzil von Oxford 1222 zum hohen Feiertag erklärt, sollte der Erinnerung an eine Bibelpassage gewidmet sein: »Gedenkt eurer Vorsteher, die euch das Wort Gottes verkündet haben! Schaut auf den Ausgang des Lebens und ahmt ihren Glauben nach« (Hebräer 13,7 f.). Daher fand an diesem Tag für den Nachwuchs eine Glaubensprüfung statt, bei der belohnt und bestraft wurde. Daraus entwickelte sich später die profane Frage nach dem Bravsein. Aber weil der Nikolaus selbst kinderlieb ist, muss das Kindererschrecken der böse Knecht Ruprecht übernehmen.

■ Nikolaus rettet drei unschuldig Verurteilte vor dem Tod. Gemälde, 1888, von Ilja Repin (1844–1930). St. Petersburg, Staatliches Russisches Museum

kerte Hauptleute vor der Hinrichtung, indem er Kaiser Konstantin im Traum erschien. Er strafte einen Mann, der einen jüdischen Geldleiher betrogen hatte, indem er ihn tödlich verunglücken ließ; der edle Jude aber, nachdem er sein Geld zurückbekommen hatte, ließ sich taufen, als Nikolaus den Betrüger auf seinen Wunsch ins Leben zurückgeholt hatte. Die Figur des heiligen Nikolaus nahm fast jesushafte Züge an: Er erweckte nicht nur Tote, sondern besänftigte auch das Meer (wodurch er drei Seeleute aus Seenot errettete) und speiste Hungerleidende. Als in seiner Heimatprovinz eine Hungersnot drohte, erbat er von jedem in Myra anlegenden Kornschiff hundert Scheffel Getreide und versicherte, dass durch sein Gebet bei der Ablieferung des für die kaiserlichen Speicher in Konstantinopel bestimmten Frachtgutes nichts fehlen werde. Die Prophezeiung ging in Erfüllung, von dem Korn aber konnte die Bevölkerung Myras zwei Jahre lang zehren, und danach war noch genug zur Aussaat vorhanden. Obendrein fand man schon in Nikolaus' Kindheit Zeichen seiner Auserwähltheit: Bereits am Tag nach seiner Geburt habe Nikolaus aufrecht im Badebecken gestanden, zudem habe er sich geweigert, an den traditionellen Fasttagen Mittwoch und Freitag mehr als einmal an der Mutterbrust zu saugen.

Wahrlich, im Mittelalter glaubte man an den Nikolaus. Aber in der Gegenwart tut man es auch, und zwar nicht nur die Kinder: Bis heute pilgern Gläubige zu den Grabstätten in Venedig und Bari, wobei letztere den Vorzug genießt, weil aus der Grabtombe ein öliger Balsam fließt, der wunderkräftig wirken soll. Und griechisch-orthodoxe Christen wallfahren bis heute nach Myra, um am zerbrochenen Sarkophag des Nikolaus Andacht zu halten.

# NIKOLAUS VON MYRA

BISCHOF, WOHLTÄTER

## DATEN UND FAKTEN

**Daten:** geb. um 270 in Patara, Lykien (Türkei); gest. 6. Dezember 345/351 (?) in Myra (Demre), Türkei; Kult belegt ab dem 6. Jh.
**Festtag:** 6. Dezember
**Namensbedeutung und -varianten:** »Sieger im Volk« (griech.); Niklas, Klaus, Niccolò, Nicholas, Nikolaj, Miklós
**Wirkungsstätte:** Lykien (Türkei)
**Orte der Verehrung:** Basilika San Nicola in Bari (Grabstätte?); Kloster San Niccolò in Venedig (Grabstätte?); Saint-Nicolas-du-Port, Lothringen (Daumenreliquie); Freiburg in der Schweiz, Nancy (Reliquien)
**Quellen:** Johannes Diaconus von Neapel, *Vita des hl. Nikolaus* (9. Jh.); Robert Wace, Legendensammlung aus dem 12. Jh.
**Attribute und Darstellung:** drei goldene Kugeln; Brote, Buch, Anker oder Schiff; manchmal neben drei Knaben in einem Waschzuber; im Bischofsornat, mit Stab und Mitra
**Patronate:** Kinder; Bauern; Fischer, Seefahrer; Apotheker; Bäcker, Metzger, Müller, Schnapsbrenner; Fassbinder, Kerzenzieher; Parfumfabrikanten; Richter, Rechtsanwälte; Spitzen- und Tuchhändler; Messdiener; Pilger, Reisende, Wirte; Gefangene; Russland, Lothringen; sorgt für eine glückliche Heirat und hilft bei der Wiedererlangung gestohlener Gegenstände
**Brauchtum und Verehrung:** In Bari feiert man den Nikolaustag am 9. Mai, dem Tag der Translation, mit einem großen Fest, bei dem u.a. eine Prozession auf dem Meer stattfindet: Die Gläubigen fahren mit Booten zu einer Nikolaus-Statue hinaus. Die Niederländer feiern den Nikolaustag ähnlich wie Weihnachten; es werden jedoch nicht nur Geschenke ausgetauscht, sondern man versammelt sich auch vor dem Fernseher: Der Nikolaus begibt sich nämlich am 6. Dezember auf eine Schiffsreise von Spanien in die Niederlande, die drei bis vier Stunden lang live übertragen wird. Die Wertschätzung, die die Russen ihrem Schutzpatron entgegenbringen, zeigt sich in dem Sprichwort: »Stirbt Gott, haben wir noch den hl. Nikolaus.«
**Kunst:** Anonymus, *Die Feldherrenlegende* (14./15. Jh.), Fresken in der Unterkirche San Francesco, Assisi; Ambrogio Lorenzetti, *Der liebevolle Nikolaus* (1332), Louvre, Paris; Fra Angelico, *Szenen aus dem Leben des hl. Nikolaus von Bari* (um 1437), Pinacoteca Vaticana, Rom; Raffael, *Madonna mit Kind und hl. Nikolaus* (um 1505), National Gallery, London; Lorenzo Lotto, *Hl. Nikolaus in der Glorie* (1529), Kirche Santa Maria dei Carmini, Venedig; Tintoretto, *Der hl. Nikolaus* (um 1580–90), Kunsthistorisches Museum, Wien; Jan Steen, *Nikolaus-Fest* (17. Jh.), Rijksmuseum, Amsterdam
**Literatur:** *Hildesheimer Spiele* aus dem 12. Jh.; Jean Bodel, *Nikolausspiel* (um 1200); Edward Albee, *Wer hat Angst vor Virginia Woolf?*, Schauspiel von 1960 (Figur des Nick)
**Musik:** *Lasst uns froh und munter sein*, Volkslied; Hans Pfitzner, *Das Christ-Elflein*, Oper von 1906/1917 (Knecht Ruprecht); J. Fred Coots, Haven Gillespie, *Santa Claus is Coming to Town*, Lied von 1935; Benjamin Britten, *Sankt-Nikolaus-Kantate* (op. 42) von 1948
**Wissenswertes:** In den Nikolauskult mischt sich das heidnische Brauchtum der »Raunächte«; zahllose Riten und Bräuche gehen auf den Fruchtbarkeitskult in der dunklen Jahreszeit zurück. So ist das »Schlagen« mit der Rute, wie Knecht Ruprecht es praktiziert, nicht unbedingt eine Strafe, sondern eher ein Fruchtbarkeitsritus, das Berühren mit der »Lebensrute«. Die Gestalt Knecht Ruprechts wiederum ist literarisch verwandt mit hilfreichen Kobolden, wie sie im Märchen z.B. als Heinzelmännchen auftauchen.

## AUF DEN PUNKT GEBRACHT

Das Urbild des Weihnachtsmanns hat wirklich gelebt: Er war ein Bischof in Kleinasien, und was er an Freigebigkeit, Menschenfreundlichkeit und Kinderliebe geleistet haben mag, wurde im Lauf der Jahrhunderte ins Legendenhafte überhöht.

## EMPFEHLUNGEN

**Lesenswert:**
Manfred Becker-Huberti: *Der Heilige Nikolaus. Leben, Legenden und Bräuche*, Köln 2005

**Hörenswert:**
*St. Nikolaus. Geschichten und Lieder vom Schenken.* Gelesen von Peter Sodann, Rosemarie Fendel u.a. Bad Lippspringe 2002. Audio-CD

**Anklickenswert:**
www.nikolaus-von-myra.de

# Padre Pio
## *Heilig auf allen Kanälen*

■ »Im Gesicht Padre Pios strahlte das Licht der Auferstehung«, sagte Papst Johannes Paul II. anlässlich der Seligsprechung des Kapuzinermönchs am 2. Mai 1999 vor Hunderttausenden Gläubigen.

Lourdes ist weltbekannt. Über zwei Millionen Pilger und Touristen besuchen jährlich den südfranzösischen Wallfahrtsort. Weniger bekannt, aber noch beliebter ist ein Pilgerziel in Süditalien: San Giovanni Rotondo, eine apulische Kleinstadt am Fuß des Monte Calvo. Jedes Jahr strömen sieben Millionen Besucher in das Städtchen. Der Magnet, der sie alle anzieht, ist ein Wundertäter und Heiliger des 20. Jahrhunderts: Padre Pio.

Kolonnen von Autos und Karawanen von Reisebussen verstopfen die Straßen, vielköpfige Reisegruppen schieben sich durch den Ort, Besucher drängen sich vor und in den Devotionalienläden. Täglich machen tausende Wallfahrer einen Rundgang durch das Kloster, in dem der Pater lebte, und werfen einen Blick in seine Zelle, wo jeder Gegenstand von Plexiglas umschlossen ist; und selbstverständlich wollen sie alle Pios letzte Ruhestätte in der Basilika Santa Maria delle Grazie sehen. Wenngleich sie nicht zu einer noch so kurzen Andacht verweilen dürfen – ein Schild »Vietato fermarsi!« (Stehenbleiben verboten!) treibt den Pilgerstrom vorbei –, so finden sie doch Gelegenheit, hastig einige Münzen oder einen Geldschein auf das Grab zu legen. Indes ist die Basilika längst zu klein, um die Besuchermassen zu fassen: Mittlerweile erhebt sich in unmittelbarer Nachbarschaft die riesige neue Kirche, die Nuova Chiesa, entworfen von Stararchitekt Renzo Piano, errichtet in einem kühnen modischen Stil und überwölbt von einer Kuppel, die die zweitgrößte nach der des Petersdoms ist.

Für die Region ist der Rummel von großer wirtschaftlicher Bedeutung. Apulien zählt zu den ärmsten Gebieten Italiens, jeder Dritte ist arbeitslos. In der Provinz Foggia am Sporn des Stiefels ist die Arbeitslosigkeit mit vierzehn Prozent nicht einmal halb so hoch; und in San Giovanni Rotondo beläuft sie sich nur auf sensationelle vier Prozent – so segensreich wirkt der Heilige noch Jahrzehnte nach seinem Tod. Inmitten des Trubels ist natürlich längst vergessen, dass die Kirche den Pater zu Lebzeiten als Schwindler abtun wollte.

Pio riet seinen Anhängern davon ab, fernzusehen oder Radio zu hören – heute hat der Heilige einen eigenen Fernseh- und Radiosender, und es gibt 800 Websites, die sich mit Padre Pio beschäftigen.

Am 25. Mai 1887 kam Francesco Forgione, wie er eigentlich hieß, in Pietrelcina, einem Dorf bei Benevent, als Kind bitterarmer Bauern zur Welt. Mit sechzehn fasste er, der die meiste Zeit in der Einsamkeit als Ziegen- und Schafhirt verbracht hatte, den Entschluss, ins Kloster zu gehen. 1903 trat er in Morcone dem Kapuzinerorden bei und erhielt den Namen Pio, der Fromme. 1910 wurde er Priester und arbeitete als Gehilfe des Pfarrers in seinem Heimatdorf. Fünf Jahre später wurde er als Sanitäter einberufen, doch schon 1916 entlassen, weil er an Tuberkulose litt. Sein Orden wies ihn in das abgeschiedene, in der gesunden Höhenluft des Gargano-Gebirges gelegene Kloster von San Giovanni Rotondo.

Bis dahin war in seinem Leben nichts Besonderes passiert. Am 20. September 1918 aber geschah etwas, das sein Leben und bald die ganze Region verändern sollte: Auf Pios Körper erschienen die fünf Wundmale Christi.

Die Kirche hatte Zweifel. Sie verdächtigte den Pater des Betrugs, nachdem Pio einem in ihrem Auftrag gesandten Arzt die Visite verweigert hatte; der Doktor bezeichnete Pio daraufhin in seinem Gutachten als »Hysteriker«, »Psychopath«, »Selbstverstümmler« und »Schwindler«. Die einfache Bevölkerung scherte das ebenso wenig wie der Umstand, dass Pio stets Handschuhe trug – angeblich, um bescheiden die Wundmale zu verbergen. Die Besucher strömten herbei, um den »Wiedergänger Christi« zu bewundern, Kranke erschienen, um Linderung oder Heilung zu erflehen, es kamen Ratsuchende und am Glauben Zweifelnde – selbst der junge Karol Wojtyla besuchte ihn 1947, und der Pater soll ihm seine Zukunft als Papst prophezeit haben.

Die Kirche verbot dem Pater zeitweilig, als Priester zu wirken oder als Seelsorger Briefe zu beantworten. Doch die Gläubigen ließen sich nicht beirren und spendeten so reichlich, dass Pio 1956 ein Hospital stiften konnte, die Casa del Sollievo della Sofferenza, das Haus der Linderung des Leidens.

■ Verehrt wird der italienische Pater auch über die Landesgrenzen hinaus: Statue des Padre Pio im Wallfahrtsort Wigratzbad am Bodensee

■ Mutter Teresa wird am 20. Mai 1997 von Papst Johannes Paul II. im Vatikan empfangen.

Mittlerweile sind in diesem Krankenhaus 2500 Ärzte und Schwestern beschäftigt, die jedes Jahr 60 000 Patienten stationär und 400 000 ambulant behandeln: So fragwürdig die Wunder des Paters, der durch Handauflegen und Zuspruch geheilt haben soll, auch sein mögen, so sicher ist die heilkräftige Wirkung seines Spitals.

Eine moderne Sage behauptet, Padre Pio habe die Gabe der Bilokation besessen, die Fähigkeit, an zwei Orten gleichzeitig zu sein: Angeblich sei er in Rom vor der Kurie erschienen, während er zuhause schlief. Ein unbezweifelbares Wunder angesichts der Vorbehalte der Kirche aber war, wie schnell die offzielle Heiligung vonstatten ging. Fest steht, dass bei seinem Tod am 23. September 1968 die Wundmale verschwunden waren. Doch kaum hatte Karol Wojtyla als Johannes Paul II. den Petrus-Stuhl bestiegen, als er auch schon das Kanonisierungsverfahren einleitete, das 2002 in der Heiligsprechung mündete. Über 300 000 Besucher strömten zur Feier auf den Petersplatz.

Seither ist Padre Pio nicht nur in San Giovanni Rotondo, sondern in ganz Italien schier allgegenwärtig. Es gibt Padre-Pio-Zeitschriften, ein Padre-Pio-Radio und einen Padre-Pio-Fernsehsender; Filme über Padre Pios Leben erzielten Einschaltquoten wie Endspiele um die Fußballweltmeisterschaft. Sein Konterfei hängt in Bars und Metzgereien, Pizzerias tragen seinen Namen, und in Parks steht seine Statue. Padre Pio ist in Italien der beliebteste Heilige nach Franz von Assisi, und selbst in China wird er als Bihu Shenfu verehrt.

San Giovanni Rotondo aber ist der größte christliche Wallfahrtsort der Welt und gilt als ein »Las Vegas des Glaubens«. Wem das noch nicht reicht, der kann in der Nachbarschaft gleich dem nächsten Heiligen die Ehre erweisen: Am Monte Sant'Angelo, wo im 5. Jahrhundert der Erzengel Michael erschienen sein soll, strömen weitere Massen zusammen.

MUTTER TERESA

In der Weltöffentlichkeit bekannter als Padre Pio ist Mutter Teresa. Die 1910 in Skopje geborene katholische Albanerin mit bürgerlichem Namen Agnes Gonxha Bojaxhiu kam 1929 nach Indien und lebte seit 1948 in Kalkutta, wo sie 1950 die »Gemeinschaft der Missionarinnen der Nächstenliebe« gründete und ein Haus für Kranke und Sterbende einrichtete. Das karitative, medizinische und finanzielle Wirken ihres von Spendermillionen verwöhnten Ordens geriet öfters ins Zwielicht. Die ärztliche Versorgung galt als weniger gut als in den Häusern der hinduistischen Ramakrishna-Mission; die Anzahl der Speisungen – 300 am Tag – gering verglichen mit der protestantischen »Assembly of God«-Mission, die täglich 18 000 Mahlzeiten verteilt; auch die mit Sofas ausgekleideten Ambulanzen hatten als »Nonnen-Taxis« einen zweifelhaften Ruf. Gleichwohl wurde die medienbewusste Nonne, die man häufiger auf Werbetouren in Rom und den USA sah als unter den Ausgestoßenen Kalkuttas, bereits 2003, sechs Jahre nach ihrem Tod, selig gesprochen.

# PADRE PIO

PRIESTER, MÖNCH, MYSTIKER, WUNDERTÄTER

## DATEN UND FAKTEN

**Daten:** geb. 25. Mai 1887 in Pietrelcina, Italien; gest. 23. September 1968 in San Giovanni Rotondo, Italien; Heiligsprechung am 16. Juni 2002 durch Papst Johannes Paul II.
**Festtag:** 23. September
**Namensbedeutung und -varianten:** »der Fromme« (lat.); Pius, Pia
**Wirkungsstätte:** Italien
**Orte der Verehrung:** Basilika Santa Maria delle Grazie in San Giovanni Rotondo, Italien (Grab- und Wallfahrtsstätte); Nuova Chiesa in San Giovanni Rotondo (Wallfahrtsstätte); in Pietrelcina: Geburtshaus in der Straße Vico Storto Valle 32, das Einsiedlerhäuschen La Toretta, die Chiesa di Santa Anna, die Ulme, an der Pio seine erste Vision hatte (alles Gedenk- und Wallfahrtsstätten); Kirche Padre Pio in Foggia, Italien (Weihkirche)
**Quellen:** Tagebuchaufzeichnungen von Pater Agostino von San Marco (19. Jh.); eigene Schriften und Aufzeichnungen sowie zahlreiche Briefe
**Attribute und Darstellung:** Porträts als gütiger Kapuzinermönch im braunen oder weißen Habit mit weißem Bart; mit fingerlosen Handschuhen; oft erhebt er die Hände zum Segen oder hat sie zum Gebet gefaltet
**Patronat:** Freiwillige der Zivilverteidigung
**Brauchtum und Verehrung:** Die aufgrund riesiger Pilgerstöme errichtete Nuova Chiesa in San Giovanni soll 10 000 Leute fassen; auf ihrem Vorplatz können weitere 30 000 Gläubige an Gedenkgottesdiensten teilnehmen. Um Pios Hilfe zu erbitten, werfen die Gläubigen ihre Passphotos oder Bittkärtchen in die Vitrinen, in denen Kleidungsstücke oder sonstige Reliquien zur Schau gestellt sind. In Pietrelcina wird vom 27. bis zum 29. Dezember die *Presepe Viventi* aufgeführt, ein Krippenspiel, das die Geburt Padre Pios darstellt. Daran nehmen alljährlich etwa 60 000 Menschen teil.
**Kunst:** Pericle Fazzini, *Standbild Padre Pios* (1987), Dorfplatz von San Giovanni Rotondo; Büsten, Statuen und Ölgemälde in der Basilika Santa Maria delle Grazie; Photographien von Elia Stellutto
**Literatur:** Fabio Fenzo und Stefano Valtolini, *Padre Pio Comic Book*, Kinderbuch von 2003
**Musik:** Severino Caruso, *Canto a Padre Pio*, Pop-Hymne von 2002; Ennio Morricone, *Padre Pio tra cielo e terra*, Soundtrack von 2000
**Wissenswertes:** Seine größten Wunder wirkte Pio posthum: Im Juni 2000 erkrankte der neunjährige Matteo Colella, der an einer schweren Virusinfektion litt, zusätzlich an einer Hirnhautentzündung; dann folgte ein Herzinfarkt. Seine Mutter betete an Pios Grabstein, Jesus möge ihr todgeweihtes Kind retten. Nach elf Tagen im Koma erlangte Matteo, der bereits für klinisch tot erklärt worden war, das Bewusstsein wieder; 40 Tage später wurde er vollständig geheilt aus der Klinik entlassen. Das Kind berichtete, es habe im Traum Padre Pio gesehen, der es an die Hand genommen habe und mit ihm nach Rom geflogen sei, »um ein Kind zu heilen«. Nach eingehender Prüfung wurde diese Heilung vom Vatikan offiziell als Wunder anerkannt. Nicht offiziell, aber ebenfalls wunderbar ist, dass Padre Pio seiner ehemaligen Wirkungsstätte San Giovanni Rotondo noch heute einen täglichen Umsatz von rund einer Million Euro verschafft.

## AUF DEN PUNKT GEBRACHT

Nach Franz von Assisi ist der Kapuzinermönch Pio, der die Wundmale Jesu getragen und Karol Woityla das Papstamt prophezeit haben soll, der populärste Heilige Italiens; San Giovanni Rotondo, der Ort seines Wirkens, wurde ein Las Vegas des Christentums.

## EMPFEHLUNGEN

**Lesenswert:**

Gabriele Amorth: *Pater Pio. Lebensgeschichte eines Heiligen*, Stein am Rhein 2003

Christian Schüle: *In Gottes Licht*, in: *Die Zeit*, 22.12.2003

Josef Hanauer: *Der stigmatisierte Pater Pio von Pietrelcina*, Bad Honnef 1979

Theophil Graf: *Die Kapuziner*, Freiburg i.B. 1957

**Sehenswert:**

*Padre Pio tra cielo e terra*. Regie: Giulio Base; mit Michele Placido. I 2000

**Anklickenswert:**

www.padre-pio.de

# Patrick
## *Der große Christianisator*

■ Das Wunder des heiligen Patrick. Gemälde, um 1745, von Giovanni Battista Tiepolo. Padua, Musei Civici

Als der junge römische Christ Patrick zum ersten Mal irischen Boden betrat, deutete nichts darauf hin, dass er einmal als Apostel Irlands in die Geschichte eingehen würde. Er selbst ahnte es gewiss nicht im Entferntesten: Denn nicht als Missionar kam er auf die Insel, sondern höchst unfreiwillig als Sklave. Bei einem Raubzug an die Westküste Britanniens hatten irische Piraten ihn verschleppt und an ihren Stammesfürsten Milcho (oder Micho) verkauft. Selbst von vornehmer Abkunft – sein lateinischer Name Patricius verweist auf altrömische, patrizische Abstammung – und als Sohn eines Decurio, eines Ratsherrn in Bannauem Taberniae (was vielleicht mit dem heutigen Ravenglass in der nordwestenglischen Grafschaft Cumberland identisch ist), geboren, musste Patrick nun Schafe hüten.

Nach sechs Jahren gelang ihm die Flucht in die Heimat, doch Irland ließ ihn nicht mehr los. Einmal träumte ihm, ein Mann käme mit unzähligen Briefen zu ihm. Er öffnete einen und las: »Das ist der Ruf der Iren!« Aber Patrick wollte nicht als niedriger, verachteter Sklave und Hirte zurückkehren, sondern als Lehrmeister, als Missionar. Dazu musste er zunächst eine christliche Bildung erwerben, denn obwohl er getauft und in einer christlichen Familie aufgewachsen war, hatte er in seiner Jugend ein lockeres Leben geführt. Er beschloss, nach Gallien zu gehen.

Dort besuchte er zunächst das Kloster Marmoutier, das Martin von Tours (s. S. 180) 375 gegründet hatte und das eine weithin berühmte Schule besaß. Nach einem Zwischenspiel als Mönch auf den Lérins-Inseln vor der Côte d'Azur begab sich Patrick nach

DIE IRISCHE MÖNCHSKIRCHE
Während sich in anderen Teilen des Abendlandes eine Bischofskirche etablierte, die auf städtischer Kultur aufbaute, entstand im ländlichen Irland eine Mönchskirche. Anders als die Bistümer, deren Diözesen sich wie die Stammesgrenzen häufig verschoben, hatten die Klöster feste Sprengel, was eine dauerhafte Bindung an die Bevölkerung gewährleistete; zudem hatten die Mönche schon damals, als anderswo die Beichte beim Bischof und die öffentliche Buße die Regel waren, durch die Privatbeichte starken Einfluss auf die Gemeindemitglieder.

Rom, doch wollte ihn der Papst noch nicht mit der irischen Mission beauftragen – womöglich waren Patricks christliche Kenntnisse noch recht lückenhaft. (Überhaupt begleiteten Vorhaltungen wegen mangelhafter Bildung und unzureichender Lateinkenntnisse ihn sein Leben lang.) Patrick kehrte daraufhin nach Gallien zurück, ins heutige Auxerre in Burgund, wo seit 418 und bis zu seinem Tod 448 Germanus von Auxerre als Bischof wirkte. Unter dessen Anleitung vertiefte Patrick sein christliches Wissen, zudem lernte er hier eine im Abendland weithin unbekannte Art des Mönchtums kennen, das – heute selbstverständlich erscheinende, damals aber neue – klösterliche Gemeinschaftsleben. Dieses Modell sollte sich für die Kirchenarbeit in Irland als höchst geeignet erweisen.

Schließlich war es so weit: Patrick landete mit einigen Gefährten in Irland und begann im päpstlichen Auftrag mit der Mission. Ein gewisser Palladius, der von Papst Coelestin I. bereits 431 in den Norden gesandt und zum ersten Missionsbischof für die Iren und Schotten ernannt worden war, hatte bereits vorgearbeitet, die verstreut lebenden Christen auf der Insel betreut und mit dem Aufbau einer kirchlichen Verwaltung begonnen. Doch erst mit Patrick scheint die Mission richtig in Schwung gekommen zu sein. Und während sich Palladius' Spur im Dunkel der Vorgeschichte verliert, strahlt Patricks Name hell bis heute: So soll zum Beispiel das Kleeblatt als irisches Nationalabzeichen, das viele Iren am St.-Patricks-Tag an ihre Jacke heften, auf Patrick zurückgehen. Es

■ Statue des heiligen Patrick auf dem Hill of Tara nahe Dublin.
Patrick nahm seine Aufgabe in der Tat sehr ernst: Er soll sich geweigert haben, seine britischen Verwandten zu besuchen, weil er es als »Verrat an Irland und seinem missionarischen Auftrag« empfand.

heißt, er habe mit einem solchen Kleeblatt den Heiden der wiesengrünen Insel die Heilige Dreifaltigkeit veranschaulicht. Auch soll es Patrick gewesen sein, der die Schlangen von der Insel vertrieb, und tatsächlich ist Irland seit alters vollkommen schlangenfrei.

Wahrscheinlich wurde Patrick, der wohl eine überragende Persönlichkeit von großer Tatkraft war, im Nachhinein vieles zugeschrieben, was in Wahrheit andere Missionare vor, mit und nach ihm erreicht hatten, vielleicht verschmolzen Palladius und er in der Rückschau zu einer einzigen Person. Sicher ist, dass schon im 7. Jahrhundert nur mehr die Rede von Patrick ist: Er allein gilt seither als der große Christianisierer Irlands – obwohl er in seiner Confessio, seiner Lebensbeichte, selbst gesteht, dass sich seine Tätigkeit in der Hauptsache auf den Norden und Westen beschränkte.

Die Ungewissheit über Patricks Lebensdaten tat ein Übriges: Lange Zeit herrschte die Auffassung vor, er sei um 385 geboren worden, 401 in die Sklaverei geraten und 432 als Missionar erneut auf die Insel gekommen – obwohl gerade erst im Jahr 431 Palladius den Missionsauftrag erhalten hatte. Gestorben sein soll Patrick entweder um 463 oder, wofür vieles spricht, um 493, was ihn allerdings zu einem Hundertachtjährigen machen würde. Wahrscheinlich müssen Patricks Geburt, Versklavung und Missionsbeginn mindestens zwanzig Jahre später angesetzt werden – und womöglich war vieles, was unter seinem Namen von der Christianisierung Irlands berichtet wird, auch das Werk von Palladius und anderen Glaubensboten.

■ Ein britischer Druide. Kupferstich, um 1740, von Gerard van der Gucht (um 1669–1776) nach einer Zeichnung von William Stukeley (1687–1765)

Unter dem Schutz des irischen Hochkönigs Loegaire und seiner Nachfolger, unterstützt von vielen Stammesfürsten und zahlreichen Clanhäuptlingen, die er manchmal durch Geschenke gewogen macht, und mit der Hilfe von Klerikern aus Gallien, Britannien und später auch Irland selbst gelingt es Patrick, die Iren zu bekehren, die Insel mit einem Netz von Klöstern und Bistümern zu überziehen und ganz Irland zu einer »Insel der Heiligen« zu machen.

Die Mission verläuft jedoch nicht reibungslos. Legenden berichten, welche Kunststücke Patrick anwenden musste, um das störrische Volk auf seine Seite zu ziehen. So soll er, als die Heiden seine Warnungen vor der ewigen Verdammnis für die

Ungetauften nicht beherzigen wollten, mit seinem Stab ein Loch in die Erde gebohrt haben, bis die Flammen des Fegefeuers herausschlugen und die Klagelaute der Gepeinigten zu hören waren. Oder, so weiß eine andere Sage, er soll gebetet haben, dass sich im Erdboden der Eingang zur Hölle öffne, und schickte dann die Verstockten hinein. Jene, die wieder herauskamen, ließen sich bereitwillig taufen. Manche aber blieben verschwunden …

■ Glockenreliquiar des heiligen Patrick. Die Glocke, 5. Jahrhundert, besteht aus Eisenblech mit Bronzeüberzug und das Reliquiar, 11. Jahrhundert, aus Bronze, Silber und Goldfiligran. Dublin, National Museum of Ireland.
Patricks weibliches Gegenstück ist die heilige Birgitta von Kildare, die über die ungewöhnliche Fähigkeit verfügte, Wasser in Bier verwandeln zu können. Die beiden Nationalheiligen Irlands gehören so eng zusammen, dass sie sich sogar die Grabstätte teilen.

Die weltlichen Oberen Irlands standen durchweg hinter dem Missionswerk der römischen Kirche. Gewiss taten sie das auch, weil das Christentum sich von einer subversiven Philosophie längst zu einer konservativen Gesellschaftskraft gewandelt hatte. Doch ebenso spielte es wohl eine Rolle, dass die Häuptlinge im Zusammenspiel mit der Kirche die Druiden entmachten konnten, die als Priester, Richter, Lehrer und Heilkundige die heimlichen Herren waren. Die Druiden waren denn auch Patricks schärfste Gegenspieler und trachteten ihm mehrfach nach dem Leben. So sollen sie ihm einmal Gift in den Wein getan haben, doch Patrick segnete das Glas, woraufhin das Gift oben schwamm, und indem Patrick das Gefäß neigte, floss das Gift ab – so trank er ohne Schaden. Die eindrucksvollste Legende erzählt von einem Druiden, der Patricks Wundererzählungen über Jesus verspottete und behauptete, dann sei er selber ein Gott, und sich vor aller Augen in die Lüfte erhob. Patrick aber schlug das Kreuzeszeichen, woraufhin der Zauberer abstürzte und zerschmettert liegen blieb.

### IRISCH, NICHT KATHOLISCH

Die frühe irische Kirche hielt sich in Organisation, Liturgie und Brauchtum nicht immer an die katholische Norm. So war die Seelsorge Sache der Klöster, und Ostern, das wichtigste christliche Fest, wurde an einem festen Termin gefeiert, zum Frühlingsbeginn am 21. März. Erst auf der Synode von Whitby 663/64 beschlossen die Iren, dem römischen Ritus zu folgen.

■ Parade zum St. Patrick's Day in New York im Jahr 1999. »Gott, Maria und Patrick seien mit dir«, lautet ein irischer Gruß.

Als Patrick um 493 im heutigen Nordirland als Bischof von Armagh starb – hier hatte Patrick zunächst ein Kloster gegründet; kurz danach war Armagh zum Bistum aufgestiegen, und bis heute bildet es das geistliche Zentrum der Insel –, war die Bevölkerung christianisiert und die Kirche wohl organisiert: eine Leistung, die Irland selbst – und nicht zuletzt das Irlandbild des Auslands – bis heute prägt. Wie überall, wo römische Missionare arbeiteten, schlossen sie – Religion war schließlich keine Privatsache, sondern eine universelle Angelegenheit – das Volk der westlichen Kultur an. In Irland brachte das Christentum, das hier erstmals außerhalb des Römischen Imperiums Fuß fasste, geradezu einen messbaren zivilisatorischen Fortschritt: Es befriedete die unter Stammesfehden leidende Insel, und es beendete, das dürfte für Patrick eine besondere Genugtuung gewesen sein, die unchristliche Seefahrt in Gestalt der Seeräuberei.

PEREGRINATIO PROPTER CHRISTUM

In den irischen Klöstern lebte das Ideal der nahöstlichen Mönchsväter von der asketischen Heimatlosigkeit fort, das Patrick vielleicht bei Germanus von Auxerre kennen gelernt hatte. So wurden die Klöster im 7. Jahrhundert zum Ausgangspunkt der irischen Mission auf dem Festland, als die Mönche die »peregrinatio propter Christum«, die Pilgerschaft um Christi willen, auf sich nahmen und als Missionare nach Schottland und aufs europäische Festland zogen.

# PATRICK

## MISSIONAR, APOSTEL DER IREN

### DATEN UND FAKTEN

**Daten:** geb. um 385 (?) in England, gest. 461 (?) in Irland; inoffizielle Heiligsprechung im 7. Jh. (?)
**Festtag:** 17. März
**Namensbedeutung und -varianten:** »der Adlige« (lat.); Patricius, Pat, Paddy, Padraig
**Wirkungsstätten:** Irland, Frankreich (Auxerre, Noirmoutier, Lerins), England
**Orte der Verehrung:** Croagh Patrick, Berg in Galway, Irland (Wallfahrtsort); Lough Derg, See in Nordwestirland (Wallfahrtsort); Downpatrick, Nordirland (Grabstätte)
**Quellen:** Inschriften an den Wänden der Kirche von Péronne (um 700); *Tripartite Life*, Vita des hl. Patrick (um 900); *Legenda aurea; Lübecker Passional* (15. Jh.). Von Patrick als Autor überlieferte Schriften: *Confessio* und *Brief an die Soldaten des Coroticus* (5. Jh.).
**Attribute und Darstellung:** Kuh, Lamm, Kleeblatt; als Hirte mit Hirtenschippe oder an der Höllenpforte stehend, von Flammen umgeben
**Patronate:** Irland; Bergleute, Böttcher, Friseure, Schmiede; Vieh
**Brauchtum und Verehrung:** Auf einer Insel im Lough Derg soll Patrick 40 Tage in Buße und Gebet verbracht haben, um Irland von bösen Geistern zu befreien – so inbrünstig war sein Gebet, dass sein gebeugtes Knie einen Abdruck in einem Stein hinterließ. Danach erhielt er von Gott den Auftrag, dort ein »irdisches Fegefeuer« für bußwillige Gläubige einzurichten. Seit 1150 befindet sich auf jener Insel ein Pilgerzentrum, in dem sich die armen Sünder einer dreitägigen Tortur unterziehen: Fasten, Nachtwache und Selbstkasteiungen gehören dazu, um ein reinigendes Fegefeuer zu erleben. Auch wer den Croagh Patrick, den heiligen Berg Irlands, besteigt, muss hart im Nehmen sein: Der Pilgerpfad zum Gipfel sollte barfuß, nach Möglichkeit sogar auf Knien bewältigt werden. Noch heute nehmen alljährlich mehrere tausend Menschen diese Wallfahrten auf sich. Am St. Patrick's Day hingegen, dem irischen Nationalfeiertag, der früher als willkommene Unterbrechung der österlichen Fastenzeit gesehen wurde, gab es ein Festessen (Corned Beef und Kohl, als Nachtisch Porter Cake), und man durfte Alkohol trinken, den sog. Pota Padraig, den Patricksbecher, einen Whiskey aus weißen Kartoffeln. 1995 wurde aus dem Nationalfeiertag St. Patrick's Festival, das sich über mehrere Tage erstreckt und als eine Art Straßenkarneval gefeiert wird, mit Umzügen, Theateraufführungen und zahlreichen anderen Veranstaltungen.
**Kunst:** Altarfigur in der Kirche von Hohenstedt/Aalen (um 1400); Statuette in Eggenroth/Ellwangen (1733); Giovanni Battista Tiepolo, *Das Wunder des hl. Patrick* (18. Jh.), Musei Civici, Padua; Patriciusaltar in der Pfarrkirche St. Nikolaus in Prigglitz (19. Jh.)
**Literatur:** Mehrere irische Volkserzählungen, z.B. *St. Patrick auf Inishmore*; Katherine Kurtz, *St. Patrick's Gargoyle*, Roman von 2002; Edward Rutherford, *Die Prinzen von Irland*, historischer Roman von 2005
**Musik:** Zahlreiche Lieder für den St. Patrick's Day
**Wissenswertes:** Das größte irische Gotteshaus, die im 13. Jh. gebaute St. Patrick's Cathedral in Dublin, befindet sich neben einer heiligen Quelle; es heißt, dort habe Patrick zum christlichen Glauben Bekehrte getauft. Die wichtigsten Reliquien, ein Zahn des heiligen Patrick sowie die Glocke, durch deren Klang er der Insel den Frieden brachte, findet man im Dubliner Nationalmuseum: Ironischerweise ist die Kathedrale, die dem Apostel der Iren geweiht ist und von der man erwarten würde, dass sie ein Bollwerk des irischen Katholizismus wäre, heute die Hauptkirche der irischen Protestanten.

### AUF DEN PUNKT GEBRACHT

In der Figur des Patrick flossen die Gestalten zweier, wenn nicht mehrerer Missionare zusammen, die vom 5. Jahrhundert an die irische Insel missionierten und ein vom katholischen Rom unterschiedenes, keltisches Christentum aufbauten.

### EMPFEHLUNGEN

**Lesenswert:**
Sean O'Faolain: *Liebe und Pilgerfahrt.* In: *Sünder und Sänger*, Zürich 1960

Próinséas Ní Chatháin und Michael Richter (Hg.): *Irland und die Christenheit. Bibelstudien und Mission*, Stuttgart 1987

Michael Richter: *Irland im Mittelalter – Kultur und Geschichte*, München 1996

**Besuchenswert:**
Das Nationalmuseum in Dublin

# Paulus
## *Der erste Christ?*

■ Der heilige Paulus. Auf seinen Missionsreisen konzentrierte sich Paulus stets auf die großen Städte, die Zentren des kulturellen und religiösen Lebens. Tatsächlich verbreitete sich das Christentum von der Antike bis ins Mittelalter von den Städten aus, was sich bis heute in der Sprache widerspiegelt: Die »Heiden« wohnten buchstäblich in der Heide, draußen auf dem Land. Das lateinische Wort für den Heiden, »paganus« (Landbewohner; von »pagus«: Dorf, Land) meint dasselbe.

Er hat Jesus nie getroffen und wurde doch sein glühendster Propagandist. Obwohl er selbst Jude war, trug er wesentlich dazu bei, dass die neue Lehre sich vom Judentum löste und verselbständigte. Saulus von Tarsus, besser bekannt als Paulus, sorgte dafür, dass das Christentum zur Weltreligion werden konnte.

Erst nach dem Jahr 40 dürfte der Nachzügler zum Christus-Anhänger geworden sein. Um das Jahr 10 in Tarsus (Kilikien) als Auslandsjude geboren, wurde Saulus vom Vater in pharisäischer Tradition erzogen und nach Jerusalem geschickt. Dort wurde er an der Tempelakademie zum Rabbiner ausgebildet und entwickelte sich zu einem Todfeind des jungen Christentums, in dem er eine Gefahr für die Reinheit der jüdischen Religion sah. Die Apostelgeschichte berichtet, dass er bei der Steinigung des Erzmärtyrers Stephanus die Kleider der Schergen bewachte, also in amtlicher Funktion tätig war. Auch an weiteren Verfolgungen muss er sich beteiligt haben, denn nach Abschluss seines Thora-Studiums erhielt er den Auftrag, nach Damaskus zu gehen und im Namen des Hohenpriesters die jüdischen Gemeinden von Christen zu säubern.

Doch dann kam alles anders. Vor den Toren der Stadt erschien Saulus ein Licht vom Himmel, das ihn zu Boden stürzen ließ, und eine Stimme sprach zu ihm, in der er Jesus von Nazareth erkannte. Überwältigt von dieser Vision, erblindete Saulus und musste, so der legendenhafte Bericht in der Apostelgeschichte des Lukas, in die Stadt geführt werden. Nachdem er dort von einem Christen getauft worden war und das Augenlicht zurückerlangt hatte, begann er in den Synagogen, zur Verwunderung der Juden, Jesus als Messias zu preisen. Vermutlich predigte er tauben Ohren, denn bald darauf zog sich Saulus – wie er sich, anders als die Redensart es will, noch immer nannte – in die Wüstenei südlich der Stadt zurück, um sich über seinen weiteren Lebensweg

klar zu werden. Als er nach Damaskus zurückkehrte, waren sich allerdings auch die Juden über ihn klar geworden: Um sein Leben zu retten, mussten Freunde ihn nachts in einem Korb von der Stadtmauer hinunterlassen, damit er nach Jerusalem fliehen konnte. Dort wurde er von Barnabas – einem Auslandsjuden aus Zypern, der bald nach Jesu Auferstehung zum Christentum gefunden hatte – in die Urgemeinde eingeführt und mit Petrus bekannt gemacht. Der war gerade aus dem Gefängnis befreit worden und schickte sich nun zu seiner Missionsreise nach Antiochia an, auch um sich vor Herodes Agrippa in Sicherheit zu bringen. Paulus, der kurz darauf als Begleiter des Barnabas in seine Heimatstadt aufbrach, begab sich anschließend ebenfalls nach Antiochia, das damals die drittgrößte Stadt im Römerreich war und eine große Christengemeinde besaß.

■ Die Steinigung des heiligen Stephanus. Buchmalerei aus dem Stundenbuch des französischen Schatzmeisters Étienne Chevalier um 1455. Der Steinigung des Erzmärtyrers wohnte Paulus, der damals noch Saulus hieß, auf Seiten der Christenverfolger bei.

Um das Jahr 47 übernahm Paulus selbst die Reiseleitung und trat zu seinen drei großen Missionsfahrten an. Diese führten ihn, der in einer griechisch geprägten Stadt aufgewachsen war und fließend Griechisch sprach, vor allem durch Kleinasien, Griechen-

### DIE ERZMÄRTYRERIN THEKLA

Dass Thekla, die als erste und deshalb Erzmärtyrerin gilt, wirklich den Martertod starb, ist nahezu ausgeschlossen. Paulus hatte sie in ihrer Heimatstadt Ikonion (heute: Konya) bekehrt. Von ihrem Verlobten denunziert, wurde sie zum Feuertod verurteilt, aber durch Regen und Hagel errettet und freigelassen. Sie folgte Paulus nach Antiochia, wo sie einen neuen Verehrer abwies, der sie wiederum anzeigte. Thekla wurde zum Tierkampf verurteilt; doch ein Löwe legte sich ihr zu Füßen, einen Bären zerriss sie; schließlich sprang sie in einen Wassergraben, um sich zu taufen, und wurde freigelassen. Sie folgte Paulus nach Myra und kehrte dann nach Ikonion zurück, wo sie hochbetagt eines friedlichen Todes starb.

land und Makedonien. In Korinth und Ephesus hielt er sich länger auf und ernährte sich dort, als gelernter Zeltmacher, durch sein Handwerk. Bedeutend sind diese Reisen nicht nur, weil die erhaltenen Paulusbriefe von seiner Gemeindearbeit und Glaubensinterpretation Zeugnis ablegen, sondern auch, weil er Helfer heranzog, die von großer Bedeutung für die weitere Verbreitung und Ausformulierung der neuen Religion wurden: Auf der ersten Reise begleitete ihn Markus, auf der zweiten und dritten Lukas, und in Ephesus dürfte Paulus den Johannes (s. S. 122) getroffen haben. Erst auf diesen Reisen setzte sich auch sein neuer Name durch. Der bot Vorteile: Das lateinische »Paulus« verwies indirekt darauf, dass er das römische Bürgerrecht besaß (das er vom Vater geerbt hatte) und Weltbürger war, nicht ein jüdischer Provinzler namens Saul. Außerdem drückte der Name, der von »parvulus« (klein) abgeleitet ist, selbstbewusst aus, dass sein Träger sich seiner Kleinwüchsigkeit nicht schämte, und beugte boshaftem Gerede wirksam vor.

Die Leidenschaft, die Paulus als Christenjäger an den Tag gelegt hatte, stellte er nun in den Dienst des neuen Glaubens. Der Hass, mit dem er die »Nazarener« verfolgt hatte, weil die Reinheit des Judentums auf dem Spiel stand, verwandelte sich in Grimm gegen die an ihrem Glauben festhaltenden Juden, denn sie »gefallen Gott nicht und sind allen Menschen feind« (1 Thess 2,15). Mit unnachgiebiger Härte trat Paulus jetzt für die Freiheit vom mosaischen Gesetz ein und griff sogar Petrus an, der die jüdische Tradition nicht verraten wollte und eine zweideutige Haltung einnahm.

Sein starkes Sendungsbewusstsein schöpfte Paulus aus der Überzeugung, das Evangelium durch Offenbarung empfangen zu haben; er sei »berufen zum Apostel Jesu Christi durch den Willen Gottes«, verkündete er im ersten Korintherbrief. Das gab ihm die Kraft, die Strapazen seiner Reisen

■ Die Bekehrung des Saulus. Gemälde, 1601, von Caravaggio (1573–1610). Rom, Kirche S. Maria del Popolo

■ Paulus flüchtet mit der Hilfe von Freunden aus Damaskus. Emailplatte, um 1180/85, von einem Reliquiar. London, Victoria and Albert Museum

zu ertragen und den Gefahren zu trotzen, die einem Missionar drohten – »Hunger und Durst«, »Frost und Blöße« zählt er ebenso auf wie Verfolgung, Gefangenschaft und Körperstrafen: »Von den Juden habe ich fünfmal empfangen vierzig Streiche weniger einen; ich bin dreimal mit Ruten geschlagen, einmal gesteinigt« worden, behauptet er im zweiten Korintherbrief.

Etwa im Jahr 60, als Paulus nach der dritten Missionsreise in Jerusalem Station machte, geriet er in eine kritische Lage. Der Posten des römischen Landverwesers war unbesetzt, und das Synedrium, also der Hohe Rat, nutzte die Vakanz, um unter den Christen aufzuräumen. Jakobus (s. S. 112), der Bruder Jesu, wurde getötet, und Paulus konnte sich nur retten, indem er sich als römischer Bürger auswies. Er wurde als Gefangener nach Cäsarea geschleppt und nach Rom gebracht. Dort indes schien man seinen Fall für einen Streit unter Sektierern zu halten und es als Zeitverschwendung zu betrachten, sich damit zu befassen. Falls Paulus nicht freigelassen wurde, so hatte er jedenfalls Freigang und nutzte die Gelegenheit, Anhänger zu werben. Ob er sogar nach Spanien reiste, wie ein Brief von Papst Klemens I. (92–101) andeutet, steht dahin (der Hintergrund ist vielleicht, dass Spanien von Rom aus missioniert wurde); ebenso möglich ist, dass Paulus in Rom

■ Paulus predigt zu Ephesus. Gemälde, 1649, von Eustache le Sueur (1616–1655). Paris, Louvre

eines friedlichen Todes starb. Die Legenden berichten in diesem Punkt etwas anderes: Ihnen zufolge geriet Paulus erneut in Gefangenschaft und wurde um das Jahr 67 vor der Stadtmauer an der Straße nach Ostia enthauptet. Der Sage zufolge schlug sein Kopf dreimal auf dem Boden auf, wobei jedes Mal eine Quelle entsprang; zum Gedenken wurde später die Kirche Tre Fontane errichtet.

Wenngleich im Leben des Paulus Dichtung nicht immer von Wahrheit zu trennen sein mag, unbestritten ist seine Leistung als großer Interpret Christi. Sein Einfluss auf das Jesusbild und den jungen Glauben ist kaum zu überschätzen. Während die anderen Apostel vor allem über das Leben und die Taten des Messias predigten, verstand es der scharfsinnige Thora-Schüler Paulus, die Lehre neu zu durchdenken. Die Doktrin von der Erbsünde, der Schuld jedes Menschen und seiner daraus resultierenden Heilsbedürftigkeit geht genauso auf ihn zurück wie die Auffassung, Jesu' Kreuzestod sei die Sühne für die Sünden der Menschheit: Nur durch die Liebe zu Christus, der sich seinerseits aus Liebe geopfert habe, und dank der Gnade Gottes könne der Mensch Erlösung finden, nicht durch die Befolgung ritueller Vorschriften wie im Judentum. Deshalb, so Paulus, entfällt für Christen die Beschneidung, mit der das Judentum den alten Bund mit Gott bezeugt; der neue Bund komme aus dem Herzen und beweise sich durch den Glauben.

Paulus war die treibende Kraft bei der Verselbständigung des Christentums, das er, der als Jude unter Griechen aufgewachsen war, nicht als Privileg einer Minderheit sah, sondern der ganzen Menschheit offerieren wollte. Auf ihn geht denn auch der Beschluss des Apostelkonzils zurück, dass nicht nur Juden, sondern alle Menschen Christen werden können. Paulus selbst, der Bürger Roms, trug durch seine Missionsreisen entscheidend dazu bei, dem Christentum ein Weltreich zu öffnen. Damit wurde er, geistig wie räumlich, der eigentliche Stifter einer Weltreligion.

# PAULUS

APOSTEL, MÄRTYRER

## DATEN UND FAKTEN

**Daten:** geb. um 10 n. Chr. in Tarsus (Türkei); gest. 64 oder 67 (?) in Rom; Kult belegt ab dem 3. Jh.
**Festtage:** 29. Juni (Peter und Paul); 25. Januar (Bekehrung); 1. September (Wiedererlangung der Sehkraft)
**Namensbedeutung und -varianten:** »der Kleine« (lat.); Paolo, Pablo, Pavel
**Wirkungsstätten:** Kleinasien, Griechenland, Makedonien, Antiochia
**Orte der Verehrung:** San Paolo fuori le mura (Grab- und Pilgerstätte); San Giovanni in Laterano (Häupter des Petrus und des Paulus); San Paolo alla Regola, San Ignazio, San Lorenzo in Damaso (Reliquien); San Paolo alle Tre Fontane. Außerhalb Roms: Tarsus, London, Münster, Malta, Saragossa (Weihkirchen, Reliquien)
**Quellen:** Apostelgeschichte des Lukas; Paulus-Briefe (NT)
**Attribute und Darstellung:** Buch, Schwert; manchmal mit drei Quellen; in Tunika und Mantel; seit dem 5. Jh. nach der Beschreibung des Eusebius von Caesarea: feine Gesichtszüge, spärliches Haar, langer schwarzer Bart
**Patronate:** Weber, Sattler, Seiler; Arbeiterinnen; Theologen; die katholische Presse; gegen Ohrenkrankheiten, Krämpfe, Angstzustände; Schlangenbiss; sorgt für fruchtbare Felder
**Brauchtum und Verehrung:** Unter Papst Hadrian I. (8. Jh.) hatte Paulus einen eigenen Gedenktag, den 30. Juni. Lange hielt sich der Aberglaube, man dürfe an Peter und Paul nicht in offenen Gewässern baden, da das Wasser an diesem Tag ein Opfer fordern könnte – man lief Gefahr zu ertrinken.
**Kunst:** Mosaik in der Cappella Arcivescovile (5. Jh.), Ravenna; Anonymus, *Der hl. Paulus wird von der Mauer von Damaskus herabgelassen* (12./13. Jh.), Dom von Monreale; Michelangelo, *Die Bekehrung Pauli* (1542–50), Cappella Paolina, Vatikan, Rom; Caravaggio, *Die Bekehrung des Saulus* (1601), Santa Maria del Popolo, Rom; Albrecht Dürer, *Die Vier Apostel* (1526), Alte Pinakothek, München; Giovanni Serodine, *Begegnung von Petrus und Paulus auf dem Weg zum Martyrium* (1625), Galleria Nazionale d'Arte Antica, Rom; Martin Johann Schmidt, *Abschied der Apostelfürsten Petrus und Paulus* (1778), Landesmuseum Joanneum, Graz
**Literatur:** Joost van den Vondel, *Petrus und Paulus*, 1641; August Strindberg, *Nach Damaskus*, Drama von 1898; Hans Much, *Zwei Tage vor Damaskus: Ein Drama in erzählender Form* von 1913; Franz Werfel, *Paulus unter den Juden*, Drama von 1926; Rudolf Henz, *Die große Entscheidung*, Drama von 1954; Gerald Messadié, *Ein Mann namens Paulus*, Roman von 1991; Taylor Caldwell, *Paulus – mit dem Herz eines Löwen*, Roman von 2001
**Musik:** Winfried Radeke, *Damaskus*, Oper von 1989
**Wissenswertes:** Paulus' Denken war stark durch die Stoa geprägt, jene Strömung der griechischen Philosophie, die u.a. lehrt, dass der Mensch ein Teil der Gott-Natur ist. Er nimmt sogar Bezug auf den berühmten Stoiker Kleanthes: »In ihm (Gott = Kosmos) leben, weben und sind wir« (Apg 17,28). Die christliche Vorstellung vom alles durchdringenden Heiligen Geist mag direkt auf die stoische Auffassung vom »Lufthauch« oder »Lichtäther« zurückgehen. Auch das Denken in Gegensatzpaaren – Fleisch und Geist, Gesetz und Gnade etc. – hat Paulus aus der stoischen Schule in seine Theologie übernommen.

## AUF DEN PUNKT GEBRACHT

Jesus hat er nie gesehen, und die Anhänger Jesu verfolgte er. Doch nach seinem Damaskuserlebnis wurde er zur prägenden Gestalt des Urchristentums: Er förderte die Ausbreitung der neuen Lehre, formulierte wichtige Glaubensinhalte und betrieb die Loslösung vom Judentum.

## EMPFEHLUNGEN

**Lesenswert:**

Carsten P. Thiede: *Paulus. Schwert des Glaubens. Märtyrer Christi*, Augsburg 2004

Dieter Hildebrandt: *Saulus/ Paulus. Ein Doppelleben*, München 1999

Jürgen Becker: *Paulus. Der Apostel der Völker*, Stuttgart 1998

Joachim Gnilka: *Wie das Christentum entstand*, Freiburg i.B. 2004

**Hörenswert:**

Felix Mendelssohn Bartholdy, *Paulus*, Oratorium von 1836

**Sehenswert:**

*A.D. – Anno Domini*. Regie: Stuart Cooper; mit James Mason, Ava Gardner, Susan Sarandon. USA/GB 1985

# Petrus
## *Der erste Papst?*

»Wo ist Gott nicht?«, lautet eine alte, einst unter Protestanten beliebte Scherzfrage. Die Antwort: »In Rom. Denn dort ist sein Stellvertreter.« Der frühe Protestantismus, entstanden aus der Ablehnung der römischen Kirche, sah im Papst geradezu den Antichristen, den leibhaftigen Satan, die Hure Babylon.

Dabei soll das Papsttum doch auf den Ersten unter den Jüngern zurückgehen: auf Petrus, den Apostelfürsten. »Du bist Petrus, und auf diesen Felsen will ich bauen meine Gemeinde«, sagte, dem Matthäusevangelium zufolge, Jesus in Cäsarea Philippi und berief ihn nach katholischer Lesart damit zum Begründer der Kirche. Nun bedeutet das zwar nicht, dass Jesus dies tatsächlich sagte – viele Worte wurden ihm nachträglich in den Mund gelegt. Aber dass Petrus eine hervorgehobene Stellung unter den Jüngern innehatte, spricht aus allen vier Evangelien und der Apostelgeschichte. Zusammen mit Johannes und Jakobus dem Älteren bildete er den Kreis der engsten Vertrauten Jesu. Er war der Wortführer der zwölf Apostel, weshalb ihn das Neue Testament bei Aufzählungen stets an erster Stelle nennt, und als Erster der Jünger erblickte er den Auferstandenen. Eine besondere, wenngleich unrühmliche Rolle spielt er ferner bei der Gefangennahme Jesu: Zunächst brüstet er sich seiner Treue zu Jesus, tut sich in der Tat tapfer hervor und schlägt in der Hitze des Gefechts dem Malchus, einem Diener des jüdischen Hohenpriesters, ein Ohr ab. Hinterher aber verrät ausgerechnet er Jesus, leugnet dreimal, dessen Jünger zu sein, und bestreitet, ihn in den Garten Gethsemane begleitet zu haben.

■ Der heilige Petrus. Im Mittelalter war Petrus der Patron des karolingischen Königshauses; Karl der Große wurde im Petersdom zum Kaiser gekrönt.

Jesus hatte ihm das vorhergesagt. Dass er bereit war, Fehltritte zu verzeihen, wird am See Genezareth deutlich. Dort hatte Jesus einst auf wun-

dersame Weise dem Petrus die Netze mit Fischen bis zum Bersten gefüllt, sodass die Boote zu sinken drohten, und ihn dann zum »Menschenfischer« bestellt. Jetzt weilt der Auferstandene hier erneut unter seinen Jüngern, wiederholt das Wunder vom Fischzug und spricht Petrus, ungeachtet seiner jüngsten Verfehlungen, erneut das Vertrauen aus, indem er sagt: »Weide meine Lämmer!«

Auch dieses Wort wird als Auftrag zur Führung verstanden. Laut Apostelgeschichte gehörte Petrus zum Führungsstab der kleinen Jerusalemer Urchristengemeinde. Dann allerdings machte er sich auf, in Palästina zu predigen. In Cäsarea gelang es ihm, den römischen Hauptmann Cornelius zum Christentum zu bekehren, was als Beginn der Heidenmission gilt. Als Petrus vermutlich im Jahr 44 während einer Christenverfolgung unter Herodes Agrippa verhaftet und in Ketten gelegt wurde, soll ihn ein Engel befreit haben – ein Wunder, dessen die Kirche bis heute mit »Petri Kettenfeier« am 1. August gedenkt. Petrus floh nach Antiochia (dem heutigen Antakya in der Südosttürkei), wo er prompt wieder eingekerkert wurde. Doch als er den verstorbenen Sohn des Statthalters Theophilus zum Leben erweckte, bekehrte sich der Vater und setzte Petrus ehrenhalber auf einen hohen Stuhl, damit alle ihn sähen

■ Petrus schlägt Malchus ein Ohr ab. Ausschnitt aus einem Fresko der Gefangennahme Christi, um 1390. Spilimbergo (Friaul), Dom

EIN BISCHOF ALS PAPST

»Papst« war anfangs ein bloßer Ehrentitel, der im 3. Jahrhundert für Äbte, Bischöfe und Patriarchen im Osten des Römischen Reichs aufkam. Der Bischof von Rom erhält ihn erstmals 304: Marcellinus wird in seiner Grabinschrift »Papst« genannt. Als amtlichen Titel gebraucht ihn dann der römische Bischof Siricius (gestorben 399), und erst Gregor I. (590–604) legte fest, dass überhaupt nur der Bischof von Rom den Papsttitel führen darf. Damit hatte er aber nur im Abendland Erfolg: Im Osten heißen die beiden Patriarchen von Alexandria, das Oberhaupt der koptischen Kirche und das der griechisch-orthodoxen Kirche von Alexandria, bis heute von Amts wegen Papst.

und sein Wort hörten. Petrus wurde durch diesen symbolischen Akt Bischof von Antiochia und trat damit erstmals ein reguläres Hirtenamt über eine christliche Gemeinde an. Das Kirchenfest »Petri Stuhlfeier« am 22. Februar erinnert bis heute daran.

Um das Jahr 50 ist Petrus wieder in Jerusalem, wo er am ersten Apostelkonzil teilnimmt und an zwei richtungsweisenden Beschlüssen mitwirkt: Nichtjuden dürfen künftig Christen werden, und das Gebot der Beschneidung soll nicht länger gelten. Danach verliert sich die Spur des Apostels. Ob sie über Kleinasien nach Rom führt, ist unbewiesen. Lediglich der Schluss des ersten Petrusbriefs, in dem jemand Grüße aus Babylon sendet, was eine Metapher für Rom sein mag, spricht dafür; doch es ist nicht einmal erwiesen, dass dieser Brief wirklich von Petrus stammt. Die kirchliche Überlieferung jedenfalls behauptet, Petrus sei, vielleicht im Jahr 57, in Rom eingetroffen, habe gemeinsam mit Paulus (s. S. 206) die erste Christengemeinde im Herzen des Römischen Reiches ins Leben gerufen und so den Grundstein für die weltweite Ausbreitung des neuen Glaubens gelegt. Um das Jahr 64 soll Petrus unter Kaiser Nero, der die Christen zum Sündenbock für den Brand Roms machte, an einem 29. Juni gekreuzigt worden sein. Der Legende nach beharrte Petrus darauf, mit dem Kopf nach unten gekreuzigt zu werden, weil er nicht wert sei, wie der Heiland zu sterben. Vermutlich ist das nur eine Sage. Dagegen spricht einiges dafür, dass Petrus tatsächlich am vatikanischen Hügel begraben sein könnte. Kaiser Konstantin ließ über dem mutmaßlichen Grab eine Basilika erbauen, an deren Stelle vom 15. bis zum 17. Jahrhundert der Petersdom errichtet wurde. Möglicherweise steht also der Stuhl Petri tatsächlich über der letzten Ruhestätte des ersten Papstes – falls Petrus Papst war.

■ Petrus predigt den Christen in Rom. Szenenphoto aus dem Film *Quo vadis* von Mervyn LeRoy mit Finlay Curie in der Rolle des Petrus

Vielleicht war er auch nur der erste Bischof von Rom, also jener Erste unter Gleichen, den die ersten Christen in der damals ersten Stadt des Weltkreises zu ihrem ersten Gemeindevorsteher gewählt hatten. Papst im heutigen Sinne, also oberster Hirte aller (katholischen) Christen, war er nicht; dieses Verständnis bildete sich erst im Mittelalter heraus.

Eines jedenfalls ist sicher: Während sich an einem Papst immer wieder die Geister scheiden, war und ist Petrus eine der populärsten Gestalten der Kirchengeschichte. Er ist beliebt, weil er nicht nur christliche Tugenden demonstrierte, sondern auch menschliche Schwächen zeigte. Er war auch kein großer Denker wie Paulus, sondern ein Mann der Praxis, ein ehrlicher und begeisterungsfähiger Gefolgsmann Jesu, jedoch impulsiv und wankelmütig. Schnell ließ er sich hinreißen, um dann zu verzagen – wie auf dem See Genezareth, wo er Jesus auf dem Wasser entgegenläuft, dann aber über den Wind erschrickt und sinkt, sodass Jesus ihn festhalten muss. Schnell versprach er etwas, was er dann nicht halten konnte, wie bei Jesu Gefangennahme. Noch in Rom befällt ihn Furcht, wie die Legende berichtet: Um sich vor Neros Schergen in Sicherheit zu bringen, flieht er aus der Stadt. Doch vor dem Tor begegnet er Christus. Petrus fragt ihn: »Quo vadis?«, wohin gehst du? Christus erwidert: »Mich ein zweites Mal kreuzigen lassen.« Erst nach diesem sarkastischen Wink überwindet Petrus seine Angst, kehrt in die Stadt zurück und nimmt sein Kreuz auf sich.

■ Der wunderbare Fischzug. Altargemälde, 1444, von Konrad Witz (1400–um 1445). Genf, Musée d'Art et d'Histoire

Petrus – auch das machte ihn zum Vorbild für Gläubige – ist der wandelnde Beweis dafür, wie das Vertrauen in Jesus den Menschen erhöht. Selbst über Wasser zu laufen vermag er, wenn er

### PETRUS AM HIMMELSTOR

Wohl jeder kennt Petrus als Pförtner am Himmelstor, der den Einlass ins Paradies überwacht. »Ich will dir des Himmelreiches Schlüssel geben«, versprach ihm Jesus in Cäsarea Philippi, und seither entscheidet Petrus, dem Volksglauben zufolge, wer Zugang zum Paradies erhält und wer nicht. Weil er an der Pforte des Himmels sitzt, heißt es, er bestimme auch das Wetter.

nicht kleingläubig ist und zweifelt. Er kann es Jesus gleichtun und Wunder wirken: Vom heiligen Geist gestärkt, der zu Pfingsten herabgekommen ist, heilt Petrus gemeinsam mit Johannes einen Lahmen, ja, schon der Schatten des vorübereilenden Petrus genügt, um Kranke zu kurieren. Als Petrus als Wanderprediger in die Fußstapfen des Meisters tritt, vollbringt er nach bekanntem Muster weitere Wunder: In Lydda (dem heutigen Lod) heilt er den gichtbrüchigen Äneas, in Joppe (heute Yafo, ein Stadtteil Tel Avivs) erweckt er die Christina Tabea zum Leben.

Trotz aller menschlichen Zweifel wurde Petrus zu einem Fels des Glaubens. Das sagt schon der Name, den Jesus ihm gab. Eigentlich hieß er Symeon (gräzisiert: Simon), lebte mit seiner Frau in deren Heimatstadt Kapernaum und arbeitete wie sein Vater als Fischer. Bevor er Jesus traf, war er Johannes dem Täufer (s. S. 126) gefolgt: Offenbar suchte er selbst einen festen Halt. Jesus verstand es, ihm diesen Halt zu geben und ihn zu seinem Mitstreiter zu machen: Er nannte ihn aramäisch Kephas, griechisch Petros, latinisiert Petrus, was Fels bedeutet. Durch Jesus hatte Petrus sich selbst gefunden: Indem er felsenfest an Jesus glaubte, war er selbst zu einem Fels des Glaubens geworden. Was sicherlich nicht allein für Petrus, sondern für viele Gläubige gilt – auch für manchen Papst.

■ Domine, quo vadis? Gemälde, 1843, von Julius Schnorr von Carolsfeld (1794–1872). Basel, Öffentliche Kunstsammlung.
In einer kleinen Kirche an der Via Appia antica ist ein Stein mit Fußabdrücken zu sehen – der Legende nach sind dies die Abdrücke Jesu. An diesem Ort soll Jesus seinen Jünger Petrus mit der Antwort auf die Frage »Quo vadis?« beschämt und ihn davon abgebracht haben, seine Flucht aus Rom fortzusetzen.

DER AMTLICHE PAPST

Sein offizieller Titel lautet: »Bischof von Rom, Stellvertreter Jesu Christi, Nachfolger des Apostelfürsten, Oberhaupt der allgemeinen Kirche, Patriarch des Abendlandes, Primas von Italien, Erzbischof und Metropolit der Kirchenprovinz Rom, Souverän des Staates der Vatikanstadt«. Angeredet wird er mit »Eure Heiligkeit« oder »Heiliger Vater«.

# PETRUS

## APOSTEL, MÄRTYRER, ERSTER BISCHOF VON ROM

### DATEN UND FAKTEN

**Daten:** geb. zur Zeit Jesu in Bethsaida, Galiläa; gest. um 64 in Rom; Kult belegt ab Mitte des 3. Jh.
**Festtage:** 29. Juni (Peter und Paul); 22. Februar (Petri Stuhlfeier); 1. August (Petri Kettenfeier); 18. November (Kirchweih Petersdom)
**Namensbedeutung und -varianten:** »der Fels« (griech.); Peter, Pierre, Pedro, Pietro, Pjotr
**Wirkungsstätten:** Palästina, Antiochia, Rom
**Orte der Verehrung:** Petersdom in Rom (Grabstätte); San Giovanni in Laterano in Rom (Häupter des Petrus und des Paulus); San Pietro in Vincoli und Santa Cecilia in Rom (Kettenreliquien); die meisten westlichen Bischofskirchen waren bis ins 12. Jh. Petrus geweiht.
**Quellen:** Evangelien des Matthäus, Markus, Lukas und Johannes; Apostelgeschichte; Apokryphen (*Petrus-Evangelium*); *Petrus-Klementinen* (Apostelroman aus dem 3. Jh.); *Legenda aurea;* Zwiefaltener Martyriolog
**Attribute und Darstellung:** Schlüssel, Stab, Schriftrolle, Buch, Fisch, Hahn oder (umgekehrtes) Kreuz; in päpstlicher Tracht; oft auch gemeinsam mit Paulus. Häufig wird die Kreuzigungsszene gezeigt – Kopf nach unten –, wie Petrus Wasser aus einem Felsen schlägt oder wie er im Kerker in Ketten gelegt ist. Ab dem Mittelalter wird er auch kahlköpfig mit einer Stirnlocke dargestellt.
**Patronate:** Päpste; Fischer, Fischhändler, Schiffbrüchige; Netzmacher, Tuchweber; Brückenbauer, Maurer, Schreiner, Töpfer; Bleigießer, Glaser, Metzger, Uhrmacher; Schlosser, Schmiede; Büßer und Beichtende; Jungfrauen; gegen Fieber, Schlangenbiss, Tollwut, Besessenheit und Fußleiden
**Brauchtum und Verehrung:** Im 16. Jh. war es üblich, nach langer Dürre am Petrus-Tag ein Bild des Heiligen ins Wasser zu tauchen und so um Regen zu bitten. An der Küste fanden Prozessionen mit Segnung des Meeres statt, und beim Petrizug verschenkten die Fischer ihren besten Fang an die Geistlichkeit oder an die Gemeinde.
**Kunst:** Mosaik der Kreuzhuldigung (vor Mitte des 5. Jhs.), Mausoleum der Galla Placidia, Ravenna; Pietro Perugino, *Christus übergibt Petrus die Schlüssel zum Himmelreich* (1481/82), Sixtinische Kapelle, Vatikan, Rom; Leonardo da Vinci, *Abendmahl* (um 1495–1498), Refektorium von Santa Maria delle Grazie, Mailand; Raffael, *Die Befreiung des hl. Petrus* (1513/14), Stanza di Elidoro, Vatikan, Rom; Caravaggio, *Die Kreuzigung des hl. Petrus* (1600/01), Santa Maria del Popolo, Rom; Annibale Carracci, *Domine quo vadis?* (1601/02), National Gallery, London; Peter Paul Rubens, *Der hl. Petrus* (um 1610), Prado, Madrid
**Literatur:** Robert Southwell, *St. Peter's Complaint*, Gedicht von 1595; Frederick Marryat, *Peter Simple*, Roman von 1834; Henryk Sienkiewicz, *Quo vadis?*, Roman von 1896
**Musik:** Johann Sebastian Bach, *Johannes-Passion* (BWV 245) von 1724; Felix Mendelssohn-Bartholdy, *Tu es Petrus* (op. 111), Chorwerk von 1827; Franz Liszt, *Christus*, Oratorium von 1873; Benjamin Britten, *Peter Grimes*, Oper von 1945
**Wissenswertes:** Die Schlüsselgewalt, die Petrus von Jesus verliehen bekommt, ist ein Motiv, das auch in der griechisch-römischen Mythologie, in der jüdischen Tradition sowie im Mithras-Kult anzutreffen ist: Hekate hat als Wächterin der Unterwelt einen Schlüssel, und auch Kybele, Persephone und vor allem Janus, der »Herr über alle Türen«, werden mit Schlüsseln dargestellt; im Judentum stehen die Schlüssel Gottes für die Erweckung der Toten; Mithras ist im Besitz der »Schlüssel der Macht«.

### AUF DEN PUNKT GEBRACHT

Auf ihn wollte Jesus seine Gemeinde bauen; die Kirchengeschichte nennt ihn den ersten Bischof von Rom, den ersten Papst. Treu und begeisterungsfähig, aber mitunter wankelmütig, war er ein Mensch mit Stärken und Schwächen: und gerade das machte ihn beim Kirchenvolk beliebt.

### EMPFEHLUNGEN

**Lesenswert:**

Peter Berglar: *Petrus*, München 1999

Joachim Gnilka: *Petrus und Rom. Das Petrusbild in den ersten zwei Jahrhunderten*, Freiburg i.B. 2002

Horst Fuhrmann: *Die Päpste. Von Petrus zu Benedikt XVI.*, München 2005

**Sehenswert:**

*Das 1. Evangelium – Matthäus.* Regie: Pier Paolo Pasolini. I 1964

# *Petrus Claver*
## *Der 300 000-Seelen-Mann*

Vermutlich hat kein Missionar mehr Leute zu Christen gemacht als er: Mehr als 300 000 Menschen will der Jesuit Petrus Claver in knapp vierzig Jahren getauft haben. 1610 war er auf eigenen Wunsch in die spanische Kolonie Neugranada entsandt worden, hatte zunächst in Santa Fé de Bogotá (im heutigen Kolumbien) gewirkt und war dann nach Cartagena gegangen, dem Hauptumschlagplatz des mittel- und südamerikanischen Sklavenhandels. Dort wurde er 1616 zum Priester geweiht und begann mit jener Arbeit, die ihn zum »Apostel der Neger« werden ließ, wie sein Beiname bis heute lautet. Er kümmerte sich um die Neuankömmlinge auf den Sklavenschiffen und stieg in ihre Unterkünfte unter Deck; er ging in die Spitäler und sammelte Almosen für die Halbverhungerten; er besuchte die Sklaven in den Herrenhäusern und auf den Plantagen, wo sie als Diener oder Landarbeiter lebten. Er war Arzt, Krankenpfleger, Lehrer, Beichtvater und Berater in einer Person. »Sklave der Negersklaven« nannte er selbst sich in stolzer Demut.

Häufig verleumdeten ihn die Sklavenhändler und veranlassten seine Ordensoberen, ihn zu maßregeln. Dabei hatte, was Petrus Claver tat, durchaus zwei Seiten und kam auch den Nutznießern der Sklavenwirtschaft zugute: Nahm er doch den erniedrigten und beleidigten Schwarzen, indem er ihnen christliche Nächstenliebe predigte und Vertrauen auf ein besseres Jenseits einflößte, ihre natürliche Wut und lehrte sie, sich in ein Schicksal zu fügen, das ungerecht, aber mächtiger war als sie. Ja man kann sagen, dass er die physische Knechtung durch eine psychische Zurichtung ergänzte und der körperlichen Ausbeutung durch die Sklavenhalter die geistige Inbesitznahme hinzufügte: Die innere Kolonisierung bildete das Pendant zur äußeren.

Ein Zufall hatte den 1580 im katalonischen Verdú geborenen Petrus Claver nach Südamerika geführt. Zunächst

■ Der heilige Petrus Claver

hatte er in Barcelona Theologie und Philosophie studiert und war mit zweiundzwanzig Jahren dem Jesuitenorden beigetreten. Die entscheidende Richtung bekam sein Leben, als er ab 1605 das Missionskolleg Montesión auf Mallorca besuchte. Nicht die Schule selbst beeindruckte ihn, sondern deren mystisch begabter Pförtner, ein Mann namens Alonso Rodriguez, der ihn für die Sklavenmission in Übersee entflammte. Es brauchte jedoch Zeit, bis dessen Reden wirkten, denn zunächst ging Claver zum Studium nach Barcelona zurück, bevor er sich 1610 in Sevilla nach Amerika einschiffte.

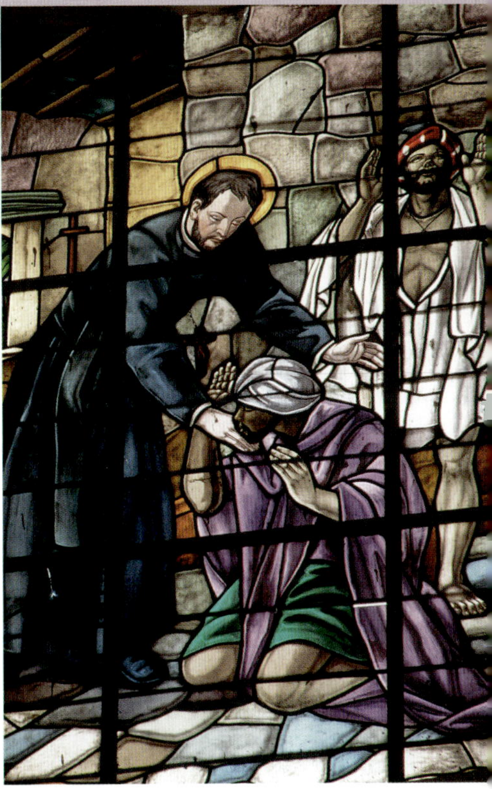

■ Petrus Claver missioniert afrikanische Sklaven in Südamerika. Glasfenster in der Kirche San Pedro Claver in Cartagena, Kolumbien

Anfangs trat er als Gehilfe des Paters Alonso de Sandoval auf; ab 1616, nach der Priesterweihe, arbeitete er selbständig. Mit einem Sack voller Zwieback, Obst, Wasser, Wein und Tabak ging Petrus Claver an Bord jedes in Cartagena anlegenden Sklavenschiffs aus Afrika. Ohne sich von dem Schmutz, dem Gestank und der Hitze, den Wutschreien und dem Stöhnen in den finsteren, engen Verschlägen abhalten zu lassen, begann er den armen und gepeinigten Seelen von der Gnade Gottes zu erzählen. Er taufte die Kinder, die auf dem Schiff geboren worden waren, säuberte die Angeketteten, die in ihrem Kot saßen, gab den Hungernden zu essen und sprach den Todkranken Trost und Hoffnung zu, um sie auf diese Weise auf die Taufe vorzubereiten. So mag es tatsächlich stimmen, dass Petrus Claver schließlich mehr als 300 000 Afrikaner zu Christen machte. Allerdings genügten, um als bekehrt zu gelten, wohl Äußerlichkeiten: sich mit Wasser begießen zu lassen zum Zeichen der Taufe, sich bekreuzigen, die Hände zum Gebet falten, die Kirche besuchen. Nicht zuletzt wird den Schwarzen, die zuvor in einer polytheistischen Glaubenswelt gelebt hatten, die Aufnahme eines weiteren Gottes namens Christus in ihr Pantheon nicht schwer gefallen sein – polytheistische Religionen sind von Natur aus tolerant gegen andere Götter, anders als monotheistische mit ihrem Ausschließlichkeitsanspruch. Erst späteren Generationen dürfte der christliche Glaube tiefer in Fleisch und Blut übergegangen sein, aber wie man weiß, blieben aus Afrika mitgebrachte religiöse Traditionen vielerorts bis heute lebendig.

Gut vier Jahrzehnte betätigte sich Petrus Claver als Missionar unter den Sklaven. Zusätzlich, aber weniger spektakulär wirkte er unter den spanischen Einwohnern der Stadt und verdiente sich

■ Der Leichnam des Franz Xaver wird in der Basilika Bom Jesus in Goa aufgebahrt.

seinen zweiten Beinamen als »Apostel von Cartagena«. 1650 erkrankte er jedoch an der Pest, als er ungeachtet der Seuchengefahr die Pflanzungen längs der Küste bereiste, um die Sterbenden in ihren Hütten aufzusuchen. Zwar überlebte er, blieb aber ein körperliches Wrack. Nun konnte keine Rede mehr davon sein, einlaufende Sklavenschiffe zu besteigen, musste man ihm doch sogar die Nahrung in den Mund schieben, weil er nicht mehr fähig war, selbständig zu essen. Außerstande, die Messe zu halten, ließ sich der vollständig gelähmte Petrus Claver von einem Helfer zum Gottesdienst tragen und waltete, bewegungsunfähig auf einem Lehnstuhl im Chor der Kirche sitzend, nach wie vor als Beichtvater und Ratgeber und ließ sich weiterhin in die Hütten der Sklaven und in die Hospitäler schleppen, um geistlichen Zuspruch zu erteilen. Schließlich starb er nach vier leidvollen Jahren am 8. September 1654.

Heilig gesprochen wurde Petrus Claver erst 1888. Bereits 1896 aber ernannte ihn Papst Leo XIII. zum Patron der »Negermission«, und die zwei Jahre zuvor gegründete »Petrus-Claver-Sodalität«, die seit 1947 unter dem Namen »Missionsschwestern vom heiligen Petrus Claver« firmiert, betätigt sich bis heute in seinem Geist in der afrikanischen Missionsarbeit.

### FRANZ XAVER

Er war der Begründer der Jesuitenmission und der wichtigste Reformer der katholischen Missionsarbeit überhaupt: Franz Xaver, eines der Gründungsmitglieder der Societas Jesu, missionierte in Goa, in Hinterindien, auf den Molukken und in Japan. Er starb 1552 auf der Insel San Tschao, nachdem er vergeblich versucht hatte, aufs chinesische Festland überzusetzen. Auf den 1506 geborenen spanischen Aristokraten, der eigentlich Francisco de Yasu y Xavier hieß und wie Ignatius von Loyola aus der Nähe von Pamplona stammte, geht vieles zurück, was heute für die Missions- ebenso wie die moderne Kulturarbeit im Ausland selbstverständlich ist: Erkundung des fremden Umfelds, Vertrautheit mit den indigenen religiösen Bräuchen oder der einheimischen Kultur, Erlernen der Landessprache und Einbindung einheimischer Helfer. Unter Franz Xavers Nachfolgern ging die Anpassung an die Fremde mitunter so weit, dass der Vatikan die Missionstätigkeit untersagte: So wurden 1742 die »Chinesischen Riten« verboten, weil in ihr christliche Praktiken mit der konfuzianischen, also heidnischen Ahnenverehrung verschmolzen waren.

# PETRUS CLAVER

MISSIONAR, JESUIT

## DATEN UND FAKTEN

**Daten:** geb. 1580 in Verdú, Spanien; gest. 8. September 1654 in Cartagena, Kolumbien; Heiligsprechung 15. Januar 1888 durch Papst Leo XIII.
**Festtage:** 8. September (USA: 9. September)
**Namensbedeutung und -varianten:** »der Fels« (griech.-lat.); Peter, Pierre, Pedro, Pietro, Pjotr, Peer, Pit
**Wirkungsstätten:** Spanien, Kolumbien
**Orte der Verehrung:** Kathedrale von Cartagena, Kolumbien (Grab- und Pilgerstätte); Petrus Clavers Wohnhaus in Cartagena (Sterbeort, Gedenk- und Pilgerstätte); zahlreiche Weihkirchen, vor allem in Südamerika, den USA und Afrika
**Quellen:** De Andrada, *Das Leben der Heiligen* (1657); Briefe von Petrus Claver
**Attribute und Darstellung:** Kruzifix; im Priestergewand; meistens umgeben von »Negersklaven«
**Patronate:** »Mission unter Negern« (Patronat offiziell zugesprochen von Papst Leo XIII.); Missionsschwestern vom hl. Petrus Claver; Kolumbien; gegen Sklaverei und Rassendiskriminierung
**Brauchtum und Verehrung:** Bis heute ziehen das Wohnhaus und das Grab Petrus Clavers in Cartagena zahlreiche Pilger aus aller Welt an.
**Kunst:** Andrea Pozzo, *Himmelfahrt des hl. Ignatius* (1691–94), Kirche San Ignazio di Loyola, Rom; Albert Rohner und Johann Kraus, Darstellung des hl. Petrus Claver auf einem Glasfenster in der Heilig-Geist-Kirche zu St. Gabriel, Österreich (1954–57); Enrique Grau, Statue des Petrus Claver vor seinem Wohnhaus in Cartagena, Kolumbien (1998)
**Literatur:** Gabriel Fleuriau, *Lebensgeschichte des hl. Peter Claver, aus der Gesellschaft Jesu, Apostel von Cartagena in Westindien*, Biographie von 1888; Hermann Multhaupt, *Apostel der Sklaven. 12 Ereignisse aus dem Leben des Petrus Claver. Ein Heiligenspiel* von 1985
**Wissenswertes:** Vom 16. bis ins 19. Jh. wurden insgesamt mehr als 14 Millionen Menschen gewaltsam aus Afrika nach Nord- und Südamerika gebracht und dort in den großen Hafenstädten wie New Orleans, Havanna, Veracruz oder Cartagena auf dem Sklavenmarkt verkauft. Da die Bedingungen auf den »schwimmenden Särgen« in jeder Hinsicht katastrophal waren, kamen nur zwei Drittel der Sklaven lebend am Zielort an. Für die Missionsschwestern vom hl. Petrus Claver ist die Sklaverei noch längst kein rein historisches Problem; im Geiste ihres Ordenspatrons widmen sie sich dem Kampf gegen moderne Formen der Sklaverei wie z.B. der Ausbeutung der sog. Dritten Welt. Es gibt Niederlassungen auf allen Kontinenten, u.a. in Uganda, Indien, Brasilien, Australien, USA, Polen, Italien, Spanien, England, Irland und Deutschland (Augsburg). Der Schwerpunkt ihrer Arbeit liegt auf der Förderung von Kirchenbau, von Priesterseminaren und auf der Verbreitung der Bibel in der jeweiligen Landessprache, sie unterstützen aber auch Entwicklungs- und Nothilfeprojekte.

## AUF DEN PUNKT GEBRACHT

Fast vier Jahrzehnte lang missionierte der spanische Jesuitenpriester Petrus Claver im südamerikanischen Cartagena unter den Sklaven aus Afrika und will nach eigenen Angaben an die 300 000 Seelen bekehrt haben.

## EMPFEHLUNGEN

**Lesenswert:**
Christian Delacampagne: *Die Geschichte der Sklaverei*, Düsseldorf 2004

Jonathan Wright: *Die Jesuiten. Mythos – Macht – Mission*, Essen 2005

Peter Hartmann: *Die Jesuiten*, München 2001

Gottfried Maron: *Ignatius von Loyola. Mystik – Theologie – Kirche*, Göttingen 2001

Karl Müller, Werner Ustorf: *Theologische Wissenschaft, Bd. 18. Einführung in die Missionsgeschichte*, Stuttgart 1997

Nikolaus Böttcher: *Aufstieg und Fall eines atlantischen Handelsimperiums. Portugiesische Kaufleute und Sklavenhändler in Cartagena de Indias von 1580 bis zur Mitte des 17. Jhs.*, Frankfurt/M. 1995

**Hörenswert:**
Hubert Fichte: *Großes Auto für den Heiligen Pedro Claver*. Hörspiel 1981

**Anklickenswert:**
www.srsclaver.de (Homepage der Missionsschwestern vom hl. Petrus Claver)

# Sebastian
## Der ganz besondere Märtyrer

Er war mildtätig und half den Notleidenden. Er war ein aufrechter Christ, bekehrte viele und ermunterte in einer Zeit der Verfolgungen die Zweifler, standhaft zu bleiben in ihrem Glauben. Er heilte Kranke durch sein Gebet, und wenn er das Evangelium verkündete, umfloss ein glänzendes Licht seine Gestalt. All dies wird von ihm berichtet, doch so überzeugend er aufgetreten sein und gewirkt haben mag, das allein hätte kaum ausgereicht, sein Andenken über 1700 Jahre hin wachzuhalten und dermaßen populär zu machen: Die Rede ist von jenem schönen, halb nackten, von ungezählten Pfeilen durchbohrten Mann, dessen Bildnis oder Figur viele Kirchen schmückt, dem heiligen Sebastian.

■ Der heilige Sebastian. Das erste Martyrium des heiligen Sebastian wurde zu einem beliebten Thema in der Kunst der Renaissance, der unbekleidet am Baum stehende Märtyrer ein beliebtes Thema der Aktmalerei.

Er ist nicht nur ein Liebling der katholischen Kirche. Glaubt man den Legenden, so stand er auch bei Kaiser Diokletian in hoher Gunst. Der machte den klugen und gut aussehenden jungen Mann, der zuvor im Heer des Kaisers Carinus gedient hatte, zum Offizier seiner Leibwache. Diokletian wusste nicht, dass Sebastian Christ war. Er selbst sah im Christentum eine staatsfeindliche Bewegung und begann wohl schon in den ersten Jahren seiner Regentschaft, die Anhänger des neuen Glaubens im ganzen Reich zu verfolgen. Sebastian aber, der um die Mitte des 3. Jahrhunderts wahrscheinlich in Narbo Marcius (dem heutigen Narbonne) geboren worden und in der christlichen Hochburg Mediolanum (Mailand), der Heimatstadt seiner Eltern, aufgewachsen war, benutzte seine hervorgehobene Stellung am römischen Hof, um seinen einsitzenden Glaubensgenossen im Verborgenen zu helfen und ihre Lage zu erleichtern. Schließlich, vermutlich im Jahr 288, wurde er ertappt und vor den Kaiser gebracht. Diokletian versuchte vergeblich, seinen Günstling umzustimmen. Der wiederum beteuerte seine Treue zu Kaiser und Staat, weigerte sich aber, Gott für ihn zu verraten. Der Kaiser, empört über den Undank des von ihm Geförderten, übergab ihn, so berichtet die Legende, seinen mauretanischen Bogenschützen. Die rissen ihm die Kleider vom Leib, fessel-

ten ihn an einen Pfahl und schossen so lange ihre Pfeile auf ihn ab, bis er, aus unzähligen Wunden blutend, wie tot zusammensank.

In der folgenden Nacht näherte sich eine gewisse Irene, die Witwe eines Hofbeamten namens Castelus (der um das Jahr 286 als christlicher Märtyrer bei lebendigem Leib begraben worden sein soll), dem Richtplatz. Sie entdeckte Lebenszeichen an dem geschundenen Körper, nahm den Bewusstlosen mit nach Hause und pflegte ihn gesund.

Sebastian hätte nun aus Rom fliehen können, und die Christengemeinde riet ihm dazu. Doch – ob nun aus schierer Glaubensstärke oder auch ein wenig aufgrund der persönlichen Kränkung durch den Ingrimm seines kaiserlichen Förderers – Sebastian forderte das Schicksal heraus. Kaum war er genesen, passte er Diokletian vor dem Jupitertempel ab, trat vor ihn und warf ihm seine Ungerechtigkeit und Grausamkeit vor, wo doch alle Christen stets für das Wohlergehen des Herrschers und des Reiches beteten. »Bist du nicht Sebastian, den wir jüngst hinrichten ließen?«, fragte Diokletian. »Der bin ich!«, rief Sebastian, »aber Jesus Christus hat mich wieder zum Leben erweckt, um dir vor allem Volk das Unrecht vorzuhalten, dass du die Diener Christi verfolgst!« Das war zu viel für den Kaiser: Er ließ den Frechling ergreifen, in den Circus – also die Rennbahn – schleppen und erschlagen. Der Leichnam wurde in die Cloaca maxima geworfen, Roms zentralen Abwasserkanal.

■ Die Bergung des heiligen Sebastian durch die heilige Irene. Gemälde von Camillo Berlinghieri (um 1596–1635). Venedig, Galleria dell'Accademia

Wieder fand ihn eine Witwe: Lucina Anicia, die fromme Gattin eines hohen römischen Beamten. Sie barg den Leichnam, nachdem ihr Sebastian im Traum erschienen war, und bestattete ihn an der Via Appia in einem kleinen Hain vor dem Eingang zu einer Katakombe. Nachweislich schon im Jahr 354 gedachten die römischen Christen seines Todestages, des 20. Januar. Ebenfalls bereits im 4. Jahrhundert, vermutlich unter Papst Damasus (366–384), errichtete man eine Basilika über dem Grab, auf deren Platz sich heute die Kirche San Sebastiano erhebt. Die weitere Ausbreitung

IN SCHWULITÄTEN GERATEN

»Du sollst nicht bei Knaben liegen wie beim Weibe; denn es ist ein Greuel«, gebietet das dritte Buch Mose; und doch gibt es Männer, die »sind aneinander entbrannt in ihren Lüsten und haben Mann mit Mann Schande getrieben«, schimpft Paulus im ersten Römerbrief. Als »Sünde wider die Natur« verurteilt denn auch Thomas von Aquin die Homosexualität, sodass noch im Jahr 2005 Benedikt XVI. »Pseudo-Ehen zwischen Personen gleichen Geschlechts« scharf ablehnte – obwohl auch katholische Priester sich immer wieder als »Sünder wider die Natur« erweisen.

des Sebastiankultes – immerhin zeichnete sich dieser Heilige durch sein doppeltes Martyrium vor anderen Blutzeugen des christlichen Glaubens aus – wurde durch ein Kloster unterstützt, das unter Papst Sixtus III. (432–440) neben der Begräbnisstätte angelegt wurde. Außerdem wurde die Verbreitung seines Kults durch ein als Wunder klassifiziertes Ereignis im Jahr 680 beschleunigt: Als die Gläubigen während einer Pestepidemie die Gebeine des Märtyrers in einer Prozession durch Rom trugen, soll die Seuche zum Erliegen gekommen sein. Letzteres machte Sebastian auch zum Helfer gegen die Pest, nachdem er bereits als Schutzpatron gegen Religionsfeinde in die Gemeinschaft der christlichen Heiligen aufgenommen worden war.

Beide Patronate sind in unserer säkularen Gegenwart und infolge des medizinischen Fortschritts weithin in Vergessenheit geraten, aber als Patron der Schützengilden, was auf sein erstes, berühmtes Martyrium Bezug nimmt, ist der heilige Sebastian manchem noch geläufig. Weniger geläufig ist ein anderes, inoffizielles Patronat: Der heilige Sebastian wurde auch der Lieblingsheilige der Homosexuellen. Dies mag an bildliche Darstellungen des Martyriums anknüpfen, die einen fast nackten, jugendlichen, hübschen Mann zeigen, oder an das in manchen Legenden erwähnte Wohlgefallen des Kaisers Diokletian an der schönen Gestalt seines Günstlings. Möglicherweise wurden auch die Pfeile als sexuelles Symbol gedeutet, oder der in den Pfeilwunden sichtbar gemachte Schmerz wurde als Sinnbild der Pein verstanden, die manchem Gläubigen von seinem sündigen Körper bereitet wird, dessen besondere Begierden christlichem Glauben zufolge in der göttlichen Schöpfungsordnung nicht vorgesehen waren. Was immer die Ursache gewesen sein mag – in kirchenoffiziellen Darstellungen wird man dieses ganz besondere Patronat naturgemäß vergeblich suchen.

■ Bergung des toten Sebastian aus der Kloake durch die Witwe Lucina Anicia. Altarbild, um 1510–1512, von Albrecht Altdorfer. St. Florian, Augustiner Chorherrenstift

# SEBASTIAN

MÄRTYRER

## DATEN UND FAKTEN

**Daten:** geb. im 3. Jh. in Narbonne (?); gest. 20. Januar 288 (?) in Rom; Kult belegt ab dem Jahr 354
**Festtage:** 20. Januar (Ostkirche: 18. Dezember; orthodox: 24. Oktober, 18. Dezember)
**Namensbedeutung und -varianten:** »der Erhabene« (griech.); Sebastiano, Bastien, Sébastien
**Wirkungsstätte:** Italien
**Orte der Verehrung:** Kirche San Sebastiano ad catacumbas an der Via Appia Antica bei Rom (Grab- und Pilgerstätte); Pfarrkirche St. Sebastian in Ebersberg, Oberbayern (Schädelreliquie); Pavia, Soissons (Reliquien)
**Quellen:** *Depositio martyrum*; *Passio S. Sebastiani*, Legende aus dem 5. Jh.
**Attribute und Darstellung:** Pfeil, Märtyrerpalme; ab der Renaissance als junger, gutaussehender Mann, meistens an einen Pfahl oder Baum gebunden und von mehreren Pfeilen durchbohrt; auch als Soldat
**Patronate:** Töpfer, Zinngießer; Leichenträger; Soldaten, Kriegsinvaliden; Schützengilden; gegen die Pest und Viehseuchen; gegen Religionsfeinde; hilft den Sterbenden
**Brauchtum und Verehrung:** Sebastian war und ist ein Volksheiliger. An seinem Gedenktag pilgern noch heute zahlreiche Gläubige zu seinem Grab, und es werden die Sebastiansbrote geweiht, die ebenso vor Krankheiten schützen sollen wie die Sebastianspfeile, die man früher bei sich trug, um gegen die Pest gefeit zu sein.
**Kunst:** Mosaik *Hl. Sebastian mit Märtyrerkrone* (um 680), Kirche San Pietro in Vincoli, Rom; Antonella da Messina, *Hl. Sebastian* (um 1476), Gemäldegalerie, Dresden; Meister des hl. Sebastian, *Hl. Sebastian vor den Kaisern Maximian und Diokletian* (16. Jh.), Eremitage, St. Petersburg; Albrecht Altdorfer, *Erschlagung des hl. Sebastian* (um 1510–12), Stift Sankt Florian bei Linz; Hans Holbein d. Ä., *Sebastiansaltar* (1515–17), Alte Pinakothek, München; El Greco, *Der hl. Sebastian* (1610–14), Prado, Madrid; Ludovico Carracci, *Der hl. Sebastian wird in die Cloaca maxima geworfen* (1612), Paul Getty Museum, Los Angeles; Georges de La Tour, *Beweinung des hl. Sebastian* (1634–43), Staatliche Museen, Berlin; Giovanni Battista Tiepolo, *Das Martyrium des hl. Sebastian* (1739), Museum of Art, Cleveland; Anonymus, *Leonardo di Caprio als hl. Sebastian* (1999), Kunsthalle, Düsseldorf
**Literatur:** François-René de Chateaubriand, *Les Martyrs*, Epos von 1809; Wilhelm Holzamer, *Der heilige Sebastian. Roman eines Priesters* von 1902; Rainer Maria Rilke, *Sankt Sebastian*, Gedicht von 1905; Yukio Mishima, *Geständnis einer Maske*, Roman von 1949
**Musik:** Claude Debussy, *Le Martyre de Saint Sébastien*, Bühnenwerk von 1911, nach einem Drama von Gabriele D'Annunzio; Heitor Villa-Lobos, *Missa São Sebastião* von 1937
**Wissenswertes:** Aurelius Valerius Diocletianus wurde um 244 in Illyrien (Split in Kroatien) geboren. Er kam aus einfachen Verhältnissen, machte aber eine bemerkenswerte Militärkarriere und wurde 284 gar zum römischen Kaiser ausgerufen. Zu seinen historischen Leistungen gehört die große Verwaltungsreform: Durch die Neuaufteilung der Provinzen gelang es ihm, das Römische Reich nach langen politischen Wirren wieder zu stabilisieren – was auch ein geregeltes Steueraufkommen ermöglichte. Im Rahmen der Romanisierung des gesamten Reichs war er bestrebt, das Kaisertum zu festigen; so förderte er auch den eng mit dem Kaisertum verbundenen Jupiterkult. Das führte zu der »Notwendigkeit«, Andersgläubige zu verfolgen – in den Jahren 303/304 versuchte Diokletian, durch insgesamt vier Edikte das Christentum auszurotten. Diese einzige offizielle reichsweite Christenverfolgung wurde jedoch zu seiner größten Niederlage.

## AUF DEN PUNKT GEBRACHT

Der römische Offizier war ein Liebling des römischen Kaisers und wurde, immer wieder als schöner, nackter, pfeildurchbohrter Jüngling dargestellt, ein Lieblingsheiliger der katholischen Kirche.

## EMPFEHLUNGEN

**Lesenswert:**

Werner Roemer: *Sankt Sebastian. Patron der Schützen und Fürsprecher in Pestnot*, Grevenbroich 2003

Alexander Demandt: *Diokletian und die Tetrarchie*, Berlin 2004

Thomas Köhler: *Das christliche Rom. Ein Führer zu Kirchen und Katakomben der Ewigen Stadt*, Freiburg i.B. 2002

# *Die Siebenschläfer*
## *Zeitreise vor über 1500 Jahren*

Mit knurrenden Mägen sind die Brüder in ihrem Versteck aufgewacht, und einer von ihnen, Malchus, zieht los, um in der nahe gelegenen Stadt Ephesus etwas zum Essen zu kaufen. Doch er kommt aus dem Staunen nicht heraus: Er wundert sich bereits, als er am Stadttor ein Kreuz sieht, wo doch der Kaiser ein geschworener Christenfeind ist und alle Anhänger des neuen Glaubens, wie Malchus und seine Brüder, blutig verfolgt. Deshalb waren sie doch in diese Berghöhle geflüchtet! Auch die Stadt selbst wirkt merkwürdig verändert. Straßen und Häuser sehen aus wie verwandelt, die Menschen kommen ihm fremd vor, nirgends erblickt er einen Freund oder Bekannten. Doch auch die Einwohner stutzen über den seltsam gekleideten und eigenartig sprechenden Fremden, und als Malchus beim Bäcker das Brot mit einer längst nicht mehr gängigen Münze bezahlen will, führt man ihn vor den Richter. Der zieht, weil er aus den Reden des jungen Mannes nicht schlau wird, den Bischof des Ortes hinzu, und endlich geht ihnen ein Licht auf: Der Unbekannte stammt aus einer Zeit vor gut zweihundert Jahren! So lange muss er geschlafen haben, bis er jetzt erwachte! Zweihundert Jahre, in denen das einst verfemte Christentum zur Staatsreligion im Römischen Reich wurde!

Gemeinsam ziehen Richter, Bischof, Malchus und eine Menge Schaulustiger vor die Stadt und zu der Höhle, wo sie die anderen sechs Brüder antreffen. Und die bestätigen vor allem Volk, was Malchus erzählt hat: Dass sie aus Ephesus stammen, sich in die-

■ Die heiligen Siebenschläfer von Ephesus. Druckgraphik, 1488

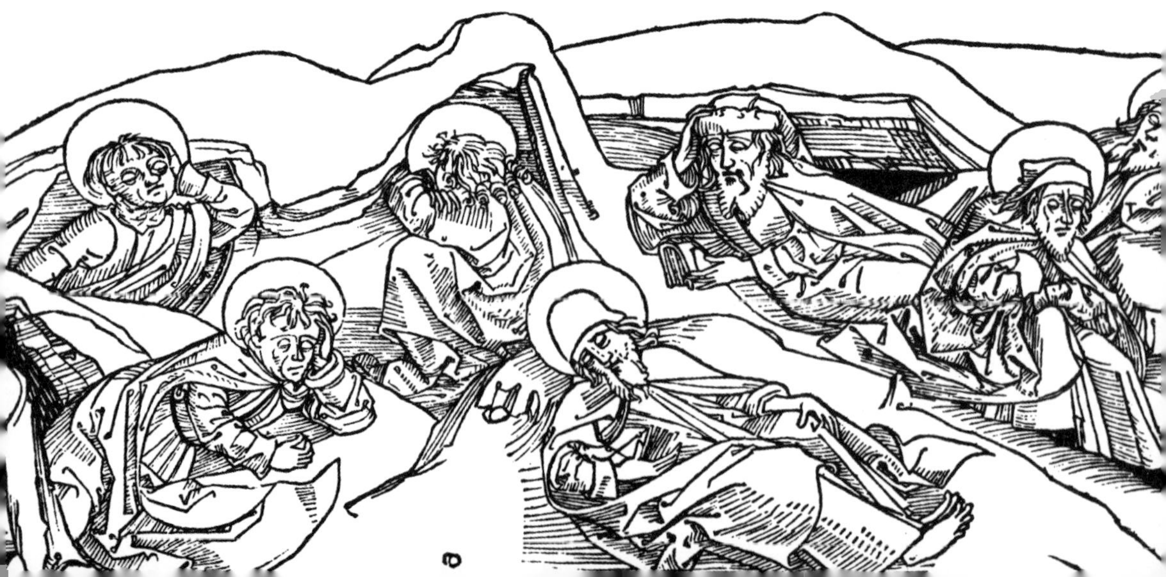

ser Höhle am Berg Kalion verborgen haben, als unter Kaiser Decius (249–251) die Christen verfolgt wurden, und hier in tiefen Schlaf gesunken sind. Offenbar hatte damals der Präfekt der Stadt den Eingang der Höhle zumauern lassen, um die Brüder dem Hungertod preiszugeben. Nun, rund zweihundert Jahre später, hatte ein Bauer die Steine abgetragen, um sie zum Bau eines Schafstalls zu verwenden – und als der Eingang freigelegt war, weckte das einfallende Tageslicht die sieben Schläfer.

■ Das Konzil von Ephesus, einberufen vom oströmischen Kaiser Theodosius II. Holzstich, 1875, von Trichon

Der oströmische Kaiser Theodosius II. (408–450) soll persönlich angereist sein, um die wieder erwachten Brüder in Augenschein zu nehmen. Auch habe er allen Ketzern und Juden befohlen zu kommen, damit sie sich von der Wahrheit der Auferstehung überzeugten und ihrem Irrglauben abschworen. Wenig später sind dann die Brüder, nachdem sie alle Besucher gesegnet hatten, abermals, und diesmal engültig, entschlafen. Der Kult um die Siebenschläfer aber war nicht mehr aufzuhalten: Noch unter Theodosius II. wurde eine Kirche erbaut, und bis ins 15. Jahrhundert, solange das Byzantinische Reich bestand, fanden Pilger den Weg zu der Höhle. Davon zeugt eine große Nekropole im Umkreis, denn offenbar legten sich viele Wallfahrer auch selbst zum langen Schlaf bis zur Auferstehung hier nieder. Heutzutage können Touristen, die das antike Ephesus besuchen (das jetzt Efes heißt und eine eindrucksvolle Ruinenstätte ist), einen Ausflug zum Berg mit dem heutigen Namen Panayir Dağ machen, wo das Wunder stattgefunden haben soll.

Inwieweit es bei diesem Wunder mit rechten Dingen zugegangen ist, steht naturgemäß dahin. Erzählungen über sagenhafte Langschläfer finden sich bei vielen Völkern, und im griechischen Kulturkreis war sicher noch die antike Geschichte vom kretischen Priester Epimenides und seinem siebenundfünfzig Jahre währenden Schlaf lebendig. Es brauchte nur einen Leichenfund in einer Höhle als Anlass sowie ein wenig Phantasie, um die alte Überlieferung in einen neuen, christlichen Text zu verwandeln.

Die zahllosen Legenden, die sich seither um die Siebenschläfer ranken, haben jedenfalls die mögliche reale Wurzel des Geschehens vollständig überwuchert. Nicht einmal die Zahl der Schläfer

### DER PRIESTER EPIMENIDES

Epimenides machte sich um 500 v. Chr. auf Kreta als Friedensstifter verdient. Seine Wirkung auf die Mitmenschen beruhte u. a. auf der von ihm verbreiteten Geschichte, wonach er 57 Jahre geschlafen habe und jetzt gekommen sei, um Unheil zu verhüten. Goethe feierte 1814 mit *Des Epimenides Erwachen* den Sieg über Napoleon.

■ Diese Höhle im türkischen Ephesus soll der Schlaf- und Begräbnisort der Siebenschläfer sein.

ist sicher: In der ältesten, syrischen Legende waren es acht Brüder, in späteren Fassungen sind es neun, fünf oder vier. Auch ihre Namen weichen immer wieder ab, im griechischen Kulturkreis werden am häufigsten Achillides, Diomedes, Eugenios, Kyriakos, Probatos, Sabbatios und Stephanos genannt, im lateinischen aber heißen sie meistens Constantinus, Dionysius, Johannes, Malchus, Martinianus, Maximinianus und Serapion. Nicht einmal über die Dauer des Schlafes ist man sich einig, ebenso wenig über die Zeit, in der das Wunder geschehen sein soll: Statt von Decius bis Theodosius II. kommt auch die Zeitspanne vom Christenverfolger Domitian (81–96) bis zu Theodosius dem Großen (379–395), der das Christentum zur Staatsreligion erhob, in Frage; dann hätte der Schlaf fast dreihundert Jahre gewährt – eine Zahl, die des Öfteren genannt wird. In manchen Legenden ist sogar die Rede von 372 Jahren, was die Zeit von Domitian bis Theodosius II. umfassen würde.

Wahrscheinlich sind gottesfürchtigen Menschen solche Überlegungen schon immer wie Fliegenbeinzählerei vorgekommen. Gläubige wollen glauben, nicht zweifeln, und ein Wunder bewundern, weil es die Ahnung von einer höheren Macht gibt, die eben nicht von dieser Welt ist. Christen unterscheiden sich darin nicht von anderen Frommen, und so machte die Sage vom wunderbar gesunden Schlaf der sieben Brüder nicht nur in der Christenheit die Runde, sondern kam auch Mohammed zu Ohren: In der 18. Sure des Koran, genannt »Die Höhle«, erzählt er sie wieder.

Aber auch wer ohne Glaube ist, lässt sich gern von der Siebenschläferlegende verzaubern, weil das Rätsel des Schlafes die Menschen schon immer in seinen Bann geschlagen hat und guter Schlaf beneidenswert ist. Auch Biologen fanden die Sage so schön, dass sie einem Tier den Namen Siebenschläfer gaben: einem Nagetier, genauer einem Bilch, der in unseren Laubwäldern, Obstgärten und Parks lebt und sich von Früchten, Blättern und Samen ernährt, bis zu zwanzig Zentimeter groß wird und – das ist die Hauptsache – bis zu neun Monate Winterschlaf hält. Das immerhin ist kein Wunder, sondern Wirklichkeit.

»Regnet es am Siebenschläfertag, es sieben Wochen regnen mag«, behauptet eine Bauernregel. Reiner Aberglaube ist das nicht, denn tatsächlich stabilisiert sich um den 27. Juni die bis dahin (beispielsweise durch die unterschiedlich schnelle Erwärmung von Land und Meer) unsichere Großwetterlage. Eine längerfristige Wettervorhersage trifft deshalb mit höherer Wahrscheinlichkeit als sonst ins Schwarze: Wie das Wetter an diesem Tag, es sieben Wochen lang bleiben mag.

# DIE SIEBENSCHLÄFER

MÄRTYRER

## DATEN UND FAKTEN

**Daten:** geb. im 3. Jh. in Ephesus (Efes), Türkei (?); gest. im 5. Jh. bei Ephesus (?); Kult belegt ab dem 5. Jh.
**Festtage:** 27. Juni (auch: 27. Juli; orthodox: 4. August, 22./23. Oktober)
**Wirkungsstätte:** Ephesus, Türkei
**Orte der Verehrung:** Der Berg Panayir (früher Kalion) bei Efes in der Türkei (Grab- und Wallfahrtsstätte); Siebenschläferkirche in Rotthof bei Passau, Chapelle des Sept-Saints in Vieux-Marché in der Bretagne (Wallfahrtsstätten); Kirche Saint Victor in Marseille (Reliquien)
**Quellen:** Erwähnung der Legende bei Gregor von Tours (6. Jh.), Jakobus von Sarug (6. Jh.) und Theodosius Archidiaconus (um 530); Simeon Metaphrastes, *Das Leben der Heiligen* (10. Jh.); *Martyrologium Romanum*, *Legenda aurea*, *Lübecker Passional*
**Attribute und Darstellung:** Knüppel, Äxte, brennende Fackel, Nagel (Marterinstrumente); als sehr junge, bartlose Männer, manchmal als Knaben; als Gruppe, schlafend in der Höhle
**Patronate:** Schiffer; gegen Schlaflosigkeit und fiebrige Krankheiten
**Brauchtum und Verehrung:** Die Blütezeit der Verehrung lag im Mittelalter, wohl infolge der Verbreitung der Legende durch heimkehrende Kreuzfahrer. Eine weitere Welle der Popularität fällt in das 17. und 18. Jh.; zu dieser Zeit beginnen die Wallfahrten nach Vieux-Marché und Rotthof. Zu der Kirche in Vieux-Marché pilgern Christen und Muslime gemeinsam: Die sieben Brüder werden auch im Islam als Zeugen einer geheimnisvollen Auferstehung verehrt und in das Freitagsgebet miteinbezogen.
**Kunst:** Buchmalerei im *Hirsauer Passional* (12. Jh.); Wandmalerei im Kapitelsaal der Abtei von Brauweiler bei Köln (12. Jh.); Buchmalerei (13. Jh.), Altenberger Dombibliothek; Johann Baptist Modler und Söhne, Hochaltar in der Siebenschläferkirche zu Rotthof (1758); Votivbild *Die hll. Siebenschläfer und die Mutter Gottes* (19. Jh.), Clemens-Sels-Museum, Neuss
**Literatur:** John Donne, *The Good Morrow*, Gedicht aus dem 16. Jh.; Johan Ludvig Heiberg, *Siebenschläfertag*, Komödie von 1840; Franz Adam, *Der Siebenschläfer*, Erzählung von 1924; Nicolas von Logau, *Der Siebenschläfer*, Roman von 1949; I.M. Panajotopulos, *Die Siebenschläfer*, Roman von 1962; Anneliese Meinert, *Das Haus der Siebenschläfer*, Roman von 1970; Karl Otto Mühl, *Siebenschläfer*, Roman von 1975 (über ein Außenseiterdasein in den Wirtschaftswunderjahren, über das Gefühl, zur falschen Zeit zu leben)
**Musik:** Ferdinand Kauer, *Die Totenfackel oder: Die Höhle der Siebenschläfer*, Bühnenwerk von 1807; Johan Peter Emilius Hartmann, *Siebenschläfertag* (op. 30), Musik zu dem Schauspiel von Johan Ludvig Heiberg (1840)
**Wissenswertes:** In der Siebenschläferlegende findet sich das Motiv des »schlafenden Helden«, das in zahlreichen Geschichten quer durch alle Kulturen auftaucht. Die Grundstruktur ist immer die gleiche: In einer abgeschiedenen Höhle schläft ein König, ein Feldherr oder sonst jemand, der zu großen Taten berufen ist, oft umgeben von einer Schar Gefolgsleute, und wartet auf »den richtigen Zeitpunkt« für seine Wiederkehr. Zu diesen mythischen Langschläfern gehören Kaiser Friedrich Barbarossa, König Artus, Wilhelm Tell und Rip van Winkle.

## AUF DEN PUNKT GEBRACHT

Sieben Brüder fliehen vor einer Christenverfolgung in eine Höhle und fallen in einen jahrhundertelangen Schlaf. Als sie erwachen, ist die Welt verwandelt: Sie ist christlich geworden, und sie selbst werden als Beweis für die Auferstehung eines jeden Menschen gefeiert.

## EMPFEHLUNGEN

**Lesenswert:**

John Koch: *Die Siebenschläferlegende, ihr Ursprung und ihre Verbreitung*, Leipzig 1883

Hermann Kandler: *Die Bedeutung der Siebenschläfer im Islam*, Bochum 1994

Winfried Elliger: *Ephesos. Geschichte einer antiken Weltstadt*, Stuttgart 2002

Ralph-Johannes Lilie: *Byzanz. Das zweite Rom*, München 2003

Reinhard Selinger: *Die Religionspolitik des Kaisers Decius. Anatomie einer Christenverfolgung*, Frankfurt/M. 1994

**Besuchenswert:**

Die Ruinenstätte des antiken Ephesus (Efes) in der Türkei

# Simeon Stylites der Ältere

## Der Säulenheilige

Nach den Märtyrern, die Folter und Tod durch die Hand ihrer Verfolger auf sich nahmen, kamen die Asketen, die im selbstzugefügten Leid die Nähe zu Gott suchten. Die Geringschätzung des eigenen Lebens, die die Märtyrer an den Tag gelegt hatten, war bereits bei den ägyptischen und syrischen Mönchen des 3. und 4. Jahrhunderts in eine prinzipielle Weltflucht umgeschlagen. Im 5. Jahrhundert wurde aus dieser Haltung eine besondere Form der Askese geboren: das Stylitentum, das Säulenstehen. Der heilige Simeon machte den Anfang.

Ungefähr im Jahr 390 wurde er in dem Dorf Sis (Shisk) in Kilikien geboren; Kilikien ist eine Landschaft in der heutigen Türkei und liegt an der Grenze zu Syrien. Seine Eltern waren wohlhabende Bauern, aber da der Knabe die Schafe hüten musste, blieb ihm eine Schulbildung versagt. Die Einsamkeit und Beschaulichkeit des Hirtendaseins gefielen ihm und ließen den Wunsch in ihm reifen, Mönch zu werden. Um 402 trat er in das Kloster von Eusebona bei Teledas ein. Es heißt, er habe mehrere Tage ohne jede Nahrung vor der Klosterpforte gelegen, bis man ihn endlich einließ. Nach zwei Jahren, in denen er den Psalter auswendig lernte, genügte das hier gepflegte einfache Ordensleben seinem Ehrgeiz jedoch nicht mehr, und Simeon wechselte in ein strengeres Kloster bei Antiochia (dem heutigen Antakya). Schon bald tat er sich dort als besonders ausdauernder Asket hervor.

Wochenlang meditiert er in einem Erdloch, das er im Klostergarten gegraben hat. Um nicht einzuschlafen, bindet er sich ein rundes Holz unter

■ Der heilige Simeon Stylites der Ältere. Ikone, 1871, von Mikhail Kudsi

die Füße, damit er beim Einnicken sofort zu Boden stürzt. Nahrung nimmt er nur sonntags zu sich. Seinen Leib schnürt er mit einem Palmstrick ein, der tief ins Fleisch schneidet; Maden siedeln sich in den schwärenden Wunden an, die faulen und stinken. Das Seil muss mit einem Messer aus dem Fleisch geschnitten werden. Schließlich haben die anderen Mönche genug: Sie werfen Simeon hinaus, gegen dessen Rekordleistungen ihre eigenen Askeseübungen hoffnungslos abfallen.

Simeon macht allein weiter. Um das Jahr 412 bezieht er nordöstlich von Antakya, am Fuß eines Berges bei Telneshin (heute: Der Simhan), eine kleine dachlose Hütte, eine so genannte Mandra, und lässt sich zur Fastenzeit sogar einmauern. Regelmäßig soll er auf diese resolute Weise vierzig Tage ohne Essen zugebracht haben. Vielleicht erscheint ihm die Hütte noch zu komfortabel, vielleicht schämt er sich, dass er sie in den Pausen zwischen den Fastenzeiten verlässt, gleichviel: Nach wenigen Jahren lässt er sich in der Nähe mit einer um den Hals und um einen Fuß geschlungenen Kette an einen Felsen schmieden; obendrein umwickelt er den anderen Fuß mit einem Lumpen, in den er Wanzen hineinsetzt. Erst als der Bischof von Antiochia ihn belehrt, dass ein erzwungener Wille kein Wille sei, lässt Simeon sich wieder abketten – und beginnt nun aus freiem Willen mit jener Praxis, die ihn berühmt machen sollte: Er nimmt bei Aleppo einen Hügel (heute: Kal'at Sim'an) in Besitz, lässt eine Umfriedung aufbauen, die die bald herbeieilenden Bewunderer, Neugierigen und Schaulustigen auf Abstand halten soll – und als das nichts fruchtet, steigt er im Jahr 422 auf eine eigens errichtete, zwei Meter hohe Säule. Damit war das Stylitentum geboren.

Die Besucher strömen nun erst recht herbei. Sie versprechen sich Heilung oder die Erfüllung ihrer Wünsche, indem sie den Eremiten berühren. Sie kommen, um Belehrung in geistlichen Dingen und Rat in weltlichen Angelegenheiten zu holen und sicher auch aus Lust am Gaffen. Bald sind es Tausende, die sich Tag für Tag einfinden und den Styliten sehen wollen. So wech-

■ Simeon der Säulenheilige. Syrisches Steinrelief, 5./6. Jahrhundert, aus der Gegend von Hama. Damaskus, Nationalmuseum

STYLITEN

Styliten, auch »Säulenheilige« oder »Säulenasketen« genannt, verbringen ihr Leben auf einer Säule oder einem Pfeiler (griechisch »stylos«). Da das plattförmige Kapitell in der Regel zu klein war, um sich zum Schlafen hinzulegen, nannte man die Styliten auch »stehende Mönche«. Diese im 5. Jahrhundert in Syrien entstandene Form der christlichen Askese verbreitete sich im Byzantinischen Reich, wo die Styliten bis ins 10. Jahrhundert auftraten. Sie waren angesehen und als Ratgeber gefragt. Unter ihnen befanden sich auch Frauen.

■ Heute harren Menschen auf Säulen aus, um Weltrekorde zu brechen: Pfahlsitzweltmeisterschaft im Heidepark Soltau im Jahr 2000.

selt Simeon auf immer höhere, weithin sichtbare Säulen. Die letzte, auf der er 22 Jahre bis zu seinem Tod verbringt, ist knapp fünfzehn Meter hoch.

Insgesamt siebenunddreißig Jahre lebte der Erfinder des Säulenstehertums auf die von ihm erfundene Weise: auf einer Fläche von zwei Quadratmetern, die zu klein zum Liegen und Sitzen und nur von einem Gitter eingefasst war, gegen das er sich beim Schlaf lehnen konnte, unter freiem Himmel, der sengenden Sonne ebenso ausgesetzt wie der Kälte, dem Regen und dem Sturm. Das Essen – es gab nie etwas anderes als eine Schüssel gekochte Linsen, die er mit einem Seil hochzog – brachte ihm einmal in der Woche ein Schüler. Für die Hygiene soll ein Abfluss im Innern der Säule gesorgt haben. Während der Fastenzeiten, so heißt es, habe Simeon überhaupt nichts gegessen, ja wunderbarerweise nicht einmal etwas getrunken. Bewegung verschaffte er sich, indem er sich beim Beten rhythmisch beugte und die Stirn bis zu den Zehen neigte.

Zweimal täglich predigte Simeon der Volksmasse, er soll Streit geschlichtet, Kranke und Besessene geheilt und Heiden bekehrt haben, weil sie bei seinem Anblick derart ergriffen waren, dass sie ihrem alten Glauben entsagten. Im Jahr 451 erschien sogar Kaiser Markian, um Simeon über das Konzil in Chalkedon zu unterrichten und den Konzilsbeschluss über die menschliche und göttliche Doppelnatur Christi von ihm absegnen zu lassen. Allerdings fand Simeon nicht überall Zuspruch: Er hatte auch Feinde, die ihn als Narren, hochmütigen Sonderling und wahnsinnigen Müßiggänger beschimpften.

Sein Tod wurde erst bemerkt, als sein Schüler, der spätere Stylit Daniel, eine Leiter bestieg, um seinem Lehrer das übliche Linsengericht hinaufzubringen. Zwei Tage hatte der Stylit bereits kniend verbracht, ohne dass der Menschenmenge etwas aufgefallen wäre. Das war im Jahr 459. Noch im selben Jahrhundert wurde auf dem Hügel ein monumentales Kloster errichtet, das bis heute zahlreiche Pilger anlockt. Simeon selbst aber findet nicht nur bis in unsere Tage Bewunderer, sondern hatte für viele Jahrhunderte auch Nachahmer. Und im Begriff des Säulenheiligen lebt das Andenken an dieses von ihm begründete, ganz besondere Asketentum bis heute fort.

### SIMEON STYLITES DER JÜNGERE

Simeon Stylites d. Ä. fand schon bald Nachfolger, etwa den Syrer Daniel (um 409–494), der das Stylitentum an den Bosporus brachte. Weltrekordler Simeon Stylites d. J. (um 521–592) richtete sich bereits als Sechsjähriger auf einer Säule ein und brachte dort über sechzig Jahre zu.

# SIMEON STYLITES DER ÄLTERE

ASKET, SÄULENSTEHER

## DATEN UND FAKTEN

**Daten:** geb. um 390 in Sis (Shisk), Kilikien (Türkei); gest. 459 in Kal'at Sim'an bei Aleppo, Syrien; Kult belegt ab dem 5. Jh.

**Festtage:** 5. Januar (orthodox: 1. September)

**Namensbedeutung und -varianten:** »der von Gott Erhörte« (hebr.); Simón, Szymon

**Wirkungsstätte:** Kleinasien (Türkei, Syrien)

**Orte der Verehrung:** Ruine des Simeonklosters in Kal'at Sim'an bei Aleppo, Syrien (Pilgerstätte; Reste der Säule); früher auch Antiochia und Konstantinopel (Reliquien)

**Quellen:** Theodoret von Kyros, *Philotheos Historia* (*Geschichte der Mönche Syriens*) aus dem 5. Jh.; Evagrius, *Kirchengeschichte* 6. Jh.

**Attribute und Darstellung:** auf einer Säule stehend; seltener eine Säule umfassend; gelegentlich wird gezeigt, wie sich ein Drache oder eine Schlange um den Fuß der Säule windet; manchmal steht Simeon Stylites d. J. auf einer benachbarten Säule neben ihm.

**Patronat:** Hirten

**Brauchtum und Verehrung:** Noch zu Simeons Lebzeiten stellten römische Handwerker zu ihrem Schutz Bilder des Säulenheiligen in den Eingang ihrer Werkstätten. Es heißt, nach dem Tod des so hoch Verehrten habe der römische Kaiser 600 Soldaten schicken müssen, damit der Leichnam nicht von seinen Anhängern in Stücke zerrissen wurde. In Teilen der orthodoxen Kirche ist der 1. September zugleich Beginn des Kirchenjahres und Fest des hl. Simeon – ein Indiz für den hohen Grad der Verehrung, die der Säulenheilige bis heute in diesem Kulturkreis genießt.

**Kunst:** Darstellung in der Kapelle St. Simeon Stylites (6. Jh.) im Katholikon des Katharinenklosters auf dem Sinai, Ägypten; Silberplakette mit dem hl. Simeon Stylites auf seiner Säule (6. Jh.), Louvre, Paris; Darstellung in der Auferstehungskirche (12. Jh.) im Kloster Shiomgvime, Georgien

**Literatur:** Alfred Tennyson, *St. Simeon Stylites*, Gedicht von 1842; F. Sladen Smith, *St. Simeon Stylites*, Einakter von 1924; Günter Grass, *Der Säulenheilige*, Fragmente eines unveröffentlichten Gedichtzyklus von 1950/51 (einige Gedanken daraus finden sich in der *Blechtrommel* wieder); James Hamilton-Paterson, *Der Traum des Gerontius*, Roman von 2000 (über den Komponisten Edward Elgar, der sich in einer Vision als Säulenheiligen der Musik sieht); Edward Petherbridge, *Pillar Talk*, Schauspiel von 2005 (zeigt Simeon im Gespräch mit seiner Säule)

**Musik:** Hans Zender, *Stephen Climax*, Oper von 1986 (mischt die Thematik des Säulenstehers Simeon mit Motiven aus James Joyces *Ulysses*)

**Wissenswertes:** Die Säule als Standort mag Simeon nicht nur aus dem praktischen Grund gewählt haben, dass ihm so die Gläubigen nicht mehr ständig als Wunder wirkende Andenken Fetzen aus seiner Kleidung reißen konnten, sondern auch wegen ihres Symbolgehalts: Auf einer Säule zu stehen bedeutet, dem Himmel und somit Gott näher zu sein; die Säule verbindet als Weltachse Himmel und Erde, und der »aérios martyr«, der Märtyrer der Lüfte, lebt dazwischen, nicht mehr im Diesseits, noch nicht im Jenseits. Zu den Wundern, die Simeon von seiner Säule herab wirken konnte, gehörte u.a. auch die Heilung eines erblindeten Drachen: Das Untier soll, ein Aststück im Auge, den Weg zu Simeons Säule gefunden und sich darunter in einer Demutsgeste zusammengerollt haben – der milde Blick des Heiligen reichte aus, um das Aststück zu entfernen, und der sehend gewordene Drache ging davon und lebte fortan zahm und friedlich in seiner Höhle.

## AUF DEN PUNKT GEBRACHT

Der Syrer brachte den größten Teil seines Lebens auf einer Säule zu: ein selbstauferlegtes Martyrium, das an Praktiken indischer Sadhus erinnert. Wie diese genoss der Außenseiter Simeon hohes Ansehen in der Gesellschaft. Er fand jahrhundertelang Nachahmer.

## EMPFEHLUNGEN

**Lesenswert:**

Wassilios Klein (Hg.): *Syrische Kirchenväter*, Stuttgart 2003

Peter W. Haider, Manfred Hutter, Siegfried Kreuzer: *Religionsgeschichte Syriens. Von der Frühzeit bis zur Gegenwart*, Stuttgart 2001

**Sehenswert:**

*Simon in der Wüste*. Regie: Luis Buñuel; mit Claudio Brook, Silvia Pinal. E 1965

# Teresa von Ávila

## Mit Gott umgehen wie mit einem Freund

Sie war klug, sie war schön, sie war fromm, sie hatte Witz und – sie war sich all dessen durchaus bewusst: »Einige sagen, ich sei intelligent; nun, ich halte mich nicht gerade für dumm. Andere sprechen von meiner Heiligkeit; Gott allein hat hier das letzte Wort. Wieder andere rühmen meine Schönheit. Also die sieht man ja wohl auf den ersten Blick!«

Schönheit, Stolz, Selbstbewusstsein und Humor sind Eigenschaften, die man nicht unbedingt bei einer Nonne sucht. Teresa von Ávila war eine Nonne, doch entsprach sie weder dem traditionellen Bild einer Ordensschwester noch den Vorstellungen, die das patriarchalische Spanien des 16. Jahrhunderts von einer Frau hegte. Die eigenwillige Teresa entdeckte eine Möglichkeit, die es ihr inmitten der streng katholischen Gesellschaft erlaubte, ihrem Eigensinn Raum zu geben: die Berufung auf Gottvater und vor allem seinen Menschensohn Jesus – immerhin zwei männliche Autoritäten.

■ Die heilige Teresa von Ávila. Gemälde, 1827, von François Gérard (1770–1837). Paris, Maison Sainte Thérèse

Auch dieser Weg, auf dem sie zur Stifterin eines neuen Ordens, zur bedeutendsten Mystikerin Spaniens, zur vom Papst anerkannten Kirchenlehrerin wurde, war steinig genug. Angelegt war er schon in ihrer Kindheit.

Teresa de Cepeda y Ahumáda wurde am 28. März 1515 im kastilischen Ávila geboren. Der Vater, Sohn eines jüdischen Konvertiten, achtete sorgfältig auf die christliche Erziehung seiner Kinder. Fromme Lektüre gehörte zum Programm, und früh wurde Teresa mit dem Leben der Heiligen vertraut gemacht. Auf die Frage, was sie werden wolle, pflegte sie zu antworten: »Entweder Einsiedlerin oder Märtyrerin!« Mit sieben Jahren büchste sie mit ihrem Bruder Rodrigo aus, um bei den Mauren in Südspanien den Märtyrertod zu suchen; die beiden Ausreißer hatten allerdings übersehen, dass die letzten Araber bereits 1492 von der Iberischen Halbinsel vertrieben worden waren. Später errichtete Teresa im Garten Einsiedeleien und spielte mit ihren Freundinnen Nonne. Nach dem Tod der Mutter 1527 widmete sie ihr Herz

der Jungfrau Maria, doch dann erstarb ihr religiöser Eifer: Die ersten Männer begannen der jungen Dame den Hof zu machen.

Als Teresa fünfzehn ist, schickt ihr Vater sie in ein Augustinerinnenstift. Sie findet Gefallen am Klosterleben und tritt 1535 dem Orden der Karmeliterinnen bei. In deren »Kloster zur Menschwerdung« in Ávila findet sie ein neues Zuhause. Dort geht es in der Tat ziemlich menschlich zu: Die Schwestern können jederzeit Besuch empfangen oder das Kloster verlassen; der geistliche Betrieb erschöpft sich in Gottesdienst und Chorgesang. Teresa hatte höhere Ansprüche. Ihr missfielen die Laschheit und Oberflächlichkeit des Ordenslebens; vielleicht fürchtete sie die Verlockungen der Freiheit aufgrund der Erinnerung an ihre Backfischzeit. Sie bekam große Angst vor der Hölle, geißelte sich, hielt überlange Andachten und war unzufrieden mit sich und ihren Mitschwestern. Sie bekam Herzbeschwerden, wurde von Atemnot geplagt, erlitt Ohnmachten und fiel schließlich am 15. August 1539 in ein Koma. Man gab ihr bereits die letzte Ölung und erwartete jeden Augenblick ihren Tod, als sie nach vier Tagen endlich ein Lebenszeichen zeigte: Sie bewegte einen Finger der rechten Hand. Aber ihr Körper blieb wie ein Knäuel zusam-

■ Die Kommunion der Teresa von Ávila: Der heilige Petrus von Alcantara reicht die Hostie, daneben Antonius von Padua und Franz von Assisi. Gemälde, 1680, von Claudio Coello (1642–1693). Madrid, Museo Lazaro Galdiano

### DER KARMELITERORDEN

Die Karmeliter gingen aus einer von Kreuzrittern Ende des 12. Jahrhunderts gegründeten Eremitengemeinschaft am Berg Karmel hervor. In Europa wandelte sich der Orden von der Einsiedler- zur Bettlergemeinschaft und glich sich den Dominikanern und Franziskanern an. Im 16. Jahrhundert spaltete sich durch die Reformen Teresas und des Johannes vom Kreuz der Orden der Unbeschuhten Karmeliter ab, der zu den ursprünglichen Idealen von Zurückgezogenheit, Armut und Kontemplation zurückkehrte. Deren weiblicher Zweig ist heute mit rund 860 Klöstern und 12 500 Mitgliedern weltweit am bedeutendsten.

■ Teresa von Ávila und Petrus von Alcantara. Gemälde, 1750, aus einem Zyklus mit Szenen aus dem Leben des heiligen Petrus von Alcantara von Francesco Fontebasso (1709–1768). Venedig, Kirche S. Francesco della Vigna

mengezogen, Hals, Arme und Beine waren gelähmt, die Zunge zerbissen. Drei Jahre dauerte es, bis sie sich von ihrem Scheintod erholt hatte, doch blieb sie zeitlebens geschwächt und konnte nie wieder richtig gehen.

Der äußere Zusammenbruch war wohl die Folge des fruchtlosen inneren Ringens. Nach Überwindung der Todesstarre fand Teresa langsam zu einer ganz eigenen Lösung, mit der sie Lebenslust und Religion zusammenbringen konnte: Sie wollte in Jesus einen persönlichen Freund finden, mit dem man sprechen und dessen Gegenwart man körperlich spüren kann. Der Weg zu Jesus führte über das innere Beten, denn nicht im Hersagen von Gebetsformeln und Absingen von Chorliedern fand Teresa das Heil, sondern in der individuellen Hingabe und Versenkung bis hin zur Ekstase. »Es begab sich in dieser meiner Vergegenwärtigung Christi, dass ich mich ganz nahe bei ihm befand, es kam mir vor, er stehe in mir, oder vielmehr, dass ich in ihn ganz versenkt sei«, beschreibt Teresa eine ihrer Visionen. In einer anderen sieht sie ihn ekstatisch mit einem »langen, goldenen Wurfspieß in der Hand, dessen Spitze von Eisen und, wie mir schien, etwas glühend war. Mit demselben stieß er mich einige Male so heftig ins Herz, dass er bis in die Eingeweide vordrang; beim Herausziehen kam es mir vor, dass er es mit sich nahm und mich völlig entbrannt von der Liebe Gottes zurückließ. Der Schmerz war so groß, dass er mir laute Seufzer auspresste, und doch von so übergroßer Süßigkeit, dass ich ihn, wie groß er auch war, nicht wegwünschen konnte.« 1156 beging sie ihre so genannte geistliche Verlobung mit Jesus, und von 1562 an führte sie auch seinen Namen und nannte sich fortan »Teresa von Jesus«.

Teresa von Ávilas eigener, besonderer Weg führte sie zu einer persönlichen Begegnung mit Gott, zum individuellen Ausdruck

JOHANNES VOM KREUZ (1542–1591)
1568 lernte der spanische Karmelitermönch und Mystiker, der mit bürgerlichem Namen Juan de S. Matía Yepes hieß und aus der Provinz Ávila stammte, Teresa kennen. Bei einem Gespräch gerieten die beiden derart in Verzückung, dass sie, wie eine Schwester berichtet, wahrhaftig vom Boden abhoben und in der Luft schwebten. Asketisch und spirituell veranlagt wie Teresa, deren Beichtvater er von 1572 bis 1577 war, arbeitete er fortan an der Reform des männlichen Zweigs des Karmeliterordens. Er hatte ähnlich viele Hindernisse zu überwinden und wurde sogar 1578 im Karmeliterkloster von Toledo neun Monate gefangen gehalten. Selbst als die Unbeschuhten Karmeliter ein eigener Orden geworden waren, endeten die Schwierigkeiten nicht: 1588 musste er das Hauptkloster in Segovia verlassen, weil seine strengen Vorstellungen auch dort Widerstand hervorriefen.

ihres Glaubens, zur Mystik: Umgekehrt gesagt, ihre subjektive Weise des Glaubenserlebnisses führte weg von den alten Riten und Formen. Damit verlor die Tradition an Gewicht, und deren Hüter in der Kirche, aber auch in Gesellschaft und Politik verloren an Bedeutung. Daher stieß Teresa auf viel Widerstand, als sie daranging, das Ordensleben umzukrempeln und Schwestern nach ihrem Bilde heranzuziehen.

Beeinflusst von dem Franziskanermönch Petrus von Alcantara, der 1560 ihr Beichtvater wurde, und beeindruckt von der erfolgreichen Reform seines Ordens, beschloss sie, die alte, strenge Ordensregel der Karmeliter von 1247 wiederzubeleben. Die Karmeliter waren ursprünglich eine Einsiedlergemeinschaft, und so galten auch Teresa Zurückgezogenheit, Schlichtheit und die begrenzte Anzahl von nicht mehr als fünfzehn Nonnen in einem Konvent als oberste Prinzipien, als sie 1562 ihr erstes Reformkloster gründete, das Kloster San José in Ávila, in das sie selbst einzog.

■ Die Verzückung der Teresa von Ávila. Lebensgroße Marmorgruppe, 1647–1652, von Gianlorenzo Bernini (1598–1680). Rom, Kirche S. Maria della Vittoria

■ Die Apotheose der Teresa von Ávila. Fresko, 1725, von Giovanni Battista Tiepolo (1696–1770). Venedig, Kirche S. Maria degli Scalzi

Trotz Behinderung durch die konservativen Karmeliterinnen, die Bevölkerung, die Behörden, die kirchlichen Würdenträger – man schalt sie »trotzig, ungehorsam, vagabundierend«, sie solle lieber zuhause bleiben und sich eine häusliche Beschäftigung suchen – rief sie im ganzen Land weitere Reformklöster ins Leben; allein 1568 waren es vier. Immerhin standen ihr mächtige Gönner zur Seite, ganz oben König Philipp II., der ihrem Orden 1579 das Recht auf eigene Gerichtsbarkeit zubilligte, und Papst Gregor XIII., der den Unbeschuhten Karmeliterinnen – so genannt, weil die Nonnen zum Zeichen ihrer christlichen Armut barfuß gehen – 1580 ihre Selbständigkeit bestätigte. Bis zu ihrem Tod in Alba de Tormes (Provinz Salamanca) am 4. Oktober 1582 stiftete Teresa insgesamt siebzehn Nonnenklöster und, in Zusammenarbeit mit Johannes vom Kreuz, ihrem Bruder im Geiste, fünfzehn Mönchsklöster.

Nicht nur in Gestalt des heute weltumspannenden Ordens ist das Werk Teresa von Ávilas lebendig geblieben. Vor allem lebt sie in ihren Schriften weiter, in Büchern wie *Die Seelenburg, Das große Buch von den Erbarmungen Gottes* und *Der Weg zur Vollkommenheit*, die als Höhepunkte der Mystik und Meisterwerke der spanischen Sprache gelten. Dabei gehen die Versenkung ins Gebet, die mystische Gotteserfahrung, überhaupt die religiöse Praxis bei ihr nicht einher mit Leibesfeindschaft. »Wenn Rebhuhn, dann Rebhuhn, wenn Buße, dann Buße«, entschied sie vielmehr und empfahl: »Tue deinem Körper etwas Gutes, damit die Seele Lust bekommt, darin zu wohnen.« Bei Teresa von Ávila war eben manches anders, als es das 16. Jahrhundert gewohnt war. Sie tanzte und sang, musizierte und reimte Stegreifverse. Sie wollte eine fröhliche Religion, wie ihr Stoßseufzer »Gott bewahre mich vor Heiligen mit verdrießlichen Mienen!« belegt, und einem Spender schrieb sie: »Ich muss über mich selbst lachen, dass ich Ihnen für die Sendung von Backwerk, Geld und anderen Geschenken nichts zu geben weiß als einen Bußgürtel!«

# TERESA VON ÁVILA

MYSTIKERIN, ORDENSFRAU, KIRCHENLEHRERIN

## DATEN UND FAKTEN

**Daten:** geb. 28. März 1515 in Ávila, Spanien; gest. 4. Oktober 1582 in Alba de Tormes, Spanien; Heiligsprechung 1622 durch Papst Gregor XV.; 29. September 1970 Ernennung zur Kirchenlehrerin durch Papst Paul VI.
**Festtage:** 15. Oktober (Karmeliterorden: 5. Oktober)
**Namensbedeutung und -varianten:** »Jägerin« oder »Einwohnerin aus Thera/ Therasia« (griech.); Thea, Resi, Tessa
**Wirkungsstätte:** Spanien
**Ort der Verehrung:** Karmeliterinnenkloster Alba de Tormes (Grabstätte)
**Quellen:** Teresas eigene Schriften, u.a. *Das große Buch von den Erbarmungen Gottes, Der Weg zur Vollkommenheit, Die Seelenburg* sowie ihre Autobiographie und eine Sammlung von 400 Briefen (*Epistolario*)
**Attribute und Darstellung:** Buch, Pfeil, brennendes Herz mit der Aufschrift »IHS« in ihrer Hand; auch Geißel oder Dornen; manchmal mit einer Taube oder einem Engel, der einen Pfeil in der Hand hält; als Karmeliterin in Ordenstracht (braunes Habit, weißer Mantel, schwarzer Schleier)
**Patronate:** Bortenmacher; spanische Schriftsteller; Karmelitergenossenschaften; Erzbistum Mexiko; Ávila, Alba de Tormes, Neapel; Spanien; hilft in seelischer Not und sorgt für ein innerliches Leben; gegen Kopfschmerzen und Herzleiden
**Brauchtum und Verehrung:** Schon kurz nach ihrem Tod wurde Teresa hoch verehrt; 1609 ernannte man sie zur Patronin von Spanien, und am 24. April 1614 erfolgte bereits ihre Seligsprechung.
**Kunst:** Guido Cagnacci, *Madonna mit Kind und Heiligen* (1630), San Giovanni Battista, Rimini; Gianlorenzo Bernini, *Verzückung der hl. Theresia von Ávila* (1644/ 47), Skulptur in der Cornaro-Kapelle in Santa Maria della Vittoria, Rom; Giovanni Lanfranco, *Die Vision der hl. Teresa von Ávila* (um 1671), San Giuseppe delle Carmelitane Scalze, Rom; Giovanni Battista Tiepolo, Deckenfresko mit Gloriendarstellung (1725), Chiesa degli Scalzi, Venedig; Sebastiano Ricci, *Verzückung der hl. Teresa* (um 1727), San Marco in San Girolamo degli Scalzi, Vicenza; François Gerard, *Die hl. Teresa von Ávila* (1827), Maison Sainte Thérèse, Paris
**Literatur:** Johann Wolfgang Goethe, *Wilhelm Meisters Lehrjahre*, Roman von 1795 (Figur der Therese); Thomas Hardy, *Tess von den d'Urbervilles*, Roman von 1891; Georges Bernanos, *Die begnadete Angst*, Schauspiel von 1949 (über den Karmeliterorden); Claire Bretecher: *Der eilige Heilige*, Comic von 1982
**Musik:** Francis Poulenc, *Der Dialog der Karmeliterinnen*, Oper von 1957
**Wissenswertes:** Teresa gilt nahezu als die Verkörperung der christlichen Mystik. Nach der Definition von Thomas von Aquin ist die Mystik »auf Erfahrung gegründete Gotteserkenntnis«, das heißt, es geht nicht um logisch-mathematisch geführte Gottesbeweise, nicht um den Versuch, Gott mit dem Verstand zu erfassen, sondern um das unmittelbare, sinnliche Erfahren von Gott. Das Ziel ist die Unio mystica, die Vereinigung der eigenen Seele mit Gott. Diese Verschmelzung kann durch Askese und Meditation erreicht werden; Vorstufen dazu sind Erscheinungen, Visionen und Empfindungen eines süßlichen Geschmacks. In der Kunst wird Teresas mystische Vereinigung mit Gott durch das Pfeilattribut symbolisiert, besonders dann, wenn der Pfeil ihr Herz durchbohrt – die antiken Liebespfeile des Eros oder des Apollon, Bilder für sexuelle Vereinigung, werden vom Christentum übernommen, um die leidenschaftliche Liebe zu Gott darzustellen.

## AUF DEN PUNKT GEBRACHT

Die selbstbewusste Teresa von Ávila findet im patriarchalischen, erzkatholischen Spanien des 16. Jahrhunderts als Mystikerin und Ordensgründerin eine Möglichkeit, gegen mannigfachen Widerstand einen eigenen Weg zu gehen.

## EMPFEHLUNGEN

**Lesenswert:**

Teresa von Ávila: *Lockruf des Hirten. Teresa von Ávila erzählt ihr Leben*, München 1999

Walter Nigg: *Große Heilige*, Zürich 1986

Kurt Ruh: *Geschichte der abendländischen Mystik*. 4 Bände, München 1990

Gerhard Ruhbach, Josef Sudbrack (Hg.): *Große Mystiker. Leben & Wirken*, München 1984

# Thomas der Apostel
## *Mit gesundem Menschenverstand*

■ Der ungläubige Thomas. Buchmalerei (Initial), 14. Jahrhundert. Oxford, Bodleian Library

Wer immer Thomas war, eines ist sicher: Er hieß anders. Denn »Thomas« ist nur ein Beiname und bedeutet »Zwilling«. In syrischen, nichtbiblischen Aufzeichnungen wird er »Judas der Thomas« genannt, also Judas der Zwilling. Hieß er Judas, könnte er einer der »Brüder Jesu« gewesen sein, von denen in den Evangelien mehrfach die Rede ist. Aber als »Brüder« galten damals auch ferne Verwandte, die Bezeichnung »Zwilling« kann ein Spitzname für zufällige Ähnlichkeit sein, und dass es in den Thomasakten aus dem 3. Jahrhundert heißt, er sei Zimmermann gewesen und habe wie Jesus ausgesehen, mag dichterische Phantasie sein.

Unter den Jüngern Jesu trat er wenig hervor, doch kennt ihn heute jeder: »Der ungläubige Thomas« ist sprichwörtlich geworden. Genau wie viele moderne Christen und manche Theologen glaubte er nicht an die Auferstehung Christi. Was ihm die anderen Jünger vom leibhaftigen Besuch des Heilands berichteten, tat er ab; er wollte es erst glauben, wenn er die Wundmale des Herrn mit eigenen Augen sehe. Acht Tage danach trat Jesus wieder in den Kreis seiner Jünger. Diesmal war auch Thomas anwesend, der eine Woche zuvor gefehlt hatte. »Sei nicht ungläubig, sondern gläubig!«, sagte Jesus und forderte Thomas auf, ihn zu berühren und seine Hand in die Seitenwunde zu legen. Der Jünger überzeugte sich, doch milder Tadel blieb ihm nicht erspart: »Weil du mich gesehen hast, Thomas, so glaubst du. Selig sind, die nicht sehen und doch glauben!«

Im Johannesevangelium bildete dieser Bericht ursprünglich den krönenden Abschluss – das 21. Kapitel ist spätere Zutat. Thomas steht hier stellvertretend für alle Menschen, die etwas, das über ihren Horizont hinausgeht, nicht glauben wollen; die mit gesundem Menschenverstand zweifeln und sich doch von der christlichen Wahrheit überzeugen lassen müssen.

Die Evangelisten Markus, Matthäus und Lukas führen Thomas lediglich in den Apostellisten auf, geben ihm aber keine eigene Rolle in ihren Berichten. Lediglich bei Johannes hat er weitere Auftritte: Als Jesus nach Bethanien gehen will, um Lazarus zu erwecken, wollen ihn einige Jünger aus Furcht vor den Pharisäern davon abhalten, doch Thomas ruft keck: »Lasst uns mitziehen, dass wir mit ihm sterben!« Ein andermal spricht Jesus in dunklen Worten von seinem bevorstehenden Abschied: »In meines Vaters Hause sind viele Wohnungen. Wenn's nicht so wäre, würde ich dann zu euch gesagt haben: Ich gehe hin, euch die Stätte zu bereiten? Und wenn ich hingehe, euch die Stätte zu bereiten, so will ich wiederkommen und euch zu mir nehmen, damit ihr seid, wo ich bin. Und wo ich hingehe – den Weg wisset ihr.« »Herr, wir wissen nicht, wo du hingehst«, unterbricht ihn Thomas, »und wie können wir den Weg wissen?« Damit erweist sich der naseweise

Thomas erneut als Stichwortgeber für seinen Herrn, der das berühmte Wort spricht: »Ich bin der Weg und die Wahrheit und das Leben. Niemand kommt zum Vater denn durch mich.« Abermals ist Thomas das Demonstrationsobjekt, an dem gezeigt wird, wie der Unwissende zum Glauben findet und auf den rechten Weg zu Gott gelangt – in seinem Fall mit Erfolg. Thomas ist treu beim wunderbaren Fischzug am See Genezareth zugegen, wo der Auferstandene den Jüngern ein Netz »voll großer Fische, hundertdreiundfünfzig« an der Zahl, beschert, und gehört der Urgemeinde in Jerusalem an, wie die Apostelgeschichte berichtet. Über sein weiteres Schicksal verliert das Neue Testament zwar kein Wort. Die apokryphen Thomas-Akten wissen jedoch zu berichten, dass er im Auftrag Christi, der ihm im Traum erschienen war, ostwärts zog und über Persien nach Indien kam. Die Gemeinde der Thomas-Christen an der indischen Südwestküste geht womöglich auf ihn zurück.

Fakten und Fiktion sind kaum zu trennen bei der Indienmission des Apostels Thomas, der die Heiligen Drei Könige (s. S. 90) besucht, getauft und zu Bischöfen geweiht, weithin erfolgreich missioniert und im ostindischen Kalamina (das vielleicht mit Mailapur, einem Vorort von Madras, identisch ist) das Martyrium gefunden haben soll: Auf dem Großen Thomasberg, wie er heute heißt, habe ihn beim Gebet ein Brahmane getötet.

■ Der ungläubige Thomas. Gemälde, um 1600, von Caravaggio (1571–1610), Potsdam, Sanssouci, Bildergalerie

■ Der Apostel Thomas

1547 errichteten die Portugiesen auf dem Berg eine Kirche. Auf den Altar stellten sie ein Kreuz aus dem 7. Jahrhundert mit einer schwer verständlichen persischen Inschrift. Eine Deutung besagt, dass sie vom Martyrium eines Heiligen berichtet. Das allerdings spräche eher dafür, dass das Kreuz von christlichen Flüchtlingen aus dem persischen Sassanidenreich stammt, das im 7. Jahrhundert von den Arabern erobert wurde.

Einen König Gundaphar, den Thomas in Indien getauft haben soll, gab es jedoch wirklich, wie durch Münzfunde bewiesen ist. Thomas, so die apokryphe Überlieferung, habe dem König, der einen Palast im römischen Stil errichten wollte, eine großartige Bauskizze geliefert. Daraufhin habe ihm der begeisterte Gundaphar für den Bau reiche Mittel zur Verfügung gestellt. Doch Thomas verschenkte die Schätze an die Armen und gewann dadurch Unzählige für den christlichen Glauben. Der erboste König wollte ihn bei lebendigem Leib häuten und verbrennen. Doch da erschien ihm leibhaftig sein kürzlich verstorbener Bruder und erklärte, Thomas habe für ihn den prächtigsten Palast aus Gold und Edelsteinen errichtet – im Jenseits; woraufhin Gundaphar sich taufen und Thomas weiterziehen ließ.

Auch als Apostel Indiens konnte Thomas nicht aus seiner Haut, wie die Legende erzählt. Bei der Hochzeit einer Tochter König Gundaphars wurde er, der nichts aß und trank und nur die Augen zum Himmel richtete, vom Mundschenk geohrfeigt. »Es ist besser, dass dir erst in einem zukünftigen Leben Vergebung gewährt wird und du hier eine vorübergehende Strafe erhältst«, zürnte der Apostel und gab, statt christliche Nachsicht zu üben, dem Wunsch nach Vergeltung nach: »Ich werde erst aufstehen, wenn die Hand, die mich schlug, mir von den Hunden gebracht wird!« Und so kam es: Als der Mundschenk am Brunnen Wasser holen wollte, wurde er von einem Löwen zerrissen, ein Hund schnappte die Hand und trug sie zum Apostel.

Das beeindruckte Brautpaar trat daraufhin zum Christentum über: Vielleicht hatte Thomas, gerade weil er gewissermaßen der Otto Normalverbraucher unter den Aposteln war, solchen Erfolg als Missionar.

DAS THOMAS-EVANGELIUM

Unter den frühen Christen muss eine Sammlung von Sprüchen Jesu kursiert haben, die den Evangelisten bekannt war. Tatsächlich ist, in einer Fassung aus dem 2. Jahrhundert, eine solche Spruchsammlung erhalten: das Evangelium von Thomas dem Zwilling, das 114 Aussprüche Jesu vereint. Inwiefern sie authentisch sind, steht dahin; doch viele kehren im Neuen Testament wieder.

# THOMAS DER APOSTEL

APOSTEL, MÄRTYRER

## DATEN UND FAKTEN

**Daten:** geb. um Christi Geburt in Galiläa (?); gest. 72 in Mailapur bei Madras, Indien (?); Kult belegt ab dem 3. Jh.
**Festtage:** 3. Juli (bis 1969: 21. Dezember; Ostkirche: 6. Oktober)
**Namensbedeutung und -varianten:** »Zwilling« (aramäisch); Tom, Tamás, Maso, Tomé
**Wirkungsstätten:** Israel, Palästina, Persien, Indien
**Orte der Verehrung:** Kirche auf dem Großen Thomasberg bei Madras, Indien (Ort des Martyriums, Gedenk- und Wallfahrtsstätte); Thomaskirche in Ortona, Italien (Grabstätte, Reliquien); Basilika Santa Croce in Gerusalemme, Rom (Fingerreliquie); Dom von Prato, Italien (»Gürtel Marias«)
**Quellen:** Johannes-Evangelium; Apostelgeschichte; Thomas-Akten (Apokryphen); als Autor (?): Thomasevangelium
**Attribute und Darstellung:** Buch oder Schriftrolle, Winkelmaß (als Baumeister des Königs Gundaphar), Lanze und Schwert; auch Kelch, Steine, Gürtel oder Herz; meistens wird gezeigt, wie er die Finger in die Wundmale Jesu legt; manchmal wird auch das Martyrium dargestellt oder die Gürtelübergabe durch Maria.
**Patronate:** Architekten, Landvermesser, Maurer, Zimmerleute; Theologen; Urbino, Parma, Riga; Portugal, Goa, Ostindien, Thomas-Inseln; der Kirchenstaat; gegen Rückenschmerzen; sorgt für eine gute Heirat
**Brauchtum und Verehrung:** Bis 1969 feierte man das Thomasfest am 21. Dezember. Die Thomasnacht war also die längste Nacht des Jahres und der Auftakt zu den sog. Raunächten, zwölf Nächten um Weihnachten herum, in denen viel Unheimliches passieren konnte. Bauern schlossen die Haus- und Stalltüren, damit »Thomerl nicht den Tod ins Haus bringt«, und im österreichischen Innviertel war der Thomastag so heilig und gefährlich, dass man den ganzen Tag im Gebet verbringen musste, um im nächsten Jahr nicht zu sterben. Kinder wurden am Thomastag entweder mit Gebäck, den »Thomas-Stritzeln«, verwöhnt, oder man drohte ihnen, eine finstere Gestalt, der sog. »Sautod«, werde sie in einem Sack mitnehmen. Da das Thomasfest so dicht an Weihnachten lag, wurde es schließlich auf den 3. Juli gelegt, den Tag, an dem die Gebeine des Heiligen in die Türkei überführt worden sein sollen.
**Kunst:** Echternacher Meister, *Der hl. Thomas* (um 990), Sammlung Figdor, Wien; Andrea del Verrochio, *Der zweifelnde Thomas mit Christus* (1476–83), Bronzestatue an der Kirche Or San Michele, Florenz; Palma il Vecchio, *Himmelfahrt Mariä* (um 1513), Galleria dell'Accademia, Venedig; Caravaggio, *Der ungläubige Thomas* (um 1600), Sanssouci, Potsdam; Guercino, *Der hl. Thomas* (1621), National Gallery, London; Rembrandt, *Der ungläubige Thomas* (1634), Puschkin-Museum, Moskau
**Literatur:** Fjodor Dostojewskij, *Die Dämonen*, Roman von 1873 (Bibelzitate); Alan D. McNarie, *Yeshua: the Gospel of St. Thomas*, Roman von 1993; Patrick Roth, *Corpus Christi*, Roman von 1996; Norman Mailer, *Das Jesus-Evangelium*, Roman von 1997
**Musik:** Heinrich Schütz, *Historia von der Auferstehung unseres Erlösers Jesu Christi* (SWV 50), geistliches Werk von 1623; Carl Philipp Emanuel Bach, *Auferstehung und Himmelfahrt Jesu*, Oratorium von 1778
**Wissenswertes:** Thomas blieb der Legende zufolge auch nach Jesu Auferstehung ein hartnäckiger Zweifler. So glaubte er nicht an die Himmelfahrt der Gottesmutter Maria. Sie musste ihm erst in einer Vision erscheinen und ihm ihren Gürtel überreichen, um ihn zu überzeugen; ohne etwas Greifbares fiel Thomas das Glauben schwer. Aus dieser Legende entstand das ikonographische Motiv der »Gürtelspende«, wobei der Gürtel die Verbindung von Himmlischem und Irdischem symbolisiert.

## AUF DEN PUNKT GEBRACHT

Der ungläubige Thomas steht für den Menschen, der sich nur durch eigenen Augenschein von einer Wahrheit überzeugen lässt. Einmal vom Zweifel kuriert, steht er dann treu zur Sache – und Thomas geht für seinen Glauben bis nach Indien.

## EMPFEHLUNGEN

**Lesenswert:**
Christoph Greiner: *Das Thomas-Evangelium*, Aachen 1998

Klaus Breger, Christiane Nord: *Das Neue Testament und frühchristliche Schriften*, Frankfurt/M. 2001

# Thomas von Aquin

## *Glaube ist mehr als Wissen*

■ Der heilige Thomas von Aquin. Gemälde von Andrea di Bartolo (1389–1428). Stuttgart, Staatsgalerie. »Einzig dann erkennen wir Gott in Wahrheit, wenn wir glauben, dass er über alles hinaus liegt, was Menschen über Gott zu denken vermögen«, so eine Aussage des Kirchenlehrers.

Niemand ahnte, dass er der bedeutendste Theologe und Philosoph des Mittelalters werden sollte. Als »stummen Ochsen« hänselten ihn die Kommilitonen in Köln, wo er bei dem berühmten Scholastiker Albertus Magnus studierte. Als dann bei einem Repetitorium, bei dem die Studenten den Lehrstoff gemeinsam wiederholten, der Referent stecken blieb und Thomas von Aquin aufstand, den Vortrag fehlerlos fortsetzte und noch einiges, was sein Vorredner unzulänglich referiert hatte, ergänzte, war das Erstaunen groß. Albertus Magnus prophezeite: »Wir heißen ihn einen stummen Ochsen, aber er wird einmal so laut brüllen, dass die ganze Welt davon widerhallt!« Er sollte recht behalten, und während Thomas von Aquins Ruhm bis heute lebendig ist, sind seine Mitschüler längst vergessen.

Thomas von Aquins epochale Leistung war es, Glaube und Wissen, Religion und Vernunft zu vereinen und ein System zu erdenken, das die Theologie, die christliche Lehre von Gott, mit der Philosophie, der Lehre von der Welt, in einen stimmigen Zusammenhang brachte. Dass hierbei die Gottesgelehrsamkeit höher steht als die Weltweisheit – der Ausdruck von der Philosophie als Magd der Theologie geht auf Thomas von Aquin zurück –, versteht sich für ein Kind des christlichen Mittelalters von selbst.

Um 1225 kam Thomas auf dem Familienschloss Roccasecca bei Neapel als jüngster Sohn des auf langobardische Ahnen zurückblickenden Adligen Landulf von Aquino zur Welt. Bereits mit fünf Jahren schickte ihn die Familie als »Oblate«, als gottgeweihtes Kind, in die nahe Benediktinerabtei Montecassino, wo Thomas' Onkel Landolf Sinebaldo das Amt des Abtes innehatte. Mit vierzehn studierte der Junge in Neapel die griechische Philosophie der Antike. Seine Lehrer waren Dominikanermönche, und etwa im Jahr 1243 beschloss Thomas, dem Orden beizutreten. Seine Familie war davon gar nicht angetan, weshalb ihn die eigenen Brüder entführten und in Roccasecca

gefangen hielten. Erst nach zwei Jahren, im Juli 1245, gelang ihm die Flucht.

Thomas von Aquin wandte sich nach Paris und Köln, absolvierte das Studium Generale bei Albertus Magnus und begann 1252 sein Gelehrtendasein. Bis 1259 und wieder von 1269 bis 1272 wirkte er in Paris, wo er sich vom Baccalaureus über den Magister zum Professor hocharbeitete, an der Universität lehrte und Zugang zum Hof König Ludwigs IX. hatte. Zwischen 1261 und 1268 hielt er als Lector curiae Vorlesungen am päpstlichen Hof in Orvieto und Viterbo, und 1272 ging er nach Neapel, um dort ein Generalstudium des Dominikanerordens einzurichten. Im Februar 1274 reiste er wieder ab, um am Konzil in Lyon teilzunehmen. Doch auf der Höhe von Rom erkrankte er schwer, und am 7. März 1274 starb der »Lehrer der Christenheit«, wie ihn seine Zeitgenossen nannten, im Kloster Fossanova in der Provinz Latium.

Vor allem zwei seiner Bücher erwiesen sich als grundlegend für das mittelalterliche wissenschaftliche Denken: die *Summa theologiae (Gesamtschau der Theologie)*, in der er seine Lehre systematisch begründete, und die *Summa contra gentiles* (*Lehrbuch wider die Heiden*), in der er sich mit der arabischen, von Aristoteles beeinflussten Philosophie auseinander setzte. Dank der Vermittlung arabischer Denker hatte das Abendland die Werke des Aristoteles wiederentdeckt. Dessen systematisch angelegte, universellen Anspruch erhebende, nichtchristliche Philosophie erklärt die Welt rational, ohne Zuhilfenahme Gottes und gefährdete damit das Deutungsmonopol der Kirche. Das war für die Theologie umso bedrohlicher, als das Leben der Bürger in den prospe-

■ Sonnen-Himmel mit (v.l.n.r.) Karl I. Martell, Cunizza da Romano, Folco von Marseille, Rahab, Thomas von Aquin, Albertus Magnus, Petrus Lombardus, Dante, Beatrice, Sigier von Paris, Nathan dem Propheten und Bonaventura. Aus dem Zyklus Dante-Fresken, 1820/24, von Philipp Veit (1793–1877). Rom, Casino Massimo, Dante-Saal

»Liebe ist die Fähigkeit, Ähnliches an Unähnlichem wahrzunehmen.«
Thomas von Aquin

■ Triumph des Thomas von Aquin. Gemälde, um 1365–67, von Andrea da Firenze. Florenz, »Spanische Kapelle« der Kirche Santa Maria Novella. Der Heilige wird hier inmitten der von ihm beschriebenen Ordnung der Welt dargestellt. Rechts und links von ihm sind die Tugenden zu sehen; darunter 14 weibliche Gestalten, die die Fächer der Theologie und der »freien Künste« repräsentieren, zu ihren Füßen jeweils ein Vertreter dieser Kunst, so sitzt Pythagoras zu Füßen der Arithmetik, Euklid vor der Geometrie und Cicero vor der Rhetorik.

rierenden Städten ebenfalls sehr diesseitig ausgerichtet war: Handel und Gewerbe kamen nicht durch Gottvertrauen in Schwung, sondern mussten mit praktischer Vernunft betrieben werden. Der wachsende Wohlstand bestätigte die Kaufleute und Handwerker in ihrem Materialismus, und für die Gebildeten entsprach die materialistische Philosophie des Aristoteles der allgemeinen Lebens-

### DIE SCHOLASTIK

Scholastik nennt man die mittelalterliche Theologie und Philosophie. Zuerst an Kloster- und Domschulen (lateinisch »schola«: Schule; »scholasticus«: Schulleiter) betrieben, dann an Universitäten gelehrt, hatte sie die Aufgabe, die Richtigkeit des Glaubens zu beweisen. Bibeltreue und Bindung an Autoritäten wie die Kirchenväter oder christliche Philosophen wie Boethius waren wichtiger als Naturbeobachtung und historische Erkenntnisse. Das schulmäßige Verfahren, die Argumente pro und contra zu sammeln, einander gegenüberzustellen und abzuwägen, überhaupt die Suche nach rationaler Begründung, Deutung und Ordnung der christlichen Glaubenssätze trugen allerdings zur Emanzipation der Vernunft von der Religion bei. Als eines der grundlegenden Werke der Scholastik gilt Thomas von Aquins *Summa theologiae*.

erfahrung besser als die überkommene Doktrin des spätantiken Kirchenvaters Augustinus, der Weltverachtung gelehrt hatte.

Theologie und Philosophie bildeten also einen Widerspruch. Thomas von Aquin aber, der Gegensätze scharfsinnig zusammenzudenken vermochte, unternahm es, sie zu einem abgerundeten Ganzen zu verschmelzen. Er fügte die aristotelische Lehre in die christliche ein und baute mit aristotelischer Methodik seine Theologie auf, um sie als systematische, rationale Wissenschaft zu begründen. Sein Ziel war es, die Erkenntnis der Wahrheit in einem harmonischen System zu gewährleisten: Darin widmet sich die Theologie den übernatürlichen Wahrheiten, die Philosophie den natürlichen Tatsachen. Um die empirische Realität zu verstehen, bedarf es nicht, wie die augustinische Philosophie verlangt, der Erleuchtung durch Gott. Zwar ist die Welt, so Thomas von Aquin, eine Offenbarung Gottes, aber um sie zu studieren, reicht Bibellektüre nicht, es braucht Vernunft und Wissen. Diese stehen dem Glauben nicht im Wege, denn das Nachdenken über die Welt ist ein Nachdenken der Gedanken Gottes mit der Welt, also ein Nachdenken darüber, was sich Gott mit der Welt gedacht hat; wie denn alles, was es in der Welt gibt, vom unscheinbarsten Ding bis hinauf zum Menschen, in unterschiedlichen Graden der Vollkommenheit auf Gott bezogen ist und an ihm teilhat.

Für Thomas von Aquin sind sowohl Theologie wie Philosophie wahr. Allerdings stellt er die Wahrheit des Glaubens, die sich mit Gott, dem absoluten Sein, befasst, über die Wahrheit der Vernunft, die sich mit dem Seienden, dem konkret Vorhandenen beschäftigt und stets unzulänglich bleibt. Die Vernunft kann nur eine begrenzte Zahl von Wahrheiten über Gott erkennen; aber Wahrheiten (so Thomas von Aquin) wie die heilige Dreifaltigkeit oder die Menschwerdung Gottes in Christus entziehen sich der Ratio und sind dem Menschen nur kraft der Offenbarung zugänglich.

Alles steht und fällt freilich mit der Existenz Gottes. Gibt es ihn nicht, so bricht das Gedankengebäude zusammen. Thomas von Aquin führt fünf Gottes-

■ Thomas von Aquin. Gemälde von Guercino (1591–1666). Bologna, Kirche S. Domenico. Einer Legende zufolge führte Thomas ein moralisch einwandfreies Leben: Als eine Hure ihn bedrängte, verjagte er sie mit einem brennenden Holzscheit. Als Lohn dafür bekam er von einem Engel den Gürtel der Keuschheit überreicht.

■ Initiale D mit dem heiligen Thomas von Aquin als Kirchenlehrer. Italienische Buchmalerei, 2. Hälfte 14. Jahrhundert, von Maestro di Saltieri. Florenz, Museo San Marco. Im Jahr 1272 hatte Thomas eine Offenbarung. Die Kirche hatte einige seiner Lehren verworfen, und Thomas beklagte sich bei Gott über die erlittene Ungerechtigkeit. Da erschien ihm Jesus und sprach zu ihm: »Und was ist mit der Ungerechtigkeit, die ich erlitten habe?«

beweise an. Der bekannteste, auf Aristoteles zurückgehende, funktioniert so: Alles, was ist, hat eine Ursache; diese Ursache hängt ihrerseits von einer Ursache ab, die wiederum eine Ursache hat usw. Eine unendliche Ursachenreihe ist aber unmöglich, denn gäbe es keine erste Ursache, so könnte es keine zweite geben, da ja alle Zweitursachen von der ersten abhängen. Also muss es eine erste Ursache geben, und diese ist Gott. (Die moderne Quantentheorie zieht diesem Beweis allerdings den Boden unter den Füßen weg: In der Welt der Quanten ist die Kausalität außer Kraft gesetzt, es gibt Wirkungen ohne Ursache. Damit entfällt die Notwendigkeit einer ersten Ursache, und der Schöpfergott ist abgeschafft.)

Für das philosophische Denken des Mittelalters hat Thomas von Aquin Maßstäbe gesetzt, und für die katholische Kirche ist er bis heute bedeutsam, zumal Papst Leo XIII. den nach ihm benannten »Thomismus« 1873 zur alleinigen Kirchenlehre erhob. Mehr noch: Thomas von Aquin prägte neben dem theologischen Denken auch die katholische Praxis. Dass der Frau die Priesterweihe versagt bleibt, hat er damit zu begründen gewusst, dass sie einen »defectus naturae« habe, einen natürlichen Mangel, der eben darin bestehe, ein unvollkommener Mann zu sein. Auch die Auffassung von der gottgewollten Hierarchie der menschlichen Gesellschaft stützte Thomas von Aquin mit seiner Doktrin von den verschiedenen Vollkommenheitsstufen aller Wesen.

Besondere Folgen hatten seine Ausführungen über den Aberglauben, die er in der *Summa theologiae* entwickelte. Darin behauptete er, dass alles, was sichtbar in der Welt geschieht, auch durch Dämonen geschehen könne. Mit diesen Dämonen stehe der Abergläubische in Verbindung, sogar ohne sein Wissen, denn der Teufelspakt (pactum cum daemone) braucht nicht ausdrücklich geschlossen zu werden (pactum expresse), sondern kann stillschweigend, unbewusst (pactum tacitum) eingegangen worden sein. Damit machte der Dominikaner Thomas von Aquin den Aberglauben zu einer umfassenden Bedrohung und gab der Inquisition ein gefährliches Rüstzeug an die Hand: Auch von diesem Beitrag des »stummen Ochsen« sollte die Welt laut widerhallen.

# THOMAS VON AQUIN

MÖNCH, KIRCHENLEHRER

## DATEN UND FAKTEN

**Daten:** geb. um 1225 in Roccasecca, Italien; gest. 7. März 1274 in Fossanova, Italien; Heiligsprechung am 18. Juli 1323 durch Papst Johannes XII.; Ernennung zum Kirchenlehrer 1567 durch Papst Pius V.
**Festtag:** 28. Januar
**Namensbedeutung und -varianten:** »Zwilling« (aramäisch); Tommaso, Tom, Tamás
**Wirkungsstätten:** Paris, Neapel, Orvieto, Viterbo, Rom
**Orte der Verehrung:** Kirche Saint Jacques in Toulouse (Grabstätte); Kirche Santa Maria sopra Minerva, Rom (Reliquien)
**Quellen:** Thomas' eigene Schriften, vor allem die *Summa theologiae*; Biographien von Bartholomaeus von Lucca und Wilhelm von Tocco (14. Jh.)
**Attribute und Darstellung:** Buch und Schreibfeder, Lilie, Edelstein; leuchtender Stern auf der Brust (Symbol der Theologie); Monstranz; Ochse (wegen seines Spitznamens) oder Taube; als Dominikanermönch in schwarz-weißem Habit oder als Bischof in Pontifikaltracht
**Patronate:** Buchhändler; Schüler und Schulen; Akademiker, Studenten, Theologen; katholische Hochschulen; Dominikanerorden; gegen Unwetter; bewahrt die Keuschheit
**Brauchtum und Verehrung:** Es gibt kein besonderes Brauchtum um Thomas von Aquin; er selbst war jedoch einer der Initiatoren des Fronleichnamsfests. Durch seine Beteiligung an der Enzyklika *Transiturus de hoc mundo*, die zur offiziellen Einsetzung des Festes führte, und durch Texte für die Fronleichnamsmesse hat er einen maßgeblichen Beitrag zum katholischen Brauchtum geleistet.
**Kunst:** Bernardo Daddi, *Maria mit den hll. Thomas von Aquin und Paulus* (1330), Paul Getty Museum, Los Angeles; Fra Angelico, *Jungfrau und Kind mit den Heiligen Dominikus und Thomas von Aquin* (1424–30), Eremitage, Sankt Petersburg; Justus van Gent, *Thomas von Aquin* (um 1476), Louvre, Paris; Filippino Lippi, *Der Triumph des hl. Thomas von Aquin* (1488–93), Kirche Santa Maria Novella, Florenz; Diego Velázquez, *Versuchungen des hl. Thomas von Aquin* (um 1631), Diözesanmuseum für sakrale Kunst, Orihuela; Francisco Zurbarán, *Verklärung des hl. Thomas von Aquin* (1631), Museum der schönen Künste, Sevilla
**Literatur:** Dante, *Die göttliche Komödie*, Epos von 1312–1321; Gilbert Keith Chesterton, *St. Thomas von Aquin*, Biographie von 1933; Umberto Eco, *Der Name der Rose*, Roman von 1980
**Musik:** Thomas von Aquin, *Pange, lingua*, Choral zu Fronleichnam; *Lauda Sion Salvatorem*, Text von Thomas von Aquin, im 16. Jh. vertont von Orlando di Lasso
**Wissenswertes:** Aurelius Augustinus, 354 in Numidien (Nordafrika) geboren, gilt als der einflussreichste Lehrer und »Vater« der katholischen Kirche; sein Werk *De civitate Dei* (*Der Gottesstaat*) wurde zur Apologie (Verteidigungsschrift) des Christentums. Kern seiner Lehre ist die Vorstellung, dass sich das materialistische Weltreich und das idealistische Gottesreich in ständigem Kampf miteinander befinden; daraus leitete die mittelalterliche Kirche ihren Machtanspruch ab. Augustinus' Erkenntnistheorie ist durch den Neuplatonismus beeinflusst: Danach ist die Erkenntnis der Wahrheit nur durch göttliche Offenbarung möglich, nicht durch rationales Erfassen. Diese Form des mystischen Neuplatonismus, der sog. Augustinismus, war bis ins 13. Jh. die prägende Denkweise des Abendlandes – bis Albertus Magnus und Thomas von Aquin ihn durch den christlichen Aristotelismus ersetzten.

## AUF DEN PUNKT GEBRACHT

Thomas von Aquin war der bedeutendste Theologe des Mittelalters. Mehr noch: Seine Lehre, die christliche Anschauungen mit aristotelischer Philosophie vereint und eine Synthese von Glaube und Wissen versucht, prägt das katholische Denken bis heute.

## EMPFEHLUNGEN

**Lesenswert:**
Thomas von Aquin: *Über sittliches Handeln*, Ditzingen 2001

Rolf Schönberger: *Thomas von Aquin zur Einführung*, Hamburg 2002

Kurt Flasch: *Das philosophische Denken im Mittelalter*, Stuttgart 2001

**Sehenswert:**
*Der Name der Rose*. Regie: Jean-Jacques Annaud; mit Sean Connery. BRD/I/F 1986

# Thomas Morus
## *Der Staatsmann als Märtyrer*

Es gibt ein Land, in dem jeder Arbeit hat und diese Arbeit so gerecht verteilt ist, dass niemand mehr als sechs Stunden am Tag dafür verwenden muss. Grund und Boden sind Gemeinbesitz, und alle Menschen sind gleich. Jeder hat Zugang zu Bildung, es herrscht religiöse Toleranz, und das ganze Leben gründet auf Vernunft. Geld gibt es nicht, alle Gebrauchsgüter werden kostenlos verteilt. Das Ganze hat nur einen Nachteil: Dieses Land liegt im Nirgendwo, griechisch: Utopia. Der britische Staatsmann und Schriftsteller Thomas More (latinisiert: Morus) entwarf das Bild von diesem Zukunftsstaat in seiner 1516 veröffentlichten Schrift, deren umständlicher Titel übersetzt lautet: »Ein wahrhaft goldenes, nicht minder heilsames denn kurzweilig zu lesendes Büchlein von der besten Staatsverfassung und von der neuen Insel Utopia«.

Dieses goldene Büchlein gilt als ein Urtext des Sozialismus (und begründete darüber hinaus eine literarische Gattung, den utopischen Roman). Dass der ideal erträumte Sozialismus, als er vierhundert Jahre später in die Wirklichkeit umgesetzt wurde, nicht recht funktionieren sollte, kann man Thomas Morus nicht vorwerfen: Seine Schrift, in der Ernst und Scherz sich mischen, ist keine Gebrauchsanleitung zur Schaffung eines perfekten Gemeinwesens, sondern eher eine kunstvoll kaschierte Kritik der englischen Gesellschaft, ihrer politischen und sozialen Missstände. Sie ist eine Satire auf jene alte Welt, die nichts anderes ist als »eine Verschwörung der Reichen, die im Namen und unter dem Rechtstitel des Staates für ihren eigenen Vorteil sorgen« – mutige Worte, die bezeichnend sind für den aufrechten Charakter dieses selbstbewussten Sohnes eines Richters aus dem aufstrebenden Londoner Stadtbürgertum, der es bis zum Lordkanzler brachte, was dem heutigen Amt des Premierministers entspricht.

■ Der heilige Thomas Morus. Stich nach einem Gemälde, 1527, von Hans Holbein d. J. (1497–1543)

Dass der vier Jahrhunderte später errichtete reale Sozialismus Mängel hatte – davon gibt schon Morus' Utopie, die manche befremdliche Züge aufweist, eine Ahnung. So tragen die Menschen auf der Insel

Utopia (die so groß ist wie England und Wales) zum Zeichen ihrer Gleichheit, da alle Attribute äußerer Unterscheidung abgeschafft sind, Uniformen – was zum Beispiel an das China Mao Tse-tungs denken lässt. Für die Drecksarbeit in Bergwerk und Steinbruch werden Sklaven gehalten – was man als Vorwegnahme stalinistischer Arbeitslager interpretieren kann. Außerdem stellen sich für die niederen Arbeiten freiwillig Fremde zur Verfügung, die dem Elend in ihrer Heimat entfliehen wollen – womit der Roman prophetische Kraft auch für den weltumspannenden Kapitalismus des 21. Jahrhunderts gewinnt. Ferner errichten die Utopier Kolonien auf dem benachbarten Festland, die als Reservoir für die Inselbevölkerung und ihre Wirtschaft dienen, und leisten den Eingeborenen Entwicklungshilfe, die sie ihnen im Dienst des zivilisatorischen Fortschritts notfalls mit Gewalt aufzwingen.

■ Die Insel Utopia. Titelholzschnitt der Erstausgabe von 1516

Die Bemühung um den Fortschritt der Menschheit war allerdings, zweihundert Jahre vor der Aufklärung, ein Merkmal des Zeitalters von Humanismus und Renaissance. Anders als im

### UNGEHEUER UND LACHNUMMER ZUGLEICH

Nachdem sich Heinrich VIII. von Katharina von Aragón getrennt hatte, heiratete er Anna Boleyn. Doch auch sie bescherte ihm nicht den ersehnten Sohn und wurde 1536 hingerichtet. Ihre Nachfolgerin Johanna (Jane) Seymour gebar 1537 den Thronfolger, starb aber bei der Geburt. Auf Betreiben seines Lordkanzlers Thomas Cromwell heiratete Heinrich 1540 Anna von Kleve, ließ sich aber gleich wieder scheiden; Cromwell wurde hingerichtet. Noch im selben Jahr 1540 nahm Heinrich Katharina (Catherine) Howard zur Frau; sie, ein Flittchen am königlichen Hof, starb 1542 auf dem Schafott. Katharina (Catherine) Parr aber, die er 1543 heiratete, hatte das Glück, ihn zu überleben.

■ Thomas Morus. Später kolorierter Holzschnitt von Tobias Stinner (1539–1584)

18. Jahrhundert glaubten die Gebildeten noch an die Einheit von Vernunft und Religion, von Wissenschaft und Christentum. Auch die *Utopia* des gutkatholischen Thomas Morus ist vom Glauben an die Macht der Vernunft, des Wissens durchdrungen. More, der am 7. Februar 1478 in London zur Welt gekommen war, die Lateinschule besucht hatte und mit zwölf Jahren Page im Haus des Lordkanzlers und Erzbischofs von Canterbury, John Morton, wurde, hatte selbst vier Jahre bei den Kartäusern in London gelebt und mit dem Gedanken gespielt, Priester zu werden (ein Widerhall davon findet sich in dem spartanisch strengen, asketischen Leben der Menschen auf Utopia). Doch im Jahr 1501 ließ er sich, der bereits mit vierzehn Jahren die Universität Oxford besucht und sich zunächst, gegen den Willen des Vaters, auf die alten Sprachen gestürzt, Lateinisch und Griechisch studiert, dann aber auf die solide Rechtswissenschaft umgesattelt hatte, als Anwalt in London nieder. Er heiratete Joan Colt, mit der er drei Töchter und einen Sohn hatte, führte in seinem Landhaus in Chelsea (damals vor den Toren Londons) ein bürgerliches Familienleben, pflegte neben dem Beruf seine geistigen Interessen und die Freundschaft mit den Humanisten seiner Zeit, beispielsweise zu Erasmus von Rotterdam, den er 1498 kennen gelernt hatte. Schließlich wandte er sich der Politik zu.

1504, mit sechsundzwanzig Jahren, wurde der erfolgreiche Jurist ins Unterhaus gewählt, wo er sich durch Redegewandtheit und Freimut hervortat. Letzterer lenkte allerdings den Zorn König Heinrichs VII. auf den Neuling, der gegen Steuererhöhungen opponierte, weshalb sich Thomas Morus zur Flucht nach Frankreich gezwungen sah. 1509, nach dem Tod des Königs und dem Regierungsantritt Heinrichs VIII., kehrte er zurück. Schon im darauf folgenden Jahr wurde er »Under-Sheriff« von London und zog erneut ins Parlament ein. 1514 adelte ihn der Monarch, für den er einige heikle Missionen erfolgreich erledigt hatte (und für den er später, zum Beispiel bei den Londoner

### DIE ANGLIKANISCHE KIRCHE

Die »Church of England« entstand durch den Bruch Heinrichs VIII. mit dem Papsttum. 1532 erkannten die englischen Bischöfe, 1534 auch das Parlament den König als »irdisches Oberhaupt der Kirche von England« an. (Noch heute ernennt deshalb die Queen als »Governor« auf Vorschlag des Premierministers die Bischöfe.) Der Grund für die Trennung war die päpstliche Weigerung, Heinrichs Ehe mit Katharina von Aragón zu annullieren. Erst nach der Lösung von Rom begann die inhaltliche und organisatorische Reform. 1539 wurden die Klöster aufgehoben, 1549 das für Liturgie, Gebet und Gesang maßgebliche *Common Prayer Book* eingeführt und 1563 ein neues Glaubensbekenntnis verabschiedet. Entsprechend der pragmatischen Haltung zum Katholizismus wie zum Protestantismus gibt es bis heute in der englischen Staatskirche, die mit ihren Tochterkirchen etwa in Australien, Südafrika und Indien weltweit rund 65 Millionen Gläubige zählt, verschiedene Strömungen, die mehr in die eine oder andere Richtung gehen.

Mai-Unruhen von 1517, erfolgreich vermitteln sollte. Thomas Morus wurde zum königlichen Geheimrat und Sekretär ernannt, stieg 1521 zum Unterschatzmeister auf und wurde zum Ritter geschlagen.

Er war der vertraute Berater des Königs, dem er sogar bei einer Schrift gegen Martin Luther und die Reformation die Feder führte: Für die »Verteidigung der sieben Sakramente« wurde Heinrich VIII. vom Papst zum »Defensor fidei«, zum Verteidiger des Glaubens ernannt. 1529 machte der Regent Thomas More als ersten Nichtkirchenmann in der englischen Geschichte zum Lordkanzler. Die Ernennung barg freilich den Keim des späteren Zerwürfnisses in sich, hatte der König doch den alten Lordkanzler und Kardinal Thomas Wolsey entlassen, weil der sich beim Papst nicht genügend für die Auflösung von Heinrichs kinderloser Ehe mit Katharina von Aragón eingesetzt hatte.

Auch Thomas Morus opponierte gegen die Haltung des Königs in der Scheidungsaffäre, hielt sich aber, weil sie beide durch ihre gemeinsame Kirchenpolitik, ihre Ablehnung der Reformation verbunden waren, zurück. Erst als Heinrich VIII. die englische Kirche 1532 von Rom trennte und sein Verhältnis mit Anna Boleyn legalisierte, legte er sein Amt nieder und zog sich ins Privatleben zurück. Zunächst suchte auch der König keine offene Konfrontation mit seinem bis dahin besten Mann in der Regierung, denn

■ Szenenphoto aus Fred Zinnemanns Historiendrama *Ein Mann für jede Jahreszeit* mit Paul Scofield in der Rolle des Thomas Morus

er zwang ihn nicht, den Suprematseid zu leisten und Heinrich VIII. als Oberhaupt der neuen anglikanischen Kirche anzuerkennen. Nichtsdestoweniger kühlte sich das Verhältnis ab. Aus einer angeblichen Verschwörung im Frühjahr 1534 – eine gewisse Elizabeth Barton, die »Nonne von Kent«, hatte dem König den baldigen Tod nach seiner Heirat mit Anna Boleyn geweissagt und wurde mit sechs vorgeblich mitverschworenen Priestern hingerichtet – konnte Thomas Morus seinen Namen noch heraushalten. Doch dann erließ der König im Herbst desselben Jahres eine neue Nachfolgeregelung, wonach alle Kinder aus seiner Verbindung mit Anna Boleyn als legitim galten und jede fremde Autorität, also auch die des Papstes, zurückgewiesen wurde. Als Thomas Morus sich weigerte, vor dem Kronrat den »Act of Succession« anzuerkennen, wurde er in den Tower geworfen, sein Vermögen eingezogen und er in einem fadenscheinigen Prozess wegen Hochverrats zum Tode verurteilt. Am 6. Juli 1535 wurde er mit dem Schwert hingerichtet und sein Haupt einen Monat lang auf der Towerbrücke zur Schau gestellt.

■ Thomas Morus im Gefängnis. Später kolorierter Stahlstich von Albrecht Schultheiss nach einem Gemälde von Ferdinand Piloty d. J. (1828–1895)

Die Kirche, für die Thomas Morus den Kopf hingehalten hatte, brauchte noch genau vierhundert Jahre, bis sie den Staatsmann und Schriftsteller als Märtyrer anerkannte und, freilich nur zusammen mit dem vierzehn Tage zuvor hingerichteten Kardinal John Fisher, heilig sprach.

# THOMAS MORUS

MÄRTYRER

## DATEN UND FAKTEN

**Daten:** geb. 7. Februar 1478 in London; gest. 6. Juli 1535 in London; Heiligsprechung am 19. Mai 1935 durch Papst Pius XI.
**Festtage:** 22. Juni (anglikanisch: 6. Juli)
**Namensbedeutung und -varianten:** »Zwilling« (aramäisch); Tommaso, Tom, Tamás
**Wirkungsstätte:** England
**Orte der Verehrung:** St. Peter ad Vincula, Tower of London (Grabstätte); St. Dunstan's Church in Canterbury (Kopfreliquie)
**Quellen:** eigene Schriften, vor allem die *Utopia* von 1516 und die *Geschichte König Richards III.* von 1513 (Meilenstein englischer Geschichtsschreibung)
**Attribute und Darstellung:** Kelch oder Papstkreuz; als Lordkanzler in vornehmer Kleidung und mit Amtskette; gelegentlich wird die Szene der Enthauptung dargestellt
**Patronate:** Katholische junge Gemeinde (KjG); Regierende, Politiker
**Brauchtum und Verehrung:** Im Oktober 2000 ernannte Papst Johannes Paul II. Thomas Morus offiziell zum Schutzpatron der Regierenden und Politiker, mit der Begründung, die »Welt der Politik und Verwaltung spüre einen Bedarf an glaubwürdigen Vorbildern«.
**Kunst:** Hans Holbein d. J., *Thomas Morus* (1527), Frick Collection, New York; ders., *Thomas Morus mit Familie* (um 1527), Öffentliche Kunstsammlung, Basel
**Literatur:** William Shakespeare, *Sir Thomas More*, Fragmente eines wahrscheinlich nie aufgeführten Schauspiels aus dem 16. Jh.; Jean Puget de la Serre, *Thomas Morus*, Drama von 1642; Stefan Andres, *Wir sind Utopia*, Novelle von 1942; Robert Bolt, *Thomas Morus. Ein Mann für jede Jahreszeit*, Drama von 1960
**Musik:** Garrett Fisher, *The Passion of St. Thomas More*, Oper von 1999
**Wissenswertes:** Thomas Morus zählt zu den Vertretern des Humanismus (von lat. »humanitas« = »Menschlichkeit«), einer philosophischen Richtung, die aus der Neuentdeckung antiker Schriften im Italien des 15. Jhs. hervorging und die das menschliche Bewusstsein zum Zentrum allen Denkens und Handelns macht, sich also mit der Wertsetzung des Menschen beschäftigt. Bei der Werteorientierung ist dabei alles gefährlich, was den Menschen sich selbst entfremdet – sei es, indem es ihn durch »übermenschliche Mächte« erniedrigt oder ihn »untermenschlichen Zwecken« unterwirft. Erasmus von Rotterdam, großer Humanist und guter Freund Thomas Morus', formulierte das Ziel des humanistischen Bildungsideals als einen »ästhetisch-moralisch-religiösen Individualismus«. Erasmus holt in seinem Hauptwerk, dem *Lob der Torheit* von 1511, zu einem Rundumschlag gegen die in Selbstgefälligkeit erstarrte Amtskirche, gegen Kaufleute, Fürsten und Gelehrte aus und feiert mit beißender Ironie die Torheit als wahre Herrscherin der Welt. Dieses Meisterwerk der Rhetorik ist Thomas Morus gewidmet.

## AUF DEN PUNKT GEBRACHT

Staatsmann und Schriftsteller, hochgelehrt und treu katholisch: Im Streit zwischen Englands König Heinrich VIII. und dem Papst schlägt sich der Lordkanzler seiner Majestät Thomas Morus auf die falsche Seite und muss mit dem Tod büßen.

## EMPFEHLUNGEN

**Lesenswert:**
Thomas Morus: *Utopia*, Zürich 2002

Dietmar Herz: *Thomas Morus zur Einführung*, Hamburg 1999

Hans Peter Heinrich: *Thomas Morus. Mit Selbstzeugnissen und Bilddokumenten*, Reinbek 1997

Erich Fromm: *Humanismus als reale Utopie. Der Glaube an den Menschen*, Berlin 2005

**Sehenswert:**
*Ein Mann für jede Jahreszeit.* Regie: Fred Zinnemann; mit Paul Scofield, Robert Shaw. USA 1966

**Anklickenswert:**
Der komplette Text Papst Johannes Pauls II. anlässlich der Ernennung von Thomas Morus zum Patron der Politiker findet sich unter: www.vatikan.va/holy_father/john_paul_ii/motu_proprio/documents/hf-jp-ii_motu-proprio_20001031_thomas-more_ge.html

# *Ursula und die 11 000 Jungfrauen*
## *Der Rekord*

Die Masse macht's. Auch in der Kirche: Je mehr Menschen dem richtigen Bekenntnis anhängen, je mehr Heilige die Wirksamkeit des Glaubens bekunden, je mehr Märtyrer für ihre Ansichten sogar in den Tod gehen, desto größer die Überzeugungskraft. Entsprechend groß ist die Verehrung für die heilige Ursula und die 11 000 Jungfrauen, die im antiken Köln das Martyrium erlitten haben sollen. Dass es tatsächlich exakt 11 001 waren, die hier auf einen Streich starben, darf zwar bezweifelt werden, doch spricht ein altes Denkmal dafür, dass die Geschichte einen wahren Kern hat. Auf einer im Chor der Kölner Ursulakirche eingemauerten Kalksteinplatte befindet sich eine lateinische Inschrift, die man auf das 5., wenn nicht das 4. Jahrhundert datiert. Sie rühmt bereits »den großen Tugend- und Märtyrerglanz der auserlesenen, himmlischen Jungfrauen« und bezeichnet den Platz, wo sich heute die Kirche erhebt und zuvor eine römische Basilika stand, als jenen Ort, »wo die heiligen Jungfrauen für den Namen Christi ihr Blut vergossen haben«. Nähere Einzelheiten teilt der Text nicht mit; weder wird eine Zahl genannt noch eine Ursula namentlich erwähnt. Immerhin aber könnte sich ein solches Martyrium christlicher Jungfrauen zur Zeit der großen Diokletianischen Verfolgung, die 304 begonnen hatte, tatsächlich zugetragen haben.

■ Die heilige Ursula und ihre Gefährtinnen. Gemälde vom Dreikönigsaltar, um 1440, von Stefan Lochner (um 1400–1451). Köln, Dom

Späteren, mittelalterlichen Legenden zufolge soll es sich nicht um einheimische Frauen gehandelt haben; vielmehr seien sie aus Britannien gekommen. Von solchen Exilanten fabuliert zum Beispiel eine Sage, die das Geschehen vom frühen ins späte 4. Jahrhundert verlegt, ungefähr ins Jahr 385, und es kräftig ausschmückt; auch der Name Ursula taucht hier auf. Nach dieser Sage siedelte der römische Kaiser Maximus Magnus (ein Nebenkaiser an der

Seite von Theodosius dem Großen) nach einem Kriegszug durch Gallien und Britannien 100 000 Inselkelten in der heutigen Bretagne an und stationierte dort als Besatzung 30 000 Soldaten. Er selbst hielt beim König von »Cornubia« (was vielleicht auf Cornwall verweist) um die Hand von dessen Tochter Ursula an und ersuchte den König zugleich um Frauen für seine Soldaten. 11 000 edle Jungfrauen und weitere von nichtadligem Geblüt schifften sich sodann mit Ursula an der Spitze in London ein, gerieten aber auf der Nordsee in einen Sturm, in dem viele von ihnen umkamen. Die Überlebenden aber wurden irgendwie nach Köln versprengt, wo sie dann – den Hunnen zum Opfer fielen.

Märchenhaft überhöht, verweist diese Erzählung gleichwohl auf reale Ereignisse, die phantasievoll durcheinander geraten sind: insbesondere auf die Flucht christlicher Briten vor den Angelsachsen in die Bretagne (deren Name tatsächlich darauf zurückgeht) und auf die Hunnenkriege. Beide Geschehen gehören zeitlich allerdings ins 5. Jahrhundert. Im 4. Jahrhundert wurde Köln, wo bereits eine Christengemeinde bestand, eher von Germanen bedroht.

■ Die Rückkehr der heiligen Ursula nach Köln. Ausschnitt aus dem Ursula-Schrein, 1489, von Hans Memling (um 1433–1494). Brügge, Memlingmuseum

Von Germanen ist in den Legenden allerdings keine Rede, und einheimische Kölner Christen spielen darin nie die Hauptrolle; es wird stets von Britinnen und Hunnen gesprochen. Eine um die meisten fabelhaften Zutaten abgespeckte Version dieser Legenden könnte ungefähr so lauten: Tausende christlicher Briten flohen vor den heidnischen Angeln, Sachsen

FASZINIERENDE JUNGFRÄULICHKEIT

Wenn ich der irdischen Lust entsage, gewinne ich die ewige Seligkeit: So lautet, einfach gesprochen, eine traditionelle Begründung für christliche Askese und Keuschheit. Dabei hatte in einer patriarchalisch geprägten Glaubenswelt die Jungfräulichkeit – rigide gesagt: die für Christus ihre Libido opfernde und unter Schmerzen ihre Begierde unterdrückende Frau – besonders hohen Wert.

■ Einschiffung der heiligen Ursula. Gemälde, 1641, von Claude Lorrain (1600–1682). London, National Gallery

und Jüten, die seit 444 die Insel eroberten, aufs Festland, teils in abgelegene Regionen wie die nordwestfranzösische Halbinsel, teils in Gebiete, die durch Rom noch halbwegs gesichert waren. Hochburgen des Christentums im Römischen Imperium waren die Städte, weshalb sich zahlreiche Glaubensflüchtlinge beispielsweise in das antike Colonia begaben – Köln war Mitte des 5. Jahrhunderts die letzte römische Bastion am Rhein. Unglücklicherweise kamen die Briten just im Jahr 451 oder 452 an, als die Hunnen aus Gallien, wo sie auf den Katalaunischen Feldern von den Römern geschlagen worden waren, ostwärts zurückfluteten. Ob nun die britischen Männer in der Stadt blieben, um bei der Verteidigung zu helfen, und ihre Frauen, wie es in einer Legende heißt, nach Rom pilgerten, um erst bei ihrer Rückkehr von ihrem Schicksal ereilt zu werden, oder ob das Verhängnis sofort seinen Lauf nahm: Es wäre nicht unwahrscheinlich, dass die Stadt von den Hunnen eingenommen wurde, die Männer sofort niedergemetzelt, die Frauen vergewaltigt und dann ebenfalls getötet wurden. Dass die Hunnen Köln eroberten, wird zwar in keiner Chronik berichtet, doch findet sich in der Stadt südlich der Ursulakirche merkwürdigerweise ein Hügel namens »Hunnenrücken«, der bis heute einer Straße ihren Namen gibt. Obendrein stieß man Anfang des 12. Jahrhunderts bei Befestigungsarbeiten vor der Stadtmauer auf eine ausgedehnte Begräbnisstätte und barg zahlreiche von Verletzungen und Verstümmelungen gezeichnete Skelette, die man den gemarterten Jungfrauen zuordnete und als Reliquien weithin verkaufte. Zudem fand man Grabsteine mit Namen, die man aus Legenden kannte (oder die dann in solche einflossen), etwa »Pinnosa« oder »Aetherius«.

»Aetherius« hieß in den Sagen der Sohn eines heidnischen Königs in »Britania« (das kann Britannien sein oder die Bretagne), der Ursula freien wollte. Die christliche Ursula wiederum, von der man weiter nichts wusste, ließ man die Tochter eines Königs Nothus sein, dessen Name eine Kurzform von »Deonotus« ist (»Gott ist er bekannt«) und dessen Königreich auf der anderen Seite des Meeres lag, also in der Bretagne oder in Britannien, je nachdem. Da Aetherius, falls Ursula ihn nicht erhörte, mit Krieg drohte, gab sie nach, bedang sich aber eine Frist von drei Jahren aus, in der Aetherius Christ werden sollte. Überdies wünschte sie zehn Jungfrauen als Hofdamen; jede von ihnen sollte wiederum 1000 jungfräuliche Mägde haben, ebenso viele, wie auch sie selbst als Dienerinnen verlangte. Aetherius erfüllte alle Bedingungen und stellte auch die Schiffe für die Überfahrt. Doch als Ursula und alle ihre Begleiterinnen nach drei Jahren zur Hochzeit in See stachen, gerieten sie in einen Sturm, der sie in die Waalmündung des Rheins beim heutigen Dordrecht verschlug. Sie segelten den Strom hinauf bis Köln, fuhren aber auf Geheiß eines Engels weiter nach Basel und zogen von dort zu Fuß über die Alpen nach Rom. Zurück in Köln, fielen sie den Hunnen in die Hände und starben den Märtyrertod. Ursula selbst wurde vom Hunnenkönig durch einen Pfeilschuss getötet, nachdem sie sich geweigert hatte, ihn zu »heiraten«. Kaum waren alle Jungfrauen getötet, als 11 000 Engel vom Himmel herabfuhren und die Hunnen vertrieben. Die überlebenden Kölner aber begruben die Märtyrerinnen vor den Toren der Stadt und errichteten für sie eine Basilika.

Schon im 9. Jahrhundert nannten mehrere Legenden die Namen von zehn Jungfrauen, die die heilige Ursula auf ihrem Zug nach Köln begleitet haben sollen. Sie weichen allerdings voneinander ab; »Pinnosa« ist ein Name, der häufig genannt wird. Erst später stieg die Zahl von elf (mit Ursula) auf elftausend: Möglicherweise las jemand eine Namensangabe »Ursula et Ximillia« fälschlich als »Ursula et XI millia« (Ursula und 11 000). Vielleicht wurden die lateinischen Abkürzungen »XI.M.V.«, was richtig »XI martyres

»Breit aus, breit aus den Mantel dein, / Sanct Ursula, all wollen wir darunter sein. / Helf uns auf Erden / Freund Gottes werden, / St. Ursula.« Aus den Regeln und Andachten der Bruderschaften der heiligen Ursula, Köln 1913

■ Die heilige Ursula ist die Schutzheilige der Stadt Köln. In der Kölner St.-Ursula-Kirche schmückt sie auch das Wappen der Gemeinde.

DIE URSULINEN
1535 gründete die heilige Angela Merici in Brescia den Ordo Sanctae Ursulae, den Schwesternorden der Ursulinen. Ursprünglich als ein Verein jungfräulich bei ihren Eltern lebender Mädchen gedacht, die sich der Krankenpflege und Jugenderziehung widmen, fanden sich die jungen Frauen bald zum gemeinsamen Leben in eigenen Häusern zusammen. Anfang des 17. Jahrhunderts entstanden dann die ersten Ursulinenklöster, von denen es heute, da der Orden weltweit verbreitet ist, über 220 gibt. Der Schwerpunkt ihrer Tätigkeit sind die Erziehung von und der Schulunterricht für Mädchen.

virgines« (elf Märtyrer-Jungfrauen) heißt, irrtümlich als »XI millia virgines« (11 000 Jungfrauen) ausgelesen. Gleichviel: Die schiere Zahl, einmal in die Welt gesetzt, beeindruckte so sehr, dass sie stehen blieb und niemals mehr korrigiert wurde. Allzu genau nehmen darf man sie allerdings ohnehin nicht, sonst müsste man ja von Ursula und den 11 010 Jungfrauen sprechen. Auch so ist es eine beeindruckende Erzählung, die nebenbei zeigt, wie Geschichte zur Legende werden kann und wie, beginnend mit einem mutmaßlichen Urereignis um 304, viele Ereignisse und Erinnerungen zu einem großen Märchen verschmolzen wurden, in dem aber ein wahrer Kern steckt.

■ Ordenstracht der Ursulinen im 18. Jahrhundert. Unbezeichneter Farbholzstich, um 1790

# URSULA UND DIE 11 000 JUNGFRAUEN

MÄRTYRERIN

## DATEN UND FAKTEN

**Daten:** geb. 3. Jh.; gest. um 304 in Köln; Beginn des Kults im 9. Jh.
**Festtag:** 21. Oktober
**Namensbedeutung und -varianten:** »die kleine Bärin«, »die Starke« (lat.); Ourse, Orsola, Ulla, Uschi, Ulrike
**Wirkungsstätten:** England, Schweiz, Italien, Deutschland
**Orte der Verehrung:** die Goldene Kammer, das Grabgehäuse in der Kirche St. Ursula zu Köln; bereits im 4. Jh. gab es dort eine Gedächtniskapelle. Neben dem Grab der Ursula befinden sich dort auch die Gebeine ihrer Gefährtinnen
**Quellen:** *Legenda aurea; Zwiefaltener Martyriolog;* liturgische Bücher der Stadt Köln; Passio *Fuit tempore pervetusto* (10. Jh.); Passio *Regnante Domina* (11. Jh.)
**Attribute und Darstellung:** Pfeil in der Hand, Schiff, Laterne (als Zeichen der klugen, wachsamen Jungfrau), Märtyrerpalme, weißes Banner mit rotem Kreuz (als Zeichen des Sieges über den Tod), Krone; sie trägt fürstliche Kleidung; oft ist sie von den anderen Jungfrauen umgeben, die sich hilfesuchend an sie drängen, während sie schützend ihren Mantel über die Gefährtinnen breitet
**Patronate:** Lehrerinnen, Mädchen, Schülerinnen, Jugendliche; Tuchhändler; Ursulinenorden; Universitäten, insbesondere von Wien, Coimbra und der Sorbonne in Paris; Stadt Köln; gegen Kinderkrankheiten; Beistand in Kriegszeiten
**Brauchtum und Verehrung:** Am Sonntag nach St. Ursula findet in Köln alljährlich eine Lichterprozession zu Ehren der Schutzpatronin statt; Stationen sind der Ursulaplatz, das Ursulakloster und die Ursulagartenstraße. Auch in Prettnau, Südtirol, wird der »Uschentag« mit einer Prozession und einem Volksfest gefeiert. Vom 13. bis zum 15. Jh. gab es die so genannten Ursulaschiffchen, Bruderschaften, denen hochrangige geistliche und weltliche Würdenträger angehörten. In der Hoffnung auf eine sichere Überfahrt ins nächste Leben stellten sie sich unter Ursulas Patronat.
**Kunst:** Buchmalerei aus Salzburg (um 1180); als Stadtpatronin Kölns auf dem Dreikönigsaltar (im Dom) von Stefan Lochner (1444); Reliquienschrein-Altar in St. Ursula zu Köln (1456); Hans Memling, *Ursula-Schrein* (1489), Memlingmuseum, Brügge; Meister der Ursula-Legende, *Legende der hl. Ursula* (1492–96), Wallraf-Richartz-Museum, Köln; Vittore Carpaccio, *Legende der hl. Ursula* (um 1495), Galleria dell'Accademia, Venedig; Statue in St. Ursula zu Köln (Ende 15. Jh.); Tafeln des Meisters von St. Severin, Köln (um 1500); Claude Lorrain, *Einschiffung der hl. Ursula* (1641), National Gallery, London
**Literatur:** Philip Griffin, *Das Heer der Jungfrauen*, historischer Roman von 2004
**Musik:** *St. Ursula*, Lied nach Friedrich v. Spee (Neufassung 1971), Melodie von 1623
**Wissenswertes:** Die Ursula-Legende ist noch heute im Kölner Stadtwappen präsent: Unter drei goldenen Kronen auf rotem Grund – in Erinnerung an die Heiligen Drei Könige, deren Grabstätte sich im Kölner Dom befinden soll – sind elf schwarze Flämmchen (oder Tropfen, als Blutstropfen gedeutet) angeordnet, die für Ursula und die elf(tausend) Jungfrauen stehen. Die schwarzen Flämmchen auf Weiß können auch eine Referenz an das Hermelinfell sein, das die Bretagne in ihrem Wappen führte.

## AUF DEN PUNKT GEBRACHT

Ob nur elf oder mehr als elftausend: Ein Körnchen Wahrheit steckt in den Legenden um die heilige Ursula und ihre Begleiterinnen. Vielleicht waren es im 5. Jahrhundert christliche Flüchtlinge aus Britannien, die in Köln, der letzten Bastion Roms im Norden, durch Hunnen oder Germanen den Tod fanden.

## EMPFEHLUNGEN

**Lesenswert:**
Sr. Gertrud Otto, OSU: *Die Legende der heiligen Ursula*, Lindenberg 2001

Anton Legner: *Kölner Heilige und Heiligtümer. Ein Jahrtausend europäischer Reliquienkultur*, Köln 2003

**Besuchenswert:**
St. Ursula zu Köln mit dem Reliquienschrein-Altar und der Goldenen Kammer

Das Wallraf-Richartz-Museum, Köln, mit mehreren mittelalterlichen Darstellungen der Legende

**Anklickenswert:**
www.heilige-ursula.de

# *Valentin von Terni*
## *Keine Blumen für den Heiligen*

VALENTIN UND DIE FALLSUCHT
So kommt man zu seiner Aufgabe: In Deutschland avancierte der heilige Valentin auch zum Helfer gegen die Epilepsie, die »Fallsucht«, weil man seinen Namen deutsch aussprach: »Fall-entin«.

»Er traute Paare, die nicht heiraten durften, weil der Standesunterschied zu groß war oder es ihre Eltern nicht erlaubten. Überhaupt hatte er ein großes Herz für Jungverliebte und beschenkte jedes Liebespaar mit Blumen aus seinem großen Garten. Er soll sogar selbst in die Tochter eines römischen Gefängniswärters verliebt gewesen sein und heimlich Briefe mit ihr gewechselt haben.« So oder ähnlich liest man es über den Namenspatron des Valentinstags am 14. Februar. Wahr ist daran so gut wie nichts. Richtig ist zwar, dass der Tag nach dem heiligen Valentin heißt – doch schon die Frage, wer dieser heilige Valentin war, ist nicht leicht zu beantworten.

Elf Heilige dieses Namens, deren Festtag der 14. Februar ist, sind bekannt. Die meisten sind nur von lokaler Bedeutung, doch mindestens zwei kommen als Namensgeber des Tages in Frage. Ein dritter, dessen man früher auch am 14. Februar gedachte, obwohl sein Haupttag schon immer der 7. Januar war, scheidet mit ziemlicher Sicherheit aus: Valentin von Passau, der im 5. Jahrhundert wahrscheinlich aus den Niederlanden kam und in der damals Batavis genannten Stadt die katholische Lehre predigen wollte, von der mehrheitlich arianischen Bevölkerung aber verjagt wurde. Danach predigte er mit mehr oder eher weniger Erfolg in Rätien – der antiken Landschaft, die von der Schwäbischen Alb bis Graubünden reicht – und zog sich schließlich nach Südtirol zurück. In Castrum Maiense, dem bei Meran gelegenen Mais, starb er als Einsiedler um 470/475. Im 8. Jahrhundert, als die herrschende Religion längst den Arianismus verdrängt hatte, überführte der bayerische Herzog Tassilo III. Valentins Gebeine nach Passau.

■ Der heilige Valentin

Dass dieser Valentin mit den Bräuchen, die am Valentinstag üblich sind, nichts zu tun hat, ist offensichtlich. Allerdings gilt das auch für Valentin von Terni und Valentin von Rom, die merkwürdigerweise beide am selben Tag und am selben Ort das Martyrium erlitten: Während der Regierungszeit von Kaiser Claudius Goticus (268–270) sollen sie an einem 14. Februar enthauptet und an der von Rom nach Rimini führenden Via Fla-

■ Valentin tauft die heilige Lucilla. Gemälde, um 1575, von Jacopo Bassano (1515/16–1592). Bassano del Grappa, Museo Civico

minia in Höhe des zweiten Meilensteins begraben worden sein.

Historisch belegt ist allein jener Valentin, der Bischof von Terni war, dem antiken Interamna in Umbrien. Der Römer von hoher Abkunft kehrte nach Jahren erfolgreichen Wirkens auf Einladung eines Rhetoriklehrers namens Craton in seine Heimatstadt zurück und wirkte dort mehrere Wunder: Er heilte Pestkranke, vor allem aber kurierte er Cratons Sohn Chaeremon von einer Verkrüppelung, woraufhin sich die ganze Familie des Rhetors taufen ließ. Als auf die Nachricht von der Wunderheilung auch der Sohn des Stadtpräfekten Abundius und weitere Vornehme zum Christentum übertraten, ließ der Senat von Rom den heiligen Valentin ins Gefängnis werfen. Schließlich, so die Überlieferung, sei er auf Befehl des Statthalters Placidus nachts aus dem Kerker geführt und enthauptet worden.

Nicht als Bischof, sondern als Priester wird der andere Valentin, Valentin von Rom, in den Legenden geführt – nur als Priester, nicht als Bischof amtierte in Rom aber auch Valentin von Terni, und das nährt vor dem Hintergrund des gleichen Endes beider Märtyrer den Verdacht, dass es sich in Wirklichkeit um dieselbe Person handelt. Gleichviel, unter dem Namen eines Valentin von Rom sind weitere Wundertaten überliefert. Unter anderem gab er der erblindeten Adoptivtochter des römischen Obersten Asterius das Augenlicht zurück, woraufhin sich das gesamte Haus des Asterius zum Christentum bekannte.

Ob es nun ein Valentin war oder zwei, gleichviel: Papst Julius I. (337–352) ließ über der Grabstätte an der Flaminischen Straße eine Basilika errichten, die unter Papst Theodor I. (642–649) erneuert wurde. In den folgenden Jahrhunderten breitete sich die Valentin-Verehrung, die bald nach dem Märtyrertod eingesetzt hatte, weiter aus. Ihr verdankt der Tag seinen Namen, doch von den Blumenbräuchen des Valentinstages findet sich in den Legenden keine Spur. Zwar gibt es auch die Sage von einem Mönch, der im Klostergarten Blumen zog und vorbeikommende junge Paare da-

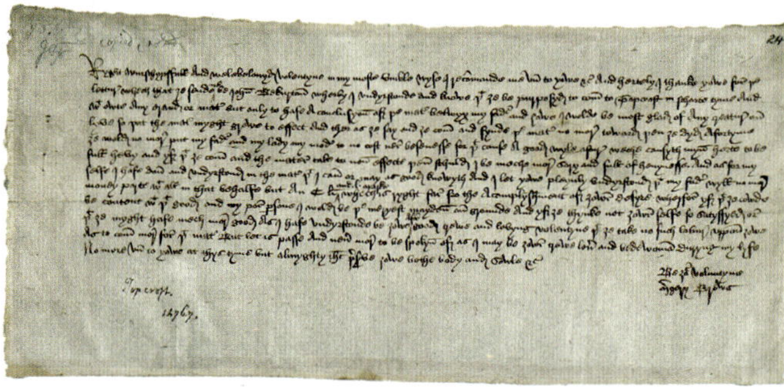

■ Ältester erhaltener Valentinsbrief von Margery Brews an ihren Verlobten John Paston aus dem Jahr 1477. London, British Library

mit beschenkte – das wäre Valentin Nummer vier –, aber diese weder zeitlich noch örtlich näher bestimmbare Legende dürfte lediglich erfunden worden sein, um einem beliebten Brauch einen christlichen Hintergrund zu geben.

Viel wahrscheinlicher ist, dass die heidnische Antike in der Geschichte dieses Brauchs eine Rolle spielt. Der 14. Februar war der Tag der Göttin Juno, der Beschützerin von Ehe und Familie. Deshalb ehrten die römischen Männer die Mütter und Frauen ihrer Familie an diesem Tag mit Blumen. Auch war es üblich, dass heiratsfähige Mädchen unter den Jünglingen verlost wurden und die so gefundenen Zufallspaare den Tag der Juno gemeinsam feierten.

Die frühen Christen setzten an die Stelle der römischen Göttermutter Juno die Muttergottes. Anfangs feierte man nämlich nicht zu Weihnachten, sondern an Dreikönige die Geburt Jesu. Und da nach mosaischer Vorschrift eine Mutter vierzig Tage nach der Niederkunft ihr Wochenbett zu verlassen hatte, fiel »Mariä Reinigung« just auf den 14. Februar, den die Christen nachweislich schon im 3. Jahrhundert als Festtag begingen. Zugleich feierte man an diesem Tag auch die Ankunft des Bräutigams Jesus Christus zur Hochzeit im himmlischen Jerusalem und sang den Vers: »Schmücke dein Gemach, Zion, und empfange den König Christus.« Damit knüpfte die römisch-katholische Kirche an die römisch-heidnische Tradition der Paarbildungen am 14. Februar aufs Allerchristlichste an, und so wurde der Valentinstag zum Tag der Verliebten, Verlobten und Verheirateten.

Gewiss keine ganz einfache Herleitung. Wieviel leichter ist es da, die Bräuche einfach dem heiligen Valentin zuzuschreiben: »Er traute Paare, die nicht heiraten durften. Überhaupt hatte er ein großes Herz für Jungverliebte und …«

### DAS HEIDENTUM IM CHRISTENTUM

Schon seit Petrus' Tagen ist das Christentum bemüht, den Heiden durch Übernahme von Glaubenselementen und Bräuchen die Konversion zu erleichtern. Viele christliche Feste haben daher auch eine fremde Wurzel: Das Weihnachtsdatum verweist auf eine uralte Wintersonnenwendfeier, insbesondere das Fest der »unbesiegten Sonne« im Mithraskult; der Johannistag rückte an die Stelle nordischer Sommersonnenwendfeste. Der Ostertermin lehnt sich an den Frühlingsbeginn, die Tagundnachtgleiche, an, und Dreikönige verdankt sich dem Auferstehungskult einer heidnischen Sekte in Alexandria, die in der Nacht vom 5. auf den 6. Januar die Geburt des Aion, des Gottes der Zeit, der Ewigkeit und des wiederkehrenden Lebens, aus den Lenden der Jungfrau Kore feierte.

# VALENTIN VON TERNI

MÄRTYRER, BISCHOF

## DATEN UND FAKTEN

**Daten:** geb. 3. Jh. in Italien; gest. 268 (?); Kult belegt ab dem 4. Jh.
**Festtage:** 14. Februar (15. Februar; Diözese Erfurt: 13. Februar)
**Namensbedeutung und -varianten:** »der Gesunde, Kräftige« (lat.); Velten, Valente, Valtin
**Wirkungsstätte:** Italien
**Orte der Verehrung:** Ruine der Valentinsbasilika an der Via Flaminia in Rom (Grabstätte, Reliquien); Krumbach, Kathedrale von Terni (Grabstätte); Kiedrich im Rheingau, Liebfrauenkirche in Worms, Dom von Breslau (Reliquien)
**Quellen:** *Legenda aurea; Martyrologium Romanum; Martyrologium Hieronymianum*
**Attribute und Darstellung:** Schwert, Bischofsstab, Palmzweig; er ist in ein Bischofsgewand gekleidet, zu seinen Füßen kauert ein verkrüppeltes Kind oder ein Kind, das einen epileptischen Anfall erleidet
**Patronate:** Bienenzüchter, Reisende; Verliebte, Jugendliche; in Frankreich und England Patron der Verlobten; gegen Gicht, Pest, Ohnmacht, Epilepsie
**Brauchtum und Verehrung:** Im deutschsprachigen Raum galt der Valentinstag als Schicksalstag; u. a. entscheidet sich hier auch das Frühlingswetter: »Trinkt St. Valentin viel Wasser, wird der Frühling um so nasser«, sagt eine Bauernregel. Lässt man das Vieh an St. Valentin arbeiten, bringt das Unglück; Valentinsbrot hingegen besitzt Heilkräfte. In den Hansestädten trafen sich die Zünfte der Kaufleute, Seefahrer und Handwerker an diesem Tag zu einem traditionellen Freundschaftsmahl. Zudem hieß es, ein Mädchen werde den Mann heiraten, den es am Valentinstag als ersten erblickt. In England gibt es die Sitte, sich zu St. Valentin anonyme Liebesbriefe zu schreiben; in Frankreich und Belgien ist es seit dem 14. Jh. Brauch, am Vorabend des Valentinstages per Los einen Partner zu ermitteln, mit dem man dann für das folgende Jahr eine Art Verlobung eingeht; dieser Brauch wurde von den Amerikanern übernommen und wird noch heute praktiziert.
**Kunst:** Marienaltar in der Stadtkirche von Waldeck (spätes 15. Jh.); Bartholomäus Zeitblom, *Der hl. Valentin heilt einen Fallsüchtigen* (Anfang 16. Jh.), Staatsgalerie, Augsburg; Jacopo Bassano, *Der hl. Valentin tauft die hl. Lucilla* (um 1575), Museo Civico, Bassano del Grappa
**Literatur:** William Shakespeare, *Die edlen Veroneser*, Schauspiel von 1592–1594 (Figur des Valentin); Johann Wolfgang Goethe, *Faust*, Schauspiel von 1820 (Figur des Valentin, Gretchens Bruder); Joan Lindsey, *Picknick am Valentinstag*, Roman von 1967; Françoise Cactus, *Neurosen zum Valentinstag*, Erzählungen von 2005
**Musik:** Giacomo Meyerbeer, *Die Hugenotten*, Oper von 1836 (Figur der Valentine); Nils Lofgren, *Valentine*, Popsong von 1991
**Wissenswertes:** Die Vorstellung, der Valentinstag sei ein Schicksalsdatum bei der Partnerfindung, geht auf die mittelalterliche Annahme zurück, dass genau an diesem Tag die Paarung der Vögel beginne. In westslawischen und ostdeutschen Gebieten feierte man an diesem Datum das Fest der Vogelhochzeit; daher stammt auch das bekannte Volkslied. Früher hieß der Valentinstag auch »Vielliebchentag«, weil man an diesem Tag begann, den Feldsalat oder »Vielliebchensalat« zu stechen.

## EMPFEHLUNGEN

**Lesenswert:**
Claudia Franz, Caro Forkel (Hg.): *Der Valentinstag. Texte von Adolph von Knigge, Samuel Pepys, William Shakespeare*, Frankfurt/M. 2005

**Sehenswert:**
*Picknick am Valentinstag*. Regie: Peter Weir; mit Rachel Roberts, Vivean Gray. AUS 1975

## AUF DEN PUNKT GEBRACHT

Der Namensgeber des Valentinstages war vermutlich ein Märtyrerbischof des 3. Jahrhunderts. Die an seinem Gedenktag üblichen Bräuche unter Verliebten gehen aber auf ein vorchristliches Fest zurück und haben mit dem Bischof nichts zu tun.

# BEGRIFFSREGISTER

Auf den Seiten, die **fett** hervorgehoben sind, findet sich eine ausführliche Erklärung des Begriffs.


Albigenser 60–62
Altes Testament 10, 11, 96, 100, 142, 147, 170, 185, 187, 188
Anachoreten **15,** 16
anglikanische Kirche 252
Apokalypse 49, 81, 124, 125, 184, 208
Apokryphen 11, 134, 137, 169, 188, 241, 242
Apostel 19, 38, 46, 61, 77, 112, 113, 122, 124, 125, 140, 157, 175, 200, 208, 210, 212–214, 216, 240–242
Apostelgeschichte 157, 159, 171, 206, 212, 213, 241
Arianismus 82, **97,** 98, 167, 181, 262
Aristotelismus 249
Askese 15, 28, 36, 98, 99, 150, 151, 182, 204, 230–232, 237, 239, 257
Augustiner 19, 20, 235
Augustinismus 249
Beichtgeheimnis 69, 127, 129
Benediktiner 16, 26–31, 33, 76, 102, 108, 176
Benediktinerregel 26–31
Bettelorden 21, 59, 68, 235
Bischofskirche 201
Blutwunder von Bolsena 53
Cäcilien-Verband **45**
Christenverfolgung 46, 114, 123, 158, 171, 213, 222, 223, 225
Diakon 156, **157,** 158, 159
Dominikaner 21, 58, **59,** 62, 150, 235, 244, 248
Drachen 80, **81,** 184, 185
Dreifaltigkeit 13, 168, 191, 202, 247
Ehebruch **175, 177**
Einsiedler 14–17, 55, 75, 181, 231, 235, 237
Engel 11, 44, 46, 51, 71, 77, 81, 100, 132, 135, 138, 146, 168, 170, 175, 184–186, **187**–189, 213, 259
Epiphanie **91, 92**
Eremiten s. *Einsiedler*
Erzengel 71, 81, 184–**188,** 189
Erzmärtyrer 51, 156, 158, 207
Evangelien 10–12, 14, 22, 75, 77, 90, 91, 94, 96, 99, 112, 113, 115, 122–124, 130, 131, 134, 136–138, 171, 174–178, 208, 212, 240, 242
– Jakobsevangelium 11, 12, 137
– Johannesevangelium 112, 122–124, 175, 240
– Lukasevangelium 10, 22, 130, 174
– Markusevangelium 115, 123, 131
– Matthäusevangelium 14, 22, 75, 90, 91, 94, 113, 123, 131, 138, 212
– Thomas der Israelit 136, 137
– Thomasevangelium 242
Evangelisten 90, 122, **124,** 131, 133, 134, 140, 170, 174, 175, 240, 242
Franziskaner 19–21, 76–78, 153, 235, 237
Fronleichnam 53
Fruchtbarkeitskult 141, 195
Germanen 39, **40,** 97, 186, 187
Gral **141,** 142, 143
Heiden, heidnisch 39–42, 54, 55, 81, 93, 141, 186, 195, 213, **264**
Heiliger Geist 131, 135, 138, 170, 216
Heiligsprechung 19, **20,** 198
Hexenprozess 121
Homosexualität 224
Humanismus 251, 255
Hussiten **127,** 171
Inquisition 58, 59, 62, 63, 67, 109, 118, 121
Jesuiten **109**–111, 220
Johannistag **131**
Josephsehe **135**
Jungfrauengeburt 135, 169, 173
Jungfräulichkeit 11, 44, 93, 98, 99, 115–117, 146, 148, 149, 166, 167, 169, 173, 177, 256, **257,** 259, 260, 264
Kadavergehorsam 110
Kanonheilige **46**
Kanonisation s. *Heiligsprechung*
Kapelle **182**
Kaplan **182**
Karmeliter, Karmeliterinnen **235,** 237, 238
Kartäuser 23
Katharer 18, 59–62, 75, 78
katholische Kirche 53, 96, 155, 166, **167,** 178, 203, 249
Ketzer 18, 19, 21, 51, 58, 59, 62, 67, 75, 111, 118, 119, 127
Kirchenlehrer 18, 106, 150, 154, 178, 234
Kirchenmusik 45, 46
Kirchenväter 18, 98, **99,** 154, 175, 246
Klarissen 78
Klöster 14–16, 23, 25–33, 35, 38, 39, 41, 42, 61, 77, 86, 88, 102, 103, 105, 146–148, 150, 176, 181, 182, 200–204, 232, 235, 238, 260
Konzil von Nicäa 97, 191
Kreuzritter 77, 84, 185, 192, 235
Kreuzzüge 21, 36, 37, 62, 81, 82, 142, 162, 163, 165, 179
Machiavellismus 111
Mamelucken 162, 163, 165
Mandäer **132**
Mantelsymbolik **181**
Märtyrer 39, 45, 46, **49–51,** 71, 72, 80, 83, 133, 147, 156–159, 182, 207, 222–224, 230, 233, 241, 242, 254, 256, 259, 260, 263
Minderbrüder s. *Franziskaner*

Mission 19, 30, 38–43, 55, 61, 62, 87, 109, 110, 114, 125, 141, 200–204, 207, 209, 210, 213, 218–221, 241, 242
Mönche **15–17,** 28–30, 33, 77, 146, 182, 201, 204, 230, 231
Mönchskirche **201**
Mongolen 88, 89
Mystik 33, 34, 79, 102, 105, 106, 150, 152, 154, 234, 236–239, 249
mystische Hochzeit 152
Mythen 81, 93, 139, 158, 173, 217, 229
Neues Testament 10–12, 90, 96, 112, 113, 124, 134, 140, 141, 170, 174, 186, 212, 241
Nothelfer 55, **56, 84**
Offenbarung s. *Apokalypse*
Orden 16, 19–21, 23, 25–36, 58, 59, 76–78, 87, 109, 110, 150, 235, 237, 238, 244, 248, 260
Ordensregeln 26–31, 77
Ostsiedlung 33
Päpste, Papsttum 19, 41, 153, 155, **212–216**
Patronat 56, 70, **71,** 72, 82, 83, 85, 86, 88, 117, 183, 224, 262
Pharisäer 113, 114, 131, 140, 240
Pilger 55, 179, 204, 205
Reliquien 39, 72, 94, 95, 141, 142, **163,** 164, 176, 182, 192
Rittertugenden 81, 85, 142
Rosenkranz **60,** 168
Rosenwunder 65, 69
Säulenheilige s. *Styliten*
Schisma 35, 95, 153, 155
Scholastik 35, 103, **246**
Schwarze Madonna **171**
Seligsprechung **19**
Sinai 114, **147,** 148
Societas Jesu s. *Jesuiten*
Sonnengesang 76
Stigmatisation 77, 79, **152,** 154, 197, 198
Stoa 211
Stundengebet 31
Styliten **230–233**
Taufe 130–132, 169
Thomas-Akten 241
Thomismus 248
Translation 94, 95
Transsubstantiation 46, 53
Trappisten 23
Tridentinum 100
Turiner Grabtuch 142
Unbefleckte Empfängnis 166, **169**
Urchristen 157, 159, 171, 213
Ursulinen **260**
Valentinstag 265
Vulgata 97, 100
Waldenser 18, 21, 59–62, 75
Wandlung s. *Transsubstantiation*
Weihnachtsfest 90, 91, 93, 94, 264
Weihnachtsmann **191**
Wunder 19, 65, 69, 164, 199, 213, 216
Wundmale s. *Stigmatisation*
Wüstenväter 14–17, 29
Zisterzienser 23, **32–36,** 87, 105
Zweckrationalismus 111

# PERSONENREGISTER

Die Namen der Personen, denen ein eigener Artikel gewidmet ist, sind **fett** hervorgehoben.


Abaelard, Peter 33–35
Achatius 56
Adam 27, 169
Aetherius 259
Ägidius 56
Agnes von Meißen 86
Aion 93, 264
Albertus Magnus 59, 154, 244, 245, 249
Alexander der Große 173
Alexius von Edessa 24
Alkuin 100
Almachius 45
al-Mutasim, Kalif 165
Ambrosius von Mailand 97, 99, 154
Anaklet II., Papst 35
Ananias 114
Anastasius IV., Papst 104
Andreas 130
Andreas II., König von Ungarn 64
Andromeda 81
Äneas 216
**Anna 10–13,** 169
**Antonius von Ägypten 14–17**
**Antonius von Padua 18–21**
Anubis 54
Apollinaris von Laodicea 98
Apollon 239
Aquilinus 70, 71
Aristodemus 124
Aristoteles 245–247
Artemis 124
Artus 85, 143, 229
as-Salih, Sultan 165
Asterius 263
Athanasius von Alexandria 15, 16, 97, 99
Augustinus 18, 20, 37, 99, 154, 247, 249
Augustus, Kaiser 137, 170
Barbara 56
Barnabas 207
Barrabas 140
Barton, Elizabeth 254
Basilius der Große 99
Batu 89
**Benedikt Joseph Labre 22–25**
**Benedikt von Nursia** 15, **26–31**
Benedikt XVI., Papst 18, 224
Bernardone, Piero 74
**Bernhard von Clairvaux 32–37,** 103, 179
Berthold von Andechs-Meran 86
Blasius von Sebaste 56
Boethius 246
Boleyn, Anna 12, 251, 253, 254
**Bonifatius 38–43**
Bonifatius IV., Papst 188
Bonifatius VIII., Papst 164
Bonifatius von Tarsus 39
Bulhom, Fernandez Martin de 19
Busenbaum, Hermann 110
**Cäcilia 44–47**
Calixtus 158
Carinus, Kaiser 222
Caspar, Melchior, Balthasar s. *Heilige Drei Könige*
Castelus 223
Cato 133
Chaeremon 263
Chlodwig I., König von Franken 182
**Christina 48–53**
Christina Tabea 216
**Christophorus 54–57**
Cicero 100
Clara von Assisi 78
Claudius Goticus, Kaiser 262
Coelestin I., Papst 201
Colella, Matteo 199
Colt, Joan 252
Cornelius 213
Craton 263
Cyprianus von Karthago 157
Cyriakus 56
Damasus I., Papst 96–98, 223
Daniel der Stylit 232
Dante Alighieri 76
Dardanus 101
David, König von Israel 11
Decius, Kaiser 55, 227, 228
Diana 169
Didacus (Diégo) von Azevedo 59, 60, 62
Dio 50
Diokletian, Kaiser 70, 83, 158, 222–225
Dionysios 56
Dionysius Areopagitas 189
**Dominikus 58–63**
Domitian, Kaiser 123, 228
Donar 39, 40, 42
Dschingis Khan 89
Edward III., König von England 85
Egbert von Bamberg 66
**Elisabeth von Thüringen 64–69,** 88
Elisabeth, Mutter Johannes' des Täufers 12, 131, 132, 170
Elkana 10
Ephräm der Syrer 178
Epimenides 227
Erasmus 56
Erasmus von Rotterdam 252, 255
Eros 239
Eugen III. 36
Eustachius 56
Eustorgius von Mailand 94
Eva 169
Fisher, John 254
Flaminius 133
**Florian 70–73**
Forgione, Francesco s. *Padre Pio*
**Franz von Assisi** 18, 20, 64, **74–79,** 152, 198
Franz von Sales 154
Franz Xaver 220

Friedrich Barbarossa, Kaiser 94, 95, 229
Friedrich II., Kaiser 66
Fulbert 35
Gabriel, Erzengel 71, 132, 170, 188
Galahad 143
Gelasius, Papst 81
**Georg von Kappadokien** 56, **80–85**
Germanus von Auxerre 201, 204
Gertrud von Andechs-Meran 64
Goethe, Johann Wolfgang 227
Graham, Billy 18
Gregor der Große, Papst 99, 154
Gregor I., Papst 178, 188, 213
Gregor II., Papst 39
Gregor III., Papst 40
Gregor IX., Papst 18, 63, 67
Gregor von Nazianz 99
Gregor XI., Papst 153
Gregor XIII., Papst 238
Gundaphar, König 242
Hades 139
Hadrian, Kaiser 188
Hanna 10–12
Harding, Stephanus 32
Hedwig von Polen (Jadwiga) 88
**Hedwig von Schlesien 86–89**
**Heilige Drei Könige 90–95,** 241, 264
Heinrich der Bärtige 86, 87
Heinrich der Fromme 88, 89
Heinrich III., König von England 160
Heinrich VII., König von England 252
Heinrich VIII., König von England 251–254
Hekate 217
Helena, Kaiserin 94, 146
Héloïse 35
Hermann I. von Thüringen 64
Hermes psychopompos 186
Herodes Agrippa I., König 113, 114, 123, 137, 170, 171, 207, 213
Herodes Antipas, König 131, 132
Herodias 132
**Hieronymus 96–101,** 154, 175
Hilarius von Poitiers 181
**Hildegard von Bingen 102–107**
Hipplytus 158
Hismeria 12
Horus 173
Hus, Jan 127, 128
Ignatius von Antiochia 167
**Ignatius von Loyola 108–111,** 220
Innozenz II., Papst 34–36
Innozenz III., Papst 62, 63, 75, 76
Innozenz IV., Papst 63
Innozenz VIII., Papst 21
Irene 223
Isabella, Königin von Spanien 108
Isis 173
Jadwiga *s. Hedwig von Polen*
Jagiello von Litauen 88
Jairus 114, 122
**Jakobus der »Herrenbruder«** 12, **112–115,** 171, 209
Jakobus der Ältere 12, 112–114, 122, 123, 212
Jakobus der Jüngere 113
Janus 217
**Jeanne d'Arc 116–121**
Jesus von Nazareth 10–12, 14, 19, 22, 26, 44, 83, 90–92, 96, 112–115, 122–124, 130–132, 134–138, 140–143, 150–153, 167, 171, 172, 174–177, 206, 207, 212, 213, 215–217, 234, 236, 240–243
Joachim 11, 12, 169
Johann von Jenstein 126
Johanna von Orléans *s. Jeanne d'Arc*
Johannes Chrysostomos 99
**Johannes der Evangelist** 12, 49, 81, 112, 114, **122–125,** 130–132, 171, 178, 184, 208, 212, 216, 240
**Johannes Nepomuk 126–129**
**Johannes der Täufer** 12, **130–133,** 170, 216
Johannes Paul II., Papst 18, 43, 88, 197, 198
Johannes vom Kreuz 235, 237, 238
Johannes XV., Papst 20
Jordanus von Sachsen 60
Joseph (Joses), Bruder Jesu 12, 115, 171
**Joseph 10–12,** 115, 134–139, 170, 171
**Joseph von Arimathia 140–143,** 175
Jovinianus 99
Judas Ischariot 12
Judas, Bruder Jesu 12, 115, 171, 186
Julianus 50, 51
Julianus Hospitator 57
Julius I., Papst 263
Juno 264
Justinian I., Kaiser 146
Jutta von Sponheim 102
Karl der Große 40, 100, 186
Karl, König von Frankreich 116–119
**Katharina von Alexandria** 56, 116, 118, **144–149**
Katharina von Aragón 251–253
**Katharina von Siena** 79, **150–155**
Kleanthes 211
Klemens I., Papst 209
Klemens VII., Papst 100, 153
Klemens XII., Papst 20
*Knecht Ruprecht* 193, 195
Knobloch, Wenzel 126
Konrad von Marburg 67
Konstantin der Große, Kaiser 16, 94, 146, 194, 214
Konstantius II., Kaiser 16
Konstantius, Kaiser 181
Kore 93, 264
Kybele 169, 172, 217
Lancelot 143
Landolf Sinebaldo 244

Laotse 173
**Laurentius 156–159**
Lazarus 176, 178, 240
Leo I., Papst 154, 158
Leo XIII., Papst 220, 248
Leonardo da Vinci 142
Liguori, Alfons Maria von 177
Lioba 41
Livius 133
Loegaire, König von Irland 202
Lothar III., Papst 35
Lucius III., Papst 21
Ludolf von Sachsen 108
Ludwig der Fromme 186
Ludwig IV. von Thüringen 64–66
**Ludwig IX. von Frankreich** 37, **160–165,** 245
Ludwig von Anjou, König von Ungarn u. Polen 88
Lukas 124, 131, 134, 135, 178, 188, 206, 208, 240
Lullus 41
Luther, Martin 56, 127, 128, 177, 191, 253
Luzifer 78, 184, 189
Machiavelli, Niccolò 111
Malchus 212
Malik al-Kamil, Sultan 77
Mao Tse-tung 251
Marcellinus, Papst 213
Marduk 92
Margareta 56, 116, 118
**Maria** 10–12, 34, 46, 69, 71, 85, 90, 115, 123, 134, 135, 138, 148, **166–173,** 174, 175, 177, 181, 235, 243
**Maria Magdalena** 141, **174–179**
Maria von Bethanien 178
Maria, Mutter des Jakobus 175
Markian, Kaiser 232
Markus 124, 133, 135, 171, 174, 208, 240
Martell, Karl 38, 41
Martha von Bethanien 176, 178
Martin V., Papst 155
**Martin von Tours 180–183,** 200
Matthäus 92–94, 124, 135, 136, 188, 240
Maxentius, Kaiser 145
Maximinus Daja, Kaiser 145
Maximus 45
Maximus Magnus, Kaiser 257
Mechthild von Kitzingen 66
Mechthild von Magdeburg 105
Meister Eckart 105
**Michael** 81, 118, **184–189,** 198
Minerva 139
Mithras 217
Mohammed 148, 163, 228
Morton, John 252
Mutter Teresa 198
Něpr 126
Nero, Kaiser 214, 215
Nikodemus 140
**Nikolaus von Myra 190–195**
Nothus 259
Offerus s. *Christophorus*
Otto II., Kaiser 192
Otto III., Kaiser 192
Otto IV., Kaiser 78
Pachomius von Ägypten 14
**Padre Pio 196–199**
Palestrina, Giovanni da 45
Palladius 201, 202
Pantaleon 56
Parzival 142, 143
**Patrick 200–205**
Paul VI., Papst 55, 56
Paulinos von Antiochia 98
**Paulus** 58, 104, 106, 112–114, 123, 124, 144, 159, **206–211,** 214, 224
Paulus von Theben 14, 16
Pelagius 98
Persephone 93, 139, 217
Perseus 81
**Petrus** 39, 112–114, 122–124, 130, 142, 175, 176, 207, 208, **212–217,** 264
**Petrus Claver 218–221**
Petrus von Alcantara 237
Philipp II., König von Frankreich 37
Philipp II., König von Spanien 156, 238
Philippus 132
Pinnosa 259
Pius IX., Papst 45, 169
Pius XII., Papst 18
Placidus 263
Pontius Pilatus 140
Porphyrius 146
Priscillian 182
Protasius 94
Puchnik, Nikolaus 126, 127
Raimund von Capua 150
Rainald von Dassel 94
Raphael, Erzengel 188
Raspe, Heinrich 66
Ratbod 38
Reprobus s. *Christophorus*
Richard Löwenherz 37, 82
Rilke, Rainer Maria 137
Rip van Winkle 229
Robert de Sorbon 160
Robin Hood 57
Rodriguez, Alonso 219
Romanus 28
Saladin, Sultan 37
Salimbene de Adam 161
Salome 132
Salomon 93
Samuel 10–12
Sandoval, Alonso de 219
Saul, König von Israel 11
Saulus von Tarsus s. *Paulus*
Schiller, Friedrich 116–119
Scholastica 30
**Sebastian 222–225**
Severus Alexander, Kaiser 46
Shakespeare, William 149
**Siebenschläfer 226–229**
**Simeon Stylites der Ältere 230–233**
Simeon Stylites der Jüngere 232
Simon der Pharisäer 177
Simon, Bruder Jesu 12, 115, 171
Siricius, Papst 213
Sixtus II., Papst 156–158
Sixtus III., Papst 224
Sixtus V., Papst 100
Sophia, Königin von Böhmen 127

Soubirous, Bernadette 166
Stadler, Johann Evangelist 58, 161
Stephanus 51, 158, 159, 206
Sturmi 41
Sübe 89
Sulpicius Severus 180
Tassilo III. 262
**Teresa von Ávila** 154, **234–239**
Tertullian 93
Thekla 207
Theodor I., Papst 263
Theodosius der Große, Kaiser 228, 257
Theodosius II., Kaiser 227, 228
Theophanu, Kaiserin 192
Theophilus 213
Theresa von Lisieux 154
**Thomas der Apostel** 94, **240–243**
Thomas der Israelit 134, 136, 137
**Thomas von Aquin** 59, 154, 224, 238, **244–249**
**Thomas Morus 250–255**
Thot 186
Tiburtius 45
Timotheus 123
Tuldo, Nicola 151
Ulrich von Augsburg, Bischof 20
Urban I., Papst 44, 46
Urban II., Papst 37
Urban IV., Papst 53
Urban VI., Papst 153
Uriel, Erzengel 188
Ursinus, Papst 97
**Ursula 256–261**
Valentin von Passau 262
Valentin von Rom 262, 263
**Valentin von Terni 262–265**
Valeria 71
Valerian, Kaiser 156
Valerianus 44, 45
Velásquez de Cuellar, Don Juan 108
Venus 184
Vitus 56
Volmar von Disibodenberg 103
Waldus, Petrus 21, 60
Walther von der Vogelweide 17
Wenzeslaus IV., König 126, 127
Wilhelm II. von Poitou 35
Wilhelm Tell 229
Willibald 41
Willibrord 38
Wladyslaw II., König von Polen 171
Wojtyla, Karol *(s. a. Johannes Paul II.)* 197, 198
Wolfram von Eschenbach 142
Wolsey, Thomas 253
Wotan 39, 186, 187
Wunibald 41
Wynfreth *s. Bonifatius*
Yü-nin 173
Zacharias 131
Zacharias, Papst 41
Zarathustra 187

## BILDNACHWEIS

Der Verlag dankt allen, die uns Bilder zur Verfügung gestellt haben, für die freundliche Genehmigung zum Abdruck. Leider war es uns nicht in allen Fällen möglich, die Rechteinhaber ausfindig zu machen; alle Ansprüche bleiben gewahrt.

akg-images Berlin: S. 1, 24, 28 und U4, 32, 35, 39, 40, 41, 42, 58, 60, 65, 67, 72, 77, 82, 93, 97, 102, 104, 105, 114, 117 und 5, 118, 119, 120, 132, 144 und 4, 146, 162, 167, 169 und U1, 175, 176 und 5, 180, 182, 185 und 4, 187, 190, 192, 193, 194, 202, 207, 215, 216 und U1, 226, 227, 234, 240, 241, 244, 245, 246, 248, 260/Amelot: S. 14/British Library: S. 49, 163 und 4, 264/Cameraphoto: S. 11, 26, 56, 62, 100, 109, 135, 157, 160, 200, 223, 236/S. Domingie: S. 252/Electa: S. 33, 34, 48 und U1, 50-51, 113/Werner Forman: S. 110/John Hios: S. 112/Andrea Jemolo: S. 136/Erich Lessing: S. 6, 18, 19, 27, 36, 55, 61, 68, 70, 83, 92, 94, 99, 137, 147, 161, 166, 191, 203, 209, 210 und 5, 213, 224, 228, 235, 238/Joseph Martin: S. 15, 141 und U1, 237/Nimatallah: S. 45/Jean-Louis Nou: S. 231/Pirozzi: S. 123, 251/Rabatti-Domingie: S. 16, 29, 30, 78, 151, 152, 153, 158, 254/Sotheby's: S. 44 und U4, 140 · Archivio Fotografico Soprintendenza Speziale per il Polo Museale Romano: S. 22 · Association Saint Benoit Labre, Digne Les Bains: S. 23 und U4 · Corbis/Jeremy Horner: S. 219 · Markus Havranek: S. 259 · Interfoto: S. 230 und 5/Archiv Friedrich: S. 87/IFPA: S. 263 · Jauch und Scheikowski, Porep: S. 9, 76, 81 und U4, 90, 116, 178, 188, 214, 247, 272 · picture-alliance/dpa-Bildarchiv: S. 20, 86, 88, 142, 148, 171, 196, 197, 198, 201, 204, 232 · Kristina von der Heide: S. 131 und 4

## IMPRESSUM

*Bibliografische Information Der Deutschen Bibliothek*
Die Deutsche Bibliothek verzeichnet diese Publikation in der Deutschen Nationalbibliografie; detaillierte bibliografische Daten sind im Internet über http://dnb.ddb.de abrufbar.


Gestaltung und Satz: typocepta, Wilhelm Schäfer, Köln
Satz aus der Berthold Concorde und der DTL Caspari
Druck und Bindung: Gerstenberg Druck, Hildesheim
Printed in Germany

www.gerstenberg-verlag.de

ISBN 978-3-8067-2565-0